读客®

读客经管文库

长期投资自己，就看读客经管。

自学大全

送给所有不想放弃学习的人55个自学方法

[日]读书猴DOKUSHO ZARU 著

滕小涵 译

絶対に「学ぶこと」をあきらめたくない
人のための55の技法

文汇出版社

图书在版编目（CIP）数据

自学大全 ／（日）读书猴著；滕小涵译. －－ 上海 ：
文汇出版社，2022.8（2025.10重印）
　　ISBN 978-7-5496-3858-1

　　Ⅰ．①自… Ⅱ．①读… ②滕… Ⅲ．①自学－学习方
法 Ⅳ．①G791

中国版本图书馆CIP数据核字(2022)第141201号

自学大全

作　　者 ／ ［日］读书猴
译　　者 ／ 滕小涵

责任编辑 ／ 戴　铮　　邱奕霖
特约编辑 ／ 敖　冬　　李悄然　　孙宇昕
封面装帧 ／ 于　欣

出版发行 ／ 文匯出版社
　　　　　　上海市威海路755号
　　　　　　（邮政编码200041）
经　　销 ／ 全国新华书店
印刷装订 ／ 河北中科印刷科技发展有限公司
版　　次 ／ 2022年8月第1版
印　　次 ／ 2025年10月第11次印刷
开　　本 ／ 880mm×1230mm　1/32
字　　数 ／ 443千字
印　　张 ／ 23

ISBN 978-7-5496-3858-1
定　　价 ／ 99.00元

侵权必究
装订质量问题，请致电010-87681002（免费更换，邮寄到付）

想要适应混沌很难，但是可以做到。

我就是一个活生生的例子——只要你想，就能做到。

库尔特·冯内古特《冠军早餐》

无知小子和老者的对话 0

我想要摆脱无知

无知小子：帮帮我！帮帮我！帮帮我！帮帮我！

老　者：好像来了个吵吵闹闹的家伙。喂！站在那边的笨蛋！你过来，我要把你的嘴给缝上！

无知小子：呜呜呜。没错，我就是一个笨蛋……

老　者：怎么还哭起来了，我好像是第一次见到你啊。

无知小子：我叫"无知"，是一个什么都不懂的毛头小子。我这次来拜访您，是想请您教教我。

老　者：我什么都还没问，你就开始自我介绍了。还没见过自己叫自己"毛头小子"的。

无知小子：我现在不上学，没工作，也没有接受任何职业培训。

老　者：看你工作日跑来我家门口就知道了，要不你去给自己找点事情做？

无知小子：我想先摆脱这种"无知"的状态，请您把自学的方法全部传授给我！

老　者：我还是有点搞不清楚状况。总之，如果一上来就想要"方法"，那肯定是学不好的。要不你先像正常人那样上学试试？

无知小子：您的拒绝方式，简直跟古时候的那种老师傅一模一样！我愿意五体投地[1]向您磕头拜师，请您听听我的理由吧！

老　者：别躺在人家家门口。你听好了，从长期来看，人只

---

[1]　将两膝、两肘和额头按顺序贴到地面上，向地位比较尊贵的人或是佛像行礼，是尊敬程度最高的礼仪。

要开始节食减肥，体重就必定会增加[1]。同样的道理，人只要开始自学，就必定会失败。

无知小子：您先等等！一上来就说这种话，读者就全都跑光了！您应该像正常的成功学书籍那样，先告诉读者"只要读完这本书，做任何事情都会一帆风顺"，这样读者心情才会舒畅（毕竟他们花钱就是为了买到这种心情）。现在您这么一说，连减肥都无辜中枪，书店可要陷入硝烟火海了！

老　　者：如果你选择了自学，就可以想开始就开始，想放弃就放弃，对吧？这种自由和我们中途遭受的失败是如影随形的。自学中途停止了也没关系，受挫也没关系，重新开始就好。

无知小子：看到您回到正轨上来，我就放心了。

老　　者：你小子好大的口气啊！

无知小子：话说，您刚才说"如果一上来就想要'方法'，那肯定是学不好的"，这又是为什么呢？

老　　者：你不知道吗，学习方法这种东西，其实就只能用来写几本粗制滥造、大同小异的书罢了。虽然用了这些方法后，学习效率会有所提升，但即使是往多了

---

[1]　研究者把节食减肥起到反作用的原因归结为4点：1. 减肥者为了使体重减轻而做出的努力（节食行为）只能持续很短的时间，与养成运动习惯、规律性地吃早饭和彻底改变饮食结构有着本质上的区别。2. 减肥者会陷入一种名叫节食循环的恶性循环（节食→身体处于饥饿状态→产生强烈的空腹感→过量饮食→再次节食）。3. 有意识地控制饮食容易引发去抑制效应。4. 节食减肥会使身体的新陈代谢减缓，变成易胖体质。

说，也只不过会比原来快几倍而已。

无知小子：这差距不是挺大的吗？

老　　者：只有当所有人都花费同样多的时间去学习时，这种差距才能够体现出来。说白了，"学习的人"、"坚持学习的人"和"不学习的人"，这三者之间才有根本性的差距。

无知小子：您说得太对了，就像水往低处流一样理所当然。

老　　者：那么，我们也可以这么说——一个人学习很差的最大原因，就是他没有给自己安排足够多的学习时间。也就是说，他没能把学习这件事放在人生中比较重要的位置上。当然，这也不一定就是这个人本身的问题。这个世界上有很多轻视学习，甚至厌恶学习的人。当这些人发现自己的身边有人在学习，他们就会觉得自己的理念遭到了否定，然后跑过去百般阻挠。很多大人总是教育孩子要好好学习，但是孩子却不会听他们的，因为这些大人自己就一直在想方设法地逃避学习。

无知小子：您的话真是鞭辟入里。可是，书店里明明摆着那么多跟学习有关的书，如果大家对学习根本就不感兴趣的话，那还花钱去买这种书干什么呢？

老　　者：那些对学习感兴趣，甚至愿意花钱去买这种书的人，已经是非常幸运的人了。现如今，人和人之间的差距在动机的层面上就已经有所体现。那些没有学习动机的人光是表达自己对学习和知识的蔑视还不够，还要去阻碍其他想要学习的人，其实也是因为他们自己已经隐约感受到了这种差距。还有一些比较"上进"的人很瞧不起不爱学习的人，所以他们会去书店买很多学习类的书回家，以此来证明自己拥有学习的动机。

无知小子：那这些书就是在利用人们好不容易才产生的学习动机，趁机将学习方法推销出去，从中赚取利益吗？可是既然学习方法类的书出版了这么多，说明人们还是有这方面需求的吧？

老　　者：因为没有人想知道自己学习差的真正原因。只要让他们以为"我学习差是因为用的方法不好"，那么他们就不会受到太大的伤害，更重要的是，新的学习方法书还能畅销。其实，如果这些书上提供的方法真的有效也就罢了，可是书店里卖的那些讲学习方法的书要么是作者在吹嘘自己的成功事迹，要么就是和健康养生类的书一个套路——先是恐吓读者说："你的做法和努力方向是错误的"，再告诉他们"其实只要这么做就可以了"，将读者引向一条安逸的道路。其最终的目的，就是让读者付高昂的费用去听作者的讲座。说白了，这其实就是帮那些不想努力的人找借口，然后吸引他们大把大把地掏钱。

无知小子：您说得实在太切中要害，让我觉得脚下的地面都要崩塌了。请您把真正的学习方法教给我吧！……啊，您刚才好像说还有比学习方法更重要的事情来着？我这个人记性非常差，重要的事请还得请您再重复一遍才行。

老　者：无论是多么有效的学习方法，只要坚持不下来，那就没有任何意义。按照影响力的大小来排序的话，"学什么"要比"怎么学"更重要，而"能不能坚持学下去"则比"学什么"还要重要。因此，这本书的内容也是这样来安排的。

序文
致所有不想放弃学习的人

所谓自学者，是指那些没有学习的机会和条件，却义无反顾地开始自己学习的人。

当你只是一名小学生，却想要学习学校课程以外的三角函数时；当你已经退休，却决定重新开始研究以前放弃了的课题时；当你无数次遇到困难，想要用自己的力量跨越难关时；当你因为自己的无知而充满悔恨，打从心底里想要改变自己时，你就已经走上了学习的征途。

由于缺乏学习的机会和条件，所以自学的道路注定不会是坦途。

你可能不被周围的人理解，可能会因为缺乏时间、资金或学习资料而一筹莫展，可能会因为不知道该从何处下手而束手无策，还可能会被一些不靠谱的建议所迷惑，从而陷入迷茫。

我写这本书的目的就是想为这些自学者提供帮助。

自学者需要什么

自学者并不是在别人的要求或是强迫下才开始学习的。

因此，自学者的学习不会被责任所束缚，但与此同时也缺乏保障。

他们的手头没有统一发放的教材，身边也没有老师来不厌其烦地监督。

就算是偷懒也不会留级或是退学，还有，无论多么努力也不一定能得到相应的回报或是称赞。

自学者可以自由地选择开始或是结束学习，但与此同时，他们也更容易遭遇挫折、中途放弃，容易一味地贪图安逸或是产生狭隘的主观臆断。

因此，自学者们需要的并不是"基于脑科学的学习方法"这样的神经神话[1]，也不是成功人士和高学历精英们那满是幸存者偏差[2]的自我吹嘘。

自学者必须自己决定学习的内容，自己为自己寻找教材等学习资源，安排学习的时间，不断地试错，在各种制约因素的

---

[1] 代指所有披着"脑科学"外皮的伪科学理论。比较著名的有"人类的大脑只开发了 10%""男性和女性的大脑构造不同""人类可以分为右脑思维者和左脑思维者两种""幼儿时期的学习会对孩子以后的成长产生巨大的影响"等。OECD（经济合作与发展组织）曾将与教育有关的脑科学观点全部总结在了一本书中，而书中用了整整一章来揭露"神经神话"。详细内容可以参考 OECD 教育研究和革新中心编，小泉英明监修，小山麻纪、德永优子译《从大脑的角度看学习：新学习科学的诞生》，明石书店，2010。

[2] 只以幸存下来的案例作为基准，导致做出错误判断的一种认知偏误。例如当我们想要判断一种药是否有效时，如果只以幸存患者的数据为样本，将无法做出正确的判断。

干扰下坚持学习下去。

如果自信心遭受了打击，也只能自己来想办法恢复。同时，还要确保自己的学习动机不被忙碌的生活压垮，每次遭遇失败后，都要重新找回学习的积极性。

那么，对于自学者来说，哪些知识是必要的呢？

首先，为了决定学习的内容，我们必须对自己学习的对象——知识有一个大概的了解。

掌握了"关于知识的知识"后，我们才能够去思考哪些知识对自己来说是必要的，知道这些知识被存放在哪里，找到相应的教材，并且衡量教材的可信度。

不仅如此，自学者还必须自己来决定学习的方式。

学习使人改变，而人也正是为了改变而学习。

当学习使人改变后，以前的学习方法可能就会变得不再合适。

如果我们只会借鉴他人的学习方法，那么总有一天会遇到瓶颈。因此，我们需要先学会一些必要的方法，再将这些方法进行组合，或是根据自己的需求来改造。想要做到这一点，我们必须先理解这些方法背后的原理。

这就意味着，作为一名自律的学习者，自学者必须根据自己的变化来重新规划自己的学习。

在此基础上，自学者还需要掌握完成计划的本领。为此，自学者需要学会自我控制，让自己保持学习的动力，并且战胜各种诱惑。

人类是一种不可救药的生物，他们虽然能够达成月球漫步这样的伟业，却又屡屡会在减肥这样的小事上失败。只有了解了人类的机制，我们才能够抵挡住周围人消极的言语和自己心中的怠惰，让心中那微弱的学习动机一直点亮，照亮前行的道路。

双系统理论（Double Process Theory）

本书只是一本自学的工具书，讨论"什么是知识""什么是学习""人的本质是什么"这样宏大的主题未免会显得有些不自量力。

但是审视前提、寻根究源也和实践有着密切的联系。这些疑问不仅出现在晦涩难懂的专业书籍里，还会出现在学习的过程中。

的确，当我们在顺利前行时，我们的目光只会注视着前方，而不会对准自己的脚下。当我们认真投入地去做一件事，结果路上遇到了重重阻碍，或是发现自己的努力完全是徒劳无功时，我们才会开始思考（或是自言自语）"为什么结果会变成这样""为什么我非要去做这件事"。

人是第一种很爱问"为什么"的生物。正是这种天性驱使我们走上了学习的道路，并且开始思考应该如何去学习。

当然，许多问题根本不会有人来回答，甚至也不会有人来倾听，最终只会自己烟消云散。很多时候，我们即使冒出了疑问，也必须继续前行，无法为它们一一驻足，否则日常生活很难顺利地进行下去。

但接下来我要问的问题涉及人类的深层本质，也是学习的基础。既然本书的目的是为那些想要自学的人提供帮助，那么自然就无法绕过这些问题。

为了回答这些问题，我需要先向大家介绍一下双系统理论（Double Process Theory）[1]。这种理论既与知识和经验的获取以及思考等认知能力有关，也与自制力和耐性等非认知能力有关，可以让我们综合性地去理解人类的机制。

双系统理论认为，人类的认知和行为会通过两种系统（历程）产生。

系统1是在无意识状态下，自动且迅速地顺应直觉做出行动；系统2则处于意识的控制下，反应速度较慢，是思考过后的行动。

我们可以将系统1比作一群传统工匠。

我之所以用了"一群"这个词，是因为该系统中包含很多

---

[1] 自古以来，人们就会将人的内心分为两个部分来思考，例如理性与感情的相克等。现在的双系统理论源自20世纪60年代后心理学的多个分支所积累下来的研究成果。其中包括对记忆与学习中的内隐学习（implicit learning）的实验证明、演绎推理中受信念偏见影响的非逻辑性进程与逻辑性进程之间的竞争关系的发现、社会心理学中利用可控进程和自动进程来解释人们明确表示出的态度与实际的社会行为相悖的原因，还有牵涉到行为经济学的卡尼曼与特沃斯基的决策研究等。这些各个领域的知识和见解综合起来后，才形成了双系统理论。

双系统理论

系统 1 直觉的、本能的	系统 2 合理的、分析的
无意识的、自动的	遵照指示和意向
迅速、大规模同时处理	低速、依次处理
联想型	与语言以及反省意识相关联
实用的（根据以往的知识和经验，将问题代入到当前的背景下）	可以完成抽象和假设思维
几乎完全不会占用工作记忆这种核心资源	需要结合工作记忆和一般性知识
与个人知识量的差距无关	
低劳动	高劳动

不同的"专业部门"，也就是"模组"。

系统 1 的一大特征就是"熟练"，这种熟练来源于人类长期以来的进化。各个模组都能够顺利完成自己擅长的工作，且几乎不会占用任何时间和认知资源。

系统 1 所适应的环境[1]还停留在人类尚未完成进化的阶段。当时的人类还居住在广袤的稀树草原上，生活的聚落中也不过只有一百来个人，和我们现在所生活的世界相比可以说是天差地别。

即使是到了现在，在很多情况下，系统 1 依然能够在我们

---

[1]　即"进化适应环境"（Environment of Evolutionary Adaptedness, EEA），大概是指从 200 万年前到数万年前的这段时间（更新世、旧石器时代）。

意识不到的情况下做出正确的判断。但由于我们所生活的环境已经与以前大不相同，因此系统1有时也未免会出现错误。现如今，系统1的弱点早已广为人知，专门针对这些弱点设计出来的诈骗手段总会令人防不胜防。

相反，我们可以将系统2比作慢性子，却又爱死抠道理的新学徒。这个新学徒可以弥补老工匠的缺点，会使用假设思维（"如果……的话"）来进行思考，能够解决新的课题。但它干活的速度却比较慢，工作时还会占用大量的认知资源。如果认知资源和能量（葡萄糖）被其他课题占用了的话，它就无法顺利地完成工作。

接下来，让我们利用双系统理论来分析几个关于意志和认知的问题。

比如说，我们之所以会出现节食减肥失败的情况，就是因为系统1战胜了系统2。

系统2会利用知识和假设思维做出预判——"如果把这些全部吃掉的话，那么体重就会增加"。但系统1却会做出完全不同的判断，驱使我们扑向那些高卡路里的甜品。因为，在系统1建立起来的旧石器时代，果实是人类主要的营养来源之一，而"甜"这种味道会告诉我们果实的营养价值在什么时候达到最高点。同时，由于高卡路里的食物比较稀少，所以为了能够生存下去，人类在找到这样的食物时会尽可能将其全部吃掉。

这就引发了一个问题——现如今，人类的这种与生俱来的

机制与旧石器时代时并没有什么两样，但我们所生存的环境
却发生了翻天覆地的变化。甜美的果实和高卡路里食品曾经
是珍贵的美食，而现在在发达国家却可以用很低廉的价格轻
松买到。在现如今这样的环境下，如果我们还任由自己被大脑
与生俱来的喜好和冲动所驱使，那么结果会变成什么样子？尽
管我们用理性就能够预料到结果，但是在多数情况下，系统1
的冲动依然会战胜系统2，使越来越多的人走上肥胖的道路，
这对人类来说也是一种史无前例的现象。

不过，我们也大可不必因此而感到沮丧。

虽然系统1的优势地位难以动摇，但只要我们理解了它的
特性，就可以加以利用。由于系统1基本只会对"此时此地"
的现实做出反应，因此它对环境的依赖性极强。换句话说，
只要我们搞清楚系统1在不同的环境下会做出什么样的反应，
就能够通过重新设计环境来对其进行诱导。我们可以操控系
统2，利用知识和假设思维来重新设计环境，从而间接地对系
统1进行控制。

例如，心理学家汪辛克就根据系统1对环境的依赖性设计
了巧妙的实验，证明了一个简单的环境变化（比如使用尺寸更
小的餐具）会比各种热门的减肥方法和意志力更加有效。

接下来，让我们再来思考一个与本书的主题相关的问题。

一般来说，我们之所以会觉得学习很难，是因为对擅长长
期记忆和模式匹配的系统1来说，学习时所接触到的信息在日
常生活中很少会见到，与生存没有直接关联，所以它们并不

重要。

系统 1 会牢牢地记住那些对生存来说至关重要的信息。例如，如果我们在吃了某种食物后感到了不适，那么我们将一辈子都忘不掉它[1]。

相反，我们大多数人都会很快忘记在学校中学习过的内容。这也并不全是系统 1 的错，毕竟在旧石器时代，别说算式，就连文字都尚未出现。

如果我们理解了系统 1 的特性和它所适应的环境，那么就可以将其加以利用。

例如，在旧石器时代，拍照和录音这样的复制技术尚未出现，因此只要我们多次听到或看到某一事物，就意味着我们在生活中会频繁地接触到它，以后也很可能再次遇到，所以它对我们来说具有极高的记忆价值。如今我们所说的"虚幻的真相效应"（Illusory truth effect 或 Illusion-of-truth effect）就是由此而来，它也是系统 1 的一大弱点。

我们在学习中经常会通过"多次重复"来加强记忆。这种甚至称不上是学习方法的方法，就是利用了系统 1 的这个弱点，让它误以为我们所学习的知识是生存所需的重要信息。同时，这也是广告和宣传的惯用伎俩。

---

[1] 人在第一次吃某种食物后，如果身体出现了不适，就会长期记住该食物的味道，以后绝不再碰。这种现象被称为加西亚效应（Garcia effect），或是条件性味觉厌恶（taste aversion conditioning）。实验证明，这种现象是人在一次食用经历后获得的学习效果，源自味觉信息与内脏感觉信息在脑内的联合。

我们为什么要学习

双系统理论不仅能够用于解释人类的认知能力，还可以用于解释自我控制等非认知能力。与此同时，当我们在思考"人为什么要学习？""知识为什么会存在？"等问题时，它也会为我们提供一个基点。

系统 1 建立于漫长的旧石器时代，因此它所适应的也是当时的环境。我们现在所生活的环境早已变得大不相同，所以我们才必须使用适用范围更广，但是却更加迟缓，耗能量也更大的系统 2。环境之所以会发生改变，就是由于人类在历史的进程中（也就是反复遭遇和克服困难的过程中）彻底改变了自己所生活的世界。

生物作用于周边的环境，根据自己的需求来改变环境的行为，被称作"生态位构建"。

许多生物都会有类似的行为。小到狗用尿的气味来标记领地这种短期行为，大到河狸修建堤坝来拦截河流这种可能持续好几个世代的长期行为，都是活生生的例子。

人类也同样通过构建生态位改变了环境，并且建立了文明。而人类的这一行为无论是从规模、时长还是影响力来看，都要远远地超过河狸。不仅如此，人类的生态位构建还有一个最显著的特征，那就是它不仅停留在改变环境这一物理层面上，还上升到了认知的层面。认知层面的生态位构建更是使人类得以大规模且长期地改变环境。人类在漫长的历史进程中所构建出的认知生态位中的一部分，就是我们平时所说的"知识"[1]。

这种认知层面的生态位构建与系统 2 有着莫大的联系。

系统 2 的特征，就是能够使用语言来思考。而它的两大缺点——一次只能思考一件事，且速度比较慢——也是来源于此。

与此同时，系统 2 的优点也同样是源自语言的特性。首先，有了语言的否定形式后，人类就可以表达与当前情况不同的其他情况，使假设思维（"如果……的话"）成为可能。其次，有了语言后，人类的思维也不必再与眼前的事物一一对应，使更高级的抽象思维成为可能。再者，语言中的嵌套结构还使反省思维（"我正在做什么、正在想什么"）成为可能。

不仅如此，使用语言来互通想法也使学习和知识的出现成为可能。

如果我们只会观察眼前的事物，那么虚构的故事（这也是一种改变了人对世界的看法的认知生态位）将永远都不会出现。有了语言后，人们才得以创造出"我们都是神的子孙"这样的神话故事，使由血缘关系亲近者组成的小型聚落发展成为更大规模的聚落。农耕与城市就此诞生，文明的构建也成为可能。

除了向他人表达自己的想法以外，我们还可以用语言来

---

[1] 将知识看作认知层面的生态位构建，这是我从植原亮的著作《实在论与知识的自然化》的第 7 章中获得的启示。

向自己下达命令，控制自己。小孩子在刚开始学习做事时，会一边动手，一边自言自语，把每一个步骤都出声说出来。在此基础上，语言还是制度和法律的基石（这也是一种认知生态位）。一个庞大的社会无法单靠道德和感情来维系，而制度和法律则是控制社会的基本手段。

想要让知识持续存在下去，就必须通过学习来加以传承。反过来说，只要有了学习者和传承者，那么认知生态位会比物理生态位更能耐得住时间的考验，可以永远地存续下去。

虽然许多生物已然灭绝，但生命的活动却一直延续到了今天。同样，虽然许多知识早已失传，但人们对知识的探求却从未停止过。有了前人的学习和研究作为基础，我们才能够进一步扩张人类的知识库。认知生态位的构建使人类拥有了巨大的力量，能够快速地改造自己的生存环境，但人类通过进化得来的与生俱来的认知机能（系统1）却还没能跟得上变化的脚步。

说完这些后，我们再从个人层面上来重新思考一下"我们为什么必须学习"，很明显，答案只有一个。

如果我们依然生存在系统1的适用环境下，可以靠与生俱来的认知机能生存下来，那么就没有必要去学习新的知识了。

人类为了解决一些单靠与生俱来的认知机能解决不了的问题，构建了"知识"这样一种认知生态位，改变了自己所生存的环境。一直以来，人们都在学习知识，再将知识传承给下一代。而人类与知识的共生（共同进化）使生存环境的改变进一步加剧。我们所生活的世界与人类进化时所处的环境，这二者之间的差距只会变得越来越大。

虽然我们的大脑会将直觉和感情放在第一位，但是单靠与生俱来的认知机能早已无法适应现在的环境。如果没有了理性和知识，那么当今世界的社会和文明将无法延续下去。

人类变聪明了吗

那么这么多年来，人类在构建了认知生态位以后真的变得更聪明了吗？是不是因为偷吃了"智慧的果实"而被赶出了伊甸园，最终只落得了一个悲惨的下场呢？科学与组织管理能力的进步，是不是只会让人类更加高效地互相残杀呢？

我并不这样认为。

至少，现在的我们已经看清了这一事实。正因如此，人们才建立了各种各样的国际组织，研究如何保障国家的安全，并发起各种大大小小的活动来呼吁和平。

我们早已知道可以解决一切问题的"银弹"[1]并不存在，

---

[1] 在西方的民间信仰中，银质的子弹能够击退狼人和恶魔。后来人们就用"银弹"来比喻"一种万能的解决方式"，认为其能够"一举消灭所有靠正常手段无法解决的困难"。比较广为人知的是，弗雷德里克·P. 布鲁克斯曾在其著作《人月神话》（Addison-Wesley Publishers Japan,1996）中，用"世界上不存在银弹"来比喻"世界上不存在万能的解决方式"。

也明白"天下没有免费的午餐"[1]。

而我们所知道的这一切，正在改变我们的思想和行为。

知识具有改变的力量，但这种力量并不能改变一切事物。让我们再利用双系统理论来证实这一点。

首先，让我们继续来谈一谈"节食减肥"这个问题。在减肥的过程中，我们之所以能够做出"如果吃掉这个应该就会长胖"这样的预判，就是运用了食物、卡路里等营养学、生理学知识，以及系统 2 的假设思维（"如果……的话"）。与此同时，我们还依然处于系统 1 的控制之下，这种远古时期形成的本能告诉我们"要尽量多吃那些高卡路里的食物"。

其中，知识能够改变的只有前者。我们可以将知识看作外储存器，在连接大脑后，大脑就可以运用假设思维来对其中的内容进行分析和应用，这就是系统 2 的运作过程。

系统 1 是认知偏误的源头，它并不会因为知识而发生改变。并且，在大多数情况下，系统 1 的控制力都要比系统 2 更强。道德心理学家乔纳森·海特就曾经将人类比作是"骑在大象（欲望和情感）背上的骑象人（意志和理性）"。他在书中写道："我的手中握着缰绳，只要拽动缰绳，我就可以指挥大象转弯、停下或是继续向前走。但前提是大象没有它自己的欲望，一旦大象真的想做什么，我根本拗不过它。"

---

[1] 罗伯特·A. 海因莱因曾在其科幻小说《严厉的月亮》中写到 "There ain't no such thing as a free lunch."（天下没有免费的午餐），后来成为一句著名格言。但是这句话并非海因莱因本人创作，而是在 1949 年就已经有人使用过。

虽然我不太愿意承认这一点，但他说的的确是事实。那么，有没有什么办法能够解决这个问题呢？

如果我们能够理解系统1的特性，对周围的环境进行设计，就可以间接地控制系统1。这一点从前文中减肥和学习的例子中就能够看出来。接下来，我还想再给大家举一个例子，看看人类是如何利用系统2来解决系统1无法单独解决的问题。为了使一个社会集团能够维持正常运转，就必须要减少"搭便车者"（free rider）的产生。所谓搭便车者，就是指那些只从集团中受益，而不为集团做出任何贡献的人。一旦我们默许搭便车现象的存在，选择搭便车的人就会越来越多，导致整个社会集团无法继续维持下去。因为在没有任何惩罚措施的前提下，搭便车明显会更划算一些。

系统1中的裙带关系和报复心理可以有效抑制搭便车现象的产生。由于报复心理的存在，当一个人的行为给他人带来损害时，自己也同样会面临遭受损害的风险。这样一来，人们就不会轻易做出损害他人利益的行为。当然，只有报复心理也是远远不够的。如果大家从一开始就是站在敌对的立场上，那么将无法展开合作行动。而裙带关系就会让我们与"自己人"亲近起来，建立合作关系。这样一来，人们会与自己亲近的人互帮互助，形成连锁效应，让整个社会集团得以维持下去。

但这个机制也存在着弱点。

其中最容易引发严重后果的，就是由无心之失引发的连环报复行为。

虽然报复心理可以抑制故意损害他人利益的行为，但人们仍然可能会因误会或是不小心而损害他人的利益。特别是当社会集团的规模变大后，这样的事故也会越来越多，而集团的成员则很有可能会分成不同的派系。裙带关系和亲近程度的差异会使人们对同样的事实做出不同的解读。与加害者 A 比较亲近的人，会将重点放在"A 不是故意的"这一事实上，认为 A 情有可原，不应该受到制裁。而与受害者 B 比较亲近的人则会提出反对意见，将重点放在"A 给 B 带来了损害"这一事实上，认为 A 理应受到制裁。如果与 B 亲近的人私下里对 A 进行了制裁，那么与 A 亲近的人会认为这种行为不具有正当性，然后反过来对 B 一方进行报复。报复行为会不断招来新的报复行为，为整个社会集团带来严重的损害。

　　人们发现了系统 1 的这个弱点，因此大多数文明都会禁止私下的制裁行为，并且用法律来规定刑罚。这就是利用系统 2 来解决问题的一个案例：先用假设思维做出预判——"如果人们在私下里进行复仇的话，那么会对整个社会集团带来巨大的损害"，然后再想办法制止裙带关系和报复心理（系统 1）所引发的行为。

　　人类在漫长的历史进程中所创造的各类制度，例如国家、市场和基本人权，这些都是为了解决那些单靠系统 1 中的感情和直觉无法解决的问题。因此，这些解决方法常常会与我们的感情和直觉相悖。也就是说，我们很难用感情和直觉去理解它们。

由于这些制度是为了解决大规模的社会问题，因此我们在自己的成长和生活的小型集团中一般很难碰到学习的机会。并且，由于这些制度早已经历了无数个世代，在社会中无数次试错才逐渐完善，所以它们往往非常复杂，解释起来也很麻烦。

　　不仅如此，为了理解这些制度的必要性，我们还需要暂时关闭主管直觉和感情的系统1，让能够使用假设思维的系统2运转起来。同时，我们还必须学习抽象化、理论化的知识，从而了解制度的历史和功能。

　　但在我们的日常生活中，很少有一个人长时间单方面地讲解或是倾听的机会，这也是我们需要建立学校的原因之一。为了维持这个巨大且复杂的社会继续运转下去，我们需要从自己所生活的社区中切割出一块专门用来教育的场所。

　　人类与生俱来的天性是恒久不变的，但是随着人类不断地发现和解决问题，人类所生活的环境在不断地发生改变。而学校则是在适应这二者的过程中进化成了今天这样的形式。

　　学校包含了许多令我们深恶痛绝的要素：在听课的几十分钟内，我们必须一直保持沉默；即使我们对这些科目没有任何好感和兴趣，也必须按照课程计划来学习；每隔一段时间就要举行考试，然后还会发放成绩单。而这些之所以十分必要，就是为了让自我控制力低下、对环境依赖性极强的系统1能够稳定下来。作为一个人工环境，学校能够让我们长期且系统地学习日常生活中学习不到的知识。与此同时，学校还是一个体验的场所。它能够让我们亲身体会到，在解决那些光靠感情和直觉解决不了的问题时，需要抑制系统1的运转。

许多人开始自学后，都会被自身的摇摆不定玩弄于股掌之上。有些人自己制订了学习计划，却又遵守不了；有些人总是会不由自主地将目光转向新的学科；还有些人本想着只偷懒一天没关系，结果却直接中断了学习……通过这些我们就能够看出，学校是如何运用了各种手段来弥补我们在自控能力上的缺陷，使我们能够在学习时拥有稳定的状态。

学校为我们提供了许多认知方面和非认知方面的支持，而对于自学者来说，这些都只能自己来准备。有了双系统理论，我们就能够从知、情、意等多个视角来全面地了解人类这种生物，这在我们思考"怎样才能变得更聪明""如何才能坚持学习下去"的时候会派上很大的用场。

我能够变得更聪明吗

从社会层面来看，人们可以用系统2和知识来有效地弥补系统1的缺点。

那么接下来，让我们再从个人层面来讨论一下。

在这个单靠系统1已经无法生存下去的世界中，人类能够运用系统2（特别是它的可拓展性）来生存。一想到这里，我就会开始思考，学习应该也不仅仅是把知识从外界转移到自己的大脑中，而是有着更深层次的意义。

通过学习别人总结出来的知识，系统2的认知能力会进一步拓展，而系统1所掌管的意志力和耐力等非认知能力也会得到提升。这才是人类最值得自豪的一大特点——能够构建认知生态位，再通过学习来武装自己。

关于认知能力的拓展，有一个非常简单易懂的例子，那就是笔算。如果是心算的话（光靠人类本身的认知能力的话），那么对于普通人来说，连三位数的乘法都十分困难。但只要有了纸和笔，即使是位数更多的乘法也完全不在话下。这就显著地提升了人类的运算能力。

还有一些比这更复杂的例子，比如我们虽然无法感知到原子与分子的存在，但我们却可以运用各种知识来理解并预测它们的运动。除此之外，我们还能够建造巨大的建筑物，设计和运营庞大的组织体系，甚至是将人类送上月球。

从这个角度来看，虽然绝大部分的知识都十分复杂难懂，学习起来需要耗费很长的时间，但它们也像笔算一样，能够使人类的认知能力进一步拓展。

想要解释"什么是聪明"很难，但是反过来，如果要给"愚蠢"下一个定义，那我们大家其实都深有体会。

如果我们做出了某种行动，而事后冷静下来思考时却感到懊悔不已，心想"我为什么会这么做"，那么这种行动应该就是愚蠢的。这样一想，系统1不仅赋予了我们敏锐的直觉和丰富多彩的感情，同时也赋予了我们愚蠢。

只要我们能够了解系统 1 的弱点，并用系统 2 来修正和弥补它，那么我们应该也就不会那么愚蠢，变得比原来更聪明一点点吧。

这和我们理想中的聪明绝顶也许还差得很远，但是至少能够让我们坚持学习下去，继续一点一点地变得更加聪明。

一本能够让人变聪明的自学工具书

本书的目的就是为大家提供一些必要的智慧，让大家能够坚持学习下去，继续一点一点地变得更加聪明。

为了达到这一目的，我将先介绍人类的认知与行为机制，然后在此基础上讨论"什么是知识"和"什么是学习"，再进一步对历代自学者提出的方法进行改造。

在本书中，我将仿照安迪·克拉克，把那些能够帮助我们学习、思考和自我控制的工具称为"脚手架"（Scaffold）。

在学习科学中有一个概念叫作"脚手架理论"（Scaffolding），是心理学家布鲁纳在维果茨基的"最近发展区理论"的基础上提出的一种理论。该理论认为，成人会在儿童发展的过程中给予适当的帮助，等到儿童可以自己独立解决问题后再将其"拆除"。

不同的是，安迪·克拉克所说的"脚手架"并不会被拆除，而是会一直帮助我们思考和行动。例如，只要掌握了笔算的方法，我们就可以使用纸和笔这样的外部装置来拓展自己的计算能力；只要掌握了计算机编程的技术，我们就可以进行更加复杂的计算和信息处理；只要掌握了各种科学理论模型，我们就能够提升对自然的理解能力。特别是在最后的这个例子中，我们甚至不需要记忆所有理论的详细内容，只要在必要的时候参考各种书籍（例如查找公式），就可以应用各种理论模型。我们并不仅是在用自己的大脑来思考，还有这些外部环境中的脚手架在帮助我们思考和行动。

在脚手架的帮助下，我们的认知能力和非认知能力都会得到提升。

自学，就好比一边修缮船只，一边在海上航行。如果再将脚手架的概念加入进来，那么我们就是在寻找和搭建脚手架的同时，利用脚手架来修理并扩充船只，自学的旅途就能够走得更远。

写这本书的资格与义务

自学其实可以分为许多不同的种类。有的人是想要自己学习一门新知识，不愿意借助学校和补习班的力量；有的人是不隶属于任何机构的独立研究者，想要开展自己的研究；还有的人是在步入社会后，想再把学校中学过的知识拿出来复习一遍。

大家从前文中的分析应该能够看出，本书中所提到的"自学"涉及的范围非常之广。从我一开始给出的自学者的定义和想要帮助自学者这一目的来看，这种范围的划定也可以说是必然的。无论一个人是出于什么目的、处于什么阶段，只要他想要开始自学（成为一名自学者），那么本书就一定会向他伸出援手。

除此之外，其实还有另一个原因。那就是我坚信，将求知行为分成不同的类别，在它们之间设置一些无用的围墙和阶梯，这样的做法所带来的害处要远大于益处。例如，与其将"学习"和"研究"看作不同的行为，不如将它们二者都看作求知行为的组成部分，这样我们的收获会更大一些[1]。

最重要的是这样一来，我们就能够在历史中寻找到许多自学的前辈。虽然那些知名学者所留下的丰功伟绩让我们难以望其项背，但我们的求知之路与他们一脉相承。正因如此，我们现在才会阅读他们留下的知识和思想，并将这些化为己用。

再加上，得知他们在求学路上所遇到的艰难险阻后，我们也会获得一些战胜困难的勇气。这些前辈用亲身经历告诉我们，人类无论在多么艰苦的条件下，都不会放弃对知识的追求。

其实，我很怀疑自己有没有资格来写这样一本为自学者提

---

[1] 例如，当我们在学习历史的时候，与其去背诵那些历史事件发生的年份和顺序，不如像真正的历史学家一样，翻阅史料，提出假说，论述自己的看法，推导出合理的结论，这样才能够学习到更深层次的知识。比起死记硬背得来的表层知识，这些深层次的知识在考试后也能够长久地保存在记忆中，且更容易应用到现实生活中。

供帮助的书。

但我的确觉得自己的身上背负着写作这本书的义务。

写完了这本书的我，现在依然艰苦奋战在自学的第一线。

这本书中的内容不仅源自我迄今为止的自学经历，更多的则是前辈自学者们做出的经验总结。我总觉得，自己有义务把从他们身上学到的许多方法传承下去。

如果我是一个更加聪明、更有毅力的人，那么我可能会写出一本完全不同的书吧。

然而那样的书，恐怕也只适合那些比现在的我更加聪明、更有毅力的人。

现在大家手上的这本《自学大全》，是专门为那些不够聪明，也不够有毅力的人准备的。

作为一个普通的自学者，我已经在这本书上竭尽了全力。

如果正在读这本书的你和我一样，是一个经常遭遇失败，但是不愿意就此放弃，想要重新开始自学的普通人，那么我相信，这本书一定会比那些天才所撰写的书籍更能够派上用场。

加油，我的朋友，向着知识的大海扬帆起航吧！让我们祝福彼此的航行能够一帆风顺！

Bon voyage!

本书的结构和使用方法

关于本书

1 本书是一个自学的工具箱。自学者可以将本书放在手边，反复查阅其中的内容。

2 如图所示（参见第 33 页），我们可以从"流程"和"内容"两个维度对自学进行解析，而本书的编写顺序就是按照自学的"流程"。

自学者的学习内容应该都被包含在横轴上所列出的这些学科领域之中。我从中选取了对自学来说最为关键的 3 个基础学科，并在本书的第 4 篇中进行了详细的介绍。

3 自学者可以自己决定学习的内容。既然本书自称是"大全"，就不能只为一部分的自学者服务。因此，本书将重点放在了普适性上，书中收录的学习方法对各个学科的学习都会有一定的帮助，并不是按照学科的内容来划分章节。

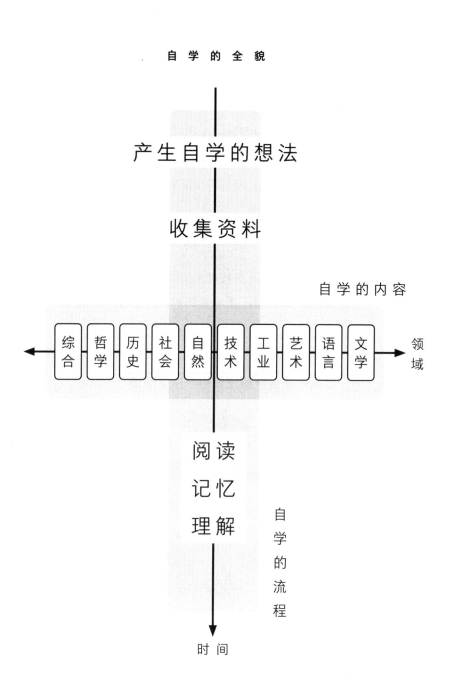

自 学 的 全 貌

产生自学的想法

收集资料

自学的内容

综合 哲学 历史 社会 自然 技术 工业 艺术 语言 文学　领域

阅读
记忆
理解

自学的流程

时间

4 无论您是刚刚打算开始自学的新人，还是已经自学了许多年的老手，我都希望本书能够为您提供一定的参考。因此，本书的编写顺序是按照上图中纵轴的时间顺序（自学的流程顺序），先从立志自学（产生自学的想法）开始，再介绍如何选择学习的内容以及如何收集必要的资料，最后再告诉大家如何去阅读、记忆和理解这些资料。

5 书中的各个章节不必按顺序阅读。如果其中有需要参考其他章节的内容，我会标出对应的页码。

如果您在自学的过程中产生了烦恼

6 无论是已经开始自学的人，还是读过本书后才开始自学的人，只要是遇到了烦恼，都可以查阅书后的"自学烦恼索引"，找到一些有用的方法或是信息。

本书的结构

7 本书采用了"3 + 1"的结构模式。

第 1 篇中介绍的方法主要是关于自学的心理准备，以及自学所需要的非认知能力，对"Why to learn"（为什么学习）这个问题进行了解答。

第2篇中介绍的方法主要是关于自学所需要的外部资源，让自学者能够接触到外界的知识，对"What to learn"（学什么）这个问题进行了解答。

第3篇中介绍的方法主要是关于知识的吸收与理解，对"How to learn"（如何学习）这个问题进行了解答。

第4篇则是介绍了几个自学的案例，将前三篇中介绍的各种方法进行组合，应用在了实际的自学中。

第 1 篇

8 如果您正打算开始自学，那么我建议您从头开始阅读本书。本书中介绍的方法大体是按照效果从高到低的顺序排列。"开始学习"和"坚持学习"才是自学的重中之重，而相关的方法都被收录在本书的第 1 篇中。

第 2 篇

9 自学者不仅需要自己来决定学习的内容，还需要自己选择学习资料和教材。第 2 篇主要介绍了这方面的方法和相关信息。

第 3 篇

10 本书第 3 篇的内容就是我们通常所说的"学习方法"。我在编写时主要选取了一些效果比较好的方法，并且还会在解说的部分介绍一些其他的相关方法。

第 4 篇

11 本书在第 4 篇中介绍了三个具体的自学案例，用来向大家展示如何在实践中组合与应用前三篇中介绍的方法。之所以选择了语文、英语（外语）和数学这三个学科，是因为这三个学科是学习其他专业知识的基础。

各章的结构

12 本书在各章的开头都设有对话。如果您的时间比较紧张，或是不擅长阅读长篇大论，那么我建议您先阅读一下对话部分。只要看了对话，就能够了解这一章的大概内容。

13 各章的主要内容就是方法的介绍。在这部分中，我会对方法的实行步骤进行说明，还会加上一些使用案例以及详细的解说。

目录

第**1**篇
回到起点——我们为什么要学习

第1章　先立志

第2章　确定目标

第3章　增强学习的动机

第4章　挤出学习的时间

第8章 找到资料

第9章 打开通向知识的大门

第10章 整理收集到的资料

第13章 记忆

第14章 如何突破"不懂"的难关

第15章 创造自己的自学方法

第4篇
为自学打下基础

自学语文的几大要点

第1篇

回到起点——
我们为什么要学习

为自学做好准备

1916年（大正五年）8月21日，50岁的夏目漱石给两个20多岁且才华横溢的年轻人（芥川龙之介和久米正雄）写过这样一封信[1]，想要激励他们。

要不要学习一下？

要不要写点什么？

你们是想要成为新时代的作家吧？

我会看着你们走向成功的未来。

请成为伟大的人吧。

但是不可以盲目地焦急。

重要的是要像牛一样埋头前进。

紧接着，在8月24日，夏目漱石又写了另一封信[2]。

成为牛是非常有必要的。

---

[1] 三好行雄编《漱石书简集》，岩波书店，1990，第308页。

[2] 三好行雄编《漱石书简集》，岩波书店，1990，第311—312页。

我们都想要成为马，却很难静下心来当牛。

像我这样的老滑头，
现在也只能算是牛和马生出来的半牛半马。

不要焦急。
不要做蠢事。
一定要有恒心。
世间万物都会在恒心的面前低下头来，
而烟花则只能留下一瞬的记忆。
埋头向前推，直到死去为止。
只要记住这一点就够了。
不要将对手当作自己前进的目标。
对手会层出不穷，
让我们陷入烦恼。
牛只会永远超然地向前推。
如果你们问我应该推什么，
我的答案是，人类的发展。
不要让自己的目光局限在文学上。

与我们的预期相反，天才并不会偷懒。

身为凡人的我们回想起龟兔赛跑的寓言时，常常会在心中感叹："如果我是兔子（天才）的话，肯定会先把眼前的任务完成，然后早早地去睡午觉。"

然而事实上，天才在完成眼前的任务后，还会立刻再去做其他的事，或者是重新挑战自己解决过的难题。

而那些会偷懒的天才很快就会消失得无影无踪，或是泯然众人。我们可能根本就注意不到他们，即使是注意到了，也很快就会忘记。

夏目漱石在信中写了这样一句话：

世间万物都会在恒心的面前低下头来，
而烟花则只能留下一瞬的记忆。

所以说，天才也是那些不懈努力的人中的一员。

本居宣长也曾用比较委婉的说法表达了类似的观点。

总而言之，做学问最重要的一点，就是要长年累月坚持不懈地努力。而学习方法则并不是那么重要。无论方法有多好，只要中途懈怠，都做不出成果来[1]。

开始自学并不是一件难事，而坚持下去却很难。

我们都知道坚持的重要性。但是大家也都有过半途而废的时候，都知道坚持有多么困难。

人和其他哺乳动物一样，都能够维持恒定的体温。

然而在保持恒定的意志力和自我控制方面，我们的机能还不是很完善。

---

[1] 本居宣长：《初山踏》，白石良夫译注，讲谈社，2009，第53—54页。

用一句话来概括——人能够维持恒定的体温，却保持不了恒定的意志力。

那么，我们该怎么做才好呢？

让我们再从其他生物的身上寻找一些启示。

蜥蜴是一种变温动物，它们有时会晒一晒太阳，做日光浴，有时又会躲进阴凉的地方避暑[1]。为了将体温控制在适当的范围内，它们会自发地向温度较高或较低的区域移动。也就是说，蜥蜴虽然没有哺乳动物这样的体温调节机制，但是它们会利用外部的环境来维持体温。

我们的直觉和感情（还有冲动）都来源于系统1，而系统1的进化是为了让我们能够及时做出反应。从这一点上来看，我们和其他的动物一样，都会被自己当前所处的环境左右。

只要理解了系统1的这一特性，我们就会发现，想要抑制自己的冲动、强化意志力，需要利用好外部的环境。

况且，人类与蜥蜴不同，我们不仅可以移动到更加合适的环境中，还可以按照自己的目的来对外部环境进行设计。

提出了GTD（Getting Things Done）时间管理方法的戴维·艾伦曾经将这一点描述为"让'聪明的自己'为'不太聪明的自己'打点好一切，这样一来，'不太聪明的自己'才能够做出正确的应对"[2]。

---

[1] 人类在认知方面属于"外温动物"这一点和蜥蜴的例子均出自约瑟夫·希斯：《启蒙思想2.0：如何让政治、经济和生活恢复理智》，栗原百代译，NTT出版，2014，第91页。

[2] 戴维·艾伦：《搞定》，田口元监译，二见书房，2015。

自学者需要自己来决定"在哪里学习"和"如何去学习"。因此，对于自学者来说，这样的解决方法可以说是再合适不过了。

在本书的第1篇中，我将重点向大家介绍一些与非认知能力相关的方法，帮助大家持之以恒地实行计划。

我们的前辈们就是使用这些方法来对外部的环境进行设计，使自己拥有更强的意志力和持之以恒的精神。

对于所有领域的自学者来说，时间和学习动机都是两大难题。而我在第1篇所介绍的这些非认知能力和方法，就会帮助您学会如何去管理时间和培养学习动机。

除此之外，对于自学者来说比较困难的就是找到合适的教材和学习资源。在本书的第2篇中，我将具体对这方面的方法进行介绍。

我之所以这样安排顺序，就是因为比起"学什么"和"怎么学"，这些非认知能力对学习效果产生的影响才是最大的。

一颗坚持的心，比好的学习方法要难得多，也重要得多。

第 1 章

先立志

无知小子和老者的对话 1
为什么我们不会放弃学习

无知小子：帮帮我！帮帮我！

老　　者：一大早的吵死了。你今天又来干什么？

无知小子：事发突然，我遭受了打击，已经无法继续自学下去
　　　　　了，请您帮帮我吧！

老　　者：这才刚开始自学就说这样没出息的话。想放弃的话
　　　　　直接放弃不就行了吗？

无知小子：您难道不应该先问问我发生了什么吗？

老　　者：那我就问问吧，是什么鸡毛蒜皮的事让你遭受打
　　　　　击了？

无知小子：您就不能稍微照顾一下我的感受吗！有人对我说
　　　　　"你这种笨蛋再怎么学都是没用的"，这让我很受
　　　　　打击。

老　　者：这话我不是也常对你说吗？

无知小子：是吗？我从来都没听到。

老　　者：我再说一遍，没有人强迫你去自学。你要是想学，

　　　　　　那就继续学，不想学了就放弃，就这么简单。

无知小子：要是能说放弃就放弃，我就不会来找您了。

老　　者：你这才说到点子上了。

无知小子：嗯？什么意思？

老　　者：如果你想放弃也放弃不了，**就算中途碰壁，也会好
　　　　　了伤疤忘了疼地重新开始，那么这就是促使你自学
　　　　　的核心。**

无知小子：听起来很有道理，但我还是不太懂。

老　　者：这可能很难用言语来表达，但是如果我们继续往下
　　　　　深挖，也许就会有什么特别的发现。仔细回想一
　　　　　下，你以前沉迷过哪些事物？碰到过哪些让你开始
　　　　　学习的契机？就算表面上看起来没有直接关系也无
　　　　　所谓，仔细回想一下，应该能想起很多。

无知小子：我感觉自己马上就要打开一扇禁忌的记忆之门了。

老　　者：嗯，是会有这样的感觉。

无知小子：我曾经把"膏肓"读成"膏盲"，被大家嘲笑过。
　　　　　还有一次，我一不小心说"18 世纪英国的维多利
　　　　　亚时代"[1]，然后大家就一起笑话我，问我是从哪个
　　　　　平行宇宙来的。可能我开始自学的动机就是来源于
　　　　　此吧。

---

[1]　维多利亚时代（Victorian era）。指 1837—1901 年，维多利亚女王统治英国的
　　　这一时期。我们可以大致认为该时期处于 19 世纪。这一时代被认为是英国史上
　　　最为繁盛的时代。工业革命推动着英国经济发展到了成熟期，使大英帝国的国
　　　力达到顶峰。

老　　者: 其实大家都是这样。那些写起东西来十分自以为是
　　　　　的人，也都曾经有过这样的黑历史。

无知小子: 但是，每当我想到这些被大家嘲笑后内心受挫的经
　　　　　历，都只会变得更加意志消沉。回想起来，我总是
　　　　　因为同样的事情被大家嘲笑，然后心情变得低落。

老　　者: 那你不妨再仔细地想一想，为什么"尽管"[1]遭受
　　　　　过如此多的打击，你都不肯放弃学习呢？为什么中
　　　　　途放弃了学习后，你还会再去重新开始？是什么支
　　　　　撑着你不屈不挠的信念？是憧憬？是别人的鼓励？
　　　　　还是学习过程中所收获的快乐？这些支撑你的事
　　　　　物可能微不足道，在别人看来或许不值一提。但其
　　　　　实，无论是多么波澜壮阔的河流，追根溯源，都是
　　　　　来自小小的泉眼或是一滴微不足道的水珠。

---

[1]　"尽管"（in spite of）是蒂利希神学的核心。"所谓勇气，就是指一个人尽管
　　内心存在着虚无和不安，却仍然能够去肯定自己。"保罗·蒂利希：《存在的勇
　　气》，大木英夫译，平凡社，1995，第56页。

方法1 学习动机图

①找到一件成为你学习动机的事情

我们为什么想要学习？是什么导致了这种想法的出现？让我们开始学习的契机可以是一个人、一本书，也可以是一件事情。大家可以仔细地回想一下，然后把它具体地写出来。如果契机不止一个，那就把它们一条一条地列举出来。

写下来后，我们可以再从中选出一个最重要的契机，尽量把当时的详细情况写清楚。比如，这件事是什么时候、在哪里发生的，当时自己是独自一人，还是和其他人在一起。如果可以的话，最好把当时的心情也写下来。

最后，我们可以给这件事取一个名字（题目）。这个名字要尽量特别一些，大家可以反复想一想，直到找到自己心仪的为止。

我反复回想起自己不断尝试和受挫的求学经历，从中找出了最早的一份记忆。我将其命名为"与老生物学家的相遇"。

我在小学三年级时，曾经参加过一个面向儿童的野生鸟类观察会，在会上遇到了一位老生物学家。大人们说"那个爷爷是一个非常厉害的老师，一定要好好听爷爷讲话"，让孩子们全都聚集在这名老生物学家的周围。

老生物学家先是介绍自己说"我是一名昆虫爱好者",然后说了下面这样一番话。

"我从你们这个年纪开始,就一直很爱捉虫子。不过我捉的那些虫子都不怎么好看,所以也算不上是在搞收藏。有一次,我想捉的虫子被一条鲑鱼吃掉了。自那以后,我就开始钓鱼,结果想钓的鲑鱼又被鸟给吃掉了。于是我就开始思考,鱼会吃虫,鸟又吃鱼,而人什么都吃。鱼可以在水中自由穿梭,鸟又能在天上恣意翱翔。就算是井底之蛙,头上也会有一片天空,而天空又能覆盖整个世界。只要我们以眼前的事物为起点,抓住事物之间的联系,就一定能够发现更广阔的世界。自那以后,我的思考范围就扩展到了整个生物圈。"

② 写出这件事带来的影响

给这个契机起好名字后,让我们再来想一想它给我们带来了哪些影响。

我所说的影响既包括直接影响,也包括间接影响。比如,这件事使我们的行为、习惯和思考方式发生了怎样的变化,而这种变化又给我们周围的人带来了哪些影响。

对于我来说,这件事情给我带来的影响主要有三点。

首先,听过这名老生物学家的一席话后,我在心中将"捉虫子"这种小孩子的玩乐和学术研究联系在一起。长大后,我才明白这些就是生物学和生态学的内容(影响1)。

其次，他生动地讲述了生物之间存在的联系，并且让我开始明白这种联系在知识的世界中也同样存在，每一种知识都不是孤立的（影响2）。

最后，在他的讲述中，他的学术生涯是沿着生物之间的联系而逐渐展开的。这也给我留下了很深刻的印象。从那时起我就认为，所谓学习，就是要像这样沿着事物之间的联系不断向外探索（影响3）。

❸ 对影响进行评价

接下来，我们要来评价这件事给我们带来的影响，看看这种影响究竟是正面的还是负面的。

对于我来说，"与老生物学家的相遇"为我未来的"扩散型"学习模式打下了基础。在那之后，我的学习内容和主题一直都处于一种不固定的状态，不断游走于各种不同的领域之间。正因如此，我也曾经为自己没有一个固定的专业而烦恼。但现在我觉得这种影响其实是正面的。

❹ 注明评价的理由

如果您觉得这件重要的事给您带来了正面的影响，请您再进一步写出这样评价的理由。

这样一来，我们就能够把成为自己学习契机的重要事件与现在的自己或是自己的学习联系起来，让它为我们的学习动

读书猴的学习动机图

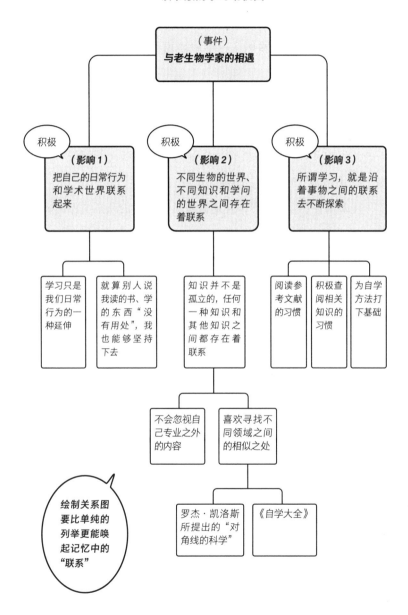

机提供有力的支撑。我之所以认为这件事为我带来了正面的影响，主要有如下几点理由。

（影响1）我能够把自己平时所做的事情（比如追赶昆虫、翻阅图鉴）和学术的世界联系到一起。因此就算别人对我泼冷水，说"你学的这些东西在实际生活中一点用处都没有"，我也能够继续坚持下去。

（影响2）"知识的世界是相互关联的"这一印象使我养成了在不同领域的知识之间寻找相似之处的学习习惯。

（影响3）所谓学习，就是沿着事物之间的联系去不断探索。这个观点使我养成了阅读参考文献和积极查阅相关知识的习惯。

这三点也为本书中所介绍的自学方法打下了基础。

⑤ 如果有必要的话，可以反复重复①—④

通过回想某件事情给自己带来的影响，思考这件事为自己带来了哪些益处，我们还可能会回想起其他相关或类似的事件。

提高自己的意志力和积极性

制作学习动机图可以帮助我们回到学习的"原点"，反复审视当时的事件对现在的自己产生了怎样的影响，如此来提高我们学习的积极性和意志力。

想要自学的人，一定多多少少都遇到过这样的契机，所以才产生了学习的想法。

有时，可能是一位长辈为我们打开了知识世界的大门；有时，可能是一本书中的一段话拨动了我们的心弦；有时，通过书和网络遇到的其他自学者成了我们憧憬的偶像。

再或者，有的人可能是因为自己的愚昧和无知遭到了他人的嘲讽，心中充满了不甘。

这样的契机会引导我们去学习，而学习的体验又会为我们带来新的契机，带领我们去学习新的事物。

在这样的一个良性循环中，人就会自然而然地成为一名学习者。

或许，不断经历这些与"知"和"无知"相关联的种种，像一名旅人一样不断前行的过程，就是我们所说的"学习"。

通过制作学习动机图，我们可以对那些引导我们走上求知之路的契机进行收集和整理。同时，通过分析这些事件给我们带来的影响，我们会发现，一直以来，都是一些人、事和知识在支撑着我们求知的意志。

每一种知识都不是孤立的，必定会和其他的知识相互依存。学习也是同样，每个人的学习都必定会和他人的学习产生联系，相互扶持。

自学者常常会独自一人学习，度过漫长的时光，因此他们很容易忘记自学本不是一件孤独的事情。

随着学习进程的推进，大家最终都会明白这个道理。但是学习动机图可以帮助我们从自己的过去找出学习的契机，并将其系统化地进行整理，提前为自己的学习做好铺垫。

立志是一种历史悠久，但常用常新的方法

自古以来，学习这件事举足轻重，因此，很多古人也都曾经立下过志向。

孔子曾经提出过"志学"（吾十有五而志于学），佐藤一斋[1]在《言志四录》中也主张"学习最重要的就是立志"。

桥本左内曾在15岁时写下著作《启发录》，并在其中将"立志"和"去稚心""择交友"并列在一起。他认为"所谓立志，就是确定自己的心之所向。一旦下定了决心，就要径直向着那个方向前进，努力不要失去这份决心"。

日本有一种说法，叫作"立志传中的人"，用来形容那些不断付出努力和辛劳，取得成功，被社会所认可的人。从中我们也能够看出，立志几乎被看作是成功的必要条件。

但是，我们还必须要注意的是，这其中存在着幸存者偏差。

也就是说，当成功的人回首过去，会发现他们在付出巨大

---

[1] 日本江户时代后期的儒学家，曾任林家塾塾长、昌平坂学问所教官等职，培养了渡边华山、佐久间象山、山田方谷、横井小楠、大桥讷庵等多位人才。

的努力和辛劳前，都先立下过志向，而反过来，并不是所有立下志向的人都能最终取得成功。

让志向和自己一同成长

每个人都会立志，周围的人也会劝说我们来立志。无论自己现在的状态有多么糟糕，理想中的未来都是那样美丽。立志可以让我们感到开心，但是如果一个人只会立志，那么他除了开心以外什么也得不到。

如果我们对众多立下志向的人进行长期的观察（与回顾性的分析方法相反，我们将这样的分析方法称为前瞻性分析），就会发现大多数的人都会在中途遭遇挫折，半途而废。

大家同样是立下了志向，为什么有的人能够成功，而有的人却惨遭失败？是天赋上的差距，还是运气问题呢？

事实上，**立志的意义并不是在于确定目标的瞬间，而是在于反复将自己的行为和想法与自己的志向联系起来的这个过程。**

我们之所以可以对一个人的行为作出预判，就是因为他将"别人认为他所具备的那些特质"（可能是一些不同的特质）融入自我之中，并在自己的日常行为和判断中体现了出来。

我为什么会这么做？我为什么没有那么做？通过这样自问自答，对自己的行为进行解释，我们就能够将事件和自己的行动与人格重新进行关联，使三者保持一致性。这样一来，在不知不觉中，我们就会反复地在脑海中为自己塑造出一个形象，然后再将这一形象一次又一次地表演出来[1]。

人类能够按照自己预先写好的剧本作出行动，同时根据行动的结果来反复修改剧本。正因如此，我们才能够在外部环境的刺激下保持自我。有的人即使是面对诱惑，也能够忠心不贰；有的人就算被别人激怒，依然可以努力地保持平静；有的人想要临阵脱逃，但却能说服自己坦然面对。哪怕是真的当场选择了逃跑，之后也会感到后悔不已，重新下定决心思考对策，不让历史再次重演。

即使是一个天生软弱的人，只要在心中认定自己能够对抗现实，反复去塑造理想的自我，就能够迸发出强大的意志。这种强大的意志并不是要求我们生来就具备一颗坚定不移的心，而是来源于人与自我不断对抗的过程。

当我们取得进步和成果时，可以将这些与自己的志向联系起来，让志向变得更加坚定。如果遭遇了失败和挫折，那就回到原点，想一想自己当初立下的志向，静待下一次挑战。在我们还不够成熟的时候，立下的志向可能也只是以自我为中心的梦想。而这个反复将现实与志向关联起来的过程，能够防止我们的行为和思想变得散漫，让我们的志向变得更加脚踏实地，让我们不断成长。

---

[1] 很多作者都曾经在著作中谈到过关于人对自我进行塑造的问题。关于人类如何编织自我的论述，此处参考丹尼尔·丹尼特：《意识的解释》，山口泰司译，青土社，1998。

学习动机图就是这样一个帮助我们塑造自我，将自己的行为与动机反复关联起来的方法[1]。无论您是否已经明确了自己的志向，都可以从中得到一些启示。

---

[1] 这里我参考了迈克尔·怀特：《叙事疗法实践地图》，小森康永、奥野光译，金刚出版，2009。作者认为在塑造自我的过程中，使用图示化的方式（地图）会有一定的帮助。我在前文中所介绍的，寻找自己的学习动机时所需的四个步骤，也是从这本书第36页所介绍的"立场说明地图"中得到的灵感。

孔子

（前 551—前 479）

中国春秋时期的思想家。他所创立的儒家思想成了中国思想的基石，对后世产生了巨大的影响。同时，孔子还是一名教育家。据传，他有弟子三千人，其中精通六艺者七十二人。虽然孔子是一名孤儿，但是他在无依无靠的境遇中依然不懈努力，修习礼乐，是一名优秀的自学者。"我非生而知之者，好古，敏以求之者也。"（《论语·述而》）

桥本左内

（1834—1859）

福井藩士，活跃于幕末时期的开明派志士。父亲是一名藩医，他从小就十分聪慧，15 岁时写下著作《启发录》后，第二年就前往大阪，在绪方洪庵的塾中修习兰学和西洋医学。在那之后，他又前往江户游学，学会了阅读英语和德语，和藤田东湖、西乡隆盛结为好友，担任了藩校的学监，并开设了洋书习学所。他曾经预想到了联合国组织的出现，希望通过富国强兵建立统一国家，后来成为一桥派的谋士，也是藩主松田庆永的心腹，在安政大狱事件中，因介入将军立嗣问题而被问责处决，享年 26 岁。

第2章

确定目标

无知小子和老者的对话 2
站在巨人的肩膀上书写梦想

无知小子：帮帮我！帮帮我！

老　　者：我拒绝，你从哪儿来回哪儿去。

无知小子：您至少问问我为什么来呀。

老　　者：我是真不想问……所以你到底为什么来啊？

无知小子：我今天是来立大志的，请您听我说一说我远大的
　　　　　理想。

老　　者：回你自己家里去。

无知小子：别呀，那样显得我多蠢啊！

老　　者：没有成为蠢人的勇气，那就别谈什么理想了。你得
　　　　　脚踏实地一些，像蚂蚁一样埋头苦干才行。

无知小子：我肯定没法像蚂蚁一样，在那种复杂而高效的社
　　　　　会[1]里生存。

老　　者：那你怎么去实现梦想？你是只想做白日梦吗？

---

[1]　关于蚂蚁社会的描述，我参考了伯特·霍尔多布勒、艾德华·威尔森：《蚂蚁的
　　自然记录》，辻和希、松本忠夫译，朝日新闻社，1997。

无知小子：不，我只是想尽量把梦想描绘得远大一些，然后坐在家里等着它变成现实。

老　者：你这梦话说的，比白日梦还要可怕。

无知小子：不是有人说，只要我们能够做到"积极思考"[1]，就可以让自己讨厌的上司降职，任何想要实现的事情全都会实现吗？

老　者：我是听不懂你在说什么。如果只要想一想就能实现，那你也就不需要方法和努力了。祝你好运。

无知小子：啊，请您等等！我只是被鸡汤文洗脑了而已。每当我树立了远大的目标之后，最终都会惨遭失败。我想改变这一现状，请您帮帮我吧！

老　者：既然你这么说了，我就送你一句话吧。德怀特·艾森豪威尔[2]有一句名言，那就是"计划（plan）是不中用的，但制订计划（planning）却是必不可少的"。

无知小子：听起来好像很有道理，但是我完全不懂他的意思。

老　者：没有人能够做到无所不知。未来总会发生很多我们预想不到的事情，对手很可能会钻空子，打我们一

---

[１] 积极思考（Positive Thinking），一般指用积极的心态来看待事物的思维方式或思考倾向。在此处特指 19 世纪中叶在美国兴起的基督教异端思潮"新思维运动"（New Thought Movement）中所推崇的思想——"只要人能够积极地看待事物，就能够心想事成，人生也会一帆风顺"。该思想认为，人可以通过改变自己的思维方式来改变现实。小池靖：《心疗文化的社会学——传销、鸡汤和创伤理论》，劲草书房，2007。

[２] 美国军人，政治家。曾任美国陆军参谋长，北约总司令，被选为美国第 34 任总统。

个措手不及。好不容易制订了计划，却没办法按照计划去实行，这都是常有的事。

无知小子：但尽管如此，我们还是要去制订计划？

老　者：没错。**只有认真地去制订计划，我们才能看清自己能力的上限，对自己处境的优势和劣势进行总结。**制订计划的过程能够引导我们去关注自己的行动与未来。有一个概念叫作"元认知"，是指人对自己的思维进行客观审视的能力。制订计划则正好可以帮助我们提升这种能力。

无知小子：说白了就是，制订计划可以让我们变得更聪明，对吗？

老　者：算是吧。

无知小子：但是我总会半途而废，然后一次又一次地感到意志消沉，这可如何是好呢？

老　者：咬牙坚持下去。挫折是培养元认知的最佳养料。它会告诉我们，我们对自己的预期是存在偏差的。如果一个人没有遭受过挫折，那他就很难更进一步地认清自己。如果我们不去制订计划，那就不会半途而废了。但是这种"反正做了计划也是半途而废，那就干脆放弃吧"的想法，会阻碍我们进步。哪怕是为了在"半途而废"中得到学习的机会，我们也一定得制订计划才行。

无知小子：那我们应该怎样从失败中学到东西呢？

老　　者：可以想一想这次出现了哪些计划外的因素，以及这些因素是什么原因导致的。为此，我们在制订计划的过程中，需要对各种可能发生的情况做好预案，这一点十分重要。换句话说，对不确定因素进行预测也是制订计划的一部分。至少在面对一个目标时，我们要想好自己需要做些什么，做到什么程度，花费多少时间，把这些都写下来，然后再想一想这些需要我们提前做好哪些准备。这样一来，计划的可行性也会变得更强。制订计划时考虑得越是细致，最终我们能学到的东西也就越多。

明确学习的出发点

方法2 | **可能的阶梯**

① 选择一门自己想要学习的科目，将自己已经掌握的（或是知道的）知识点写下来

"我想学好数学。"

这样的目标未免有些太过宽泛，让人不知道从哪里入手才好。

此时，我们可以先把自己已经掌握的（或是知道的）有关"数学"的知识点写下来。

> ·分数、小数
> ·一次方程
> ·代数式　·微积分
> ·二次方程
> ·矩阵　·三角函数

② 将步骤 1 中列出的知识点按照从易到难的顺序排列

当我们将自己已经掌握的（或是知道的）知识点一一写出后，再将这些知识点按照从易到难的顺序排列。

例如：

· 分数、小数（已掌握）。

· 代数式（已掌握）。

· 一次方程和二次方程（已掌握）。

· 三角函数、矩阵、微积分（只记得名称，不记得具体的内容）。

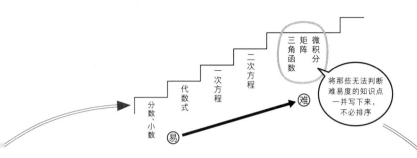

③ 明确学习的出发点

在排序的过程中，我们会逐渐看到一些较为复杂、高难度的知识点。有些知识点可能还需要再巩固一下，有些知识点可能掌握得不够透彻，有些知识点学过但是忘记了，还有些知识点连难易度都很难判定。这样的知识点，我们可以将其比作楼梯的"缓步台"。

从缓步台往下数两阶左右，就是我们当前学习的起点。

寻找"知道"与"不知道"的分界线

当我们想要学习一门知识，但是不知道该从何学起时，可以使用这个方法来整理当前的状况和自己手中握有的资源。

当我们想要开始学习某一领域或某一科目的知识时，我们不可能对其一无所知。因为那样的话缺乏学习的动机，而且，我们根本就不会想到要去学习它。

当然，我们目前知道的内容应该也不是很多。正因如此，我们才需要将自己"掌握到什么程度""是否有所了解"都写出来，从中找出向下一阶段前进的落脚点。

"知道"与"不知道"的分界线，就是我们的"知识前线"。学习就应该从这里出发。

只要我们将自己知道的内容按照从易到难的顺序排列，就一定能够找到自己没有完全理解透彻，或是记忆有些模糊不清的知识点。

而这里，就是我们重新开始学习的出发点。在实际学习的过程中，我建议大家从比这再稍微简单一些的内容（自己感觉已经掌握了的内容）开始，这样会更加稳妥。

当我们在教室中一起学习的时候，所有人都使用同样的教材，跟着同一位老师学习。这就意味着，大家的"起跑线"也都在同一位置。

这样的安排，是为了让所有人能够按照同样的顺序和速度来学习。即使有的学生已经提前学习过一些内容，也需要配合其他学生，一起从零开始。

但是，现在的你是一名自学者。

在自学的过程中，我们不需要去和其他人统一步调。所以我们可以按照自己对知识的掌握程度与实力，来设定自己的起跑线。

与其重新开始打基础，从山脚一步一步慢慢向上爬，不如**从山腰上为自己架起一座"可能的阶梯"**。

直接从山顶出发的"跳伞学习法"

野口悠纪雄[1]曾经提出过一种"跳伞学习法"。这种学习方法是指，我们可以暂且不考虑自己的实力，而是从实际需求出发，直接从知识的"顶峰"开始学习。

跳伞时，我们会飞到目的地的上空，然后从空中跳下，直接抵达目的地。这种学习方法与跳伞有些类似，提倡从距离自己的最终目标最近的位置开始学习。

如果我们需要备考，那么"答对考试题"就是我们的最终目标，距离最终目标最近的就是历年的真题。也就是说，我们应该直接向历年真题发起挑战。如果题目做不出来，解析也

---

[1] 野口悠纪雄：《"超"学习法》，讲谈社文库，2000，第4章。

看不懂，那就去查阅教辅书，掌握那些理解题目所必需的知识点。

这种方法的好处有如下几点：

- 时刻关注着自己的最终目标，有助于我们保持学习热情。
- 能够帮助我们明确意识到哪些知识点掌握得不够清楚，哪些地方还存在着不足。
- 只学习达成最终目标所需的最低限度的知识，可以减少时间的浪费。

"惰性计算学习法"——到了需要的时候再开始学习

除了"跳伞学习法"，"惰性计算学习法"[1]也同样属于需求导向型的学习方法。

"惰性计算"是计算机领域的术语，通常指到了不得不对某数值进行评价时，才对该数值进行计算。

同理，"惰性计算学习法"则提倡到了需要的时候再开始学习，而非提前学习相关的知识。

程序员之所以会采用这样的学习方式，就是因为在编程的世界中，大家必须永不停歇地去学习新的事物。

在这种技术不断飞速进步的领域，"提前学好所有必要的

---

[1] http://amachang.hatenablog.com/entry/20080204/1202104260.

知识"完全就是一种妄想。

或许我们可以这样说。在编程的世界中，只要有人写出几行代码，创造出新的程序（或是程序的一部分），整个世界就会发生一定的改变。即使编程的工作只有一小部分是真的在创造新事物，所有程序员也都在不断参与着世界的创造和改造。在这一过程中，只要世界发生了变化，无论这种变化是大是小，都有可能会导致新的学习内容的产生。

从事计算机行业的人都会（频繁地）体会到，自己的脑力劳动能够更新这一领域的知识，而这又会进一步对自己接下来的工作产生直接影响。在这种情况下，人一旦停止学习，就会被不断更新的知识远远地甩在身后，被整个计算机世界抛弃。

正因如此，在计算机行业，这种需求导向（needs-driven）的学习方法才受到支持，大家会在需要的时候去学习自己要用的知识。

这也提醒了我们，就算速度没有编程领域这么快，其他领域的知识也同样在不断地变化和更新。所谓"学无止境"，就是这个道理。

与其说"惰性计算学习法"是一种方法，不如说它是知识向我们提出的诉求。

自己来绘制学习的地图

方法3 | 学习路线图

① 将现状和目标写在纸的两端

所谓现状，就是我们学习的前提条件。我们可以把"我（学习者）已经掌握了的内容"和"不了解的内容"都简洁地记录下来。

目标并不是指学习的对象，不要只写"学习××科目"，而是应该简洁地写出自己学习后想要达到什么样的水平。如果现状是"完全不懂法语"，那么目标可能也会比较笼统，比如"想要学会法语！"在这种情况下，我们可以之后再进行修改，让目标变得越来越具体。

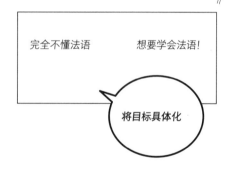

完全不懂法语　　　　想要学会法语！

将目标具体化

② 添加步骤，在现状和目标之间绘出一条路线

将具有可行性的步骤连接到一起，我们就会得到一条路线。

一开始我们可以写得粗略一些，之后再将其具体化。步骤写得越是翔实细致，实行起来也就越容易，还能方便我们去思考其他的路线。

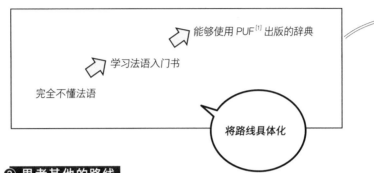

③ 思考其他的路线

在现状和目标之间绘制出一条路线后，我们可以再想一想还有没有其他路线。

有的路线走起来会比较困难，但是用时较短；有的路线走起来比较耗时，但是却更加轻松。这样多想几条路线，可以帮助我们发现第一条路线的优点和缺点。

④ 从多条路线中选出一条学习路线

提前将一些可选路线写下来，再从中选择一条最理想的路线，这样就可以防止我们日后不断地更换学习方法。

---

[1] PUF（Presses universitaires de France，法兰西大学出版社）。

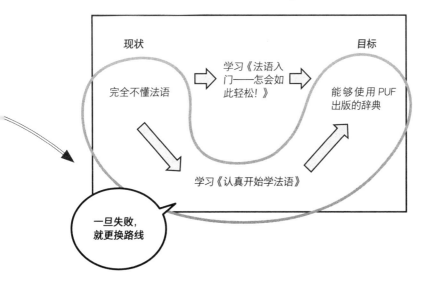

現状

目标

学习《法语入门——怎会如此轻松！》

完全不懂法语

能够使用 PUF 出版的辞典

学习《认真开始学法语》

一旦失败，就更换路线

⑤ 在实际学习中不断对路线进行修正

自学者的"路线图"总是在不断发生变化

学习路线图，可以帮助我们俯瞰并规划自己自学的行程。

在自学的过程中，没有人会告诉我们应该去学什么，以及如何去学。自学者必须自己选择自己前进的方向和方式。

与此同时，学习者在学习的过程中会专注于当下。如果我们在走路时紧盯着自己的脚下，就很容易在旅途中迷失方向，甚至搞不清自己面向何方，正在向何处前进。

不仅如此，学习也不会按照我们的预想来进行，学习计划大多都会在中途出现变化。

其原因大概可以分为两点。

一个原因是，**我们在规划路线时，往往对前方的"地形"还不是很了解**。

正是因为我们对学习对象了解得不够多，所以才会开始学习。在这种缺乏了解的状态下制订出的计划，难免会有一些漏洞和缺陷。因此，一开始我们所绘制的路线图肯定不够完善。

另一个原因就是，**我们学到的东西也会导致我们前进的方向发生改变**。

学习，就是一个改变自己的过程。人只要获得新的经验，或是学到一点新的知识，就会相应地发生变化。学习者本身发生变化后，对学习内容的看法也会有所不同。

也就是说，我们是在不断改变地形的同时前进。

自学者需要一张路线图，但也会在前行的过程中不断地去修正它。

因此，我们需要在过程中反复确认自己的目标和现状，将二者重新联系到一起，不然很容易中途迷失方向。

过程决策程序图[1]就是这样一种"在制订计划的同时行

---

[1] 过程决策程序图（Process Decision Program Chart）是航空力学家、系统工程学家近藤次郎在 1968 年提出的一种方法。在我们解决问题的过程中，经常会出现一些我们无法按照预期来进行控制的因素，例如交涉对象和竞争对手。使用有向图随时将这些因素视觉化，可以帮助我们修改计划，在各个重要节点作出合理的判断。近藤次郎：《做决策的方法——PDPC 法的展开》，NHK 出版，1981。

动，在行动的过程中对计划进行修改"的方法。而学习路线图则是以该方法为基础，尽可能对其进行了简化，省略了条件分支等因素后得出的一种自学方法。

学习者总是不得不变更自己的学习计划，然而万幸的是，在任何情况下，学习都会有"入口"和"出口"。

无论是持续多年的长期学习，还是几分钟就能结束的小学习任务，都必定会有起点和终点，也就是"最开始的状态"和"最终想要达成的目标"。

学习路线图能够帮助我们从学习的"入口"和"出口"出发，在二者之间规划路线，让我们更清晰地把握和控制自学的进程。

第3章

增强学习的
动机

无知小子和老者的对话 3
先学习 1 分钟

无知小子：我总是没有干劲，请您帮帮我吧！

老　　者：认为有了"干劲"才能学习，这本身就是错的。要
　　　　　是有人逼你学习的话我还能理解，可自学这件事是
　　　　　你自己要去做的，谁都没强迫你啊。

无知小子：这不就像是跟搞创作的人说"做这个本来就是你的
　　　　　兴趣，为什么还要收钱"一样吗？

老　　者：完全不一样。说白了，先找到"干劲"才能开始
　　　　　工作，就跟掰着车速表上的指针让车加速是一个
　　　　　道理。

无知小子：您说得太抽象了，我听不太懂。

老　　者：这就是本末倒置了。只有车加速或者减速后，车速
　　　　　表的指针才会跟着转动。

无知小子：的确是这样。

老　　者：干劲也是一样，人并不是先有了干劲再开始行动，
　　　　　而是从行动中获得干劲。

无知小子："少说没用的，直接开干！"——您是这个意思吗？

老　　者：要是说得再准确一些，不只是"开干"，还得"干得好"才行。只有自己的行动取得了成果，人才会有干劲。

无知小子：那是自然。

老　　者：没错，这都是理所当然的。然而全世界的父母和小孩，都想先鼓起干劲，再开始学习，所以才总是会失败。自学也是同样，干劲这种东西，应该是从"行动→取得成果→获得干劲→行动→取得成果→获得干劲→行动……"这样的良性循环中源源不断地产生才对。

无知小子：啊，我想知道的就是这个！那我该怎么做才能保持这样的良性循环呢？

老　　者：关于具体的学习方法，我们之后再详细讲（第3篇），现在我先告诉你一条普适性比较强的规律吧。在设定目标时，一定要遵循"小步子"[1]的原则。事情进展不顺利导致心灰意懒，一般都是因为我们给自己设定的目标太大了。

无知小子：没错，别人经常说我只有志向和目标无比远大。

---

[1] 小步子原则是斯金纳等人提出的程序教学法中的五项原则之一。在学习过程中，为了尽量减少失误，提高正确率，可以将学习内容划分成很小的单位，让学习者能够快速完成。这样一来，学习者的成功率会提升，更容易获得成就感。L. M. 斯托罗楼：《程序教学法中的心理学——学习中的反馈》，东洋、芝祐顺译，国土社，1963。

老　　者：完成一个大目标会耗费很长的时间，在这个过程中也更容易遭受挫折。如果我们将完成大目标的过程进行分解，变成很多个立刻就能完成的小目标，就能够在完成目标的过程中获得更多的成就感，变得干劲十足了。

无知小子：这可真是一个好办法。但是把大目标分解成小目标好像也有些麻烦，操作起来会很困难吧。

老　　者：也不是让你马上就写出一份详细的计划来。如果分解起来有些麻烦的话，可以暂时先只想好第一步。

无知小子：原来是这样。

老　　者：一上来就要求自己"读完这本书"或者"现在开始学习两个小时"，未免有些太过勉强。

无知小子：这真是要了我的命。

老　　者：如果把目标改成**"先读三行"**或者**"现在开始学习一分钟"**，你觉得如何？

无知小子：您是把我当白痴吗？

老　　者：我才没那么无聊。连白痴也知道，把一本 300 页的书分成 100 份，一份就只有 3 页。但是我们的大脑中控制感情的区域（也就是系统 1），其实并不擅长做计算，只根据表面现象作出判断。人类的感情系统其实没有比朝三暮四[1]的猴子好上多少，总是会被表面现象所蒙蔽，所以我们才需要时常提醒自己"做事不能光看表面"。因此，让目标表面上看起来很容易完成，这样的手段其实非常有用。无论如何，都得先下手去做才行。

无知小子：明白了，我现在就把我那宏大的志向丢到垃圾箱里去。

老　　者：赶紧捡回来。你这种家伙最需要这种宏大的志向了。

无知小子：为什么？

老　　者：回想自己为什么开始学习，可以帮助我们重新点燃学习的热情，防止懈怠。多回头去看看自己的起点，就能够让志向和我们一同成长。（方法1"学习动机图"）。

无知小子：就是说不仅要先立志，还要多回头去看一看自己当初的志向，是吧！还有其他要注意的吗？

老　　者：还有就是，不要觉得明天（或者说未来）的自己会跟今天有所不同。为了让自己明白这个道理，可以让自己在每天的同一时间做同样的事情来偷懒，从今天开始整整持续一周（或者一个月）。

----

[1]　战国时期的宋国有一个名叫狙公的人，他养了一群猴子，每天给它们橡实吃。当他对猴子们说"每天早上给你们3个，晚上给你们4个"，猴子们就会生气。而当他改口说"每天早上给你们4个，晚上给你们3个"，猴子们就高兴得不得了。《列子·黄帝篇》借这个故事对圣人们的政治手段进行了批判，"圣人以智笼群愚，亦犹狙公之以智笼众狙也"。

无知小子：那我肯定会一直偷懒下去，不会想要学习的。

老　　者："只是今天偷一下懒而已，没什么大不了的"，这样想的人，明天也会找同样的借口来偷懒。反之，今天用功学习的人，明天和后天也会继续学习下去。通往未来的道路，就是由这样的一天天串联而成。

画一张未来的缩略图

方法 4 | 1/100 计划法

① 将"想要实现的目标"数值化

如果目标可以量化，那就先规定一个大体的数值。

如果目标比较抽象，那就将其具化为特定的书目。

在开始之前，我们需要先找到与目标相关的入门书或是教科书（方法 26 "书籍探索"）。

决定好用哪本书后，其页数就是我们的数值目标。

我们也可以用其他类型的教材，只要其总量是一个确定的数值即可。

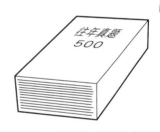

500 道往年真题 × 刷两遍 = 1000 道往年真题

② 将目标数值的 1/100 设为小目标，并立即完成

如果我们的目标是"做完 1000 道往年真题"，那现在就开始做 10 道。

如果将一周七天分为五个工作日，一个机动日和一个休息日，那么 1000 道题 ÷10（道 / 天）÷5（天 / 周）= 20 周 = 5 个月。照这个速度进行，完成计划最少需要 5 个月。

方法 4

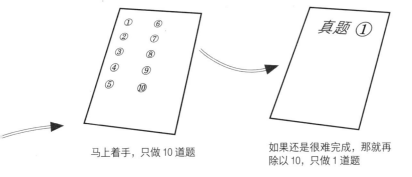

马上着手，只做 10 道题

如果还是很难完成，那就再除以 10，只做 1 道题

③ 如果 1/100 还是很难完成，那就先只做眼前的一点点

如果目标数值的 1/100 还是有些多，就再将其缩小到 1/1000，甚至是 1/10 000 。

让梦想变得有重量

在大多数情况下，人的梦想是没有重量的。

因此，我们总会误以为，无论梦想有多大，自己都能够背负得起来。

就算理性告诉我们事情没有那么简单，我们依然会在脑海中编织出一个又一个的梦想。但如果只知做梦而不付出实际行动，那梦想就会永远都是梦想，待时光飞逝后，留给我们的就只剩下无尽的悔恨。

想要让梦想落地成为现实，我们需要先知道自己的梦想究

47

竟有多重。而梦想的"重量"就是我们实现梦想所需要付出的成本。

很多时候，我们无法精确地估算梦想的重量，而这也没有必要。哪怕是不够精确，只要我们能一定程度上将梦想量化，就会比"近在咫尺"或是"远在天边"这种虚无的距离感要强上许多。

我们正在试图将"计量管理"[1]的思维引入学习的过程中。

举个例子，如果一个人只是充满雄心壮志地说"我想搞懂物理学"，那他很难将其付诸实际行动。因为他根本搞不清自己究竟应该做些什么，以及做到什么程度。

当我们想要学习某项知识时，最好先找到一本与其相关的书。这种做法看起来似乎有些简单粗暴，但由于书的内容是有限的，只要我们选定一本，就可以从物理上来将目标数值化（书的页数）。

如果找不到相关的书籍，或是不知道什么样的书与自己想要学习的领域有关，那就用更加简单粗暴的做法，想一想自己希望在该领域排到一个怎样的位置。如果是想成为该领域的第一名，那就不必多说了。只要知道目前该领域共有多少人，我们就可以将排名作为参考数值。有了具体数值作为参考，

---

[1] 使用计量的方式来进行经营管理。management by business computing。计量数据主要包括三种：一是原价、销售额等会计数值；二是生产量、库存量等物量数值；三是政府机构、各类团体和研究所等公布的统计数值。

就可以用除法来进行计算了。只要设定好期限，用天数来除总量，就能够知道自己每天（或是每次）具体应该完成多少。

或者我们也可以用自己每天能够完成的量来除总量，计算自己需要的天数。

即使数值不那么准确，**通过将总量除以 100 或 1000，我们就能够将看起来很遥远的大目标分割为触手可及的小目标。**

也许"成为世界第一"这样的目标有些太大，不好下手，那"100 名以内"如何？再退一步，如果是某些特定领域的话，是不是有可能排到 1000 名以内？这样一来，我们的梦想就逐渐开始向现实靠拢。

"1/100"或是"100 倍"这种具体的数字其实并不重要。以前，我们只能用"可能"或"不可能"来形容自己的梦想。而现在，梦想有了具体的重量后，我们就可以通过计划来将其实现。

最重要的是，即使实际上我们每天（或是每次）只能完成一点点，也是在朝着自己的最终目标不断前进。像这样，将自己的"雄心壮志"或是"野心"与"实际可行的量"联系到一起，梦想也就能够变得更加脚踏实地。

"一时兴起"不是长久之计

人在下定决心，或是反省自我、决定改过自新的时候，特别容易情绪高涨。

但是这种"一时兴起"大多持续不了多长时间。就像人无法通过反复跳跃让身体长时间停留在空中一样，这样的精神状态往往只是暂时的，无法长久地保持下去。

我们的目标不是跳得更高，而是走得更远。想要脚踏实地地前行，就必须将大目标分解成细微而具体的小目标，将实际行动和梦想联系起来。

让梦想扎根于现实，其实还有另一个作用。

那些飘忽不定的"雄心壮志"和"野心"，只要风向一变（所处的情况发生改变），就会立刻被吹跑，消失得无影无踪。如果我们连一个目标有没有实现的可能都搞不清楚，那这个目标必定耐不住逆境的考验。

反之，如果我们用有限的数值将梦想和现实的土壤联结到一起，那梦想就能够对抗扑面而来的狂风。也就是说，数值化还可以帮助我们守护自己的"雄心壮志"和"野心"。

＜练习＞

· 将自己当前需要完成的任务数值化，然后除以100，将结果写下来。如果除以100后量还是很大，就再除以10，直到任务量合适为止。

· 找到一个自己长久以来一直想要实现的目标，试着使用1/100计划法来完成它。

拒绝拖延症

方法5 | **两分钟起跑法**

① 将计时器设定为两分钟

② 开始计时，同时立刻开始学习

③ 无论做到哪里，只要计时结束就立即停止学习

停止作业后，用两秒时间从下列三个项中选择一项。

· 继续学习同一内容，无限制时间。

· 开始学习其他内容，再计时两分钟。

· 停止学习，开始休息。

两分钟起跑法的具体步骤

学习
两分钟

继续？ 　　　 学习其他内容？ 　　　 停止学习？

开始学习后，
发现没有想象中
那么难坚持下去

学习
两分钟

继续学习，
无限制时间

休息

"开始"为何如此之难？

两分钟起跑法看上去有些微不足道，操作起来更是简单至极，但效果却十分显著。

对那些想要成事的人来说，"开始做"是最必不可少且具有决定性作用的一步。只要我们能够比别人更早开始（在截止日期前留出较长的时间），就能够更快地取得成果。

"开始"的作用，要比我们想象中多得多。

首先，当我们开始做一件事后，就可以校正自己对这件事的看法。

在开始做事前，我们对事物的看法经常会存在偏差，有时会想得过于复杂，有时又会想得过于简单。

一旦我们将事物想得过于复杂，就会变得有些畏首畏尾。只有当一个人觉得自己有能力解决问题时，他才会有开始行动的意愿（产生动机）。一旦我们觉得一件事超出了自己的能力范围，就会失去动力，选择继续拖延。

这样做的后果就是，在不断拖延的过程中，我们就会错失对自己的看法进行修正的机会。与此同时，人越是想要逃离恐惧与不安，大脑就越会将恐惧与不安不断放大。也就是说，我们越是想要逃避一件事，对这件事的恐惧感就会变得越强。拖延和恐惧会助长彼此的气势，形成恶性循环。

更可怕的是，如果我们需要在截止日期前完成一项任务，那就算现在拖延了，以后也必须补回来。本来就已经很难完成的目标，还会变得难上加难。原本需要用三个月完成的目标，变成需要在两个月内完成，时间安排变得越发紧迫，心理压力也就更大了。

反之，如果我们将事物想得过于简单，其实也会出现问题。不知道大家有没有过这样的经历，每天优哉游哉地心想"只要我开始做，很快就做完了"，然后将任务扔在一旁，结果到了截止日期前变得焦头烂额。就结果来看，这两种情况都会使人产生拖延心态，最终引发同样的失败。

一旦开始做，就很难轻易放弃

刚才我所说的两种情况，都可以用同一种方法来应对，那就是：只要决定做某事，就立刻开始着手去做，哪怕只做一点点。

这"一点点"能够起到相当大的作用，不仅可以帮助我们正确估算出完成任务所需的时间，还能够帮助我们发现（之前没有注意到的）做这件事的意义。

即使有的任务看上去很难完成，只要我们着手去做，就会渐渐懂得如何将其分解。在反复接触的过程中产生的纯粹接触效应[1]也能够缓解我们的畏惧心理。

两分钟起跑法就是这样一个让我们"马上开始做，只做一点点"的方法。

两分钟十分短暂，无论是碰上多么艰难的任务，多么复杂的课题，两分钟的时间只够让我们触及皮毛。这种简单的目标可以将我们从压迫感中解放出来，更加轻松地去着手解决问题。

"开始"还有另一种作用，那就是让任务的状态从"未开始"变为"未完成"。

迈出从无到有的第一步很难，而当我们开始做一件事后，想要中途放弃也很难。

当任务被中断处于未完成状态时，即使是没有外界诱因的刺激，人们也会想要将其完成。这种现象叫作**"奥夫相基娜效应"**（ovsiankina effect）[2]。

通俗心理学的文献，经常会将该效应与蔡加尼克效应[3]（比起已完成的事情，人们更容易记住未完成的事情）混淆。

---

[1] 纯粹接触效应（mere exposure effect），指重复性接触可以提升好感度的现象。首次在实验中验证该现象的人是 R. 扎荣茨，因此又被称为扎荣茨效应。Robert B. Zajonc, "Attitudinal effects of mere exposure," *Journal of Personality and Social Psychology* 9(1968)：1—27.

[2] Maria Ovsiankina, "Die Wiederaufnahme unterbrochener Handlungen," *Psychologische Forschung* 11(1928)：302—379.

[3] Bluma Zeigarnik, "Das Behalten erledigter und unerledigter Handlungen," *Psychologische Forschung* 9(1927)：1—85.

事实上，奥夫相基娜是一名出生于俄罗斯赤塔的心理学家，曾经和蔡加尼克一起共事。

有的作家习惯写到中途（比如一段话写到一半）就停笔休息，让自己第二天更有动力开始工作（例如海明威）。这也是奥夫相基娜效应的一种应用。

延伸阅读

布卢玛·蔡加尼克
（1901—1988）

出生于立陶宛的一个犹太人家庭，母语是俄语。她是俄罗斯首批进入大学深造的女性之一，在柏林大学接受了库尔特·勒温的指导，与玛利亚·奥夫相基娜、塔玛拉·丹博共同组成研究组。其研究内容是关于未完成工作对记忆造成的影响（蔡加尼克效应）。1927年她在柏林大学取得学位后，1931年移居莫斯科，进入高级神经活动研究所工作，成为利维·维果茨基的助手，并将他介绍给了库尔特·勒温。在第二次世界大战中，苏维埃联邦攻占了立陶宛，以间谍罪逮捕了她的丈夫。之后由于反犹太主义的盛行，她也失去了工作，1957年又以研究室长的身份回到了职场。她是莫斯科大学心理学系的创立者之一。

第4章

挤出学习的时间

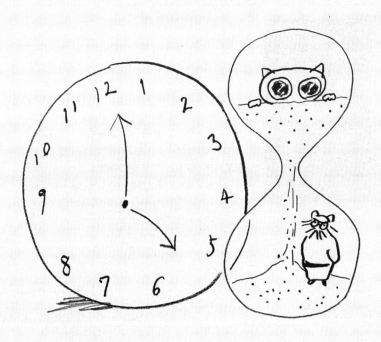

无知小子和老者的对话 4
如何做取舍

无知小子：您好。我最近总是苦恼时间不够用，所以想请您来
　　　　　帮我解决一下。

老　　者：也不知道是谁总跑来占用我的时间。

无知小子：人都是自私的嘛，总会把自己放在第一位。

老　　者：我也没有那么多时间来供你浪费。算了，反正你赶
　　　　　也赶不走，还是快点解决问题吧。

无知小子：这您可就说对了。事情是这样的，我现在光是活着
　　　　　就已经拼尽全力了，根本没有用来自学的时间。海
　　　　　绵是干的，就算拧成麻花也挤不出水来。

老　　者：那就没辙了，你放弃吧。

无知小子：不行啊，这样做的话，这本书的存在还有什么
　　　　　意义！

老　　者：人总得先活着，才能考虑学习的事。都快活不下去
　　　　　了还学什么习？

无知小子：但是古代的那些伟人不都是在一贫如洗的状态下还

拼命学习吗？没钱买柴火就一直跳舞到天亮来取暖，没钱买蛋糕就买点面包来充饥……

老　　者：我可没空给你捧哏。的确，出生在什么时期、什么样的社会背景下，成年后所面临的经济形势又是如何，这些因素凭借个人的意志和努力根本无法改变，却能够决定我们每个人需要用多少时间来维持基本的生活。

无知小子：我要是生在古希腊的有钱人家，说不定就成为苏格拉底了呢，反正工作全都可以交给奴隶去做。

老　　者：那可真是太可怕了。但是其实，有些人无论生活条件有多好，都不会去学习。而还有些人表面上看起来已经拥有了一切，什么都不做就可以安闲度日，但他们仍然会拼命地去学习。因为他们知道，如果自己不去学习，只是安于现状的话，将来也可能会失去现在拥有的东西。而他们能够用来学习的时间也不一定就会比你充裕多少。

无知小子：那我究竟要怎么做才能挤出学习的时间呢？

老　　者：无论是谁，一天都只有 24 小时。既不可能凭空增加，也不可能存起来留着以后用。而我们能做的，只有去安排时间。

无知小子：欸？可我前段时间刚刚在一个穿灰色衣服的男

人[1]那里存了不少时间啊！准确地说，是投资了 108 000 分钟来购买虚拟时间金币，六个月后到期就能返给我 136 000 分钟呢。

老　者：都说了，我不是来跟你讲相声的。当我们安排在某一段时间内做某件事，就意味着放弃了用这段时间做其他事情的可能性，这个限制条件是永恒不变的。因此，不同的人对时间管理方法的论述也基本都是大同小异，归根结底，都离不开这三点。

① （作为前提条件）把握自己当前时间分配的状况。

② 整理一下哪些事情应该做，哪些事情不用做。（放弃那些优先级较低的事情和没有必要去做的事情，减少时间的浪费）。

③ 安排时间去做那些应该做的事情（将事情按照优先级排序）。

无知小子：嗯，全都是老生常谈了。

老　者：是啊。但就算是我们把时间表安排得很合理，实行起来也时常会失败。因为很多人会有拖延症

---

[1] 这里提到的"穿灰色衣服的男人"并不是指出现在伦敦德鲁里巷剧院中的幽灵"穿灰色衣服的男人"，也不是指格里高利·派克主演的电影《一袭灰衣万缕情》（在 20 世纪 50 年代的美国，流行用"穿灰色法兰绒套装的男人"来形容那些"性格谦虚、愿意顺应体制的上班族"），而是指米切尔·恩德的作品《毛毛》中出现的一名来自"时间储蓄银行"的男人。

（Procrastination，又称 PCN 症候群[1]），总是不肯着手去完成计划。所以，为了让时间管理更加有效，我们还得再加上一条。

④ 着手去做（摆脱拖延症）。

老　　者：这几条都还没有涉及如何提升效率的问题。因为搞清楚 "做什么"（What to do），要比学会 "怎么做"（How to do）更本质，产生的效果更强，优先级也更高。

---

[1] 想应对拖延症，可以参考皮尔斯·斯蒂尔的《战拖行动》。相关的研究综述可以参考 Alexander Rozental, Per Carlbring, "Understanding and treating Procrastination:A Review of a Common Self-Regulatory Failure," *Psychology* 5(2014)：1488—1502.

把握自己的行动，彻底消灭盲区

方法6 | # 行动记录表

① 准备一本手账，在上面写好自己接下来的计划

　　最好是那种有垂直型时间轴的手账，能够将未来一周七天、每天 24 小时的时间安排都记录在同一页内。

② 在未来的一周内，记录自己的行动

　　如果是最后放在一起写，很可能会因为间隔时间太长而不小心搁置下来。

　　为了能够在开始或终止某项行动时立刻将时间记录下来，我们应该随时做好记录的准备，比如可以将记录表随身携带。

③ 将自己的计划和实际的行动记录进行对比

将计划和行动记录进行对比

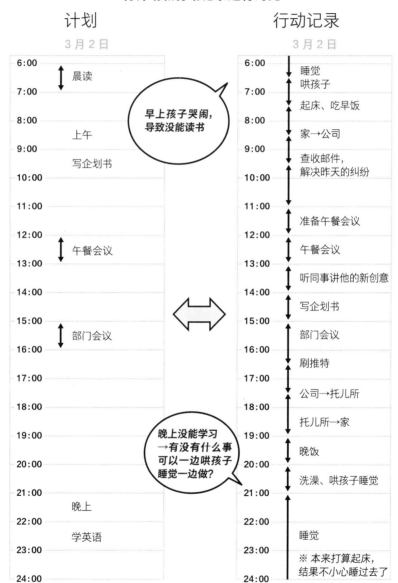

将计划和实际的行动记录进行对比，发现自己的计划不够明确。

做计划的人有很多，但是记录自己行动的人却很少

行动记录表，正如其名，就是一种记录自己行动的方法。

有的人可能会问，我们明明知道自己做了些什么，为什么还要特意去记录下来呢？

但其实，**我们并不像自己想的那样了解自己的行动。**

人的注意力总是会被一些特别的事物吸引，而那些平淡的日常琐事则会被我们在无意识间处理掉，往往留不下什么印象。

大家可以试着凭借记忆来写一写自己在过去的一周中做过哪些事情，然后一定会惊奇地发现自己的记忆竟然如此模糊不清。大部分人其实根本不知道自己在哪些事情上花费了时间，只会感觉每天都过得忙忙碌碌，因为时间不够用而焦虑不堪，还没有回过神来，一天就这样结束了。

做计划的人有很多，但是记录自己行动的人却很少。

换句话说，很多人都只会考虑"自己应该做什么"，然后制订计划，写下日程安排。而最终的结果，往往是被现实击垮，惨遭失败。

减肥失败的人，通常是连自己的准确体重和日常饮食习惯都没有把握清楚。而在时间管理上失败的人，往往也是不了解自己平时都将时间用在了哪里。

只有搞清楚自己将时间用在了哪里，才能制订出更加实际

可行的计划和日程安排。因此，在进行时间管理时，最重要的就是将思维从追逐理想的"我要做什么"模式转换为扎根现实的"我在做什么"模式。

只有做好记录，才能着手改善

除了帮助我们清点自己手头的时间资源，让时间管理变得更加切实可行以外，行动记录表其实还有别的作用。

它原本是行为疗法中让患者进行自我监测[1]的方法之一。

在自我监测的过程中，我们可以将自己的行动、认知和感情记录下来，然后减少那些需要控制的行动和认知，或增加某些行动，养成习惯。

也就是说，**记录的过程本身就可以帮助我们改善自己的行动。**

这种自我监测之所以能够产生效果，是通过下列的几种机制。

记录和认知自己的实际行动，会使理想中的自我与自我认知之间出现鸿沟，即认知出现不协调，进而使人产生改变行动的动机。

在记录的过程中，人会更加注意自己的一举一动，产生自

---

[1] 关于自我监测，可以参考日语的相关研究综述。山口正二、坂野雄二：《关于认知行为疗法的近期研究》，千叶大学教育学部研究纪要第一部30卷，1981，第15—25页。

觉。这样一来，我们就会注意到一些自己无意识间做出的习惯性行动，以及这些行为发生的征兆和诱因，从而主动去减少导致问题行动发生的诱因，或增加导致积极行动发生的诱因。

全盘记录自己的行动并将其可视化，可以帮助我们回顾和反省自己的行为模式以及时间的使用方式。这样一来，我们就可以纠正对自己的行动以及自我形象的认知偏差。人对自己的行动和自我形象的认知很容易偏向极端，例如"我什么事都没做成""完全没有时间"，或是相反"我完全投入在学习中"等。只要将自己的实际行动记录下来，就会发现这些认知都与现实相去甚远。

将自我监测的结果以记录的形式留存下来，让第三者也能够看到我们行动改善和自我监测的完成度以及持续情况。即使不会真的给别人看，只是走一个形式，也能够有效防止行动记录的中断，帮助我们保持记录的质量。

自我监测共分为三个阶段。第一阶段是对目标行动、认知和感情的产生进行认知，第二阶段是将行动用数据系统地记录下来，第三阶段则是检视自己观察得出的数据。

记录的对象也可以分为很多种，既包括我们表现出来的外显行为〔比如吸烟、说脏话、吃饭（吃了什么、吃了多少、花了多长时间）等〕，也包括没有表现出来的内在行为（比如感情、想法、饥饿感，还有它们持续了多长时间、强烈程度和次数等）。

对所有的行动进行监测

行动记录表与其他自我监测的方法有所不同。其他自我监测的方法，例如对目标行动出现的次数以及对节食过程的记录，其对象往往比较单一。而行动记录表的记录对象则包括了人在 24 小时中出现的所有行动。

对某一目标行动出现的次数进行记录，可以帮助我们增加或减少其出现的次数。当我们想要增加某项行动时，对其进行计数能够促使该行动产生，而当我们想要减少某项行动时，对其进行计数也会抑制该行动的产生。而行动记录表则与其不同，通过检视自己的记录，我们可以慢慢地从中找到切入点，对过多和过少的行动进行调整。

在记录行动的同时，我们还可以记录一下自己的身体状况和心情，观察一下情绪和干劲的波动情况，努力使其保持稳定。

人能够维持恒定的体温，却无法将意志力和情感维持在恒定的状态。对于人类这样的生物来说，行动记录表既是一个外接的稳定装置，也是外脚手架的一部分。

但与此同时，行动记录表也有一个最大的缺点，那就是必须随时随地记录自己在做的事情，所以做起来十分麻烦。记录虽然不是一件难事，但很容易忘记，一旦忘得多了，我们做记录的积极性也会迅速下滑，以致最终放弃记录。

想要解决这个问题，我们可以将习惯杠杆（方法 10）等能够帮助我们坚持下去的方法应用到行动记录上来，或者是使用手机上的时间记录 App[1]来帮助我们记录。

再或者，我们也可以想办法利用这种"麻烦"，例如直接在事先写好的行动计划的基础上进行修改。如果使用普通的记录方式，那我们就必须要在结束一项行动后才能对其进行记录。而如果是对行动计划进行修改，就可以提前写好一个框架，省下许多麻烦。更妙的是，这样一来，我们的行动越是与原计划相符，需要记录的内容也就越少，这就会促使我们去遵守自己制订的计划。诚然，即便如此，行动计划也不像列车的轨道那样具有强制性，但至少它为我们在坑坑洼洼的路面上铺好了一层石砖，能够引导我们向着正确的方向前行。

方法 6

[1] 最好用比较简洁的 App 来记录行动，例如：Toggl 和 ATracker。

用炼金术将时间变废为宝

方法 7 | **净化灰色时间**

① **准备一张能够记录自己 24 小时行动的表，以小时为单位记录自己的行动**

最好能够持续记录一周。如果之前制作过行动记录表（方法 6），可以直接拿来用。

② **对每个小时的自由度进行评估**

我们将自己可以完全自由支配的时间称为"白色时间"，行动完全受限的时间称为"黑色时间"。而那些介于二者之间，部分行动受到限制，但同时也有一定程度的自由时间，就是"灰色时间"。在一天 24 小时中，我们的大部分时间都是灰色时间。

时间净化专用表

3月2日

评估标准
参照
第70页

方法 **7**

时间	状态·行动	时间自由度	如何加以利用
6:00	睡觉	1%	
7:00	哄孩子		
8:00	起床、吃早饭	30%	在收拾准备的过程中听有声教材
9:00	家→公司	20%	戴耳机 听有声教材
10:00	查收邮件，解决昨天的纠纷	1%	
11:00			睡眠时间和在公司的时间也都可以利用起来
12:00	准备午餐会议	1%	
13:00	午餐会议	1%	
14:00	听同事讲他的新创意	1%	
15:00	写企划书	1%	利用休息日的"白色时间"来准备记忆的内容→将"灰色时间"净化
16:00	部门会议	1%	
17:00	刷推特	1%	
18:00	公司→托儿所	50%	在电车里用 anki App 来记忆
19:00	托儿所→家		
20:00	晚饭	1%	
21:00	洗澡、哄孩子睡觉	100% ※丈夫负责的时候	抄写教材
22:00		50%	陪孩子睡觉时可以用手机在被窝里读书
23:00	睡觉		
24:00	※ 本来打算起床，结果不小心睡过去了	10%	在入睡过程中努力回想今天学过的内容

┗━━━ 行动记录表 ━━━┛

思考一下，如果想利用灰色时间学习，需要提前做好哪些准备

只要提前做好准备，我们就可以利用灰色时间来学习。在下表中，我对一些比较常见的情况进行了总结。

即使是像工作时间这种需要我们全身心投入的时间段，也并不是完全无法加以利用（不是百分百的黑色时间），我们可以将其"孵化"（后文中将进行说明）。

④ 将上述用来做准备的时间也安排到时间表里

在步骤①中制作的时间净化专用表上，把想要用来学习的灰色时间标注出来，并想办法留出用来做准备的时间。

时间自由度的评估标准

时间自由度（灰度）	状态	为了将该时间用于学习需要做哪些准备	该时间段内可以做哪些事	思考	听	看/读	写	发出声音
1%	工作中上课中	提前对那些难以理解的事物进行思考	孵化	×	×	×	×	×
10%	休息的时候睡觉前	学习	反复回想自己学过的内容	√	×	×	×	×
20%	电车上很挤时散步中慢跑中	准备有声教材随身携带播放设备	听有声教材听有声书	√	√	×	×	×
30%	在家干活的时候	准备文字教材或有声教材随身携带播放设备	出声朗读影子跟读	√	√	×	×	√
50%	电车上没有座位的时候出门在外无处可坐的时候	随身携带书本准备好单词卡片并随身携带	读书使用单词卡记单词	√	√	√	△	×
80%	在咖啡厅里休息时间	随身携带教材和文具	抄写做题	√	√	√	√	×
100%	在自己家里在自己的房间里		无限制	√	√	√	√	√

为了提升时间的"品质"而投资

无论是谁，一天都只有 24 小时，我们不可能将其延长。

但是，一天中的各个时间段并不是完全均质的，有些时间段我们可以自由支配，而在有些时间段中我们的行动则会受到限制，这些时间的"品质"可以说是"良莠不齐"。

我们能够做到的，**就是想办法在那些行动受到限制的时间段中做更多的事，提升时间的"品质"。**

为了更好地利用这些自由度较低的时间（提升时间的利用率），我们可以抽出一部分自由度较高的时间用来做事前准备，以此来提升每日整体的时间利用率。所有人在时间的面前都是平等的，而这种方法几乎可以说是唯一一种有效的时间投资法，也是一种实用的时间扩增法。

灰色时间净化法是将自古以来就有的"一心二用学习法"体系化后得出的一种方法。其核心构想共有三点：①用行动的"自由度"来定义学习时间的"品质"。②用表格将行动的"自由度"和运用五种不同感官的学习方式对应起来。③抽出一部分"自由度"较高的时间，用来提升"自由度"较低的时间的"品质"。

网友 lang_and_engine（@lang_and_engine）曾在自己的博客"关于语言和系统开发"中发布过一篇名叫《如何高效地找到学外语的时间（即使再忙也能挤出学习时间的时间管理法）》

的文章[1]，并在其中对上述的三条构想进行了详细的论述。

将数学家庞加莱提出的"孵化"理念加入其中

这三条构想还可以进一步扩展。

例如，法国数学家庞加莱曾经对自己产生新想法的条件进行了回顾和总结，并由此提出了一个理念，叫作"孵化"。当我们想要提出一个新想法时，可以先深入地去思考问题，然后将其彻底抛开，投入别的工作中或开始休息，这样一来新的想法就自然会在脑内闪现[2]。如果我们将这一理念加入进来，就能够把那些我们本以为无法用于学习的时间（工作时间等几乎完全是黑色的时间）也用到学习上来。

大家也许会觉得学习中并不需要产生新想法，但"孵化"的作用并不仅仅如此。当我们在学习时遇到很难理解的知识点，或是不会做的题，也可以用"孵化"来突破。

例如，有的人可能有过这样的经历，在对一个知识点或题目进行深入思考后，扭头去休息或做别的事情，然后突然就会恍然大悟"原来是这样！"（还有比较惨的情况，那就是考试的时候怎么绞尽脑汁都想不出来的题，考试结束后放松下来突然就会解了）。

---

[1] https://language-and-engineering.hatenablog.jp/entry/20130709/LevelOfFreedomAndLanguageStudy.

[2] 庞加莱:《科学和假说》，吉田洋一译，岩波书店，1953。

庞加莱认为，新的想法之所以能够"孵化"出来，是因为我们的潜意识还在继续工作。在现代，通过各种研究，我们已经知道转移注意力去做别的事情能够产生很多种效果。例如，这样做可以让我们获取与该问题没有直接关联的信息，促进激活扩散[1]，还能够让我们的大脑接收到与问题无关的随机刺激，以及帮助我们摆脱自己原来的固有观点等[2]。

方法 7

总而言之，只要我们事先对那些难懂的知识点或是做不出来的题目进行深入思考，那么即使之后的时间无法用于学习（比如工作时间），大脑也会在这段时间内自动加深理解。这种做法就像是做饭时的"焖烧"[3]一样，可以帮助我们将几乎完全是黑色的时间转化为学习时间。

从投资回报率最高的灰色时间开始净化

当然，将所有的灰色时间都用来学习，这显然不是一条好的策略，也不可能实现。想要提升灰色时间的质量，将其用

---

[1] 储存在大脑长期记忆中的信息，其使用频率越高，最后一次使用的时间越近，我们越容易将其回想起来，这种现象被称为激活。当某一特定的信息被激活后，与其相关的其他信息也会被激活。例如，当我们的大脑处理"雨"这一信息时，与其相关的"雨云""水"等信息也会被激活，很容易被回想或是联想起来。这种激活通过长期记忆的网络扩散开来的现象被称为激活扩散。

[2] R.Keith Sawyer, *Explaining Creativity: The Science of Human Innovation* (2nd edition) (UK: Oxford University Press, 2012), pp.100—103.

[3] 这里指将锅中食材煮沸后关火，用余温进行烹饪的做法。通常需要用隔热性能好的材料将锅包裹起来，或是用保温性能好的专用焖烧锅。

于学习，就必须付出一定的代价，也就是花费时间来提前做准备。而能用来做准备的，只有自由度高且十分珍贵的白色时间。

因此，为了保证高效，我们应该优先净化那些"更容易净化的灰色时间"（净化成本较低的时间）和"比较长且完整的灰色时间"（净化收益较大的时间）。

例如，如果我们想将通勤的时间用来学习，听一些有声教材，而这些教材可以买到的话，那就几乎不需要花费什么准备时间（净化成本较低）。我们只需要准备一份教材，就可以每天使用，直到听完为止。而且通勤时间几乎每天都有，是一段比较完整的时间（净化收益较大）。因此，净化这段灰色时间的成本较低，收益较大，是一份回报率很高的时间投资。

像这样，我们应该争取先用少量的投资来净化更多的时间，将时间投资的效率最大化。

但是正如我在前文中所说的，无论是谁，一天都只有 24 小时，而这 24 小时中的白色时间则更是少之又少。如果为了净化灰色时间而花费了过多的白色时间，使能够用来学习的宝贵时间进一步减少，那就本末倒置了。

转动番茄，让自己更集中

方法8 番茄工作法

①设置 25 分钟倒计时，开始学习

　　番茄工作法的基本单位"一个番茄时间"由 25 分钟的工作时间和 5 分钟的休息时间构成。为了能够在 25 分钟内结束作业，请将比较费时间的任务提前进行分解。

　　如果中途需要接电话，或是被别的事情打断，请中断计时并重新开始。

②休息 5 分钟，
其间做一些与学习内容无关的事情放松大脑

　　最好也不要查看邮件、刷社交软件或接打电话。

③重复 4 个番茄时间后，休息 30 分钟

番茄工作法的具体步骤

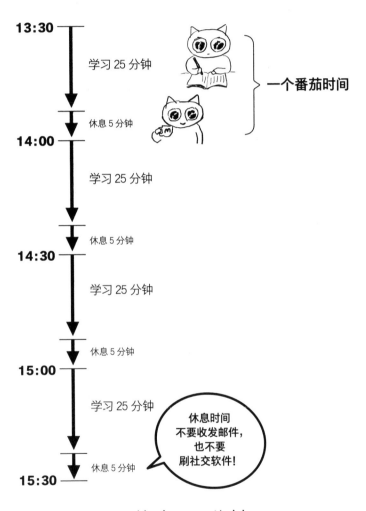

13:30 — 学习 25 分钟

一个番茄时间

休息 5 分钟

14:00 — 学习 25 分钟

休息 5 分钟

14:30 — 学习 25 分钟

休息 5 分钟

15:00 — 学习 25 分钟

休息时间
不要收发邮件,
也不要
刷社交软件!

休息 5 分钟

15:30 —

4 个番茄时间后 休息 30 分钟
（两小时）

脑力工作的短时间冲刺

番茄工作法可以让我们反复在短时间内集中注意力工作，增加一天中大脑处于高度集中状态的总时长，提升脑力工作的生产力。

这种方法原本是面向自由工作者，但同样也很适合可以自己管理学习时间的自学者。

1992 年，软件开发者兼企业家弗朗西斯科·西里洛创立了番茄工作法[1]。其名称是来源于西里洛在学生时代经常使用的一个番茄形的厨房计时器。

厨房计时器充满了生活气息，且并没有多少科技含量，而其衍生出的番茄工作法也十分简单直白，甚至很难称得上是一种方法。

将一个大任务分解成多个小任务，然后每一个任务都用较短的时间（25 分钟）完成，其中间隔着短时间的休息，就这么简单。

换句话说，这种方法就是不断重复着脑力劳动的短时间冲刺，使大脑的运转的平均效率维持在较高水平。

现如今，手机的应用程序[2]中已经出现了很多种类似的计时器，但西里洛一直坚持使用番茄形的厨房计时器。

---

[1] Cirillo,F.,*The pomodoro technique*(San Francisco, Calif: Creative Commons, 2009).

[2] 例如，安卓平台上的 Pomodoro Timer Lite、ios 平台上的 Focus Time 等，还有网页版的计时器 Marinara Timer。

设置 25 分钟倒计时，相当于对自己说"接下来的时间我要集中精力工作"，这样的做法也属于一种行为程序[1]。

GtG：在一天内重复多次形成习惯

重复短时间冲刺的方法还有 Greasing the groove（GtG）。

健身教练帕维尔·塔索林曾经是苏联特种部队的教官，他在著作《野蛮力量》中提到，不断重复相同的低负荷训练可以有效提升健身效率，并用赫布理论[2]对 GtG 进行了说明。

"greasing the groove"直译过来就是"给机器的沟槽上润滑油"，换句话说，就是让机器的运转变得更加平滑。因此，这个方法的中心概念就是，通过在短时间内多次重复同一种训练，让动作变得更加流畅。

同时，"变得更加流畅"并不仅仅是指训练动作本身，也包括开始动作前的助跑部分。这也就是说，在短时间内多次重复某一训练，促成习惯的养成。

例如，我们可以尝试下面这项训练。

---

[1] 体育选手在正式开始比赛前往往会做同一套动作来帮助自己稳住呼吸和心态，使自己能够集中精神。这种动作被称为赛前行为程序（pre-performance routine）。

[2] 由唐纳德·赫布提出的关于脑神经突触可塑性的基本原理。赫布认为为了学习和记忆新的知识，大脑神经元之间的接点——突触之间的连接强度必须发生变化。当传递与接收信号的两个神经元同时处于兴奋状态时，其连接强度将增大，神经传导的效率也会提升。

- 准备一项随时随地都可以做，且能够多次重复的训练动作。
- 找到自己重复次数的极限，取其1/2设为规定次数（比如，如果最多能做10个俯卧撑，那就将规定次数设为5次）。
- 设定计时器（比如每隔一小时响一次），只要计时器响起，就立刻做规定次数的训练动作。
- 考虑到身体需要一个适应的过程，一开始可以每天少做几次，渐渐增加次数。

方法 8

每次完成极限值的1/2，就不会累到精疲力竭的地步。短时间内反复做同一项训练，这一极限值还会自然而然地增长。

这种方法不仅可以用来训练肌肉，还可以用于学习行为的养成。

遇到不擅长的科目或工作，可以一次只做一点点（比如背两个英语单词或是做一道题），每小时重复一次（最开始也可以10分钟重复一次），多做几次试试。

一直没有着手去做，总是不小心拖延的任务也同样可以通过这一方法迅速养成习惯。

亨利·庞加莱

（Henri Poincaré, 1854—1912）

法国数学家、物理学家。庞加莱在五岁时曾患上白
喉病，家里禁止他在外面玩，因此只能专心读书。
作为一名数学家，他应用微分方程理论发现了富克
斯函数，并从中总结出了新想法产生的条件，将这
一过程命名为"孵化"。在天文学领域，庞加莱还
对三体问题进行了研究，出版了著作《天体力
学》，成为力学理论的先驱。其晚年的研究为拓扑
学奠定了基础。庞加莱所著的《科学和假说》等科
学随笔集也十分著名，他推崇约定主义，认为在科
学论中，选取哪一种理论立场并不是取决于其正确
与否，而是只取决于其使用起来是否便利。

Pavel Tsatsouline

*Power to the People!: Russian
Strength Training Secrets for Every
American*

（Dragon Door Publications, Inc, 2000）

第 5 章

坚持下去

无知小子和老者的对话 5
半途而废的人都在想什么

无知小子：帮帮我！帮帮我！

老　　者：不要在别人家门前大声嚷嚷，到后门那里去。今天你又有什么事？

无知小子：我现在既有远大的志向，又有很强的自觉性，可就是没什么耐性，总是坚持不下来。您有没有什么秘诀？

老　　者：你那点自觉性还是直接刨个坑埋了吧，顺便把自己也埋进去，别来烦我。

无知小子：您别走啊！我真的很想努力，可是不知道该怎么做才好。

老　　者：那我就把最关键的口诀传授给你吧——"先开始学习，然后一直不停地学习"。

无知小子：您这说了跟没说一样啊。

老　　者：这个道理谁都懂，但是大部分人都会半途而废，然后某一天又回想起来，再重新开始。如此循环往复，只会让自己永远停留在同一水平上，就跟减肥反弹一样。

无知小子：啊，听完感觉要吐血了……那请您教教我，该如何才能坚持下去吧。

老　　者：唉，那些半途而废的人（也就是绝大多数的人）都以为自己的成长曲线会是一条不断上升的直线，但现实却并非如此。一开始，我们的学习效果可能和付出的努力以及学习时间成正比，仿佛是在直线上升，但最终其上升的速度会逐渐减慢，曲线会越来越平缓，给人一种"虎头蛇尾"的感觉。外语学习中经常出现的"中级瓶颈期"也是这么来的。

无知小子：这我还是头一次听说。

老　　者：人是一种很不可救药的生物。当我们在评价自己的时候，往往不是看自己的具体水平如何，而是会自己给自己设定一个衡量基准。只要自己高于这个基准就会感到开心，而低于这个基准就会陷入消沉。如果我们用"直线上升"的基准来要求自己，那么一旦上升的速度有所减缓，我们就会感觉事态有所恶化，就像遭受了损失一样。但事实上，我们仍然在不断进步，只是步伐变小了而已。

无知小子：确实，如果拼命努力却看不到成果的话，人就会想要放弃。

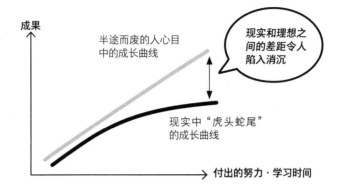

老　者：简单来说就是这样。那些只在乎学习的性价比的人，一旦发现自己停滞不前就会抓狂。学习中也会出现"Beginner's luck"（新手好运气）的现象，比如，可能碰巧刚开始接触到的内容比较适合自己，所以随便学一学就进步很大。一开始我们毕竟什么都不懂，什么都不会，所以只要取得一点点进步就会兴高采烈，觉得学习起来很有意思，进入学习动力和努力的良性循环。在这种状态下，我们往往会觉得自己可能在这方面有天赋。

无知小子：这就是我本人了！

老　者：不必担心，这种状态迟早会结束的。"Beginner's luck"只会出现在初学者阶段，我们的成长曲线会逐渐变得平缓，就算是坚持努力，也看不到多少成果。

无知小子：怎么会这样……那我们该如何跨越这个"中级瓶颈期"呢？

老　　者：方法只有一个，那就是坚持下去。继续用原来的方法，花费同样的时间来学习，如果没有什么特殊的理由就不要去变动。这时候如果乱了阵脚，花费更多的时间来学习，那也只会是暂时的，坚持不了多久。此时如果改变了学习方法，"新手好运气"又会再次降临，给我们带来一些宽慰。但是这样一来，我们很容易陷入频繁更换学习方法的怪圈中，无法从根本上解决问题。

无知小子：所以问题还是"该如何坚持下去"。

老　　者：但其实，遇到了"中级瓶颈期"就干脆放弃，成为"绝大多数普通人"中的一个也不是什么坏事。我之前也说过，持续花费时间去学习某一事物，相当于是放弃了用这段时间去学习其他东西的可能性。就算你的自学半途而废了，说不定还有其他对你来说更重要的事情在等着你呢。祝你好运啊！

无知小子：您等等！为什么说得好像我一定会半途而废一样？

老　　者：学习这件事情说白了，就是要学会如何同自己愚蠢的那一面打交道（注意不要变成同伙）。**学习的时间越长，就越是要长期和自己脑内的恶势力斗争下去；学习的程度越深，就越是要深入地去面对自己的无知。**那些成功跨越了"中级瓶颈期"的人其实

大多都有些蠢，他们就算是没有取得和自己努力
"相符"的成果，就算是还有其他更轻松的路可以
选择，也依然无法放弃自己的学习。他们有的人可
能天赋已经枯竭，有的人可能正陷入低谷，有的人
被青年才俊不断赶超，有的人甚至遭遇疾病和事故
失去了自己拥有的一切，但这些都无法让他们停下
脚步，放弃学习。他们就是一群连性价比[1]都不会
算的蠢人。现实一次又一次地让他们认识到自己有
多愚蠢（并非他们自己谦虚），所以他们自己也已
经承认了这个事实。但在现实中，能够跨越"中级
瓶颈期"，长远地走下去的人，也正是这些蠢人。

---

[1] 性价比（cost performance），是将花费的价格（cost）和由此得到的性能
（performance）进行对比后得到的一种指标。性价高表示用较低的价格获得较
高的性能。"价格"不仅指金额，还包括时间、劳动力和精神负担等成本。而
"性能"则是指花费以上成本后取得的成果，这里所说的"成果"包括各种有形
的、无形的成果，从物质到精神、社会方面都包含在内。

让自己无法偷懒

方法9 | 反向计划法

① 将自己想要做的事设为目标
（目标要大到不可能完成的地步）

设定一个自己几乎不可能完成的目标，原因会在后文中详细说明。

② 取目标的最小单位，将其写成否定形式

③ 让反向目标无法完成

当我们能够保证每天都无法完成目标后，可以稍微将其放宽一些。例如，如果一开始的目标是"每天一个字都不写"，那就可以放宽到"每天不写超过十个字"。

制订反向计划的具体步骤

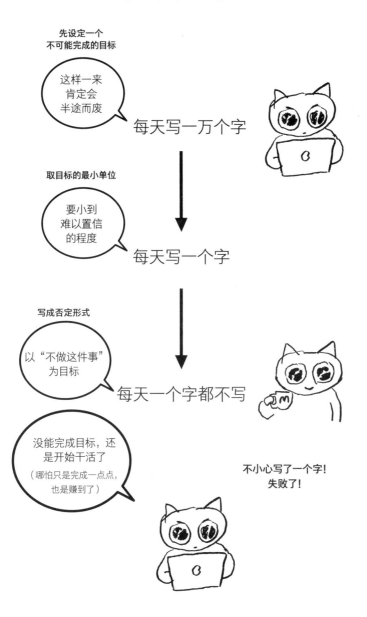

先设定一个
不可能完成的目标

这样一来
肯定会
半途而废

每天写一万个字

取目标的最小单位

要小到
难以置信
的程度

每天写一个字

写成否定形式

以"不做这件事"
为目标

每天一个字都不写

没能完成目标，还
是开始干活了
（哪怕只是完成一点点，
也是赚到了）

不小心写了一个字！
失败了！

"计划无用论"的恶性循环

这种反向计划法非常适合那些总是完不成计划，觉得自己做计划也没有用的人。其灵感来源于日本的首位哲学类YouTuber "新高等游民"（@MNeeton）发过的一条推特[1]。该方法的核心就是利用自己"总是完不成计划"这一点，**对原本的计划进行修改，让"完不成计划"引发的后果更符合我们的最终目的**。

人天生就有逆反心理。当别人命令我们去做某事的时候，我们就会失去动力；反之，当别人禁止我们做某事的时候，我们反而会想要去做。这种反向计划法看上去像是在开玩笑，但其实很符合人类矛盾的本性。

同时，这种方法还有一些理论依据。

美国心智研究所（MRI）[2]的短期疗法研究者们通过学习米尔顿·艾瑞克森的临床治疗，将其治疗方法进行系统化整理，创立了一种名叫"症状处方"的治疗方式。

症状处方是一种典型的反向治疗法。当我们努力想要解决问题，却反而会使问题加重时，就可以采用这种方法来进行

---

[1] 读书计划和学习计划根本就没用。制订了计划也完不成，只会让我们陷入自我厌恶。所以干脆直接把计划写成"一秒都不学习""一个字都不看"。这样一来，没完成计划我们反而会开心得不得了，觉得完不成计划的自己棒极了。https://twitter.com/MNeeton/status/1010783255405084673.

[2] 人类学家格雷戈里·贝特森曾经主导过一个研究人类沟通与交流的项目，并发表了论文《迈向心智生态学之路》。后来，该团队的成员杰克逊、海利和维克兰德创立了 MRI（Mental Research Institute）。该机构成为系统式家庭疗法和短期疗法的发源地之一。

治疗。医生会向患者做出指示（处方），有意识地去引发问题（症状）。例如，当患者的手指止不住抖动时，医生可以要求患者"再让手抖得更厉害些"。

在治疗失眠等疾病[1]时，如果我们有意识地想要去控制身体的自然反应，症状就会变得越发严重。在这种情况下，症状处方就是一种有效的治疗方式。

那么，当我们在面对"计划无用论"的时候，反向治疗法是否真的有效呢？如果有效，那究竟是什么样的恶性循环导致"计划无用论"的问题一直存在呢？

方法 9

正如我在开头所说的，反向计划法一般适用于比较严重的情况。当一个人多次无法完成计划，不断重蹈覆辙，最后已经觉得制订计划是白费力气的时候，基本就已经陷入了"计划无用论"的恶性循环。

"计划无用论"和引发手抖的恶性循环看起来完全不同，一个是积极努力，一个是消极回避，但其背后的原理却是相通的。

在让手不停抖动的恶性循环中，患者想要积极地去解决问题（让抖动停止），但这样反而会导致肌肉更加紧张，导致抖动（问题）的产生。

而在"计划无用论"的恶性循环中，我们不想看到"计划没有实现"这样的结果产生，所以选择不去制订计划。然而这

---

[1] 有一种失眠症的机制是，患者越是有意识地想要睡着就会越清醒，反而更加睡不着，从而陷入恶性循环，使失眠症状一直持续甚至加剧。

样的消极回避却会导致问题持续存在、反复发生。因为无论我们如何逃避，都改变不了一个事实，那就是——计划永远是必要的。只要计划这种东西有存在的必要，我们就只能一直逃避下去，而这个循环也就会长久地持续下去。

只要这个恶性循环还在持续，构成恶性循环的各个环节也会不断反复出现。每当我们完不成计划，就会生出自我厌恶。而如果我们在有必要的情况下不去制订计划，这种自我厌恶感还会进一步增强。自我厌恶感越强，我们的积极性就越会下降，行动也会有所减少，进而导致我们越发不想去制订计划。

对于想要自学的人来说，当他们发现自己无法制订和遵守学习计划，就会得出"自己根本无法自学"这种自暴自弃的结论。

让失败变得积极一些

用这种反向的介入方式来切断恶性循环，就像柔道中的"借力打力"一样，可以利用使问题持续存在的"力"来解决问题（摆脱恶性循环）。

一直以来，计划失败往往会导致我们放弃计划和行动。而反向计划法则会帮助我们将失败和行动（哪怕只是一小步）联系起来，在恶性循环中打开一个逃生的缺口。

计划失败不再意味着"我不行"，而是能够让我们向前迈一小步。而这一小步则会为我们建立自信，给我们带来转变的契机。这种变化刚开始也许十分微小，看上去不值一提。但每当恶性循环再次出现，就会将这种微小的变化放大（就像一开始导致事态不断恶化一样）。反向计划法就是利用这种恶性循环的自我增幅性，让小变化逐渐变成大转变。

反向计划法可以让"计划失败"从一件完全消极的事变成一件（有一点）积极的事，是一种利用棘手的恶性循环来帮助我们完成学习目标的方法。

方法 **9**

方法 10 | # 习惯杠杆

① 选择一个习惯作为"垫脚石"

选择一个自己已有的习惯。

最好选择自己在一天中会频繁做许多次的事情，比如看手机。也可以选择每天必做，且时间比较固定的事情，比如吃饭。

② 将想要养成的新习惯与该习惯连起来执行（先后顺序任意）

将我们想要养成的新习惯与该习惯连起来执行，先后顺序可以任意调整。

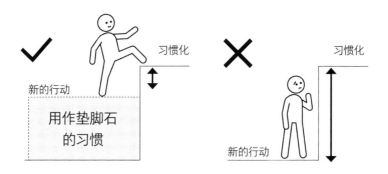

尽量选择做起来比较简单，能够立刻着手，占用时间也较少（一开始最好不要超过1分钟）的动作为新习惯。比如背英语单词（1个）或是例句（1个短句），回顾今天学过的内容，再或者稍微接触一下自己不擅长的科目（参考方法5"两分钟起跑法"）。我们的主要目的是养成习惯，因此就算是没有记住，也要在一分钟内结束。

此时如果过于贪心，做比较吃力的事，就很可能会失败。如果还是感到有些不愿意着手去做，可以减少工作量，或者是换一个相关但是更容易的行动。

③ 反复重复步骤②，一点一点地加大新习惯的分量

成功坚持一周后，就可以开始加大分量了。比如，一开始如果是1分钟以内，可以逐渐延长至5分钟、10分钟。从背一个单词、一个例句，变成背两个单词、两个例句。

再或者，我们还可以以新的习惯为垫脚石，再拴上其他的行动来养成习惯。

长此以往，我们就能够养成许多新的习惯。

把想要养成的习惯和自己每天必做的事情拴在一起

学习是一个长期工作，其成功乃至我们最终目标的达成都离不开习惯的养成。

不仅如此，学习日志（方法12）和任务管理等帮助我们坚持学习的方法也都需要先养成习惯。如果半途而废，就肯定得不到我们想要的效果。

所以话题又回到了原点，那就是"如何去养成习惯"。

任何人都不可能是一张没有任何习惯的"白纸"。大多数人每天都会在几乎相同的时间起床，吃着自己常吃的饭菜，再在几乎相同的时间就寝。外出的时候，人们大多也都是去自己常去的地方，即使是去一个新地方，途中也会经过熟悉的道路。我们的生活就是在不断重复，由许多个过于稀松平常，连我们自己都尚未意识到的习惯构成。

如果您已经养成了规律的生活习惯，那就真是太好了。通过合理地利用这种资源，我们就能够轻松地将更多有益的习惯"安装"到自己的生活中来。

那么那些生活不规律的人该如何是好呢？就因为手中没有"规律的生活习惯"这样的文化资本，他们就只能在先天不利的境地中挣扎吗？

答案是否定的。人类作为生物的一种，为了维持生存，多多少少都会有一些不得不反复去做的事情。这些事情就是我们用来养成新习惯的"杠杆"。我在对该方法进行说明时用"吃饭"来举例，就是出于这个考虑。

换言之，已经养成了学习和生活习惯的人可以直接将这些习惯当作杠杆来使用。这个方法之所以叫作"习惯杠杆"，就是因为它可以帮我们用自己原有的东西来获得更大的收益。

而即使是那些生活不规律的人，也可以把自己仅有的一点习惯当作杠杆，通过不断地重复来养成更多的新习惯，积水成渊。

习惯杠杆，就是一种把自己现有的习惯当作垫脚石，来养成新习惯的方法。

这个方法是建立在心理学家戴维·普雷马克提出的普雷马克原理[1]（又称强化的相对性原理，the relativity theory of reinforcement）的基础之上。

如果我们设计一个装置，只要按下按钮或杠杆，就能够得到食物或水，那么鸽子和老鼠就会频繁地去按（"按压"的行为会增加）。在这一过程中，"按压"的行为就得到了"强化"，而食物和水这种用来增加（强化）行为的刺激就被称为"强化刺激"。

从某种意义上讲，强化是一种自然现象。因此生物比较喜欢的东西（比如食物和水）自然就可以用作强化刺激。

然而在20世纪50年代，人们发现中性的刺激（比如光）有时也可以起到强化行为的作用（成为强化刺激）。

这一发现给普雷马克带来了启示，他开始认为，一个刺激能否被用作强化刺激，并不是由刺激本身的性质决定的。强化的工具和对象都应该是某种特定的行为，两种行为出现频率的相对差异（"强化的相对性原理"这个名称就是由此而来）

---

[1] David Premack, "Reinforcement Theory," *Nebraska Symposium on Motivation* 13 (1965): 123—180.

方法10

决定了这两种行为哪个是强化工具，哪个是强化对象。

普雷马克原理认为，出现频率较高的行为可以用来强化那些出现频率较低的行为。

对于口渴的动物们来说，喝水这一行为要比按按钮（或杠杆）发生得更为频繁（出现频率更高）。因此，如果按下按钮就会有水出来，可以喝水的话（按压行为发生后紧接着就是喝水行为的话），那么按压行为的频率就会增加（得到强化）。

有了普雷马克原理，强化原理的应用范围就广了许多。

一直以来，当人们想要使用强化原理来强化某种行为时，必须先找到一种"奖励"来作为强化刺激。而现在根据普雷马克原理，我们只需要找到一个频繁出现的行为，就可以将其与我们的目标行为联系在一起，增加目标行为出现的频率。

这样一来，我们也就不必再特意去准备"奖励"来作为强化刺激了。

方法 11 | # 行为设计表

① **选择一个行为作为"目标行为"，再找到与之相对的"竞争行为"**

　　所谓"目标行为"就是指我们想要增加或减少的行为或习惯。而"竞争行为"则是指那些阻挠我们增加或减少该"目标行为"的行为。

　　例如，当我们想看专业书，但是却忍不住开始刷起社交软件的时候，"看书"就是我们的目标行为。在这种情况下，"看书"这一行为出现的频率过低，我们的目标是增加其出现的次数，因此该行为就属于"不足行为"。而相反，其竞争行为——"刷社交软件"就属于"过剩行为"。

方法11

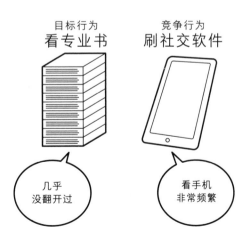

目标行为
看专业书

竞争行为
刷社交软件

几乎
没翻开过

看手机
非常频繁

② 制作一张表格，从四个方面来评价目标行为和竞争行为

这四个方面分别是"诱因的多少""难度的高低""有无竞争行为""奖励或惩罚出现的快慢"。

如果从这四个方面来对"不足行为"进行评价，会得出以下结论。

- 没有诱因，或者说诱因很少。
- 难度很高。
- 其竞争行为很强势。
- 很难马上看到成果（无法立刻获得奖励）。

而"过剩行为"则通常会满足下列条件之一，甚至在大多数情况下是满足多个条件。

- 有诱因，且诱因很多。
- 难度很低。
- 没有竞争行为（或竞争行为处于弱势）。
- 马上就能看到成果，或是能够从中感受到乐趣（立刻就能获得奖励）。

请大家从这四个方面来对目标行为和竞争行为的特征进行整理。

	过剩行为/ 不足行为	诱因的 多少	难度的 高低	有无 竞争行为	奖励或惩罚 出现的快慢
竞争 行为					
目标 行为					
改良后的 目标行为					

③ 利用竞争行为出现的原因来改善目标行为

目标行为和竞争行为处于一种对抗的状态，一方数量不足，而另一方的数量则有些过剩。竞争行为不是别人给我们安排好的，而是我们自己主动做出的行为。因此无论竞争行为是过剩还是不足，都与我们自身的性格和状态有关。因此，如果我们想要增加或减少目标行为，可以先将其竞争行为的特征整理出来，再加以模仿。这样一来，我们就可以根据自己的性格和状态来对行为进行改善。

现在对我们来说，"看专业书"是一种不足行为，而我们的目标就是增加其出现的频率。为了实现这一目标，我们可以从"不知不觉就开始刷社交软件"这一过剩行为中学习，从四个方面分别对目标行为进行改善（参照下表）。

例如在"有无竞争行为"这方面，我们可以这样去想。

- （在过剩行为中）没有比"用手机刷社交软件"更强劲的竞争行为。
- 如果用手机来看专业书的话，是不是至少可以保证该时间段内不刷社交软件？再或者，在家或者出门在外的时候，如果将手机收起来，是不是就可以让自己和手机保持距离了？
- （实际行动）出门在外的时候，用手机看电子书，或是扫描好的书。在家里关掉手机的通知，放到自己的身后（防止手机出现在自己的视线范围内）。

方法**11**

增加专业书籍阅读时间的具体步骤

	行为内容（过剩/不足）	诱因的多少	难度的高低	有无竞争行为	奖励或惩罚出现的快慢
竞争行为	刷社交软件（过剩）	[多 中 ⑨少] 未读通知等	[高 中 ⑨低] 拿出手机就可以开始	[多 中 ⑨少] 只要闲下来基本都在刷手机，没有限制	[⑨快 中 慢] 立刻就能收到别人的回复
目标行为	看专业书（不足）	[多 中 ⑨少] 全靠自觉	[⑨高 中 低] 很难懂 + 书很沉	[⑨多 中 少] 用手机刷社交软件或是看视频	[快 中 ⑨慢] 即使是能够得到回报，也需要等很久
改善后的目标行为	看专业书（改良）	[多 ⑨中 少] 在读书会上设定每天定时提醒	[高 ⑨中 低] 依然很难读懂，但是有难懂的地方可以在读书会上讨论	[多 中 ⑨少] 坐电车的时候看书，这样不会受到外界干扰。读书时把手机收起来	[快 ⑨中 慢] 作为奖励，可以在读书会上分享自己的见解。如果没有看书，在读书会上就会感到不好意思，也算是一种惩罚

向竞争行为学习

想办法减少竞争行为

利用手机的提醒功能

对环境加以改变

能得到他人的反馈

将"行为分析学"运用到自学中来

人是一种很不可救药的生物。即使是有非做不可的事情，也依然会将时间浪费在那些没有必要做的事情上，就算是知道某件事最好少做，却还是控制不住自己。

坚定的意志力和强大的决心能够解决这个问题吗？答案是否定的。所谓"培养坚定的意志力"，往往最终只是推卸责任，把自己的失败归咎于"意志力薄弱"而已。

行为设计表可以帮助我们从现有的过剩行为（已经在做且频率过高的行为）和不足行为（不愿意做或是无法着手的行为）中总结出规律，再运用这些规律来增加或减少我们的目标行为。

方法11

通过对自己的已有行为和所处的环境进行分析，可以帮助我们找到更加适合自己的对策。

这个方法的核心，就是从四个方面对自己的过剩行为和不足行为进行分析，再将分析结果应用到目标行为的改善中。

行为设计表的理论依据来源于行为分析学[1]，前文中我提到的四个方面也是从中得到的灵感。

在行为分析学中，人们会观察研究对象的各种行为，分析这些行为在什么情况下会增加，在什么情况下会减少，然后重

---

[1] 伯尔赫斯·斯金纳（Burrhus Frederick Skinner）对新行为主义心理学进行了改革，创立了激进行为主义（radical behaviorism）。而行为分析学就是基于激进行为主义之上的一种心理学。这种心理学不再将重点放在心灵和内在，而是尝试去分析所有可被观察的行为与环境之间的关系，研究如何去控制行为。其特点是在不会说话的婴幼儿和动物身上也同样适用。

新对其周围的环境进行设计，从而控制其行为的发生和增减。

行为设计表借鉴了行为分析学中最简单易懂的"ABC 行为分析理论"。

该理论主要着眼于目标行为发生前的状况（先决条件）和发生后的状况（结果）。由于先决条件（antecedent）、行为（behavior）和结果（consequence）这三个单词的首字母大写分别是 A、B、C，所以被称为"ABC 行为分析理论"。

例如，在斯金纳的鸽子喝水实验中，有一个名叫斯金纳箱的装置。只要装置内的鸽子按下按钮（目标行为），就能够喝到水（结果）。在该实验中，完成目标行为后出现的"水"（或者说是"喝水"这一行为）就会促使鸽子"按按钮"行为的次数增加。

在这个过程中，最关键的一点就是，完成行为后的状况（结果）会左右行为的发生。

我们总是习惯于用"打开开关，灯就会亮"这样的因果关系来描述事物之间的关联。当我们想要改变某行为时，会倾向于将注意力放在该目标行为发生之前的状况上。

相反，行为分析学则认为目标行为发生后的状况更为重要，将促使目标行为增加的结果（行为发生后的状况）称为强化物，导致目标行为减少的结果（行为发生后的状况）称为惩罚物。

强化物和惩罚物有很多不同的种类。

当我们学会某个知识点时，会感到恍然大悟，或兴致盎然，这种感觉就是一种强化物（内在激励）。当我们与他人竞争，希望得到别人的认同时，这种社会反馈也可以成为一种强化物。当然，一些与学习内容无关的行为，比如吃一块糖或（如果喜欢散步的话）出门散步，也可以成为强化物。如果学习的过程本身就包含或附带强化物的话，就没有额外准备的必要了。但如果学习行为出现的次数过少，可能也需要人为地准备一些强化物。

强化物促使目标行为增加的过程就是在"强化"该行为，而惩罚物导致目标行为减少的过程则是在"弱化"该行为。

这就是行为分析中最重要的基本原理——"强化／弱化原理"。

"强化／弱化原理"与行为设计表中的"奖励或惩罚出现的快慢"相对应。

综上所述，用来强化（或弱化）行为的强化物（或惩罚物）必须在行为完成后紧接着出现，才有效果。

用先决条件来改变行为的6种方法

让我们再来看看 ABC 行为分析理论中的最后一个要素——"先决条件"是如何起作用的。

如果在前文中提到的斯金纳箱中再加上一盏红色的灯，只有灯亮了之后按按钮，水才会出来，那么鸽子就只会在红灯亮起时去按按钮。像这样，如果我们一点一点地改变先决条件，不断重复进行训练，就可以控制鸽子的行为，例如让鸽子只在看到毕加索的画时按按钮[1]。

这种通过改变先决条件（前因）来改变行为的做法被称为前因控制（antecedent control procedure）。在行为分析学中也有过许多相关的研究，其方法可以大致分为 6 种。

① 为期望行为提供合适的先决条件或诱因。
② 通过事先准备来增强期望行为强化物的效果（例如，在使用水作为强化物时，事先不要给水）。
③ 降低期望行为的反应困难度。
④ 去除导致非期望行为出现的先决条件或诱因。
⑤ 通过事先准备来减弱非期望行为强化物的效果。
⑥ 提升非期望行为的反应困难度。

其中，①和④与行为设计表中的"诱因的多少"相对应。当我们想要增加某种行为时，可以先增加促使该行为出现的诱因；当我们想要减少某种行为时，可以想办法去除促使该行为出现的诱因。

③和⑥则是与行为设计表中的"难度的高低"相对应。这里所说的"反应困难度"（response effort）是指做出某行为（反应）时所需要花费的劳动、努力和时间等。当多种行为会产生同种效果时，反应困难度较低的行为会更容易出现。也就

---

[1] 渡边茂：《会辨别毕加索画作的鸽子——人的认知与动物的认知》，NHK 出版，1995。

是说，如果多种行为会带来同样的结果，那么显然，人们会倾向于选择那些马上就可以完成的行为或是难度较低的行为。我们可以利用这一点，对自己所处的环境进行设计，让想要增加的行为能够更加顺利地进行，或是为想要减少的行为增加一些阻碍。

最后，行为设计表中的"有无竞争行为"对应的是行为分析学中的"竞争反应"（competing response）。竞争反应是指那些无法与目标行为同时进行的行为。当我们想要改掉一个坏习惯时，可以强化它的竞争反应，让竞争反应更容易出现。这种改掉坏习惯的方法叫作竞争反应训练（competing response training）。当我们想要减少某一种问题行为时，也可以使用这种方法。一个很有趣的应用例子就是，当孩子总是说个不停时，可以对他说"来亲妈妈一下"，由于说话和亲吻的动作无法同时进行，所以孩子自然就停下来了。

方法11

方法 12 ｜ 学习日志

① 准备一本"学习日志"

学习日志可以是一个小笔记本，或是手机的记事本应用，还可以是云端的记录文件。但是需要注意的是，这份记录可能会持续好几年，所以最好能够不受环境条件的限制。

② 先把"学习目标"写在开头

在学习日志的开头处写好自己打算要学的内容和想要学到什么程度。

即使是有多个学习目标，也可以都记在同一本学习日志上。如果是使用纸质的笔记本来记录，可以将第一页空出来，专门用来记录学习目标。以后有了新的目标，还可以继续往上添加。

③ 确定记录方式

例如，如果我们想要记录自己学习某一本教科书的过程，就统一用"书名的简称＋页码"这样的格式来记录。

如果您的学习目标不止一个，比如，同时要学习伦理学和阿拉伯语，那么就可以在伦理学相关记录的旁边写上 [#L]，在阿拉伯语相关记录的旁边写上 [#A]，予以区分。

④ 学习后立刻记录

如果不及时记录，很可能会导致记录内容不准确或是忘记记录。记录用纸、手账和记录工具等应该随身携带，在学习结束后立刻记录下来。

⑤ 定期回顾学习日志

在一天、一周或是一个月的末尾等时间点定期回顾学习日志。回顾的内容不仅包括最近的记录，还包括几个月前，甚至几年前的记录。从这些记录中，我们能够出乎意料地获得许多新发现，学习的积极性也会有所增强。

方法12

让多个项目的进度变得一目了然

同时学习多项内容或是多个领域的知识时，最好让这些项目的进度能够一目了然。通过观察这些项目的进展是否顺利，我们就能够合理地调整时间安排。这种记录最好选择网格页的笔记本，比如国誉（KOKUYO）的"测量手账"。

Collins, SoP   2020·1

Ethno

Math

History

Commu

Library

Selfedu

SKETCH BOOK

将一年的时间可视化

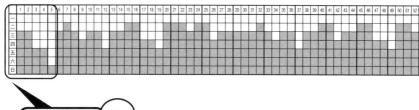

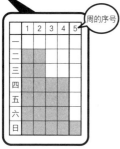

周的序号

7×52 的网格可以帮助我们将一整年的时间可视化。每一纵列表示一周的七天，给学习了的日子（记录了学习日志的日子）填色。这样一来，我们就可以一下子看到一整年的记录。这种记录方式占用的面积也很小，可以直接将好几年的记录放到一起来看。

将一本书的内容可视化

金字塔原理									
I. 为什么要用金字塔结构									
1. 自上而下，结论先行	1	2	3	4	5	6			
2. 自上而下思考，总结概括	1	2	3	4	5	6			
II. 金字塔内部结构									
3. 纵向关系	1	2	3	4	5	6	7	8	9	10
4. 横向关系	1	2	3	4	5	6	7			
5. 序言的结构	1	2	3	4	5	6	7			
III. 如何构建金字塔									
6. 自上而下法	1	2	3	4	5	6	7			
7. 自下而上法	1	2	3	4	5					
IV. 序言的具体写法									
8. 序言的故事结构	1	2	3	4	5					
9. 序言的常见模式	1	2	3	4						
10. 思考的逻辑	1	2	3	4	5					

我们在读书时，可以先从目录中将章节的名称摘录出来，制作一个上面这样的网格表。每读完一部分，就给其对应的格子填色，从而实现读书进度的可视化。

学习日志不是"日记",而是一部"航海日志"

在自学的过程中,由于缺乏监督者,没有人会在我们失意的时候激励我们,也没有人会在我们懒惰的时候督促我们。

因此,我们需要建立一个机制来监督自己的进度,同时激励和督促自己。

自学就像是一次航海的征途,而学习日志就相当于是航海日志(journal)。它和我们记录每天所思所感的日记有很大的区别。

航海日志内容比较客观,主要是记录船只每天的航行方向和航行距离。以这份记录为依据,船员就能够计算出船只当前所处的位置。

而学习日志的内容则主要包括我们目前正在读的书,正在做的练习册的名字,或者是论文的题目,以及每天从第几页读到了第几页,一共做完了几页等。无法像页数那样用具体数字来衡量的内容则可以用时间来记录。

用时间来记录的时候,可以计算一下总的"累计时间",每天学习后更新数据。这样一来,随着记录的不断累积,自学者就能够清楚地知道自己当前处于什么位置。

学习日志就像一只心脏起搏器。

只要我们坚持记录自己的学习进度,就会发现自己的学习状态总是处于周期性的变化之中,不必因为状态的一点起伏而大惊小怪，也不必在状态不佳的时候勉强自己去学习。每一个脚印都能给我们带来微小的自信，而这份自信就是我们前行的动力。

在很多情况下，我们之所以无法完成计划，就是因为没有合理评估自己的现状，完全是在按照理想状态来制订计划。人很可能没有自己想象得那样强大，但是只要坚持走下去，或许就能看到希望的曙光。

一路走来的足迹，会支撑和鼓励我们不断前行。

我这里还有一个好消息想要告诉大家。

自我监测[1]方面的相关研究结果显示，对某一目标行动进行记录，能够促使该行动增加。也就是说，如果我们想要增加某种行动，只要记录即可。**只要坚持记录，就会取得进步。**

所有自学者都应该将这句话铭记于心。

如果与目标直接相关的行动过少，导致没有记录的机会，那我们也会失去做记录的动力，很难坚持下去。做记录不是用来律己，而是用来鼓舞和激励自己的。过分的严苛最终只会使我们对自己越发不满。

方法12

---

[1]　参照"方法6"中推荐的App。

尽可能地降低记录的难度

首先，我们可以为自己降低难度（降低记录的阈值），对每一个微小的行动都加以记录。

不要给自己设定"学习阿拉伯语一小时以上才可以记录"这样的规则，即使是只学了 10 分钟，或者是看了半页教科书，也都可以记录下来。

只要我们坚持记录，行动就必然会增加（最重要的是感知到自己的每一个微小的进步），等学习步入了正轨后再提升难度（提升记录的阈值）也未尝不可。

如果与目标直接相关的行动迟迟未见增加，我们也可以开始记录与目标间接相关的行动。

例如，想要学习阿拉伯语的人一般会去记录"看阿拉伯语的教科书"或者是"背阿拉伯语单词"这样的事情。然而对于有些人来说，这些事做起来太过困难，他们甚至连教科书都懒得翻开。

在这种情况下，可以将那些与阿拉伯语学习间接相关的行动也记录下来，比如"在书店找阿拉伯语的教材"或者"在网上看阿拉伯语教材的评价"。

在自我监测效果的影响下，这些间接行动会有所增加，而这些行动增加后，"看阿拉伯语的教科书""背阿拉伯语单词"等直接行动也会更容易出现。

我们不需要用什么豪言壮语来激励自己，也不需要为自己的行动力不足而感到悔恨和自责，只需要将自己做过的事情原模原样地记录下来即可。

即使每天都只向前航行一点点，也要坚持记录一份航海日志。

把握好自己所在的位置，可以帮助我们在漫长的自学旅途中坚持下去。

延伸阅读

米尔顿·艾瑞克森

（Milton Hyland Erickson，1901—1980）

精神科医生，20世纪伟大的催眠治疗师。美国临床催眠学会的创始人，首任会长。为了治疗小儿麻痹症导致的全身麻痹等重度残疾症状，他几乎全靠自学学习了催眠、精神疗法等内容，并根据每名患者的实际情况来采取独特的治疗方式。

第6章

营造
学习的氛围

无知小子和老者的对话 6

一个让人无法偷懒的环境
要比坚定的意志更重要

老　　者：人是一种社会性动物，知性、感情和意志都会被社
　　　　　会关系所左右。

无知小子：那些闭门不出的人也会这样吗？他们可是会窝在家
　　　　　里好几个月，谁都不见呢。

老　　者：也可以换一种说法，无论是谁，都会在意他人的
　　　　　眼光。

无知小子：啊，被您说中了。那如果在墙上画一双眼睛，我就
　　　　　会更加用功学习了吗?

老　　者：你这是在赶乌鸦吗？我可没有过这样的创意。行
　　　　　为疗法中有一种方法叫作"公开展示"（public
　　　　　posting）[1]，就是将自己的目标，或者是能够显示

---

[1]　将"公开展示"（public posting）应用到学习中的案例，可以参照 Edward
　　　S.Shapiro, *Academic Skills Problems (Fourth Edition): Direct Assessment
　　　and Intervention* (USA: Guilford Press,2010), pp.199—200.

　　　　　　自己当前状态的图表贴到墙上。只要展示出来，有

　　　　　　被别人看到的可能性，就比写到笔记本里更能起到

　　　　　　督促我们的作用。

无知小子：那像我这种没有朋友的人该怎么办？

老　　者：那就养个小动物，离了你的照顾就活不下去的那种。

无知小子：这与学习无关吧。

老　　者：确实没关系。不过现在只要连上网，就总能找到人

　　　　　　吧，哪怕是陌生人也无所谓。你可以试着把自己的

　　　　　　计划和今天完成的任务都发到网上去。无论是成功

　　　　　　完成了计划还是偷懒了，全都发出去，哪怕没人看

　　　　　　也没关系。

无知小子：啊，好不容易在网上立的人设，这下子不全都泡汤

　　　　　　了吗？

老　　者：那你别偷懒不就行了。虽然可能压根没人会看，但

　　　　　　说不定看到的人会觉得你很厉害呢！

无知小子：来，您继续说。

老　　者：总而言之，人类是非常缺乏自制力的。如果没有人

　　　　　　监督，就肯定会偷懒，不想干活。很多人总是觉得

　　　　　　全世界只有自己的意志力格外薄弱，缺乏耐性，没

　　　　　　有志气。但其实，**那些看起来意志力很强的人，都**

　　　　　　是在用一些外部机制来支撑着自己。

无知小子：比如说朋友吗？

老　　者：就算关系不是很亲近也无所谓。只要是人际关系，

就可以帮助我们维持强大的意志力。要是有学伴当然最好，没有的话，找一个自己每天都会见的人，每周写一份计划书交给他，也能取得不错的效果。

无知小子：我明白了。

老　　者：还有一点很重要，那就是人在自学的时候，很容易变得自以为是，一旦学到一些荒诞无稽的内容就糟糕了。在这种情况下，如果有能够一起讨论的伙伴，就会大有不同。

无知小子：可是我没有朋友啊。

老　　者：如今这个时代，在网上说蠢话也会被别人教训得很惨吧。

无知小子：之前有人恶作剧，给我家送来一个撒了金粉的比萨。

老　　者：学习最好别火药味太重，但是把自己学过的内容写到博客上的确是一个好方法。只要坚持下去，说不定会有感兴趣的人来阅读，然后在屏幕的另一边发出感叹呢。同样是输出，能够被别人看到的输出和自己写给自己看的输出是完全不同的。

无知小子：我还以为自学完全是靠自己一个人。

老　　者：自学并不是一件完全孤独的事情。我们现在所学的知识都是前人总结出来的，而这些前人也曾经是互相有些许交集的自学者。学习的人相互靠近，可以让彼此都获得更多的学习机会和益处。

有一句话是这么讲的，"**总有人在远方和我读同一本书**"。无论是知识还是人，都不能孤立存在。所谓自学，就是将自己与知识联系起来，同前人对话的过程。

方法13 | 让他人来把关

写一封承诺书

将自己本周内需要完成的任务写在纸上，然后交给一个经常会见面的人（家人、同事、朋友均可），或者发布到网上。收到信的人没有监督义务，也不必发号施令。

这样做会比口头上的承诺要有效得多，能够让我们更有动力。

方法13

行动契约

如果实在是缺乏干劲，就可以采用终极手段——请别人来监督我们，执行奖励或是惩罚。比如说像下图这样，每周将自己的成果交给监督人检查，如果未能完成目标的 90% 以上，就请监督人按照契约要求给予惩罚。

行动契约的范例

> 按照每个任务预计花费时间的多少来安排分值

> 完成任务后就可以得分

本周任务	成果	预计花费时间	分值	得分
写完绪论的第 3 节	四页文稿	8 小时	8	4
画完实验装置图	装置图	1 小时	1	1
做数据分析	两个图表	2 小时	2	2
制订下周的计划	下周的计划表	30 分钟	0.5	0.5
合计		11 小时 30 分钟	11.5	7.5
目标达成的基准	总得分除以总分值大于 90%，即算作成功达成目标			
目标达成的奖励	无			
目标未达成的惩罚	向大日本天狗党捐款 1000 日元			

> 计划写四页，结果只写了两页，只得一半的分

> 可以给自己安排一点奖励，比如午饭可以吃得奢侈一些

> 捐款给莫名其妙的团体（就像整人游戏一样，安排一些自己不想做的事）

本契约自签署之日起生效。

2020 年 9 月 30 日　自学君

人是环境与状况的产物

"若凡事皆可任心，杀千人可得往生，应杀也。奈何无杀一人之业缘，弗能害。非心善而不杀也。亦有虽思不害，仍杀百人、千人之事。"（《叹异抄》，第十三条）

（如果凡事都可以随心所欲的话，告诉我杀掉一千个人就能够往生净土，那我应该马上就可以去杀一千个人。奈何我一个人都没有杀过，身上没有背负深重的宿业，所以下不了手。并不是因为我心地善良，所以才不杀人。也有的人虽然心里不想害人，但杀掉了成百甚至上千的人。）[1]

与其说人的行为是意志的产物，不如说是周围环境和状况的产物。

哪怕是一个心地善良、谁都不愿意伤害的人，也有可能在环境和状况的影响下，杀掉成百上千的人。亲鸾举的例子比较极端，他所阐释的"人"与"围绕着人的世界"，虽然有些冷酷，但无比真实。

方法13

反之，就算一个人拥有最强的目标意识，想要为了开悟而杀人，只要他所处环境和状况让他无法杀人，身上没有被因果的锁链所束缚，他就一个人也杀不了。人的意志是薄弱的。换句话说，人虽然可以维持恒定的体温，但是却无法保持恒定的意志力。

---

[1] 《叹异抄》是亲鸾的语录集，由其弟子唯圆编纂整理而成。原文中的日语版现代文翻译选自《叹异抄》研究会圣典的试译。
http://www.shinran-bc.higashihonganji.or.jp/report/report03_bn16.html.

我们日常生活中所作出的判断大部分都来自系统 1（动物性情感的直觉：参见序文），比起周密的计划，我们更容易被眼前的刺激所左右。在我们的祖先不断进化的环境中，想要活下去，就必须优先解决眼前的紧急事态，根本无暇顾及以前的想法。

相反，理性并不像哲学家们所期望的那样包含在我们的灵魂之内，它其实（以社会关系网的形式）存在于外部环境之中。这并不算是我们的弱点，只是一种机制而已。

有的人就成功利用人类的这种机制度过了危机，比如荷马所创作的史诗《奥德赛》中的主人公，足智多谋的将领奥德修斯。他用物理手段限制了自己的行动，防止自己中途改变想法导致悲剧的产生[1]。

人类是社会性动物，相信大家都在社会中碰到过许多钉子，对这一点应该深有体会。在社会的各种束缚之下，我们的行动、思考和判断都会受到影响和制约（有的人正是因此而不得不中断甚至放弃自学）。

那么接下来，为了让自己能够顺利地自学下去，我们可以接受这一事实，专门为自己定制一条"奥德修斯的绳索"。用

---

[1] 《奥德赛》与《伊利亚特》均是古希腊诗人荷马所创作的长篇叙事诗。《奥德赛》主要讲述了特洛伊战争的英雄奥德修斯在战争胜利后归国途中的 10 年漂泊生涯。在航海过程中，奥德修斯听从了喀耳刻的忠告，让部下用蜜蜡堵住耳朵，还命令部下将他的手和脚绑到桅杆上。船只路过诱惑人类的女妖——塞壬居住的岛屿时，奥德修斯被塞壬的歌声所迷惑，大喊着让部下解开绳子，放自己去塞壬的身边，但是部下们遵守了他之前的命令，最终一行人平安地离开了这片海域。

"外在的理性" 来锁住我们飘忽不定的意志。

"让他人来把关"这个方法虽然看上去没那么严格，但也属于"外在的理性"的一种应用。

事实上在绝大多数情况下，想要让自己坚持学习下去，只需要一点点社会性的束缚就够了。

如果有人愿意支持您自学，或者说至少不反对您自学，那就把一周的学习计划写好交给他吧。如此简单的一步，也比光靠自己"铁一般的意志"要有效许多。

如果您身边没有这样的人，那也可以将自己的计划全都连载到社交平台上。无数未曾谋面的陌生人会帮助您摆脱懈怠，认真学习。

无论选择哪种方式，对方都不需要履行任何监督义务，也不必亲自给予我们奖励或是惩罚（不会给对方带来太多麻烦）。只要有人知道我们的计划，就相当于是在我们身上绑上了无数条社会锁链。这些锁链将我们牢牢地拴在自己预定的学习轨道上，使我们无法忘记自己的初心。

方法13

<练习>

· 找到一个自己每天都会见面的人，请求对方收下您写的承诺书。
· 把承诺书的内容发到社交平台上。

方法 14 | **私淑**

① 为自己选择一位老师

私淑，是指拜自己无法见面的人为师。这位老师可以是一个地理上与我们相隔甚远的人，也可以是一个已经离开这个世界的人。大多数情况下人们会选择自己崇拜的作者或是历史上的伟人，但是出现在虚构作品中的架空人物也未尝不可。

我选择的私淑对象是林达夫先生。他是一位日本的评论家和思想家，从二战前到二战后一直活跃在日本文坛。我与林先生的"相遇"，说得好听一点叫作幸运，说得不好听一点，只能算是偶然。

刚上大学的时候，我心智还很不成熟，做事没有耐性，根本无法完整地读完一本书。这时，一名学长向我推荐了《思想的拟剧论》[1]，他告诉我这本书是以对谈的形式写的，所以读起来应该会比较轻松。这段对谈的内容主要是林达夫先生在向哲学家久野收先生讲述自己的前半生，当时举办这场对谈是为了给《林达夫著作集》写一个附录。

---

[1] 林达夫、久野收：《思想的拟剧论》，平凡社，1993。

② 收集该人物的相关信息

使用私淑这种方法，我们可以将古今中外的所有伟人都召唤到自己的身边来，但前提是我们必须先对他们有一定的了解。"面对这个问题时，他会怎么回答""遇到这样的困难时，他会如何做"，想要回答这些问题，我们必须先尽可能多地去收集该人物的相关信息。

如果该人物的所有著作已经以全集的形式整理出版，我们就可以直接去阅读。这种全集一般都是关于该人物的所有研究的集大成之作，在附录、别册或是年表中通常还会介绍其他与该人物相关的研究，非常适合做我们私淑的大本营。有时在收集信息的过程中，我们也会发现该人物的所作所为与自己心目中老师的形象不符，此时可以再重新回到步骤①，选一个新的人物作为私淑对象。

我在选择林达夫先生作为私淑对象后，首先在百科上查阅了他的相关词条。在1988年版的《世界大百科事典》中，主编加藤周一先生撰写了"林达夫"这一词条。读过该词条后，我才知道原来林达夫先生就是1955年初版《世界大百科事典》的主编，而他的著作几乎全部收录在《林达夫著作集（全六卷）》中。

方法14

	关于该人物	关于其作品
其本人的作品	自传	作品全集、著作集（著作目录）
他人的作品	年表传记作家论	作品论（相关研究目录）

于是我在图书馆中找到了这套著作集，其最终卷[1]中不仅有林先生的生平和著作年表，还收录了我在前文中提到的对谈。我反复地阅读《思想的拟剧论》，把对谈中提到的林先生的作品和其他作者的作品也都找出来一一读过，从中收集了许多信息。

不知从何时起，查询对谈中出现的人名、地名和书名已经成了我的一种习惯，而这种习惯引领着我认识了越来越多的其他作者和书籍。收集的信息越多，我就会发现自己和林先生之间的差距越大，但我越来越确定他就是那个值得我私淑的老师。尽管他总说自己是一个业余人士，却能够接手岩波书店的法语翻译工作，并通晓罗素的哲学史，这种性格也非常符合我的喜好（大概是与我爱捉弄人的性格有些相似吧）。

③ 随时询问自己私淑的老师

随时随地在脑海中想象一下"如果是我的老师遇到这种情况，他会怎么做（他当时是怎么做的）"，以此作为自己自学的指南针。

遇到想不通的问题，就想象一下老师会如何作答；碰到不知所措的情况，就想象一下老师会如何行动。随着我们问的问题越来越多，与老师相处的时间越来越长，在我们遇到困难或经受挫折的时候，老师就会给我们提出建议，为我们指明前进

---

[1] 林达夫：《林达夫著作集》第六卷，久野收、花田清辉编，平凡社，1990，第165—183页。

的方向。

比如每当我有些畏缩，心想"现在开始学 ×× 还来得及吗"的时候，都会想起林达夫先生 70 岁时，还会为了读洛尔卡而从零开始学习西班牙语。

最重要的是，对于一直没有固定专业的我来说，林达夫先生一边自称是业余人士，一边却又对许多不同领域的事物和作品有着深刻的理解，这一点也为我增添了许多勇气。

点亮迷茫的魔咒——"如果是他的话，会怎么做？"

私，是指"私下里"；淑，是指"以……为善"。

私淑，就是指虽然无法直接接受某人的教导，但在私下里尊敬他，以该人物为榜样来学习的行为。或是虽然没有直接接受过某人的教导，但在私下里尊他为老师的行为。

"私淑"和"亲炙"（与某人亲近地交往，并从中受到感化）是一对反义词，均出自《孟子》。古今中外的许多人都曾经实践过这两种做法。

彼特拉克在其著作《我的秘密》中与灵魂导师奥古斯丁进行了一段假想对话，毫不留情地对烦恼于爱和虚名的自我进行了剖析。

《神曲》中也是同样，诗中引导但丁游历地狱的维吉尔被许多人看作诗人父亲的化身。

方法14

可以说，私淑和亲炙其实是相辅相成的。

例如，内田百闲在故乡冈山度过中学时代时，曾经读过夏目漱石的作品，并将他看作私淑的对象。后来他进入了东京帝国大学后，又曾多次去漱石的家里做客，二人的关系就从私淑变成了亲炙。

反之，电影导演比利·怀尔德曾经住在其恩师——恩斯特·刘别谦的家里（亲炙），并照顾刘别谦直至其离世。在刘别谦过世后，怀尔德将"如果是刘别谦的话，他会怎么做"这样一行字装裱起来，挂在了自己的办公室里，从自问自答中获取创作的灵感。也就是说，他的学习从亲炙变成了私淑。

从这个角度来看，苏格拉底死后，柏拉图以他为主人公撰写对话集的做法，同样也是从亲炙变成了私淑。

自学通常是指没有老师，自己学习。那么让自学者找一位私淑的老师，这是不是与自学的定义相矛盾了呢？

事实上，**自学本不是一件孤独的事情。**

那些能够自立的人，他们并不是真的不依靠任何人，而是广泛地依存于很多不确定的人。同理，那些自力更生的自学者其实也并不是没有老师，而是拥有无数个老师。

私淑就是这样一种可以让人拥有无数老师的方法。

既然无法面对面亲切地交谈，那为什么还要特地去塑造一个想象中的老师呢？

事实上，老师的概念并不只是指一个实际存在的优秀的人，而是学习者将自己理想中的未来投影在某个实际人物的身上后，形成的一个幻影。

换句话说，老师的存在实际上是一种象征。它代表着一个孤军奋战的求学者，在对自己现有的人格与学识感到不满的同时，不断挣扎徘徊，成为更好的自己的过程。

给予我们教诲的，并不是眼前这个已经功成名就的老师，而是在学习的道路上不断拼搏的老师。也就是说，即使我们的老师是一个活生生的人，我们也依然是在向一个过去的幻影学习。大家不要犯买椟还珠的错误，只看到老师现在的成功（椟），而忽视老师一路走来的过程（珠）。

在私淑的过程中，不要光顾着收集信息（老师在什么时候、什么情况下做过哪些事），而是应该在脑海中塑造一个虚拟人格，不断地自问自答"如果是他的话，他会怎么做（行动）、怎么想（思考）"。

方法14

从老师的著作和传记中得知他的一言一行，思考"他在此时会怎么做、怎么想"，这两个步骤缺一不可，就像鸡和蛋的关系一样。

我们对老师的言行知道得越多，这个虚拟的人格就会变得越发精致生动，我们的自问自答也就会越顺利。

在陷入迷茫的时候，想象一下"如果是他的话，他会怎么做、怎么想"，在脑内模拟老师的言行，还能够加深我们对其著作和传记的理解，帮助我们从中发掘出更多的可能性。

一起读书，形成知识共同体

方法15 | 共读

① 发起人选择一本书，邀请大家共读

共读，是指多个人同时读一本书。可以先决定好读哪本书，再邀请大家共读，也可以等凑齐几个人后再选书。

② 所有成员在共读会开始前将书读完

发起人定好举办共读会的时间和地点。

③ 在共读会上和大家一起分享自己读过的内容

在参加共读会前，可以先写一写内容的梗概，或将有疑问的地方记下来。

举办共读会的流程

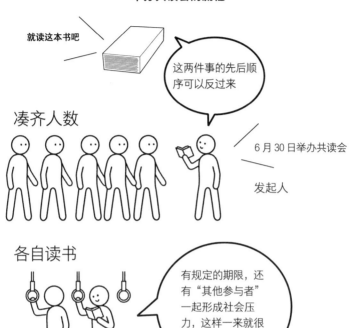

就读这本书吧

这两件事的先后顺序可以反过来

凑齐人数

6 月 30 日举办共读会

发起人

各自读书

有规定的期限，还有"其他参与者"一起形成社会压力，这样一来就很难偷懒了

方法15

分享自己的看法

共读会的好处

· 能够使我们注意到自己忽视的点

· 遇到比较难理解的地方，大家可以一起讨论

· 看到大家都会遇到同样的困难，心里能够感到一些宽慰

共读可以防止半途而废

专门讲如何自学的书自不必说，就连那些讲读书方法的书，也很少会提及多个人聚在一起读书的方法[1]。

我想再说一遍，自学并不是一件孤独的事。自学者，是指那些自己为自己设计学习环境的人。共读[2]不仅可以集众人之智，帮助我们读懂那些艰深的书，还能够构建一个知识共同体（学习环境）。这个共同体在我们读完书后也会继续存在下去。

正是因为有了社会关系这种纽带，人才能成为人。

事实上，能够坚持自学成功的人并不多，但我们大部分人都曾经每天花费好几个小时在学校中学习。在学校里的时候，周围的伙伴就是我们坚持下去的动力。

共读是一种集体行为。在共读的过程中，大家会同时去读同一本书。有了这样一个集体，我们就很难在中途放弃。

首先，除了我们以外，还会有其他的成员一起参加共读会，这一点非常重要。看到别人还在继续读书，我们就算想要放弃，也会咬牙继续。在读一些厚重难懂的书时，人们很容易会在中途放弃，而群体压力（也可以说是同侪压力、集体主义）则会让我们坚持下去。

---

[1] 在本书编写的过程中，日本最大的读书会——猫町俱乐部的发起人山本多津也先生也出版了著作《读书会入门：用书将人与人联系起来》。

[2] 关于"共读"的内容，我参考了前田勉：《江户的读书会：共读的思想史》，平凡社，2018。书中介绍了江户时期在日本全国的私塾和藩校中兴起的读书会（共读会）的具体情况，读书会中培养的精神为明治维新奠定了基础。

再者，当我们遇到自己读不懂的内容时（这也是自学失败的最大原因），共读也能够助我们一臂之力。

也许其他一起共读的人中，正巧有人读懂了这段内容。或者要是运气再好一点，说不定那个人还能够讲解给我们听。

如果没有这么幸运，那就在分享读书感想时，把不懂的地方也标记出来，告诉大家"这里我没有读懂"。

有的时候我们查阅了一堆资料，也依然百思不得其解，即使是有负责指导的人带领大家轮读，也依然得不出合理的解释。这种情况很可能是原文本身就有歧义。如果是教科书的话，可能是编写时出现了错误，如果是原典的话，可能学者们早已围绕该问题争论了多年。遇到这种情形，看到"不懂的人不止我一个"，也会给我们的心灵带来莫大的安慰。Lonesome No More！（我终于不再是孤身一人了！）[1]。

将读不懂的地方坦诚地告诉别人，也能够帮助我们坚持下去。一个人读书的时候，遇到不懂的地方，很容易归咎于"自己脑子笨"或"自己太无知了"。而与其他人一起讨论后，我们就会发现读不懂的并不止自己一个人，从自我批判的旋涡中走出来，重拾学习动机。

方法15

最后，大家一起讨论还能够促进知识的理解与掌握。人类是一种社会性动物，对社交场合上讨论的内容会更加敏感。因此，无论是参与讨论的当事人，还是在场的其他听众，都会对

---

[1] 库尔特·冯内古特：《打闹剧——或曰不再孤独！》，浅仓久志译，早川文库，1983。

讨论过的内容印象更加深刻。

如果找不到共读的伙伴，该怎么办

话虽如此，共读活动的发起是需要满足一定条件的。

首先我们必须凑齐一定的人数，而这些人必须有时间读书，具备一定的阅读能力，且手里还都要有同一本书才行。

而满足这些条件比我们想象得要难。

有一种共读的形式叫作"轮读"（指几个人按顺序轮流阅读同一本书的不同章节，再进行讨论。几个人共同对某一本书进行解释和研究时经常使用这种方法。在大学的研究会和学习会上也十分常见），比较常见于大学的研究会等人数比较少的正规课程，以及大学生的自主学习会。那么，为什么进入社会后，这种读书形式就很难见到了呢？原因就是想要满足条件实在是太难了。

离开学校后，大家都只能想方设法从自己生活中抽出一些时间用来学习。那些工作不同、生活圈子也不同的人，想要定期聚一聚都很难，能够用来读书的时间也都各不相同。想要从自己的身边找出几个想读同一本书的人，实在是不那么容易。

那么，如果找不到共读的伙伴，我们该如何是好呢？

有一种方法，那就是直接自己开始读。在网上搜索一下"一人读书会"就会发现，这样做的人并不在少数。

只有自己一个人的话，节奏就可以自己掌握，只要有空闲的时间，就可以举办读书会。读书的速度可以自己调整，如果某些原因导致读书过程中断，也不会产生什么不好的后果，任何时候想重新开始都可以。这些和自学的优缺点是相通的。

负责写内容梗概的只有自己一个人，一旦偷懒就看不到什么效果了。由于读书会中只有自己一个人，无法在讨论中进行补充，因此摘要最好不要只写要点，而是写成文章的形式。

如果可以上网，最好将自己写的内容梗概发布到网络平台上。

只要有被别人读到的可能，我们就会获得坚持下去的动力。这就是"公开展示"带来的效果。共读的优点，就是用群体压力来防止中途放弃，而"公开"所带来的压力则可以用来替代群体压力。

如果我们读的是公开出版的书籍，那么在网上发布内容梗概后，可能还会有陌生人写下评论。

方法15

有一句话叫作，"总有人在远方和我读同一本书"。

印刷术普及后，一本书可以同时出现在世界各地。在远方，也许有人会出于相同的兴趣，与我们读同一本书，甚至我们还可能和他们在异国他乡擦肩而过。

如今，互联网将这一事实更为清晰地展现在了我们的眼前。当您打算开始读某本书时，只要上网搜索一下书名，就会发现自己并不孤单。

有朋在远方，不亦乐乎？

< **练习** >

· 报名参加一次读书会，体验一下共读。

· 自己发起一个读书会。选择一本难度较高，自己一个人
  读不下去的书来读。一开始可以先和认识的人一起读，
  逐渐习惯这种方式后，再招募其他的人来共读。

亲鸾

（1173—1262）

镰仓时代初期的僧侣，净土真宗初祖。幼时跟随慈圆出家，在比叡山苦修 20 年仍未开悟。1201 年（建仁一年），29 岁的亲鸾前往京都六角堂闭关，其间见到圣德太子降凡，以此为机缘拜入法然门下。1207 年（承元一年），由于佛教受到打压，亲鸾被流放到了越后地区，过上了非僧非俗的生活。1211 年（建历一年）被赦免后，他一直在日本关东的常陆国等地区传道布教，直到晚年才回到京都。与惠僧尼结为夫妻，生有善鸾和觉信尼。

《尤利西斯与赛壬》

（Ulysses and the Sirens）

赫伯特·詹姆斯·德拉波在 1909 年创作的油画。现藏于费伦斯艺术馆（英格兰，赫尔河畔金斯顿）。

林达夫

（1896—1984）

思想家、评论家、编辑。毕业于京都帝国大学文学部哲学科，专修美学与美术史。毕业后在东洋大学当老师，同时与和辻哲郎、谷川彻等人一起负责岩波书店的杂志——《思想》的编辑工作。二战结束后，他前往明治大学教书，同时在平凡社担任《世界大百科事典》的主编。许多作家都受过他的栽培，还有许多人受到了他的影响，因此他又被称为"不动笔的学者"。

孟子著 / 小林胜人译注

《孟子》（岩波书店，1968）

孟轲（约前 372—前 289）是战国时期儒家学派的代表人物。《孟子》一书是他在游历诸国的过程中，与诸侯、学者和自己门下的弟子之间的问答集录。他提倡德政思想，认为德政的施行需要一定的经济基础，并提出了具体的方法（井田法）。他将民意看作天意，并肯定了武力颠覆政权的做法。"革命"一词也是出自此书。

彼特拉克著 / 近藤恒一译

《我的秘密》（岩波文库，1996）

将奥古斯丁的《告白》奉为圣经的彼特拉克（1304—1374），为了摆脱当时面临的精神危机，在想象中与自己的灵魂导师奥古斯丁展开了对话，毫不留情地对自我进行了剖析。

前田勉

《江户的读书会　共读的思想史》

（平凡社 library，2018）

经济上不够宽裕的自学者可以做些什么？

对于自学者来说，时间和金钱都是重要且稀缺的资源。

自古以来，那些没有时间、没有钱，或是二者都没有的自学者，都会像苦学者的代表——二宫尊德一样，一边工作，一边想办法省出时间和钱来学习。

在本专栏中，我将为那些经济上不够宽裕的自学者提供一些建议。

对于生活在现代的自学者来说，图书馆和互联网这两种途径能够为自学提供有力的支持。

1. 图书馆

对于自学者来说，图书馆能够免费提供以下资料和服务，是一种不可或缺的设施。

在图书馆中很难找到热门新书，但是却能够借阅到那些价格昂贵，且印刷量较少的学术类书籍。如果在某个图书馆的藏书中找不到自己想要的书，还可以利用馆际互借服务（Inter Library Loan，ILL）从其他图书馆借阅。

一些用来查找知识信息的大部头工具书（例如百科全书和书目索引等）不仅价格昂贵，而且册数也很多，很难直接买回家。而有了图书馆，我们就可以在这些知识的海洋里自由遨游了。除了工具书以外，图书馆内还有各种报纸、杂志等定期出版物，以及用来上网查阅资料的电脑。

最方便的是，图书馆的咨询服务台还会教我们如何使用这些资料，帮助我们查找相关的信息。

近年来，一些图书馆还开始提供社会性服务，比如提供就业方面的咨询。

关于如何有效地利用图书馆来自学，我将在本书的第 2 篇中详细地进行讲解。

2. 网络

以前，自学者所拥有的条件要比现在艰苦许多，特别是网络的普及给我们带来了许多便利。

在网上，光是学习资源就数不胜数，从小学到高中的各科教材及讲解视频都能够搜索到。这些视频有些是来自个人，有些是来自各种辅导班，还有的是来自教育类出版社和提供教育类节目的电视台。不仅如此，还有许多领域的知识和技术（从演奏乐器的方法到烹饪和修理技术，从编程到农作物栽培）都能够在网上找到相关的讲解视频。

比如语文，如果我们上网搜索一些比较热门的名著，例如《奔跑吧，梅勒斯》或是《山月记》，就能找到许多考试中常见的阅读题和答案，以及读后感。

数学也是同样，网上既有讲解公式和定理的短视频，也有用来提升计算水平的小游戏和供下载的练习题。有一个网站叫作"高中数学的美丽物语"，其中对各种不同难度的高中数学题进行了讲解，从平常考试中的常规题型到奥数竞赛题一应俱全。许多大学还会为新生提供学习资源，例如金泽工业大学的"KIT Mathematics Navigation"、高知工科大学的"基础数学 Workbook"等。还有一些人自发地创建了一个名叫"Tokiwa 台学"的网站，上面有许多数学和理科知识点的解说，不收取任何费用。Youtube 上还有一个频道叫作"像在补习班一样学习——大学数学和物理"，专门面向理工科的大学生提供数学和物理知识点的讲解。

除此之外，很多人还会在问答平台上发帖，询问作业中不懂的题或是在撰写小论文时寻求一些建议。

不仅如此，网络上还能搜索到许多研究论文级的资料。

开放存取（Open Access，OA）是指将科研成果发布到网络上，供所有人免费阅览。这里所说的学术成果，从广义上讲，泛指所有学术类信息，而从狭义上讲，则主要指那些刊载在同行评审刊上的论文。

2018 年的调查显示[1]，全世界所有论文的 28%、用户搜索论文的 47% 都处于开放存取状态。论文的发表时间越晚，处

---

[1] Piwowar H. et al., *"The state of OA: a large-scale analysis of the prevalence and impact of Open Access articles,"* PeerJ 6(2018)：e4375.

于开放存取状态的比例越高。由于网上用户搜索的大多都是近几年的论文，所以其中大部分都可以免费阅览。

还有一种网络学习资源介于初、中等教育和学术研究之间，相当于大学本科和研究生阶段的课程，那就是慕课（Massive Open Online Course，MOOC）。慕课是一种由多所世界知名大学联名创办的大规模开放在线课程，任何人都可以在网上免费学习。这种远程教育模式建立在现代信息技术和教育工学的基础之上，是大学教育资源向社会开放的一种尝试。

有了慕课，我们不仅可以利用网络的优势，随时随地开始学习，还能够直接接受大学级别的远程教育，接触那些难度比较高的教材、讲义和课题。

Coursera、edX 和 JMOOC 都是比较有代表性的慕课平台。其中，Coursera 平台的合作院校包括斯坦福大学和普林斯顿大学，edX 平台由哈佛大学和麻省理工学院共同创办，而 JMOOC 则是日本版的慕课平台，由日本开放在线教育推进协议会创办。

对于那些想要学习高层次知识和技能的自学者来说，慕课究竟有多大的价值呢？

慕课是一种介于自学和学校学习之间的学习方式。使用慕课来学习，会有专业的教育机构来帮我们准备和编排好各种学习资源（包括教材和教学计划）。与完全自学相比，这方面的负担就减轻了许多。

在教学计划的编排和教材的选择与编辑方面，慕课可以为我们提供与大学相同，甚至比大学还要完善的学习资源与环境。本书的第2篇主要是教大家如何去选择和收集学习资源。有了慕课，我们就可以省下这部分精力，直接用现成的资源来学习了。

然而尽管如此，慕课却依然无法完全取代学校。

慕课是一种建立在现代信息技术和教育工学的基础之上，同时使用文字和视频等媒介来进行授课的现代教育模式。然而令人惊讶的是，其实际完课率只有10%左右[1]，与以前的函授教育（例如东京专门学校——现早稻田大学提供的《早稻田讲义录》）没有多大的区别。

这一事实证明，如果没有学校这一外部设施的存在，人很难坚持学习下去。同时也告诉了我们，本书第1篇中介绍的那些能够帮助我们坚持下去的方法有多么重要。

在学校这一空间，或者说是制度的影响下，学生在学习的同时，还会给彼此施加影响。这种影响能够让学生更容易坚持下去，其所带来的效果不容忽视。

因此，即使是使用慕课来学习，学生依然需要想办法来防止半途而废。

我在本书第1篇中介绍了许多相关的方法，请大家一定要多多利用起来。

---

[1] 慕课完课率只有10%。哈佛大学与麻省理工学院共同创办的慕课平台 edX 所公布的完课率为 5.5%。

第2篇

我们应该学什么

自己来决定学习的内容

　　艾美·赫曼是一名律师，同时也是一名美术史学家。她长年在收集与展览美术品的弗里克收藏馆举办讲座，而讲座中用到的教材正是那些古往今来的名画[1]。

　　来听讲座的人来自各行各业，有将来想成为医生的医学生，有数学成绩太差，以致可能考不上大学的布朗克斯高中生，甚至还有 FBI 的工作人员和纽约市的刑警。这些人之所以会来这里听她的讲座，就是因为他们想要提升自己的"观察力"。自己平时在生活中会忽视掉许多细节，而自己却完全察觉不到。这种忽视有时会为我们带来巨大的损失，甚至使我们落入危险。而提升了观察力以后，我们就能够抓住那些多数人都容易忽视的细节，并理解这些细节背后的含义。

　　听过她的讲座，对名画详细分析后，医学生的诊断能力有所提升，高中生成功通过了数学考试，刑警也不再光凭经验作出主观臆断，使破案能力更上了一个台阶。

　　那么，赫曼为什么会使用名画作为教材呢？对此，她做出

---

[1]　艾美·赫曼：《洞察：精确观察和有效沟通的艺术》，早川书房，2016。

了这样的解释。

所谓名画，是指那些从完成至今，被许许多多的人反复鉴赏和提及的绘画作品。这些人中也包括许多研究者，例如美术史学家。他们花费了大量的时间，收集了许多资料，从各种各样的角度对名画进行了深入的研究和讨论。其讨论的内容不仅包括画的来历、主题和技法，还包括画中所描绘的对象。

如果用"人类"这样一个集合名词来表示的话，那么我们可以说，通过研究成果的不断累积，人们倾注到名画中的脑力劳动已经汇聚成了一双"人类之眼"。从这个角度来看，对美术史等学术研究不断深入的过程就是在提升人类总体的认知能力。

因此，使用名画作为教材，我们可以将自己的观察结果与历代学者通过详细的观察与分析所积累起来的研究成果进行对比。这就像是做完题后"对答案"一样。

通过将自己的观察结果与"人类之眼"的观察结果进行比较，我们就会看到自己忽视了哪些细节，以及作出了什么样的主观臆断。正是因为有了研究成果的不断累积，"人类之眼"才会越发明察秋毫，我们也才能够跟着练就一双"火眼金睛"。

其实，所有知识和学习知识的过程也同样如此。

许许多多的人所贡献的智慧形成了知识，而这些知识则共同铸就了人类的认知能力。每当新的知识被创造出来，人类总体的认知能力就会有所提升，而个人则可以通过与这些知识建立联系，来提升自己的认知能力。牛顿将这一过程形容为"站在巨人的肩膀上"。

这个与人类知识库之间建立联系的过程，就是"学习"。

自从义务教育制度出台后，我们中的绝大多数人都曾经在学校学习过。

学校是一种学习辅助装置，它为我们提供了许多帮助。在学校中，我们能够避开许多吸引我们注意力的事物，还有接连不断的学习项目来使我们保持一定的学习热情。不仅如此，学校还会对人类知识库中的核心内容进行总结，并以教材和授课计划的形式提供给我们。学校在学习者和知识之间架起了一座桥梁，有了学校，学习者就不必再自己去收集学习资料。

然而，虽然学校选用的教材能够满足绝大多数人的需求，但却不一定与您的需求相符。又或许，学校提供的教材已经无法让您满足，而您想要学习更高层次的内容。

因此，您才选择了自学。自己乘船，在知识的海洋上扬帆起航，确定航行的方向，找寻自己所需求的知识。

在自学时，我们不仅可以决定自己的学习内容，还可以选择适合自己的教材以及学习方式。

但是自由远看起来十分诱人，实际到手后却是意外的沉重。自学者选择的学习内容大多数都是来自自己不太了解的领域。面对这样的领域，我们在选择教材和学习方法时，往往会不知道从何处下手才好。

在这种情况下，绝大多数自学者都没有老师可以求教，而本书第 2 篇的内容就是为了帮助大家来解决这一困难。

想要自己来决定自学的内容，我们就需要先掌握一些通用的调查方法。

其中最关键的，就是"发现未知"和"查阅资料"的方法。 掌握了这两种方法后，我们就能够知道"自己究竟想要学习些什么"以及"想要学习这些内容需要使用哪些资料，如何才能获取这些资料"。

这些方法很多都是来源于公共图书馆（Public Library）在提供资料检索服务中积攒下来的经验。

与古代的皇家图书馆不同，公共图书馆面向公众开放，任何人都可以进来查阅资料。所以，图书馆的工作人员必须做好充足的准备，来应对来馆者的各种不同需求。

为此，公共图书馆不仅原则上要准备好所有知识的相关资料（虽然也会受到预算、面积等现实因素的限制），还要帮助目的各不相同的来馆者找到想要的资料，也就是提供资料检索服务。

很多专门讲如何自学的书都没有教人家如何自己去查找资料，而是直接将作者本人在求学过程中学过的知识当作"大家都需要学习的知识"介绍给了读者。

然而，就像图书馆的工作人员不能直接对来馆者说"我已经事先决定好了你要查的资料"一样，教别人如何去自学的时候，也不应该直接告诉人家"我已经事先决定好了你应该学的内容"。

自己来决定学习的内容，这是自学者的特权，也是自学有别于其他学习方式的重要特点。

想要做学问，就必须先站到巨人的肩膀上去。因此调查能力也是科研能力的重要组成部分。

一名研究者必须知道自己的研究在整个学术研究史上处于什么样的位置，并在论文中写清楚该领域目前有哪些相关的研究，自己的研究为这个领域带来了什么，或否定了哪些原有的研究成果。无论是增添新的内容，还是否定原有的内容，都必须建立在先行研究的基础之上。否则，大家的研究成果就会处于孤立的状态，学术研究的内容也就无法累积和更新。

阅读参考文献是所有学术研究开始的前提。因此，除了一些初学者还需要多加练习以外，所有的研究者都已熟练掌握了查找参考文献的方法。

学会了如何去调查，我们就能够超越个人的极限，去参考全人类所拥有的全部知识。调查能力支撑着整个人类社会的认知，是一种非常重要的基础学习能力。

从比较功利的角度来看，拥有强大的调查能力要胜过拥有成千上万本书。因为只要具备了这种核心学习能力，我们就可以找到任何自己想要学习的知识。

近年来，随着互联网等信息技术的发展和普及，人们获取信息的时间成本和经济成本大幅下降。

然而凡事都有正反两面，与此同时，人们成为信息的输出者，对外发布信息的成本也下降了许多。

在以前，对外发布信息需要花费较高的成本，而这就对信息的内容（或者说信息的输出者）起到了一定的过滤作用。现如今，谁都可以对外发布信息，这也就意味着信息的质量会变得参差不齐，只能由信息的接收者自己来筛选。因此，调查的最后一环，就是对自己获得的信息进行筛选，本书第2篇的最后将会为您介绍相关的方法。

自学者可以自己来决定学习的内容，而筛选信息所需要付出的成本就是用来换取自由的代价。

在信息技术日益发展普及的今天，无论是谁，只要想获取信息（无论是有意识还是无意识），都会面临与自学者相同的困境。因此，筛选信息的能力对所有人来说都是一种必备技能。

本书的第2篇中会提到"文献目录"（bibliography）这个概念，对此，很多人可能会感到有些陌生。

无论大家以前有没有接触过，以后能否接触到，都同样应该知晓它的存在。

甚至可以说，在没有文献目录的情况下，我们与各种学习资源的相遇几乎是全凭偶然，自学的成败也完全交给了运气。即使有别人来提供现成的教材，也不一定就会适合我们。

并不是所有人都能够得到足够的学习机会和资源。尽管条件很是艰苦，依然有人无法放弃求知，想要继续学习。正因如此，自学这种形式才有其存在的意义。

这也就是说，自学者不能光是待在原地等待"偶然"的降临，而是应该主动出击。"文献目录"是专业人士用来查找资料的工具。对自学者来说，它就像是燃油和引擎，能够让学习的小舟在无风甚至逆风的情况下依然不断向前航行。

人的精力和时间是有限的，想要为某个学科或是方向制作一份毫无遗漏的文献目录，将所有相关文献全都收入其中，显然是有些不太可能。但尽管如此，依然有许多前辈不计后果、埋头苦干，为我们照亮了求知的旅途。

有了他们费尽心力来完善的文献目录，自学者就拥有了更高的起点，可以自己去寻找和选择学习资源，不必再指望他人来为自己安排，也不必再去坐等"偶然"的发生。

调查研究 / 查找资料时的用语一览表

* 以下词语的定义与用法仅适用于本书内

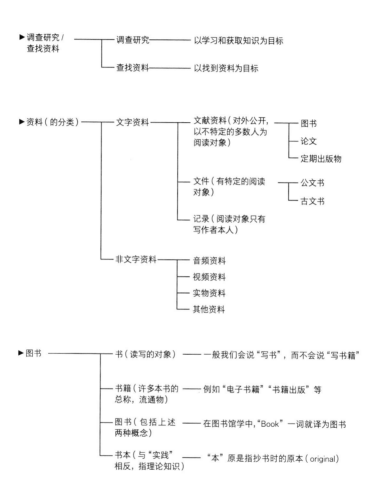

▶ 调查研究 /
查找资料 ── 调查研究 ──── 以学习和获取知识为目标
　　　　　└ 查找资料 ──── 以找到资料为目标

▶ 资料（的分类）── 文字资料 ── 文献资料（对外公开，以不特定的多数人为阅读对象）── 图书
　　　　　　　　　　　　　　　　　　　　　　　　　　　　　　└ 论文
　　　　　　　　　　　　　　　　　　　　　　　　　　　　　　└ 定期出版物
　　　　　　　　　　　　└ 文件（有特定的阅读对象）── 公文书
　　　　　　　　　　　　　　　　　　　　　　　　　└ 古文书
　　　　　　　　　　　　└ 记录（阅读对象只有写作者本人）
　　　　　　　　└ 非文字资料 ── 音频资料
　　　　　　　　　　　　　　　── 视频资料
　　　　　　　　　　　　　　　── 实物资料
　　　　　　　　　　　　　　　── 其他资料

▶ 图书 ── 书（读写的对象）── 一般我们会说"写书"，而不会说"写书籍"
　　　　└ 书籍（许多本书的总称，流通物）── 例如"电子书籍""书籍出版"等
　　　　└ 图书（包括上述两种概念）── 在图书馆学中，"Book"一词就译为图书
　　　　└ 书本（与"实践"相反，指理论知识）── "本"原是指抄书时的原本（original）

第7章

找到自己
想学的内容

无知小子和老者的对话 7
把烦恼全部写出来

无知小子：我想学习，可是不知道该学什么才好。

老　　者：没想到这竟然也能成为问题，难道你就没有什么想知道的吗？

无知小子：说出来有点不好意思，我想知道恋爱是什么感觉。

老　　者：这与本书的内容无关。话说回来，好奇心这种东西别人是给不了你的。假如有一本书叫作《如何画漫画》，它只会对画漫画的技巧进行说明，不可能告诉你漫画应该画什么。

无知小子：我听好多人说，现在收集古钱币已经成了潮流，全世界的有钱人都在做这个。书店里也有很多相关的书和杂志，实在太吸引人了。

老　　者：你想学我也不会拦着你。不过现如今有好多人拿一些杂七杂八的学问当成是修养，靠这个从别人身上赚钱，你也想上这个当，把自己的一辈子搭进去吗？

无知小子：不，一点也不想。

老　　者：那就好好去找一找自己想学的东西。光用脑子想不出来的话，就把手脚和眼睛都用上。哪怕是先随便在草稿纸上写一写也行。想法模糊不清也没关系，内容漫无边际也无所谓，想到什么关键词就直接写下来。如果觉得写下来的词不是自己想学的，那就直接画掉。我们感兴趣的事物往往是被生活的忙碌遮盖了起来。像这样写着写着，就能灵光一闪，想起自己究竟想要学什么了。

无知小子：原来是这样。

老　　者：其实，大部分人就算是碰到了什么伤脑筋的事情，也很难将其转化为求知欲，而是宁可将眼前的困难归结为命中注定。也就是说，他们根本就没有想到过困难的背后隐藏着学习的契机。

无知小子：人在伤脑筋的时候，可能没有工夫去想别的吧。

老　　者：没错。注意力是一种认知资源，而烦恼会消耗掉大量的注意力，这样一来，大脑中用来思考的空间就所剩无几了。但其实，并不是只有那些无忧无虑、没有生活压力的人才有余力去学习和获取知识。事实上，**我们所接触到的知识大多都是来自那些有烦恼的人**，正是因为他们努力解决了困难，新的知识

才得以应运而生[1]。那些创造出新知识的人，大多数都是挣扎在困境之中。面对这些无法立刻解决的困难，他们察觉到了现状的不足，但是却想不出究竟是哪里不足。因此，为了改变现状，他们付出了大量的脑力劳动，创造了新的知识。

无知小子：那我也可以把自己伤脑筋的事情都写下来吗？我想把自己那些邪恶的欲望全都丢到纸上去。

老　者：可以是可以，内容最好健康一点。

无知小子：那我就先写上"想要钱"吧。想解决这个问题，我需要学习一些什么才好呢？

老　者：那得看具体情况了。如果你是一个身体健康并且有工作意愿的人，那就可以去学习一些关于择业和入职面试方面的内容。反之，如果你有什么疾病导致无法工作，吃了上顿没下顿，那就应该会对生活保障金之类的内容感兴趣吧。

无知小子：比起这些，我更想当一个骑着摩托车环游世界的投资家。

老　者：这我好像在哪里听说过。总之，到了这一步，你差

---

[1] 在我们所生活的这个世界中，有许多人类所创造的事物。其中既包括建筑物、机械等肉眼可见的物体，也包括学校教育等制度。此外还有我们在学校中学习的各种知识、用来传播知识的书籍、用来生产书籍的印刷术以及语言和文字本身。这些全都是人类创造出来并传承至今的事物，也都是前辈们解决问题后留下的成果。换句话说，我们所生活的现在，就是过去那些解决了问题的人所创造出的未来。读书猴：《问题解决大全——跨越工作与生活难关的 37 个方法》，Forest 出版社，2017，第 6 页。

不多也知道自己应该朝着哪个方向去走了吧。接下来只要着手去做就可以了，如果方向错了的话，自己也是会意识到的。

通过这样不断试错，在过程中获得知识和经验，人就会逐渐明白自己究竟想要做什么，想要学什么，然后义无反顾地投身于学习之中。

方法16 | 知识地图

① 找到一个自己感兴趣的领域或是课题，把能够想到的所有相关内容都写下来，不必按照特定的顺序

自己想要了解的内容、有点感兴趣的内容、有一定了解的内容、听说过的名称和用语以及记不住名称的模糊概念等，只要是与自己选择的主题有关即可，想到了就可以写下来。

无论是单词、词组还是短句，都无所谓。数量越多、种类越丰富、叫不出名字的模糊概念越多越好。例如，右图中就是一些与相对论有关的概念，顺序完全是打乱的。

方法16

$$E = mc^2$$

时空扭曲

时间变慢　　　狭义？

双子悖论

广义？　　　光速不变

② **全部写完后再回头看一看，将自己有所了解的项目用方框圈起来**

写到没什么可写的了，就先停笔，然后回头看一看自己写下来的内容。

在看的过程中，将那些与自己的知识储备有所关联的项目用方框圈起来。比如自己学过的内容、听说过的内容，或是在书上见到过的内容，这些都可以算在内。

在之后的步骤中，如果您学到或是想起了什么新的概念，也可以随时添加进来。

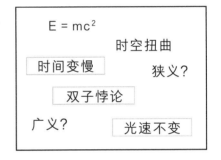

③ **从这些带方框的项目中选择自己比较感兴趣，或是看上去比较重要的项目，查阅一下相关的知识。查完的项目可以再加上一层方框（双层方框）**

查阅时尽量选择比较快捷的方式，比如利用手头的辞典和百科全书，或是在网上搜索。

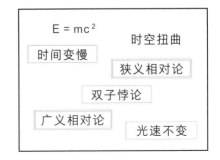

④ **查过一些词后，再将自己写的内容重新看一遍，把那些看上去有联系的项目用线连起来**

在连线时，不必在意这些项目有没有被框起来。如果在过程中发现需要查阅一下某个项目的相关知识，可以跳回③。

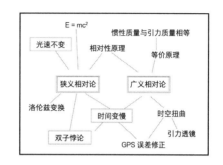

⑤ **不断重复③和④，直到知识地图的内容大致确定下来，不再继续扩增或是变化为止。再从所有项目中选出几个自己还想进一步详细了解的项目，用圆圈圈起来**

这次圈出的项目应该大部分都是我们还不是很了解（没有画方框）的项目。当然，您也完全可以从自己已经有了一定了解（画了方框）的项目中选择。很多时候，我们以为自己已经理解了某个概念，然而查阅资料后才发现自己原来还有许多不懂的地方。

方法16

这种从已知重回未知的项目很容易勾起我们的求知欲，很多人会将它们选作学习或是研究的主题。从"我懂了"到"原来我不懂"，也许正是这种转变所带来的震惊让我们难以释怀吧。

看自己写下的内容，从画圈的项目中选出一个自己最感兴趣的项目，在圈的外侧再画一个圈（◎）。您的学习或研究将会围绕着该项目展开

最终人们选定的项目往往会与其他自己感兴趣的项目有一些关联，同时与自己了解的项目也有一定的联系。

⑦ **随着学习或是研究的不断深入，不断地对知识地图进行修订**

我们所掌握的知识会随着学习或是研究的不断深入而发生变化，因此我们也应该同时对知识地图进行修订。

知识地图会与我们的知识网络一同成长。与此同时，我们感兴趣的内容也会不断发生变化。

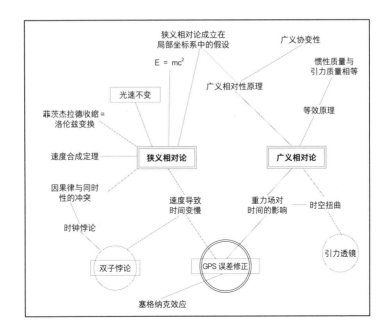

"我知道什么？"

蒙田曾经在《随笔集》[1]（1580）中提出了一个问题，那就是"我知道什么？"（法语：Que sais-je?）本节中所介绍的知识地图就是一种用地图来整理脑内知识的方法。

《柏拉图对话集》的枚农篇中曾经提到过一个"寻找的悖论"，我们在探求知识的过程中也会碰到这个问题。

如果你知道自己在找的东西是什么，那你就没有必要再去寻找它。

如果你不知道自己在找的东西是什么，那你也无法去寻找它。

综上所述，我们要么不必寻找，要么无法寻找，只有这两种可能性。

然而事实上，已知和未知并不是绝对的。我们虽然不是完全懂得自己正在探求的知识（如果完全懂了的话，那就没有探求的必要了），但是在大多数情况下，我们依靠自己仅有的知识，就能够判断找到的东西究竟是不是自己想要的。

有些时候，无知的确会成为我们求知路上的绊脚石（上文

方法16

---

[1] 日文版译本有：

蒙田：《随笔集（全六册）》，原二郎译，岩波书店，1965—1967。

蒙田：《蒙田全集（全九卷）》，关根秀雄译，白水社，1983。

蒙田：《蒙田随想录》，关根秀雄译，国书刊行会，2014。

蒙田：《随笔集（全七卷）》，宫下志朗译，白水社，2005—2016。

中所提到的悖论"不知道自己在找的东西是什么，所以无法去寻找它"），比如有的人搞不清自己究竟是哪里不懂，还有的人知道自己哪里不懂，但是不知道该如何去弄懂它。

制作一张知识地图，可以帮助我们从记忆中打捞和收集已知的知识，并利用这些知识来打造一座基地，为我们将来走向未知做好准备。

川喜田二郎在其著作《构思法（续）》[1]中用一整章的篇幅论述了"探索"和"探险"的区别。他认为，如果一个人知道自己在寻找什么，那这个寻找的过程就叫作"探索"。反之，如果一个人不清楚自己在寻找什么，那这个过程就叫作"探险"。

川喜田二郎和梅棹忠夫等人都是进行"探险研究"的专家，常常深入无人区展开调查。而本书中所说的"探险"则是一个抽象概念，其含义比较宽泛。为了更好地理解这一点，我们可以先详细探讨一下川喜田二郎所提出的4种"探险"。

内省、回想、间接信息探险、直接信息探险

首先，川喜田二郎将探险分成了"内部探险"和"外部探险"两种。随后又将"内部探险"分为"内省"和"回想"，

---

[1] 川喜田二郎：《构思法（续）——KJ法的发展与应用》，中公新书，1970，第16—18页。

将"外部探险"分为"间接信息探险"和"直接信息探险"。整个探险的过程大概就是按照"内省、回想、间接信息探险、直接信息探险"的顺序来进行。

其中,"内部探险"要早于"外部探险"。

那些走上"外部探险"道路的探险者在前往无人涉足过的区域时,也许并不知道自己能找到些什么,但是他们的心中却会满怀期待。也就是说,他们在选择探险的区域时,就已经预计到了自己应该能够发现一些新的事物。

然而在"探险"的最初阶段,我们并不知道自己应该去哪里寻找,也不知道自己需要找什么,以及为何要开始寻找。川喜田二郎认为思考真正成形前的这段过程也是"探险"的一部分。

这种尚未成形的思考首先是从"内省"开始的,这一阶段也是"内部探险"的前半部分。在几乎什么都不了解的情况下,人们走上探索之路的动力完全是来自内心中隐约的执念。我们说不清这种执念究竟由何而起,但是却无法对其置若罔闻。

方法16

这种说不清却又放不下的感觉,就是我们"探险"的出发点。也就是说,真正的探险早在我们出发之前就已经开始了,而此时的我们还在努力整理自己的思绪,想要搞清楚这种执念究竟是从何而来。

"内省"是一个整理思绪的过程,其目的就是想方设法揭开这种执念的真面目。

"这种执念为什么总是挥之不去""它是什么时候开始出现的？当时发生了什么"，通过这样自问自答，将内心中漂浮不定的想法收集起来，这种执念就会逐渐开始拥有轮廓。

　　然后我们就可以进入下一个思考阶段了。仔细回想一下这种感觉以前是不是出现过，是否与我们读过的某本书，或是听说的某件事有关。

　　如果说第一阶段的"内省"是让我们看清自己内心的状态，那么第二阶段就是让我们去搜索自己的记忆。这个从记忆仓库中翻找和比对的工作，就叫作"回想"。

　　我们所回想起来的这些事件都是曾经发生于外部，然后被储存到我们的内部记忆中来的。因此，"回想"的过程就是经由记忆来逐渐向"外部探险"过渡的过程。

　　接下来，"外部探险"则与我们平时所说的探险比较相近。

　　首先，为了选择一个合适的探险方向，做好必要的准备和计划，我们需要事先做一些调查工作。而这个过程就叫作"间接信息探险"。在"间接信息探险"中，我们要广泛地去查找许多领域的相关资料，从中找到一些值得注意的点，或是能够提供信息的人。

　　这样一来，虽然我们仍然无法预测探险的最终结果会是怎样，但是也有了一个大致的方向。最后进入下一阶段，也就是"直接信息探险"阶段，我们可以直接奔赴现场，满怀期待地去寻找自己想要的信息了。

无论是在"间接信息探索"的阶段，还是在"直接信息探索"的阶段，我们都无法明确指出自己在寻找的究竟是什么。由于目标尚不明确，方法的好坏也很难判断。正因如此，我们必须做好充分的准备，抱着一切皆有可能的心态，去寻找那些兴许会与自己的目标（尚不明确）有所关联（包括直接关联和间接关联）的事物。在"探险"的过程中，往往正是突发事件和偶然事件为我们提供了非常重要的线索。

跟执念奉陪到底

在讨论完川喜田二郎的"探险"后，让我们再回到"寻找的悖论"中来。

自学者想要学习，正是因为他们对某件事物不了解。而这种不了解也会为学习带来诸多困难。学习时能用到的教材和学习资源都有哪些，其中哪些比较正规，哪些则会带来误导，面对这些问题，不了解该领域的人大多都会做出错误的判断。

方法16

况且对于大多数自学者来说，他们也很难找到一个有智慧的人来帮助他们摆脱这些无知所带来的困境。

然而，在川喜田二郎所提到的"探险"中，人不应该被"寻找的悖论"绊住而止步不前。他认为，**如果我们很无知，不知道自己在寻找什么，也不知道自己应该做些什么，那就可**

以直接地毯式排查自己脑海中的想法或是某个领域中的内容。

跟执念奉陪到底，从脑海中将各种记忆打捞出来，不放过任何一个可能有关系的领域（或场所），这样一来，各种突发事件和偶然事件的概率也会最大化。

想要做到这一点，就让我们先来整理一下脑内的知识，将它们都写下来吧。手握知识地图的自学者，就是一个真正的"探险家"。

方法17 | 拉米提问法

① 找到一个自己不了解，或是想要了解的事物，
用下列问题来自问自答

- 类别（属于什么类别？）
- 种差（与该类别中的其他事物有什么不同？）
- 部分（由哪些部分构成？）
- 定义（它的定义是什么？）
- 词源（这个词是如何演变而来的？）
- 反义词（它的反义词是什么？）
- 原因与由来（它是由什么产生的？）
- 结果与衍生物（会衍生出什么？）

② 把自己知道的答案写出来，
不知道的可以等之后查阅相关资料

方法**17**

	问题	回答
类别	**心理学**属于什么类别?	属于社会科学、人类科学的一种
种差	**心理学**与该类别（社会科学）中的其他学科有什么不同?	心理学是一种以实验为主要研究方法的实验社会科学 而经济学则是一种具有代表性的理论社会科学
部分	**心理学**由哪些部分构成?	认知心理学、社会心理学、发展心理学、异常心理学等
定义	**心理学**的定义是什么?	是一门研究心理的学问
词源	**心理学**这个词是如何演变而来的?	Psychology = psyche（心灵、灵魂）+ logos（学问）
反义词	**心理学**的反义词是什么?	（从心物二元论的角度来看）物理学 （从宏观和微观的角度来看）社会学
原因与由来	**心理学**是由什么产生的?	自古以来人们对灵魂的研究（哲学、医学）+ 生理学的实验手法
结果与衍生物	**心理学**会衍生出什么?	行为经济学、实验哲学

"提问"是一切知识的起源

"提问"是一切知识的起源，也是我们学习的起点。

我们时常会在心中抱有模糊不清的疑问，或是某种还称不上是疑问的违和感。如果想让这种疑问或是违和感变得更加具体，让它们成为我们学习旅途中的一部分，我们就必须自己去提出问题、寻找答案。

提问，意味着我们正在从已知迈向未知。

如果我们什么都不懂，那就根本提不出问题来。反之，如果我们停留在自己的已知圈内，那就不会产生任何疑问。

只有站在知与无知（已知与未知）的分界线上时，人们才会提出疑问。

古代有一种用来训练辩论能力的方法，人们会先确立一个主题，然后提出与该主题有关的一系列问题，再自己去寻找答案。

这一系列问题，相当于一个收纳物品的"方格架"，可以帮助辩论者归纳和整理辩论时要用的各种论据。

方法17

在古代的雄辩术中，这种"方格架"被称为"τόπος"。

古希腊语中，"τόπος"就是"地点"的意思，也是英语中的"topic"（题目、主题）一词的词源。再后来，人们也开始用"τόπος"来表示其中收纳的固定"内容"[1]。英语中用

---

［1］ 罗兰·巴特：《旧修辞学（新版）》，泽崎浩平译，MISUZU 书房，2005。

"common place"[1] 来表示"陈词滥调",也与此有关。

在这一系列问题中,有些问题主要针对在某时某地发生的具体事件,其回答也都是一些具体的信息,比如"主体是谁、主题是什么""客体是谁、客体是什么""发生在哪里""是在谁,在什么的帮助下发生的""为什么会发生""是怎样发生的""是什么时候发生的"等[2]。而当我们的对象是抽象事物时,使用法国数学家伯纳德·拉米创立的"拉米提问法"会更合适一些[3]。

本书提倡使用该方法来加深我们对即将涉足的领域或方向的理解。

这种提问法既可以用在"心理学"这种比较宽泛的领域,也可以用于某个特定的研究方向。

例如,如果我们将主题定为"临床心理学"的话,问题与回答将如下所示。

---

[1] common place 最直接的来源,是流行于近代初期的一本名叫 *Loci Communes* 的书。在拉丁语中,"Loci"是"地点"的意思,而 Communes 则意味着"共通的",直译过来就是"共通的地点"。这种书籍是一种指南书(类似于现在的教辅书),里面对各种专业人士所需要的必备常识进行了总结,其类别包括神学、医学和法学(大学中最高级的三个专业)。神学类 Loci Communes 中,要数菲利普·梅兰希通撰写的版本最为著名,他也是马丁·路德的工作伙伴。菲利普·梅兰希通:《教义要点:Loci Communes》,藤田孙太郎译,新教出版社,1949。

[2] 5W1H(时间、地点、人物、对象、原因和方法)提问法在英语中常被称为"the kipling method"(吉卜林法)。这种叫法源于英国作家鲁德亚德·吉卜林在其著作《原来如此的故事》(1902)中所写的诗歌。他最为大众所熟知的作品是《丛林之书》。

[3] Bernard Lamy et al., *La rhetorique, ou, L'art de parler* (Netherlands: Chez la veuve de Paul Marret, dans le Beursstraat, 1712), pp. 371—373.

当我们想要了解某个事物时，最快的方式就是直接回答本质问题"……究竟是什么"。

然而这个问题回答起来却是相当困难。想要回答这个问题，我们必须先从各个方面去了解这个事物，然后将获得的信息汇总起来进行分析和思考。因此，这个问题可以说是一个终极问题。

当我们开始着手学习一项新内容时，首先应该先提出一些问题，从各个方面去了解我们的学习对象。而拉米提问法正好为我们提供了这样一套完整的提问模式。

类别	临床心理学属于什么类别？属于应用心理学一种。
种差	临床心理学与与该类别（应用心理学）中的其他事物有什么不同？与其他应用社会学的不同之处在于，临床心理学能够帮助人摆脱适应障碍。
部分	临床心理学由哪些部分构成？心理测试、心理疗法以及心理咨询等。
定义	临床心理学的定义是什么？美国心理学会在 1934 年将临床心理学定义为应用心理学的一个分支，而应用心理学是指用建议和劝说的方式来帮助人摆脱适应障碍。
词源	临床心理学这个词是如何演变而来的？临床（clinical）一词来源于拉丁语中的 clīnicus 和希腊语中的 klīnikós，二者都是病床的意思。而这两个词又是来源于古希腊语中的……，也就是睡觉用的床。
反义词	临床心理学的反义词是什么？这个问题很难回答。临床心理学的组成部分之一——心理疗法与药物疗法是一对反义词。
原因与由来	临床心理学是由什么产生的？心理测量法、精神分析。
结果与衍生物	临床心理学会衍生出什么？可以应用于心理咨询、以及为他人提供各种服务与援助。

方法17

方法 18 | NDC 横向搜索法

① 选取一个主题

最好是一个词，这样搜索起来会比较容易。

② 将该主题与日本十进分类法中的各项名称组合在一起，进行搜索

可以先从比较靠前的项目开始，比如说如果我们的主题是"自行车"，那么可以用"自行车哲学"这样的关键词进行搜索。也可以根据需要选择比较靠后的项目，比如"自行车政治学""自行车经济学"等。搜索工具可以选用搜索引擎或是文献数据库[1]。

---

[1] 我在仅查找书籍时，会使用 Webcat Plus Minus 这个文献数据库。同时查找书籍、论文等所有相关文献时会使用日本国立国会图书馆的检索系统。

日本十进分类法（NDC）[1]

0 综合性图书

000	综合性图书
010	图书馆、图书馆学
020	图书、书志学
030	百科全书
040	论文集、讲演集
050	连续出版物
060	团体
070	新闻学、报纸
080	丛书、全集、选集
090+	珍贵图书、乡土资料、其他特别藏书

1 哲学

100	哲学
110	哲学分论
120	东方哲学
130	西方哲学
140	心理学
150	伦理学、道德
160	宗教
170	神道
180	佛教
190	基督教

2 历史

200	历史
210	日本史
220	亚洲史、东方史
230	欧洲史、西方史
240	非洲史
250	北美史
260	南美史
270	大洋洲史、两极地区史
280	传记
290	地理、地方志、游记

3 社会科学

300	社会科学
310	政治
320	法律
330	经济
340	财政
350	统计
360	社会
370	教育
380	风俗习惯、民俗学、民族学
390	国防、军事

4 自然科学

400	自然科学
410	数学
420	物理学
430	化学
440	天文学、宇宙学
450	地球科学、地理学
460	生物科学、普通生物学
470	植物学
480	动物学
490	医学、药学

5 技术

500	技术、工学
510	建筑工程、土木工程
520	建筑学
530	机械工程、原子能工程
540	电气工程、电子工程
550	海洋工程、船舶工程、兵器
560	金属材料工程、矿山工程
570	化学工程
580	制造工程
590	家政学、生活科学

方法 18

---

[1] 日本十进分类法（Nippon Decimal Classification）是日本图书馆中广泛使用的一种图书分类法。它是森清以杜威十进分类法（DDC）为模板创立的图书分类法，发布于 1928 年（昭和三年），初版于 1929 年公开出版，目前的最新版是 2014 年 12 月发行的新订第 10 版。

6 产　业	
600	产业
610	农业
620	园艺
630	蚕丝业
640	畜牧业、兽医学
650	林业
660	水产业
670	商业
680	运输、交通
690	通信事业

7 艺　术	
700	艺术、美术
710	雕刻
720	绘画、书法
730	版画
740	摄影、印刷
750	工艺
760	音乐、舞蹈
770	话剧、电影
780	运动、体育
790	其他艺术、娱乐

8 语　言	
800	语言
810	日语
820	汉语及其他亚洲语言
830	英语
840	德语
850	法语
860	西班牙语
870	意大利语
880	俄语
890	其他语言

9 文　学	
900	文学
910	日本文学
920	中国文学及其他亚洲文学
930	欧美文学
940	德国文学
950	法国文学
960	西班牙文学
970	意大利文学
980	俄罗斯文学
990	其他文学

不要将自己感兴趣的事物局限在一个特定的领域中

NDC 横向搜索法（NDC Traverse）是一种利用图书分类法，从多个角度（领域）来获取相关知识的方法。

那些不擅长查阅资料的人，往往会以为自己所寻找的信息全都被收录在（图书馆或书店的）某一书架上的某一本书中。

在大多数情况下，这样的想法都有些过于乐观。最令人头疼的是，有些人抱着这种乐观的想法来到图书馆或书店，一旦找不到符合自己要求的书就会立刻放弃，认为这里没有自己想要的信息。事实上，**虽然世界上并不存在这样一本能够完美符合我们要求的书，但是通过网络搜索（或在图书馆查阅资**

料）我们依然能够获取许多有用的信息。

在日本，我们能去的图书馆大部分都是按照日本十进分类法（NDC）来将图书进行分类和摆放的。这样一来，相同类别的书就会被摆放在同一区域。

公共图书馆面向所有人开放，而大家来图书馆的目的也各不相同。

为了尽可能满足所有来馆者的需求，图书馆内的资料必须全面覆盖各个领域，而用来整理这些资料的方法就是图书分类法。日本十进分类法就是图书分类法的一种。有了图书分类法，任何书都能够获得一个编号，然后被归类到相应的书架上去。

然而，这样的分类方式是一种普适性方法，并不是为某个人的需求量身定制的。

现如今，我们能够通过许多不同的渠道来接触到自己没有见过的书，比如广告和书评。

然而广告和书评可以引领我们去认识一本书（大多是刚出版的新书），但是光靠这样的方式却远远不够。正因如此，我们才开始了自学，去寻找那些自己未知的知识与书籍。

方法18

我们的好奇心、我们所面临的问题，还有我们感兴趣的内容，这些都可能无法匹配现有的图书分类和推荐系统。

某个人想要寻找的特定信息，并不是直接对应着某个类别的书，而是很可能被包含在多个类别之中。

只要我们明白了这一点，那么图书馆的分类法就不会再成为我们查找资料的绊脚石，而是能够从许多意想不到的角度来照亮我们好奇心的每一个角落，帮助我们用更广阔的思维来找到解决问题的方法。

NDC 横向搜索法（NDC Traverse）可以让我们成为一个善于搜索信息的人。"traverse"一词原意是指"横跨""横穿"，用在不同的领域中代表着不同的含义。在登山领域中，该词一般用来表示"Z 字形的道路"或者是"前方过于崎岖无法前行时的横向移动"，而在测量领域则被用来表示导线测量法。

使用 NDC 横向搜索法，我们就可以利用现有的图书分类方式，从多个领域中找到自己想要的信息。

敲开"主题阅读"的大门

莫提默·J. 艾德勒在《如何阅读一本书》中介绍了许多阅读方法。其中，书的开头部分主要是对一些基础性的阅读方法进行讲解，而最后的结尾部分则是介绍了一种名叫"主题阅读"的方法。

这种阅读方法源自艾德勒为一套名叫 *Great Books of the Western World* 的书所发明的特殊的索引，这种索引名叫"主题工具书"（Syntopicon）。"Syntopicon"是由"syn"（共同）和"topic"（主题）组成的合成词。使用这种主题工具书，读

我们想找的书可能在不同的书架上

者就可以按照主题来检索这套名著全集中的内容。例如，当我们用"爱"这一关键词来检索时，就可以找到柏拉图和马克思著作中的相关内容，然后将二者进行比照。这样一来，读者就

可以自由地运用这些经典名著来加深自己的思考，而这正是艾德勒的目的所在。

随后，艾德勒将这一方法的应用范围扩大到了所有的书籍和资料中，创立了"主题阅读法"。使用这种阅读方法，读者需要先选定一个主题，然后大量阅读各种类别的书，再将这些书籍中与该主题相关的内容抽取出来进行比照，从而给出自己的诠释。想要做到这一点，我们就不能只读一本书，而是需要按照自己的目的来阅读和比照多本书。艾德勒还提议将掌握这种读书方式作为获得学士学位（大学毕业）的条件。

NDC 横向搜索法正是打开"主题阅读"这扇大门的钥匙。首先，我们要舍弃"只需要读一本（或一类）书"这种过于乐观的心态，知道自己想要的内容实际上分散在许多不同类别的书中。然后我们需要将整个图书馆当作一本书，横跨多个类别阅读。即使是不在图书馆的时候，我们也要养成从多种不同的角度来看待问题的习惯。

这样的方法和习惯会为自学者带来莫大的帮助。

这个世界上没有专门为我们所写的书，一本特定的书或是一个类别的书无法解决我们所面临的问题。

但是不要灰心，**属于我们的那本书就分散在图书馆的各个角落**。翻遍图书馆的所有书架，从中找到自己想要的内容，然后再将这些内容串联起来，这个过程只能交给读者自己来完成。

NDC 横向搜索法，将会引领着自学者学会这一新的阅读方式。

伯纳德·拉米

（Bernard Lamy，1640—1715）

法国神学家、自然哲学家、数学家。年轻时加入了奥拉托利会，之后成为一名神职人员。他是第一个在著作中提到"力的平行四边形法则"的研究者，并提出了静力学领域著名的"拉米定理"。

莫提默·J.艾德勒、查尔斯·范多伦著
外山滋比古、槙未知子译

《如何阅读一本书》

（讲谈社学术文库，1997）

川喜田二郎

（Kawakita Jiro，1920—2009）

地理学家，文化人类学家。他从初中起就在前辈学者今西锦司的影响下开始沉迷山中远足，高中加入了山岳部。进入京都帝国大学后，他与今西锦司、梅棹忠夫等人组成了探险队，共同前往加罗林群岛和大兴安岭山脉探险。在京都帝国大学就读期间主攻地理学，从事生态学视角的人文地理学研究，毕业后进入大阪市立大学担任副教授，主要从事尼泊尔的相关研究。他以自己丰富的野外调查经验为基础，创立了用来整理信息和构思的方法——KJ法。该方法在日本企业中得到了广泛应用，是一种能够代表日本的知识型生产技术。其用来记述该方法的著作——《构思法》（正、续共两册）也是日本的畅销书。

《随笔集》封面图

第 8 章

找到资料

提喻法

无知小子和老者的对话 8
找到除了搜索引擎以外的其他武器

无知小子：我这个人既没有工作，也没有学识。本来想好歹先
　　　　　找一个女朋友，结果拿着这个关键词上网一搜，就
　　　　　从门户网站[1]被诱导到了搞联盟营销[2]的博客里，
　　　　　然后注册了一个收费的在线沙龙[3]，而这个沙龙的
　　　　　创始人之前还做过博主，被网友骂过。

老　　者：我已经不知道该从哪里吐槽才好了。

无知小子：唉，就当是花钱买教训了吧。当我们上网搜索自己
　　　　　想到的关键词时，为什么搜到的总是一些乱七八糟
　　　　　的网站呢？

---

[1] 在日本，人们会将门户网站称为"curation site"。"curator"是指美术馆和
　　博物馆的策展人员，而"curation"一词则是由"curator"衍生而来，意为
　　策展。由于门户网站会将网上的信息按照一定的标准进行编辑整理后呈现给用
　　户，这一过程与策展颇为相似，因此人们会将其称为"curation site"。

[2] 联盟营销是一种按营销效果付费的网络营销方式。一些博客专门靠联盟营销来
　　获取收益，博主会在博客内对企业的商品及服务进行介绍，每当浏览博客的用
　　户付费购买了商品或服务，博主就会获得广告费的分成。

[3] 日本的一种月费会员制的封闭性网络社区。

老　　者：你想想，要是有人肚子里没有几滴墨水，但是又想用网络来赚钱，那他会怎么做？先去学习知识，然后再写东西发到网上，这得费多大的劲儿。还不如直接设计一个网站，给其他上网的人设下一个圈套，利用他们经常搜索的关键词来提升点击率，这样岂不是既简单又省事得多？这种模式套用起来也很容易，所以类似的网站简直数不胜数。相反，真的在网上发布有用信息的人少之又少，简直九牛一毛。

无知小子：竟然是这样！那互联网岂不是根本派不上什么用场。

老　　者：倒也不至于。只是最好学习一下其他的搜索方式。

无知小子：您要是知道什么巧妙的搜索方式，可一定要教教我。

老　　者：其实也谈不上巧妙，要不我们先从最基础的讲起吧。你知道什么叫作"提喻法"吗？

无知小子：是和体育有关的法律吗？

老　　者：我说的"提喻法"是一种修辞手法，是指我们可以**用上层概念来替代下层概念**，或是反过来，**用下层概念来替代上层概念**。例如，日语中的"赏花"一词，其中的"花"其实并不是指"所有的花"，而是专指"樱花"。这里就是用"花"这个上层概念替代了"樱花"这个下层概念。

无知小子：听起来好绕啊！这种修辞方法和搜索信息又有什么关系呢？

老　　者：人类的知识通常可以分成不同的层级，图书馆就是一个典型的例子。在上层概念和下层概念之间来来回回，就相当于是在不同层级的知识之间穿梭。举个例子，当我们在图书馆的 OPAC（Online Public Access Catalog）上查询"高血脂症"这个词时，找到的通常都是面向医务人员的专业书籍。如果是比较小的图书馆的话，说不定连这样的专业书都找不到。那么此时，我们应该怎么办呢？

无知小子：结合上下文，我猜这里就要用到您说的"提喻法"了！

老　　者：我们可以先想一想"高血脂症"属于什么类别，这样就能找到高血脂的上层概念了。

无知小子：原来如此！可是高血脂症的上层概念是什么呢？

老　　者：既然它的名字里有个"症"字，那应该就是疾病的一种了吧。

无知小子：这我还是知道的，但这样也太概括了吧？我还以为您要问我它是一种什么类型的疾病呢，把我一下子搞蒙了。

老　　者：细说起来，它其实应该是内分泌代谢疾病的一种。但是如果我们不了解"代谢内分泌疾病"这个概念，就算拿它当关键词来搜索，也只会找到一堆自己看不懂的资料。只有找到自己能够理解的上层概念，才能轻松地搜索到适合自己的资料。

无知小子：可是，"疾病"这个概念是不是也有点太宽泛了？

老　　者：我们用来搜索的概念越是浅显易懂，找到的资料所覆盖的范围也就会越广。覆盖的范围广了，对特定概念的描述也必定会更简洁易懂一些。比如说，我们用"疾病"这个关键词能够搜到一本名叫《家庭医学——疾病大百科》的书，书中对"高血脂症"的描述就只有短短的几句话。但是对于那些完全不了解"高血脂症"的人来说，他们可能是第一次读到关于"高血脂症"的介绍，这种简洁易懂的说明就刚刚好。反之，对于那些知道"高血脂症"属于"内分泌代谢疾病"的人来说，还是直接用"内分泌代谢疾病"来搜索会比较好，看《家庭医学》这种书就没什么意义了。

无知小子：我懂了，只要找到自己能够理解的上层概念，就可以搜索到与自己的水平相符的资料，查找到更加简洁易懂的信息。

老　　者：从《家庭医学》这种比较通俗易懂的资料中学到的知识和用语，在我们寻找更加专业的资料时也能够派上用场。读过更加专业的资料后，我们可能会发现自己之前看的资料存在着一些错误和不足，或是内容与我们现在读的资料相比有些太小儿科。的确，资料涉及的范围越广，其内容往往就越简略，更新速度也会比较慢。在新的版本被编辑出版之前，学术研究可能已经有了新的发现，书中的有些知识甚至可能已经被证伪。由于知识永远都在不停地更新，这种事情往往是不可避免的。而对于那些理解了这一点的自学者来说，即使他们自己已经不再需要参考这些资料，也绝不会轻视它们的存在。

方法 19 | 打磨关键词

① 从辞典中收集适合用来搜索的词语或是短句（关键词）

如果您是第一次搜索某个内容，可以使用有多辞典查询功能的在线辞典网站来收集关键词。在收集关键词的过程中，要多注意一下那些意思比较相近的词。

例如，当我们输入"拉伸"一词来搜索时，会发现搜索结果中除了"拉伸"以外，还有"拉伸运动""拉伸体操"等词。点进链接后，还会看到这些词具体出现在哪些辞典中。其中，有三部辞典收录了"拉伸"，五部辞典收录了"拉伸运动"，四部辞典收录了"拉伸体操"。

在在线辞典网站中搜索"拉伸"一词

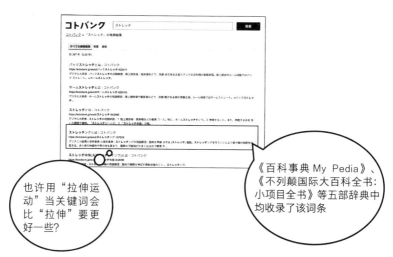

也许用"拉伸运动"当关键词会比"拉伸"要更好一些？

《百科事典 My Pedia》、《不列颠国际大百科全书：小项目全书》等五部辞典中均收录了该词条使用搜索引擎搜索①中收集到的关键词，看看搜到的结果是否是自己想要的。

例如，有时对于同一事物，专业人士的叫法会和通俗的叫法不同。使用前者作为关键词来搜索，就能够搜到很多专业信息，而使用后者来搜索，就只能搜到一些业余人士写的博客。

让我们来搜索一下①中收集到的两个关键词——"拉伸"和"拉伸运动"。

搜索"拉伸"　　　　　　**搜索"拉伸运动"**

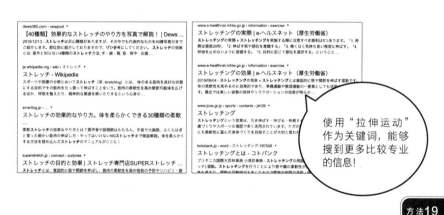

使用"拉伸运动"作为关键词，能够搜到更多比较专业的信息！

方法19

尽管"拉伸"这个词在日常生活中更为常见，但是使用"拉伸运动"作为关键词来搜索，能够搜到更多专业的信息。

③ 收集共现词

所谓共现词，就是指那些经常一起出现在同一搜索结果中的关键词。当我们搜索到自己想要的内容后，可以再从这些内容中收集出现频率较高的共现词，利用这些共现词来进一步缩小搜索范围。

例如，"静态"和"动态"这两个词就经常会与"拉伸运动"一起出现。

"拉伸运动"的共现词：静态、动态。

④ 找到需要排除的关键词

那些与我们的目的无关但搜索结果中经常出现的关键词，就是我们需要排除掉的关键词。它们同样可以帮助我们缩小搜索的范围。

有时，我们用某一关键词进行搜索时，还会搜到许多不同领域的内容，排除掉其他领域中经常出现的关键词，可以有效精简搜索结果。

例如，当我们搜索拉伸运动时，除了运动前后的拉伸运动外，还会出现许多与"长高"和"瘦身"相关的内容。如果我们对这方面的内容不感兴趣，就可以排除这些关键词。

搜索"拉伸运动"时需要排除的关键词：长高、瘦身。

被"污染"的搜索结果

互联网和搜索引擎的普及彻底地改变了我们查找信息的方式。

在以前，查找信息是专业人士的工作。而现在，几乎所有人都能够使用随身携带的手机来搜索自己想要的信息。

可是，"能够搜索信息"与"擅长搜索信息"之间依然有很大的差距。

在搜索引擎中输入关键词来搜索自己想要的信息，这的确不是一件难事。

但是使用这种方法查找信息的人越多，利用这一点来谋取利益也就越简单。不知从何时开始，这样的事情变得屡见不鲜。当我们把自己想到的关键词输入搜索框进行搜索后，出现在前几位的结果几乎全是一些诈骗网站或者广告链接。

想要彻底避开这种遭到"污染"的搜索结果，我们就只能躲进一些比较小众的社群，从大家的讨论中获取自己想要的信息，或者是关注一些知名博主，期待他们能够分享一点信息。

不过，搜索引擎也并不是一无是处。

方法19

事实上，搜索引擎并不是一种用来查找信息的工具，而是一种用来筛选互联网信息的过滤器。

如果我们在选取关键词时比较随意，那么滤网的网孔就会比较粗大，筛选出来的信息中会夹杂着许多无用的信息。

那么，我们应该如何选择和组合关键词，让这张滤网变得更加细密呢？本节中所介绍的"打磨关键词"的方法，就起到了这个作用。

使用搜索引擎来查找信息时，关键词的选取就决定了我们的成败。

《柏拉图对话集》的枚农篇中提到的"寻找的悖论"也适用于这一场景。如果我们不知道自己在找的东西是什么，那我们就无法去寻找它，而如果我们知道自己在找的东西是什么，那我们也就没有必要再去寻找它了。

如果我们从一开始就知道用什么样的关键词能够搜索到自己想要的结果，那事情就变得简单了，只要将这些关键词输入搜索框中搜索即可。

然而我们在查找信息时，往往事先并不知道什么样的关键词才是"正确"的。不仅如此，**我们甚至不知道自己失败的原因是关键词的选取出现了问题**。大多数人都是想当然地选择一个关键词，然后输入搜索引擎中搜索，结果却搜不到自己想要的信息，在查找信息的过程中到处碰壁。

但是那些擅长搜索信息的人绝不会因为一两次的失败而放弃。

他们如果对搜到的结果不满意，就会再换（或是加上）别的关键词，反复地进行搜索，在不断地试错和比较中找到最适合自己的关键词。

在搜索"前"查阅辞典

当我们想要搜索信息时，头脑中相关的知识储备越丰富，我们能够联想到的关键词也就越多。

如果我们对某一领域非常了解，那就可以使用一些业余人士不懂的专业用语来进行搜索，避开那些不具备参考价值的个人感想、日记和诈骗网站。

但显然，我们不可能精通所有领域。正是因为我们对一些领域不了解，所以才不知道该从哪些资料中获取知识，只能上网去搜索相关的信息。如果我们对某一领域很了解的话，就能够直接使用更加专业的方式，从专业文献中查阅相关的信息了。

想要解决这一问题，我们可以选择一条介于"网络搜索"和"专业文献"之间的道路，例如百科全书（方法 23"百科全书"）。百科全书中的解释虽然不如专业文献那样详细，但基本也都是出自专家的笔下，且尽可能覆盖了所有领域（虽然不可能将全部知识都收录进来）。

平时在使用百科全书时，我们会直接找到自己想查的词条，然后阅读下面的释义。但是在寻找关键词时，我们应该反过来，通过全文检索来找到相关的词条，而这些词条名称可能就是我们想找的关键词（方法 23"百科全书"）。

方法19

方法20 | 提喻查找法

提喻[1]查找法，是一种用来查找不同层级信息的方法。

❶ 找到一个自己想要了解的事物，然后想一想该事物属于什么类别

例如，当我们想要了解关于"海明威"的相关知识时，可以这样问自己：

问："海明威"属于什么类别?

答："海明威"是一名"美国文学家"。

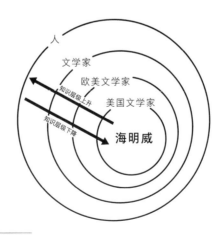

---

[1]　"提喻"（Synecdoche）是一种基于概念层级关系的借代手法，是指在语言表达中使用上层概念来替代下层概念，或是用下层概念来替代上层概念的修辞方式。

② **得出答案后，再继续想一想该类别又被包含在什么类别之中，如此反复**

问："美国文学家"被包含在哪一类别之中？

答："美国文学家"被包含在"欧美文学家"这一类别之中。

问："欧美文学家"被包含在哪一类别之中？

答："欧美文学家"被包含在"文学家"这一类别之中。

问："文学家"被包含在哪一类别之中？

答："文学家"被包含在"人"这一类别之中。

③ 用找到的上层概念来查找资料

经过上面两个步骤，我们就得到了一个概念层级的链条，即"海明威、美国文学家、欧美文学家、文学家、人"。

接下来，为了先对这些内容有一个大概的了解，我们可以去寻找相关的百科或是辞典。先从刚才找到的这些概念中选出一个，例如"海明威"，将其与"百科"一词组合到一起，输入图书数据库中进行搜索（方法26"书籍探索"）。

这样一来，我们就会找到一本名叫《海明威大百科》的专业性百科全书。同样地，将"美国文学家"和"百科"这两个关键词组合在一起搜索，就会找到《美国文学作家作品百科》。这就是"海明威"的上层概念所对应的百科全书。通过将这些上层概念依次与"百科"和"辞典"等关键词组合在一

方法20

起搜索，我找到了下列这些相关的工具书，括号内的关键词就是刚才我们找到的上层概念。

- （海明威）《海明威大百科》，勉诚社，2012。
- （美国文学家）《美国文学作家作品百科》，书之友社，1991。
- （欧美文学家）《研究社欧美文学辞典》，研究社，1985。
- （文学家）《新潮世界文学辞典》，新潮社，1990。
- （文学家）《集英社世界文学大百科》，集英社，1996。
- （人）《岩波：剑桥世界人名辞典》，岩波书店，1997。

这些百科和辞典所对应的概念层级越高，内容覆盖的范围越广，其中关于海明威的记载也就越简短。

这也就是说，如果我们只是想了解一个大概，那么直接看与上层概念相对应的资料即可（例如关于海明威，可以直接查阅《岩波：剑桥世界人名辞典》）。

如果我们想再深入了解一下海明威的某一方面，那么就需要查阅与下层概念相对应的资料了（例如《海明威大百科》）。

"分类系统"是前人智慧的结晶

提喻查找法是一种用某个事物的上层概念来查找其相关资料的方法。

人类的知识被分成了许多不同的类别，而用来查阅知识的工具书也是基于这种分类系统而编纂的。其中，覆盖范围比较广的类别（上层概念）还可以细分成多个小的类别（下层概念），形成了一种层级式的体系。因此，只有掌握了本节中所介绍的"提喻查找法"，学会在上层概念和下层概念中来回切换，才能自如地应用这种知识分类系统，利用工具书查阅到我们想要的信息。

在搜索引擎尚未普及，人们还无法对资料进行全文检索的时候，提喻查找法（以前并不叫这个名字）是查找资料时最常用的一种方法。

随着知识与信息不断增加，为了能够从中找到自己想要的内容，我们必须将这些知识和信息按照一定的规则进行整理。一开始，人们只需要根据一些与内容无关的因素（例如完成日期）来整理资料，后来随着资料的数量不断增加，种类和内容越来越多样化，人们不得不开始根据知识和信息的具体内容来对其进行整理。

方法20

其中的一个方法，就是将内容相近的资料放到同一类别中。再后来，随着知识和信息的量进一步增加，内容进一步多样化，类别的数量也不断增加，超出了人能够一次性查看的限度，因此人们只能再将相似的小类归入某一大类中。如果是像图书馆那样汇集了人类的所有知识，那么类别的嵌套还要再多出许多层，变得像俄罗斯套娃一样。

现如今，**我们之所以能够在这个层级式的分类系统中来去自如，全是靠前辈们在知识和信息的分类整理工作中所付出的辛勤劳动。**

精通所有领域，对于认知能力和时间都有限的人类来说是不可能的。然而，一代又一代的无数前辈构建出了这样一个分类系统，并不断地去改善它。这个分类系统就像是一个认知型的生态位（序文），让我们在面对自己不了解的领域时，也能够查找到一些必要的知识。

分类系统像是一个外脚手架。有了它，我们就能够根据需要来扩展自己的学习与思考能力。

使用任何一种知识型工具都需要先经过一定的训练，分类系统也并不例外。

想要做到将层级式的分类系统运用自如，提喻查找法是我们必须学会的一种诀窍（thumb of tips），也是必须掌握的一种思维方式。

方法 21 | **寻找相关文献**

① 选择一篇（带参考文献列表的）文献作为起始文献

　　首先，我们需要找到一篇文献作为起始文献，前提条件是这部文献必须带有参考文献列表。如果没有注明参考文献的话，那么在②中我们能做的就只有"找到该文献作者所撰写的其他文献"了。

② 从起始文献的参考文献列表入手，找到与其相关的文献

　　选定了起始文献后，接下来我们就要去寻找与其相关的三种文献。

· 找到该文献引用的参考文献

　　找到起始文献中引用的文献，以及其参考文献列表中所注明的文献。

　　几乎所有的学术文献都会注明参考文献。

　　有了参考文献列表，该文献引用或参考的所有文献都一目了然。论文题目、作者名、收录该论文的期刊名、收录该论文的书名、出版时间全都会写明。只要掌握了这些信息，就能够

方法21

在数据库中快速查找到文献所在的位置。因此，这种方式可以说是查找相关文献最简单的方式了。

而这种方式最大的缺点，就是只能找到比起始文献更早的文献，也就是起始文献的作者曾经阅读过的文献。

学术研究的世界日新月异。出版时间更晚的新文献中往往还会有新的见解（这在当今的时代背景下很重要）和新的参考文献。想要找到这些新的文献，我们还需要使用其他的方式。

· 找到该文献的引证文献

通过"被引用"和"被参考"的关系，找到出版时间比起始文献更晚的新文献

只有当一篇文献公开发表后，我们才能够在写作时引用或参考它。因此，"被引用"和"被参考"文献的出版时间会更早一些。

于是有一个人提出，如果反过来，看一篇文献被哪些其他文献引用或参考过，就能够找到出版时间更晚的文献了。这个人就是开发了引文索引（Citation Index）[1]的尤金·加菲尔德。

这种方法说起来简单，实际做起来却很难，需要翻阅大量

---

[1] 法律界，人们可以使用"谢泼德引文"（Shepard's Citation）来查找某一判例是否因之后的判例而被追认或否决。尤金·加菲尔德正是从这里得到了灵感，发明了引文索引。引文索引收集和整理了学术论文之间的引用和被引用关系，因此使用者可以利用引文索引来寻找出版时间更晚的新文献。1955 年，加菲尔德在《科学》杂志上发表了论文《引文索引用于科学》，后来在遗传学家乔舒亚·莱德伯格的帮助下申请到了科研经费，创办了 Genetic Citation Index，并于 1960 年成功推出了覆盖所有科学领域的商业化项目——科学引文索引（Science Citation Index）。

的论文，将参考文献列表中出现的论文一个一个地录入数据库中。通过对这些数据进行整理，就能够看到某一论文都出现在了哪些其他论文的参考文献列表中，并将这些论文做成一个列表。这样一来，该列表中的所有论文就全都引用了同一文献，出版时间也要晚于其引用的文献。使用这一列表，我们就能够找到那些以同一篇论文的研究成果为基础所撰写的新论文。

以前，引文索引都是纸质版（例如自然科学领域的 Science Citation Index、人文艺术领域的 Arts & Humanities Citation Index、社会科学领域的 Social Sciences Citation Index 等），而现在大家则可以在汤森路透集团创建的网站——Web of Science 上付费使用。

除此之外，使用谷歌学术搜索（Google Scholar）[1]也可以免费查看引证文献。

·找到该文献作者所撰写的其他文献

用作者的名字去搜索该作者所撰写的其他文献

然而，通过上述方法，我们依然无法找到那些尚未被录入数据库中的文献。面对这种情况，还有一种比较老套的方法，那就是直接输入作者的名字来搜索，找到该作者所撰写的新文献。

现如今，学术界的研究方向已经划分得越来越细，大部分

方法21

---

[1]　https://scholar.google.co.jp.

研究者都会持续对同一个，或是近似的课题展开研究。因此，同一名作者撰写的新文献中应该会有作者的一些新看法，还会引用一些出版时间更晚的参考文献。

这种方法同样还适用于那些没有注明参考文献的起始文献。在这种情况下，我们要找的不只是出版时间更晚的新文献，还有专业性更强（在结尾处注明了参考文献）的文献。找到了这样的文献后，我们就可以再以找到的文献作为起始文献，用上述的两种方法来寻找其他的相关文献了。

③ 重复②，寻找更多的文献

用前文中的方法找到相关文献后，我们还可以把找到的文献当作新的"起始文献"，反复使用②中提到的三个方法去寻找更多的文献。

只要我们选定了一篇文献作为起始文献，就可以使用上述的三个方法来找到比这篇文献更早或更晚撰写的文献。

不要想着从零开始

每个人的生活都与他人相互关联，无法独立存在。知识也是同样，如果我们将知识之间的联系切断，那么孤立的知识也就失去了意义。

任何一项研究都必然是建立在前人做过的研究（先行研

究）基础之上，同时也会为未来的研究打下基础。

研究者们在读过先行研究后，认为某一现象或问题具有研究的价值，才会选择其作为自己的研究对象或研究主题。不仅如此，研究者们所提出的假说，以及使用的研究方法也是如此。即使是原创内容，也必然是建立在前人的研究和见解之上（可能是赞同，也可能是反对）。

有了前辈们的努力，我们就不必再从零开始搭建知识的高塔。只要我们能够阅读到他们的研究成果，就相当于拥有了一个很高的起点。在百年前，甚至是几年前的人看来，我们今天所拥有的起点已经超出了他们能够仰望的高度。

古人曾经用**"站在巨人的肩膀上"**[1]来形容这一点。

本节中所介绍的寻找相关文献的方法，是让我们能够站到巨人肩膀上的一种基本方法。

这里所说的"巨人"，并不单单指那些位于人类知识顶峰的伟人或是杰出的研究成果，还包括堆砌在其下方的无数的知识。也就是说，"巨人"就是指人类全部的知识遗产。

---

[1] 这句话最著名的出处是 1676 年牛顿写给罗伯特·胡克的信。参考自 H. W. Turnbull (eds.), *Isaac Newton: The Correspondence of Isaac Newton* 1 (USA: Cambridge University Press, 1959), p. 416. 但是第一位说出这句话的人应该是 12 世纪法国夏特勒学派的哲学家——伯纳德（出生时间不明，逝世时间晚于 1124 年）。12 世纪文艺复兴时期的人文主义者——索尔兹伯里的约翰在自己的著作《元逻辑》中二次引用了伯纳德的这句话："夏特勒学派的伯纳德经常说我们是站在巨人肩膀上的小人。我们之所以能够比巨人看得更清更远，并不是因为我们的视力好，也不是因为我们的身体素质比他们更优越，而是因为有他们巨大的身躯将我们高高托起。"引自索尔兹伯里的约翰：《中世的春天：索尔兹伯里的约翰的思想世界》，柴田平三郎译，庆应义塾大学出版会，2002，第 14 页。

方法21

寻找相关文献的方法

❶ 选定一篇起始文献

调查心理学领域
对恋爱有哪些认识

松井丰

恋爱行为的阶段与恋爱意识
《心理学研究》第64卷第5号
1933，第335—342页 ※1

❷ 找到与其相关的文献

参考文献

藤原武弘、黑川正流、秋月左都士，
日本版 Love-Liking 尺度的探讨，《广
岛大学综合科学部纪要 Ⅲ》第 7 卷，
1983，第 39—46 页

飞田操，关于青年期恋爱行为的进
展，《福岛大学教育学部论集　教
育·心理学部》第 50 卷，1991，第
43—53 页……

引证文献

赤泽淳子、井之崎敦子、上野淳子、
松井知子、青野笃子，平衡性认知与
恋爱暴力之间的关联，《仁爱大学研
究纪要　人类学部篇》第 10 号，
2011，第 11—23 页

赤泽淳子，关于青年后期恋爱行为
的决定因素——关系进展度、爱意
识、性别分工的自我认知对恋爱行为
完成度产生的影响，《仁爱大学研究
纪要》第 5 号，2006，第 17—31 页

津田智史、小林茂雄，论网恋情侣与
他人保持的距离，《日本建筑学会环
境系论文集》第 609 号，2006，第
85—91 页

金政祐司、谷口淳一、石盛真德，异
性关系与性别对恋爱印象与好感的
影响，《人际社会心理学研究》第 1
号，2001，第 147—157 页

中西悖也、桑村海光、港隆史、西尾
修一、石黑浩，与人形机器人交互过
程中通过拥抱产生的好感，《电子信
息通信学会论文集 A》第 99-A 卷第
1 号，2016，第 36—44 页

金井庸一、坂下玄哲，Shopping
Companion 的区别对购物动机和……

作者撰写的其他文献

松井丰、井上果子，《恋爱情感的心
理学——将恋爱变成科学》，POPLAR
社，1994

宫武朗子、铃木信子、松井丰、井上
果子，中学生的恋爱意识与行为，
《横滨国立大学教育纪要》第 36
卷，1996，第 173—196 页

松井丰，总论 / 与恋爱相关的实证性
研究的动向（恋爱心理——数据对恋
爱做出了哪些阐释），《现代 esprit》
第 368 号，1998，第 5—19 页

松井丰，恋爱中的性别差异（恋爱心
理——数据对恋爱做出了哪些阐释）-
（恋爱的进展），《现代 esprit》第
368 号，1998，第 113—121 页

松井丰，恋爱阶段的再探讨，《日本
社会心理学会发表论文集第 41 次大
会》，2000

松井丰，男性与女性眼中恋爱的差异
（特辑 恋爱研究），PSIKO 第 2 卷
（第 5 号），2001，第 16—23 页

松井丰，从恋爱心理学研究的第一
线讲起，《心理学 world》第 25 号，
2004，第 5—8 页……

参考文献列表中
列有14篇文献
（作者共引用、参考了14篇文献）

在谷歌学术搜索中
共找到15篇引证文献 ※2

在搜索到的该作者的
其他论文中，共有9篇以
"恋爱"为主题，且发表时间
晚于该论文 ※3

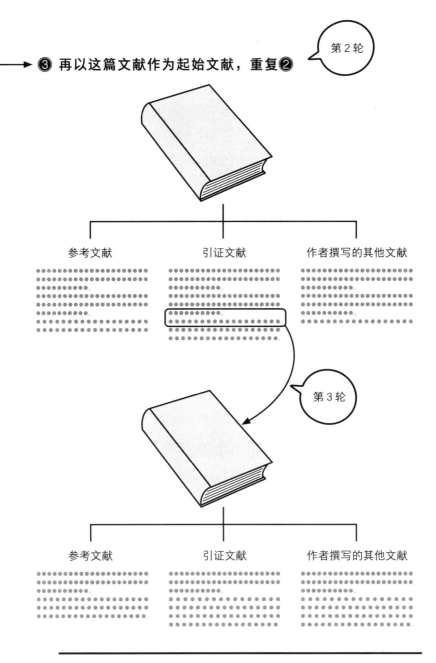

❸ 再以这篇文献作为起始文献，重复❷

第2轮

参考文献　　　　　引证文献　　　　　作者撰写的其他文献

第3轮

参考文献　　　　　引证文献　　　　　作者撰写的其他文献

方法21

※1 https://www.jstage.jst.go.jp/article/jjpsy1926/64/5/64_5_335/_pdf.

※2 https://scholar.google.com/scholar?cites = 6488838421987876076&as_sdt = 2005&sciodt = 0,5&hl = ja.

※3 https://scholar.google.com/scholar?q = author%3A%E6%9D%BE%E4%BA%95%E8%B1%8A&hl = ja&as_sdt = 0%2C5&lookup = 0&as_ylo = 1993&as_yhi = .

知识之间是相互依存的，与此同时，学术研究之间也有着割舍不开的联系，这一点已经成为各个学界的共识。

因此，研究者在发表新的研究成果时，必须先说明自己的研究与先行研究之间存在着怎样的依存关系。这样就能够将新的研究编入整个人类的知识体系之中，并指明该研究在体系中处于什么样的位置，相当于是为新的研究标明了"住址"。

学会本节中所介绍的方法后，大家就能够通过这种"住址"来厘清文献间相互的依存关系，从而搜索到自己想要的文献。

把寻找文献的方法应用到日常生活中

然而，人类的知识体系并不是全部由学术研究构成，我们平时参考的资料也并不全是论文和学术书籍。

那么，在学术研究之外，我们就无法用这种方法来寻找相关文献了吗？

幸运的是，**很多质量不错的普通书籍也会在参考文献列表或是注释中注明其参考过的其他书籍**。特别是学术研究者们所撰写的"新书"[1]已经形成这样一种写作规范。当我们参考这

---

[1] 日本的一种书籍名称，一般指大小为纵向173mm×横向105mm，或与该尺寸近似的书籍。"新书"这一名称源自"岩波新书"，是日本岩波书店模仿"鹈鹕鸟丛书"，于1938年推出的一种书籍类型。这类书籍与以古典作品为中心的"岩波文库"不同，其内容往往是由当代作者直接撰写，价格低廉且轻巧便携，深受读者的欢迎。在那之后，日本的各大出版社也仿照"岩波新书"，推出了"新书"系列图书。

些书时，就可以使用前文中介绍的三种方法。

这种"新书"通常价格低廉且简明易懂，能够以它们为出发点来寻找其他相关文献，对我们来说的确是一件好事。这样一来，"新书"既能够起到入门书的作用，还能够充当文献目录，告诉我们哪些书籍可以进一步拓展阅读。

现如今，除了学术书籍以外的其他书籍也开始注明引用和参考的文献，这几乎是成了作者的一种义务。这样做的一部分原因是为了保护著作权，还有一部分原因则是出于惯例。甚至有的出版物会因抄袭和盗用被回收，这样的案例也让公众进一步认识到了标明引用出处的重要性。

尽管如此，依然还有很多书籍对这方面比较疏忽。比如外文书籍的译本，也许是出于页数的原因，会把原版书中详细的参考文献列表和引用注释全部都省略掉。

面对这样的惨状，目前我们能够做的，就是支持和购买那些注明了参考文献的非学术类书籍，这样一来，就会有越来越多的书开始注意这方面的问题。

对于自学者来说，这样的选购标准也能够帮助我们筛选到高质量的书籍，可以说是一石二鸟。

我个人认为，详细地注明引用出处和参考文献，就相当于是让那些为人类知识做出诸多贡献的前辈学者为书籍的价值做出了保证，能够有效地提升书籍的质量，并延长书籍的寿命。

方法21

换句话说，这种做法也会让一本书成功地站到"巨人的肩膀上"。

调查研究的航海日志

方法 22 | 调查日志

① 把自己想了解的内容（或主题）
写到表格最左边的一格中

② 回答下面这三个问题，将答案写到相应的格中

· 【已知】我现在都知道些什么？

· 【欲知】我想要了解什么？想要寻找什么？

· 【调查方式】为此，我应该怎么做？（打算去哪里查找
资料？调查哪些内容？）

	1 已知	2 欲知	3 调查方式	4 得知	5 未知	6 调查方式	7 应用
主题	调查前就已经知道的内容	调查前想要了解的内容	打算如何展开调查	调查后知道了哪些内容	调查后仍未搞清楚的内容	实际采用的调查方式和经验教训	调查得到的知识能起到哪些作用

③ 将调查后得知的内容填写到表格中

根据②中填写的内容来查阅相关的资料（展开调查），学习相关内容，然后将下列几项内容填写到表格中。这一步不仅仅是记录调查结果，还要对此次采用的调查方式进行反思。

- 【得知】通过调查或学习掌握的内容。
- 【未知】在调查或学习后仍未能搞清楚的内容。
- 【调查方式】实际采用了哪些调查方式（去哪里查找了资料、调查了哪些内容），以及得到了哪些经验教训。
- 【应用】此次通过调查或学习得到的知识能够起到什么作用。

④ 不断开展新一轮调查，并将相关事项依次填写到表格中

基于③中的调查结果和反思，重新选定新的调查内容（或主题），开展新一轮调查。可以选择上一轮调查中"未知"的内容，也可以反思一下自己调查得知的内容为什么没有在"应用"中派上用场，从而有针对性地选择其他的调查主题。

选定了新的调查内容（或主题）后，就可以再重新回到①，继续开始填表。不断重复①～④，记录自己的调查过程，使调查逐步深入。

方法22

调查日志

	调查前				
	1 已知	2 欲知	3 调查方式	4 得知	
主题	调查前就已经知道的内容	调查前想要了解的内容	打算如何展开调查	调查后知道了哪些内容	
调查一下海明威，写一篇小论文	"欧美文学概论"的老师布置了这样一篇小论文	应该如何去调查海明威？	向老师寻求建议	老师让我去"翻阅大学的学报"	
"学报"是什么？	老师让我去翻阅大学的"学报"	"学报"是什么？	使用搜索引擎来搜索	"学报"是大学（包括短期大学）等教育机构和各类研究所、博物馆定期发行的一种学术刊物	
在哪里可以读到学报？	学报就是大学等机构发行的学术刊物	怎样才能读到学报？	阅读维基百科"学报"词条中"查阅学报的方式"的相关说明	通常不会在书店中出售，而是直接寄送给发行机构相关的图书馆和研究者，还有的机构会将样书交给日本国立国会图书馆	
在我们大学的图书馆里可以读到学报吗？	学报可以在"相关的图书馆"中找到	"相关的图书馆"是否包括我们大学的图书馆？	询问图书馆参考咨询服务台的工作人员	近期发行的学报通常可以在学报类书架上找到，过去的学报则被收在图书馆的书库中	
如何在学报中找到对写小论文有帮助的内容？	我们学校的图书馆中就有学报（位于学报类书架上和书库中）	如何搜索学报中的内容？	同上（直接一次性问完了所有问题）	学会了如何去检索论文，如果在图书馆中找不到自己想要的学报，还可以通过馆际互借即从其他图书馆中借过来	
如何查阅与"海明威"相关的内容？	学会了如何检索并获取学报中收录的论文	学报中的哪些内容对我写小论文有帮助？	同上（直接一次性问完了所有问题）	先查阅文学类百科或是其他专业性百科（好像有一本书叫作"海明威大百科"），了解大概的内容，然后再去搜索相关的研究论文	
文学类小论文应该怎么写？	学会了查阅相关资料的方法，以及如何利用图书馆的参考咨询服务台来获取信息	如何写关于海明威的小论文？	同上（直接一次性问完了所有问题）	工作人员向我介绍了一本文学研究的入门书籍—《文学的学习方式—附／论文·小论文的写法》，作者是狄金森	

"调查一下海明威，写一篇小论文"

调查后		
5 未知	**6 调查方式**	**7 应用**
调查后仍未搞清楚的内容	实际采用的调查方式和经验教训	调查得到的知识能起到哪些作用
"学报"是什么?	应该当场直接问老师才对	光是知道这些还起不到什么作用，必须搞清楚"学报"是什么
在哪里可以读到?	在搜索引擎上搜索"学报"后找到了答案	光是知道这些还起不到什么作用，必须搞清楚哪里能够读到学报
相关的图书馆是指哪里?	维基百科的"学报"词条中，对"获取学报的方式"进行了具体说明	光是知道这些还起不到什么作用，必须搞清楚哪些图书馆中可以读到学报
其中有没有对我写小论文有帮助的内容?	询问图书馆参考咨询服务台的工作人员	光是知道这些还起不到什么作用，必须搞清楚其中有没有我能用得上的内容
其中有没有对我写小论文有帮助的内容?	询问图书馆参考咨询服务台的工作人员	光是知道这些还起不到什么作用，必须对学报的内容进行检索，搞清楚其中有没有我能用得上的内容
查到这些内容后，应该如何应用到小论文中去?	询问图书馆参考咨询服务台的工作人员	以后不知道如何查阅资料时，可以去询问图书馆参考咨询服务台的工作人员
（当前的所有疑问均已解决完毕）	询问图书馆参考咨询服务台的工作人员	以后在小论文的写法方面遇到问题时，可以去询问图书馆参考咨询服务台的工作人员

学生（调查者）还不太清楚如何去查阅资料，在拿到这样一个比较宽泛的课题后，不知道该如何处着手，于是就去询问了老师。老师不希望学生直接去网上复制粘贴，所以告诉学生"去翻阅大学的学报"。
（调查日志第1行）

光是知道这些依然无从下手，因此，学生试着在网上搜索了"学报"这一关键词。
（调查日志第2~3行）

根据维基百科上的记载，"学报"通常被收藏在"与发行机构相关的图书馆"中，因此调查者来到了大学的图书馆，询问了参考咨询服务台的工作人员。
"3 调查方式"中，连续四行都是在图书馆的参考咨询服务台询问自己不懂的问题。
（调查日志第4~7行）

调查一圈又会回到最开始的内容。随着调查逐渐螺旋式深入，调查者对内容的理解也会不断加深。

方法22

调查的基本方法

当我们进行调查时，应该遵循下列四个步骤。

①把自己知道的内容全部写下来；②把自己不知道的内容转换成问题的形式；③记录调查的全过程；④不断重复。

通过撰写调查日志，我们可以记录这一实践的过程，并找到接下来的调查方向。

① 把自己知道的内容全部写下来

当我们对某项事物不了解时，才会对其展开调查。

在最开始的时候，我们很难清晰地指出自己究竟是哪里不懂，不懂的内容具体是什么（方法 16 "知识地图"）。但尽管如此，我们也必须先将其限定在一个大致的范围内，否则将会无从着手。

当我们开始调查时，首先能够做的就是搞清楚自己当前都知道哪些内容。这样一来，补齐的自然就是我们当前还不了解的内容。

把已知的内容全部写下来后，我们才会慢慢知道哪些内容是未知的、如何才能填补这些未知的空白、自己具体想要知道些什么、为此应该查阅哪些资料。

从调查日志的角度来看，只要我们将"【已知】我现在都知道些什么？"尽可能详细地写清楚，那么"【欲知】我想要了解什么？想要寻找什么？"和"【调查方式】为此，我应该怎么做？（打算去哪里查找资料？查阅哪些内容？）"也会逐渐变得明确起来。

随着调查的不断深入，调查日志的内容也会不断更新，【欲知】的一部分变成了【得知】，而剩下的部分就变成了【未知】。除此之外，在调查的过程中，一些我们以前从未注意过的内容（连【欲知】都算不上的内容）也会被添加到【未知】之中。**求知的过程不仅能够扩大我们的知识面，还会让我们的求知欲越发旺盛，发现更多自己不懂的事物。**只有在调查的过程中不断刷新自己的"已知"与"未知"，我们的调查才能够向前取得新的进展。

② 把自己不知道的内容转换成问题的形式

提问，是调查与学习的开端，也是知识的源头。

一个不会提问的人只会与知识擦肩而过。但反之，如果没有一定的知识基础，那么问题也只是空中楼阁。

提问，意味着我们正在从已知迈向未知。换句话说，只有站在知与无知（已知与未知）的分界线上时，人们才会提出疑问。在不断地提问与回答之中，我们所拥有的知识也会越来越多（方法17"拉米提问法"）。

学习日志（方法12）能够让我们的学习量变得一目了然，帮助我们养成学习的习惯。另外，调查日志则是将重点放在了我们调查和学习的内容上，让已知与未知建立联系的过程变得一目了然，把我们从一个问题引向下一个问题。

方法22

在调查开始前写下自己的计划，在调查结束后再将实际的过程记录下来，不断反思。这样一来，我们也能够将调查中获得的经验以文字的形式保留并积累下来。

③ 记录调查的全过程

人之所以会做记录，其中的一个原因就是人类的记忆总是不够准确。然而不知为何，越是记忆力不好的人，偏偏就越不爱做记录。

书名、作者名和索书号之类的信息一旦记错，就很难在图书馆找到自己想要的资料。除此之外，做记录还有其他更重要的作用。正如前文（方法 12 "学习日志"）所述，做记录（自我监测）有助于提升元认知能力。而元认知能力提升后，其他能力也会慢慢地随之提升。

调查日志原原本本地记录了我们调查的全过程，哪些部分进展得很顺利、在哪里遇到了困难、哪些做法绕了远路白费了力气，这些全都被记录在案。事后再去重读这些记录时，我们就会开始反省自己应该采取哪些做法，这样一来，我们的调查能力也会得到稳步提升。

④ 不断重复

每当调查前进一步，我们就要重复一遍前面的三个步骤，调查日志的表格也会再向下扩增一行。

只有这样多次循环往复，我们才能够将一项内容调查清楚。当我们想要最终寻找到某一项知识时，往往需要先去找到一些其他的知识才行。

"最终调查前的调查""'最终调查前的调查'前的调查""'最终调查前的调查'前的调查前的调查"……像这样，探求知识的过程总是会变成俄罗斯套娃。

我们在调查前的知识储备越少，这个套娃的层数就会越多。

想要打开所有的套娃，就必须增加调查的次数。

我们能做的，就是调查，调查，再调查。因此，为了防止自己迷失方向，一定要做好记录（日志）。

翻越无知的高墙

当我们在调查研究时发现"不懂的内容又增加了"，心里肯定会有些不好受（尤其是在一开始还不适应的时候）。这就仿佛是现实在一次又一次地告诉我们："你实在是太无知了。"然而所谓求知，正是要翻越这座"无知的高墙"。

诚然，直面自己的无知是一件痛苦的事情。更何况，求知还是一个逐渐改变自我的过程，在这一过程中，我们本身就处于一种不稳定的状态。

尽管如此，由于本书的目的是让大家"变得更加聪明"，所以我必须将下面的这番话告诉大家。

方法22

停留在无知的状态中，是非常危险，甚至致命的。求知并不是一种选择，而是一条必经之路。那些坚持探求知识的人最终也许会悟出这个道理，而对于那些不愿意去求知的人，生活只会用最痛苦的方式来让他们幡然醒悟。

　　同时，我也有一个好消息想要告诉大家。无论是看上去多么博学广识的人（理解了求知的本质的人），都曾经多次体会过这样的痛苦。正因如此，他们不会去嘲笑他人的无知，也不会去嘲笑那些因无知而惨遭失败，或陷入困境的人。

　　只要您能够保持认真的态度，不断地向无知发起挑战，那些嘲笑您无知的人就会逐渐远离。相反，那些愿意向您伸出援手的人，以及那些博学广识的人，将会逐渐走进您的生活。

尤金·加菲尔德

（Eugene Eli Garfield，1925—2017）

尤金·加菲尔德在大学阶段取得了化学学士学位，但是他却并没有继续研究自然科学，而是选择一边在出租车公司工作一边学习，拿到了图书馆学的硕士学位。面对科学信息的爆发式增长，加菲尔德决定将整理和提供这些信息当作自己一生的事业。由于他的研究横跨多个领域，因此没能申请到研究经费，但是他却创立了美国科技信息研究所（ISI），成功将自己发明的引文索引商业化。不仅如此，加菲尔德还提出了"影响因子"的概念，开创了文献计量学和科学计量学，并为这两个学科的发展做出了巨大的贡献。

第 9 章

打开通向知识的大门

无知小子和老者的对话 9
经典作品并不是写给我们看的

无知小子：您好！今天我来是想请教您，我应该去读一些什么
样的书才好呢？

老　者：让人这么不想回答的问题还真是少见。你自己喜欢
什么，就去读什么。

无知小子：好吧！那我就先去不自量力地挑战一下那些名家著
作和经典作品吧！

老　者：你想读我也不会阻止你，但是你可要警惕这种"经
典名著主义"的陷阱。

无知小子：什么陷阱？

老　者：首先你要知道，这些名著和经典作品并不是写给你
看的[1]。

无知小子：呜呜呜，我在这个世界上根本就找不到伙伴。

老　者：我不是那个意思。我想说的是，那些曾经引领过一

---

[1]　经典作品之所以很难读懂，是因为它们并不是写给我们看的。柏拉图根本就不认
识我们是谁，笛卡儿也没想到我们会是他的读者。我们读这些经典作品，就相当
于是在偷窥一封不是写给自己的信。一些前提性的知识我们不懂，来龙去脉也没
有摸清，所以自然很难读懂。但反过来看，读经典作品给我们带来的好处也同样
来自于此。https://readingmonkey.blog.fc2.com/blog-entry-633.html.

个时代的经典名著，流传至今早已经过了不知多少代。写这些书的作者们当时所拥有的知识和面临的问题都与现在不同，因此对于生活在当今社会中的我们来说，这些经典作品读起来必然会有些吃力。所以很多人都会读不下去。

无知小子：原来是这样！难怪我读这些书的时候总是容易半途而废！

老　　者：那可能只是因为你既没多少读书的经验，又没什么本事，还缺乏耐性吧。不过这些名著和经典作品本来就不适合一个人来读，而是应该与那些了解其写作背景，对一些前提性的知识和著作比较了解的前辈们一起读。

无知小子：要是能找到这样的前辈，我就不用自己一个人孤零零地自学了。对于自学者来说，遇到这种情况该如何是好呢？

老　　者：可以参考一些解说和注释类的书籍，那也是前辈们在以书的形式来帮助你。

无知小子：但是在看别人的解读之前，我是不是应该先不带任何主观倾向地读一下这些经典作品呢？

老　　者：你想这么做我也不会阻止你，但是需要注意的是，**所谓经典作品，并不单单是指这些作品流传的时间比较久，也不是说这些作品中包含着什么超越时代的真理。**如果非要给出一个定义的话，其实可以说**经典**

作品就是指那些被许多人解说和注释过的作品[1]。

无知小子：这种说法我还是头一次听说。

老　　者：当这些经典作品被创作出来以后，许多人都被它们
　　　　　的魅力所吸引，想要解读其中的含义，然后将自己
　　　　　的解读以及自己认为正确的解读方式写成了书。只
　　　　　有这样的作品，才能够称得上是经典作品。我们之
　　　　　所以说经典作品中包含着丰富的智慧，不仅是其原
　　　　　文含义深刻，还因为有许多注释类的书籍会专门对
　　　　　其中的内容进行解读。这样一来，每当有新的人来
　　　　　读，都会为这些作品注入新的活力。所有的经典作
　　　　　品都是这样传承至今，而那些没有人读的作品就很
　　　　　容易消失在历史的尘埃中。

无知小子：我大概明白经典作品有多么厉害了。那如果不去读
　　　　　这些经典作品的话，我应该读些什么书才好呢？

老　　者：如果你想学习的领域已经有了比较成熟的教科书，
　　　　　那就先去找一本最新版的教科书看一看吧。大学阶
　　　　　段使用的教科书一般也都是学术研究方面比较能
　　　　　信得过的入门书籍。这些教科书中都会有索引和专
　　　　　业术语的解释，可以当作一部简便的专业性百科全
　　　　　书来使用。甚至当我们想要再更进一步地了解其中
　　　　　的某一项内容时，还能够在教科书中找到拓展阅读

[1]　关于经典作品与注释之间的关系，可以参考白石良夫：《注释·考证·解读的方
　　　法：国语国文学角度的思考》，文学通信，2019。

的书籍介绍或是文献列表。

无知小子：这真是一石三鸟啊！

老　　者：之所以让你先不要读经典作品，而是去读教科书，其实还有另外一个理由，那就是教科书中的内容还会介绍经典著作问世后的发展。所以我的建议就是，**不要去读索绪尔和乔姆斯基，直接去看弗罗姆金写的最新版的语言学教科书；不要去读皮亚杰和维果茨基，直接看最新版的发展心理学教科书。**

无知小子：这样真的没问题吗？

老　　者：这些经典研究之所以伟大，是因为它们为后来的诸多研究者开创了新的研究方向，催生出了之后的许多研究。也就是说，在这些经典研究之后，还有许多人向新的课题发起挑战，新的研究成果也接连问世。如果我们光去读经典作品，而忽视了之后的发展，那么就无从得知后人修正了其中的哪些部分，从中发现了哪些错误，以及如何解决了这些问题。这些后续的发展，也是经典作品的重要组成部分。

无知小子：但是很多时候，我们想学习的内容或是领域并没有相对应的教科书，这该如何是好呢？

老　　者：那就没办法了，当我们需要某件东西时，如果找不到现成的，那就只能我们自己来制作了。

无知小子：您说得倒是很轻巧。

老　　者：之前我不是说过吗，在大多数情况下，我们需要的知识不会被全部囊括在一本书里，而是分散在图书馆中。一本好的教科书，其作者通常是该领域的一流研究者。一个人在读过大量的研究（包括二流和三流的研究）后，将其中的内容用简明易懂的形式总结出来，才能够写出一本质量上乘的教科书。这也就是说，教科书中的内容全部都是以其他形式出版过的内容。总结这些内容既需要花费大量的时间，同时也需要具备高超的能力，而读教科书就相当于向作者借用了这些时间和能力。对于那些还没有教科书的领域和方向，就只能靠我们自己来收集文献，再总结这些文献的内容了。

无知小子：这做起来也太难了吧！

老　　者：又不是真的让你写一本教科书出版，只是让你尽量多查阅一些资料，然后自己做总结而已（具体的做法会在后文中详细介绍）。当我们的自学进展到一定阶段时，这也是不可避免的。到了那个时候，书店里那些面向初学者的入门书籍已经满足不了我们的求知欲了。

无知小子：哇，未来的我可真厉害啊！

老　　者：这样做最大的好处就是，当我们自己去收集文献，做了总结以后，才能够真正体会到那些编写教科书的人究竟有多么厉害。他们的能力和付出的辛劳都一定会令我们惊叹不已。

不要将选书全部交给运气

如果我们不是自学，而是在跟着老师学习的话，那么老师会为我们准备好教材。并不是所有人都能够根据自己的需求和学习内容来选择相应的教材，因此让老师帮忙挑选的确不失为一种好方法。

然而，这种方法最大的问题就是需要一些运气。就像人与人的相遇一样，能不能合得来不是我们自己能够决定的。一旦老师所选择的教材不适合学生，后果也只能由学生自己来承担。由于学生并没有自己挑选过教材，所以手头也没有其他的教材可以用来比较。一旦学习的进展不顺利，他们不会觉得原因在于"这本辅导书不适合我"，而是会陷入自责，认为"都是我太笨了，所以用了辅导书也学不好"。

这种情况并不仅限于学习用的辅导书，在平时的生活中，**很多人甚至也不会自己去寻找和挑选书籍**。他们与书籍的相遇全凭偶然，要么是在书店看到，要么是在书评中读到，要么是因为有值得信赖的人推荐，要么是因为自己正在读的书中提到过。不过这也情有可原，由于人与人之间的相遇也是全凭偶然，所以很多人都以为世界上只有"偶然"这一种选择吧。

事实上，我们完全可以自己来挑选书籍。分类系统、文献目录、文献间的引证关系、各种检索工具，这些都可以为我们提供帮助。有了这些前辈们留下的知识遗产，我们就能够根据自己的需求和学习内容来决定读哪些书。这样一来，我们才能够主宰自己的学习，做到真正意义上的自学。

在本章中，我将向大家介绍五种寻找和选择书籍（或广义上的资料）的基本工具。

·**百科全书**：调查研究的第一选择。

·**文献目录**：借助前辈们的力量来查找资料。

·**教科书**：入门书 + 百科全书 + 文献目录，三位一体。

·**书籍**：自学者的好伙伴，人类记忆的外接存储器。

·**期刊文章（论文）**：通往知识最前线的大门。

在本书中，我所说的"调查研究"是指了解前人的求知历程，以及学习他们所总结出来的知识。而"查找资料"则是指去寻找"调查研究"中所需要用到的资料。这两种行为时常会发生重合，而二者最大的不同在于，"调查研究"的主要目标是获取知识，而"查找资料"的主要目标则是获取资料。本章中所介绍的查找工具大多都属于文献资料。自从文字出现以来，人类的诸多求知历程都是以书面的形式传承至今。因此，文献资料是我们在"调查研究"的过程中不可或缺的工具。

　　几乎所有人都知道百科全书和教科书的存在，但不一定知道这两种工具书对自学有多么重大的意义。而文献目录则是属于目录学和图书馆学的范畴，在介绍阅读和学习方法的书籍中很少提及。这些工具书会告诉我们，这个世界上存在着的书籍和知识，其数量和种类之多远超我们的想象，而前人早已为我们指明了通往这些书籍和知识的道路。与此同时，这些工具书还会激励自学者不断探求知识，走出一条属于自己的求知之路。

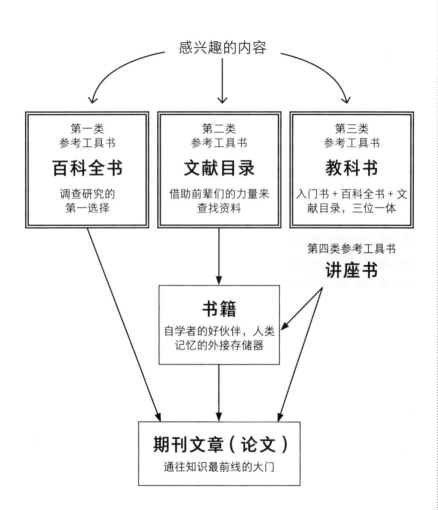

"调查研究"的路线图

感兴趣的内容

| 第一类
参考工具书
百科全书
调查研究的
第一选择 | 第二类
参考工具书
文献目录
借助前辈们的力量来
查找资料 | 第三类
参考工具书
教科书
入门书＋百科全书＋文
献目录，三位一体 |

第四类参考工具书
讲座书

书籍
自学者的好伙伴，人类
记忆的外接存储器

期刊文章（论文）
通往知识最前线的大门

方法 23 | **百科全书**—— 博识的可能性

百科全书，是专家们花费漫长的时间，从知识的海洋中萃取出的精华（知识之盐）。虽然我们很难在其中找到最新的知识与见解，但其中收录的内容都是各个领域中必不可少的基础知识。不仅如此，百科全书还都配备有检索功能，让我们能直截了当地找到自己想要的词条。综上所述，百科全书是自学者首先应该查阅的第一类参考工具书。

① 寻找合适的百科全书

如果是刚刚开始接触百科全书的初学者，可以先去看看图书馆的工具书区。在那里，我们能够直观地看到每个学科领域都有多少种百科全书。在网络上，除了维基百科以外，还有一些可以同时查阅多种百科全书与辞典的网站，例如日本的多辞典查询网站——Kotobank 就是完全免费的，大家平时可以多多利用，养成习惯。想要了解百科全书都有哪些种类，可以翻至第 241 页，想知道如何来挑选百科全书，可以翻至第 247 页。

② 查阅百科全书

百科全书是我们最常用的参考工具书之一。如果是查阅一些比较简单的内容，那么光靠百科全书就可以解决。如果需要调查的内容比较复杂，那么百科全书也可以帮助我们跨出第一步。

也许是由于现在租房的人越来越多，那些动辄几十卷的综合性百科全书丧失了市场，只需几千日元就能够在二手书店或是网上买到。但是考虑到检索的便利性和空间占用的问题，最好还是先购买一套电子版比较好。我就尽可能购买了许多种 EPWING 格式的百科全书，平时都会利用电脑和手机来查阅。关于百科全书的查阅方式，可以参考本书第 249 页的内容。

③ 整理自己查阅到的内容

查阅过多部综合性与专业性百科全书后，将词条拷贝下来，按照从短到长的顺序进行整理。

收集信息的基本原则就是"从粗到细"。我们在查阅了多部百科全书后，也是按照这个基本原则，按照从短到长的顺序来阅读这些词条。

方法**23**

百科全书——冒险途中经过的第一座城镇

我们在查找资料时，第一步就应该去查阅百科全书，因此我将其称为第一类参考工具书。

之所以这样说，是因为百科全书几乎全部都是由各个领域的专家编写，不仅内容十分正规，篇幅也长短适中。

有时，我们想要学习一些专业性比较强的知识，但是却不知道这项知识属于哪个领域。在这种情况下，我们既不知道该读哪一本专业书，也不知道这方面的专家都有哪些人。

好在，综合性百科全书（General Encyclopedia）中包含了几乎所有领域的内容，因此就算我们不知道自己想找的内容具体属于哪个领域，也能够使用索引来查询。

不仅如此，百科全书中的词条还比一整本书要短上许多，非常适合用在正式调查前的预备调查之中。**如果我们先对一项知识有了大概的了解，再去读那些大部头的专业文献，不仅能够理解得更加深刻，速度也会快上许多。**事先了解相关的专业用语和固有名词（例如人名和文献名等），能够为我们之后的探索打下良好的基础。

因此，我们在查找资料时，应该先去查阅百科全书（但是不要抱有太高的期望）。

从某种意义上来说，综合性百科全书就是公共图书馆的缩影。

与专业性图书馆和专业性百科全书不同，公共图书馆和综合性百科全书需要用有限的空间和预算来满足所有使用者的各种需求，因此必须尽可能覆盖所有学科领域。

这样一来，百科全书中的内容虽然覆盖面很广，但是对于某些有特定需求的人来说，可能无法从中找到自己想要的词条，即使是找到了，其解释也不够详细。

很多人应该都体会过这种失望的心情。去了图书馆后，发现里面藏书虽然很多，但是却没有自己想读的。翻开了百科全书后，发现里面的内容虽然包罗万象，但是找不到自己想查的词条。再或者，虽然找到了相应的词条，下面的解释却全都是自己已经知道了的内容。

如果我们将调查研究的过程比作一场冒险，那么百科全书就是我们在冒险过程中经过的第一座城镇。如果进展比较顺利的话，我们能够在这里拿到一套最低限度的装备，但我们的旅程才刚刚开始。如果所有谜底都在这里被揭开，那么这些谜题也许只是源自我们的无知，并不值得作为我们冒险的最终目标。

绝大多数"应该知道的知识"我们都尚未知晓

除此之外，百科全书还有其他的价值。

百科全书上面所记载的知识并不是我们"想知道的知识"，而是我们"应该知道的知识"。

方法**23**

百科全书面向的是普罗大众，因此，原则上来说，百科全书上的知识是任何人都能够接触到的知识。

也就是说，虽然百科全书上的一些知识我们现在还不了解，但只要我们想查，就随时都能够查得到。因此，百科全书上的知识全都是我们"能够掌握的知识"。

作者们在写书的时候，都会以百科全书中的内容为基础，尽量对其进行补充和拓展。

从读者的角度来看，如果不去知晓，或是学会查阅百科全书中的知识，就很难看懂一些专业作者写出的专业文献。

虽然百科全书中的知识都是我们"应该知道的知识"，但如果所有人都知晓了这些知识，那么世界上也就不再需要学习和教育了。没有任何一个人能够做到真正的博学广识，将这些"应该知道的知识"全部刻在脑子里。事实上，绝大多数"应该知道的知识"我们都还尚未知晓。百科全书中所包含的知识要远远超出我们所有人的现有知识。

正因如此，百科全书才有了存在的价值。

无论是谁，都"能够掌握"百科全书中的知识。因此，百科全书中的知识就成了人类社会所共有的知识背景，人类的教育以及思想的传达都是建立在这些知识的基础之上，书的撰写也主要是对这些知识的延伸。

从这一角度来说，百科全书就是人类社会的一种基础设施，支撑着所有知识的生产和流通。

从自己熟知的词条中学到新的知识

从实用的角度来说，我们不仅可以用百科全书和辞典来查自己不懂的词，还可以用它们来查一查那些我们（自以为）已经懂了的词。

大部分人都不会特意去查自己（自以为）已经懂了的词，就算这些词与我们打算调查的内容有着密切的联系，我们也会经常忽视它们。

为了方便大家理解，我来举一个具体的例子吧。

我曾经做过关于英国住宅政策变迁的调查。在这一过程中，英国近现代政治史的相关知识是非常必要的，然而我却完全没有了解，因此陷入了苦战。当时的我甚至连英国普选权范围的扩大是在哪一年都不知道。如果一个人不了解英国工党是如何登上政治舞台，也不清楚英国劳动者的需求是从何时开始被反映在了政策上，那么该如何去讨论住宅政策的变迁呢？

现在说起来似乎有点像是在找借口，但当时我的注意力全部集中在了如何去缩小调查范围上（这一环节在专业的调查研究中是不可或缺的），完全没有往相反的方向去想，忘记了自己应该去扩张探索的范围，来获取一些背景知识。这相当于在无知的基础上又加上了视野狭窄，简直令人不忍直视。

我发现了自己的愚昧后，就开始收集与英国政治史相关的文献。然而事实上我所需要知道的最基础的知识几乎全都写

方法23

在了百科全书的"英国"词条中。仔细一想，这其实是理所当然的，因为百科全书的职责就是向我们提供常识性的知识，也就是所有人都"能够掌握的知识"。对当时的我来说，这却是一个盲点。

很少会有人不知道英国的存在，但也并不是所有人都知道那些与英国有关的必备的常识性知识。当我们想要进一步了解英国的某一方面时，这些常识性知识就会成为重要的背景知识。

正因如此，百科全书才会成为我们在调查研究时需要翻阅的第一类调查工具书。

百科全书的种类

专业性百科全书
SPECIAL ENCYCLOPEDIA（适合初学者★☆☆）

百科全书可以分为**综合性百科全书**（General Encyclopedia）和**专业性百科全书**（Special Encyclopedia）两种。

在英语国家，学生在进入大学后，就成为一名初出茅庐的学者，不能再用《不列颠百科全书》或《美国百科全书》等综合性百科全书，而是应该改用各个学科领域的专业性百科全书。

这是由于英语的专业性百科全书种类繁多，且数量和质量都处于较高水平，因此与综合性百科全书之间出现了明显的分化。《不列颠百科全书》和《美国百科全书》等综合性百科全书的词条解释都会比日语的百科全书要更加通俗易懂一些。

专业辞典（Special Dictionary）与专业性百科全书（Special Encyclopedia）之间也有一定的区别。专业辞典主要收录了各种专业术语的定义，而专业性百科全书则是对该领域的基本事项进行了大概的说明。

在实际使用中，二者的区分也并不是那么明确。很多书虽然名字叫作"辞典"，内容却是"百科全书"。

例如《伊斯顿圣经辞典》（*Easton's Bible Dictionary*），

就是一本关于圣经的专业性百科全书，里面许多词条的解释都十分详尽。还有《新格罗夫音乐与音乐家百科》（讲谈社）的英文版原名叫作 *The New Grove Dictionary of Music and Musicians*，但实际上却是一本关于音乐与音乐家的专业性百科全书，其初版发行于 19 世纪，是音乐界具有代表性的百科全书之一。

日语中也会出现同样的情况，《岩波数学辞典》（岩波书店）是一本数学领域的辞典，但是内容却与百科全书比较相似，在各个词条的最后都会给出参考文献，因此英文名被译为 *Encyclopedic Dictionary of Mathematics*。

《日本历史大辞典》（吉川弘文馆）也是同样，虽然名字叫作"辞典"，实际上却是日本史领域具有代表性的百科全书。

与综合性百科全书相比，专业性百科全书中会提供一些专业性更强的知识和信息。

那些动辄许多卷的专业性百科全书在编写的过程中往往需要耗费大量的人力与时间成本，且只有一些图书馆与研究室会购买，因此很少会有出版社涉足。所以我们经常会找不到自己想要的专业性百科全书。

在日本，综合性百科全书在编写的过程中也会采用类似专业性百科全书的编写方式，从而弥补专业性百科全书数量不足的缺陷。

例如平凡社的《世界大百科事典》就是采用分科制的编写方式。各个学科都会由不同的专家团队来编写，每个团队的负责人（该学科的领军人物）会给团队的成员分配词条写作任务，而负责人撰写那些内容覆盖整个学科领域的综述类词条。

与百科全书比较相似的工具书
（适合初学者★☆☆）

与综合性百科全书和专业性百科全书比较类似的，还有"手册"（handbook）和"指南"（companion）[1]。

手册（handbook），原本是指便于携带（handy）的书，日语中将其称为"便览"。手册的内容跨度比较大，其中既有面向大众的科普类入门书，也有专业研究者才会使用的"数据手册"（datebook）。有些手册在增补改订的过程中逐渐扩增成了许多卷，已经失去了便携性。如果非要找到它们之间的共通点，那么可以说这些手册都是将某一学科领域的必备知识按照一定的体系进行编排，方便读者查阅和参考。

在学术界，每当一个新的研究方向兴起，都会先将一些具有代表性的论文收录到论文集中出版。之后，当这个研究方向逐渐发展成为一个新的研究领域，该领域中不同方向的研究者们通常会撰写自己研究内容的概要，然后以手册的形式出版。最后，当该研究领域进一步发展成熟后，许多大学会开始

---

[1]　一般认为，Encyclopaedia（百科全书）一词起源于 1500 年前后，由通用希腊语中的 εέγκυκλοπαιδεία 一词衍生而来。当时出版了许多种参考工具书（reference book），除了 Encyclopaedia（百科全书）以外，还有 Dictionarium（辞典）、Theatrum（剧场）、Thesaurus（宝库）、Systema（体系）和 Sylva（森林）等各种名称。佛兰芒地图学家奥特柳斯所绘制的近代世界地图集就叫作"Theatrum Orbis Terrarum"（地球的剧场）。

将其作为一门科目来教授。到了这一阶段，教科书和专业性百科全书才会登场。因此，当我们想要了解一个比较新的研究领域时，手册就是一种非常实用的工具书。

例如，《剑桥学习科学手册》（*The Cambridge Handbook of the Learning Sciences*）的第二版（2014）就对学习科学领域2010年以前的研究成果进行了总结，其日语版译本是北大路书房出版的《学习科学手册》。

而另一种"指南"（companion）则主要是概括性地讲解与某个主题相关的各种基本知识。这些指南类书籍有不少都和辞典比较类似，还有一些会采用百科简编或详编的形式，除此之外，还有由多个章节构成的概说型体裁。

《普林斯顿数学指南》（*The Princeton Companion to Mathematics*）就是先将内容分为"数学的概念""数学的各个分支""定理与问题""数学家"等几个章节，然后各个章节中包含许多词条，每个词条都有简短的解释。而牛津大学出版社出版的指南书系列（例如 *The Oxford Companion to Philosophy*）则是直接将全部词条按照首字母的顺序进行排列。

使用检索工具书
来同时检索多部专业性百科全书

（适合中级者★★☆）

　　想要做到熟练使用这些专业性百科全书和手册类工具书，我们首先要搞清楚自己想要了解的内容属于哪个领域，应该去查阅哪一本书。这是我们查找资料时的第一大难关。好在，当人们需要某种信息时，必然就会出现相应的检索工具。Master Index 是一种英文版的检索工具书，能够同时对几百部专业性百科全书和手册、指南类书籍的内容进行检索。

　　当我们在做调查研究时，首先应该查阅 Master Index，看自己想找的词条被收录在哪一本书的哪一个位置。在大多数情况下会有好几本书同时收录该词条，且都能够查到具体的页码。

　　知道了书的名称，就相当于是知道了该词条属于哪一个学科领域。

　　不仅如此，使用 Master Index 的分类索引，我们还能够知道某一学科领域中都包含了哪些方向，以及这些方向还出现在了哪些其他的百科全书（其他学科领域）中。这种检索工具书就相当于一本"百科合辑"，为那些穿梭于各个学科领域中的人指明了前进的方向。

　　事实上，这种专业性百科全书的检索工具书就是专门用来简单地获取一些自己专业领域以外的知识（seeking brief information on out-of-the-way topics）。

专业性百科全书为我们打开了通向专业知识的入口，如果读者想要继续深入了解的话，可以去阅读各个词条中给出的参考文献。使用 Master Index 进行检索后，我们就可以从多部百科全书的多个词条中收集相关的参考文献，然后再看其中有哪些文献同时被多部百科全书提及。将这些文献按照被提及的次数由多到少排列，我们就掌握了阅读时的先后顺序。

英文版的 Master Index 中，最具有代表性的就是以下这两本：

- Joe Ryan (1989) First Stop：
  The Master Index to Subject Encyclopedias, USA：
  Oryx Press.
- Allan N.Mirwis (1999) Subject Encyclopedias：
  User Guide, Review Citations, and Keyword Index, USA：
  Oryx Press.

遗憾的是，日本还尚未出版类似的检索工具书[1]。

如果是想要检索人名、地名或是作品名，可以使用日外 Associates 出版的《人物参考事典》《美术作品参考事典》《动物参考事典》《统计图表参考事典》，同时对各种综合性百科全书、人名百科和作品集的内容进行检索。

除了这种纸质书籍以外，还有一些网站会提供多辞典查询服务。

例如日语版的免费网站有 Kotobank、Weblio 等，还有

---

[1] 早前，天野敬太郎曾经编写过一部名叫《学习·百科件名目录：各种百科全书的件名索引》（由兰书房，1954 年出版）的书。但是其中所涉及的百科全书数量还不足 10 部。

Japan knowledge 这种提供付费服务的网站。日本的很多图书馆都会购买 Japan knowledge 的服务，因此我们可以在图书馆的电脑上免费使用。

如何找到合适的百科全书

百科全书的种类繁多，且各种百科全书所从属的学科领域与编撰目的都有所不同。想要从中找到适合自己的百科全书，可以采用以下方法。

直接去图书馆的参考工具书区
（*适合初学者★☆☆*）

在图书馆，所有用来查找资料的工具书都会摆在参考工具书区。

其中既有综合性百科全书，也有专业性百科全书，其排列顺序大多都是按照日本十进分类法。

如果您知道自己想要查阅的内容属于哪一领域，可以直接去书架上寻找相对应的百科全书。

使用提喻查找法
(适合中级者★★☆)

当我们不知道该去查阅哪一本百科全书，或是自己想要了解的领域还没有相应的百科全书时，应该怎么做呢？

在这种情况下，我们可以使用提喻查找法（方法20），找到覆盖范围更广的百科全书，将它作为我们调查研究的出发点。

举个例子，假如我们想要调查一下菲茨杰拉德（美国小说家），但是所在的图书馆里恰好没有收藏《F. S. 菲茨杰拉德百科》[1]。

此时，我们应该先想一想"菲茨杰拉德属于什么类别？"，然后就会得到"美国作家"或是"文学家"这样的上层概念。利用这些上层概念，我们就能够找到《美国文学作家作品百科》[2]或是《集英社世界文学百科》[3]，然后再从中查阅"菲茨杰拉德"的相关词条。

参考工具书的指南书
(适合探究者★★★)

除了直接去图书馆的参考工具书区寻找自己想要的百科全

---

[1]　罗伯特·L. 盖尔：《F. S. 菲茨杰拉德百科》，前田驹子译，雄松堂出版，2010。

[2]　D. L. 柯克帕特里克编《美国文学作家作品百科》，岩元严、酒本雅之监修，书之友社，1991。

[3]　世界文学百科编辑委员会编《集英社世界文学百科》，集英社，2002。

书以外，我们还可以使用另一种查找资料的工具——参考工具书的指南书。这种书一般也是放在参考工具书区。

这类书的检索对象不仅包括百科全书，还有文献目录、年表、图鉴等各类参考工具书，其中最值得推荐的，就是《以日语文献为对象的参考调查便览》。

之所以将这一本推荐给大家，是因为这本书的索引共收录了三万多个各类主题词，只要从中查找自己感兴趣的关键词，就能够直接找到自己需要的参考工具书。

如何查阅百科全书

使用索引
（适合初学者 ★☆☆）

使用纸质版的综合性百科全书或是专业性百科全书时，我们首先要学会如何使用索引。

索引一般是在全书的结尾，如果一套百科全书分成了许多册的话，那么每一册的最后都会配有索引。

可以说，百科全书和辞典的区别就是在于有没有索引。

只要我们翻开索引，就会发现自己想要了解的内容分布在百科全书中的多个位置。

我们要做的，就是去逐个查阅这些词条，然后将其中的内容拷贝或是摘抄下来。这是因为百科全书中的各个词条解释往往比较长，单靠记忆很难记清楚，因此最好将这些词条都集中到一起，更加一目了然。

如果是使用电子版的百科全书，可以直接将检索到的词条全部粘贴到同一文档中。

这种方法在同时查阅多部百科全书时也能够派上用场。

全文检索
（适合初学者★☆☆）

电子版的百科全书比纸质版多了一个功能，那就是全文检索。有了这一功能，百科全书就终于能够发挥出所有的潜力了。

包括搜索引擎在内的所有用来查找信息的工具都有一个特点，那就是使用者必须先确定好自己想要查什么。如果连自己想要搜索的关键词都找不准，那么就只会无从下手。

但是只要我们能够灵活运用全文检索功能，就能够反向查找到自己不知道的关键词。举个例子，如果我们使用全文检索功能，在百科全书中检索"沙拉"和"蔬菜"这两个词，就能够找到一些可以用在沙拉中，但是我们之前却从未听说过的蔬菜，例如"火焰菜"和"胡椒草"。

同时查阅多部百科全书

（适合初学者★☆☆）

我们在查阅百科全书时，一定要多参考几部不同的百科全书。这样做的其中一个原因就是百科全书中往往有不少错误。

在前文中，我们曾经介绍过在图书馆查阅资料的一种基本方法——主题阅读法，同时查阅多部百科全书也是主题阅读法的一种初步应用。

渐进式检索

（适合中级者★★☆）

有了电子版的百科全书后，我们就能够轻而易举地对多部百科全书的内容进行同步检索。

几部百科全书，再加上一些内容与百科全书较为类似的辞典（例如《广辞苑》和《Leaders 英日辞典》），就能够网罗几乎所有领域的内容。

如果同时对这些百科全书的内容进行检索，那么搜到的相关词条必然也会有很多。在这种情况下，我们应该先使用精确匹配检索，要求搜索结果与关键词完全一致，这样一来，搜索到的相关词条数量就会少一些。阅读了这些词条后，可以再逐渐放宽检索的要求。当我们对核心词条的内容有了大概的了解后，就能够更好地对检索到的信息进行筛选，不会迷失在信息的汪洋大海之中。

联想式查阅
（适合中级者★★☆）

在查阅百科全书时，我们可以先选择一个词条作为起点，在阅读该词条的过程中，只要遇到不懂的词或是感兴趣的内容，就在同一本百科全书中检索。找到所有的相关的词条后（由于范围限定在同一本百科全书中，因此不会花费太长的时间），还可以再以这些词条为新的起点，继续检索在词条解释中遇到的不懂的词，或是感兴趣的内容。当我们想要对自己不太熟悉的领域有一个大致的了解时，就可以使用这种方法来顺藤摸瓜，从百科全书中找到一些与该领域相关的词条。

将百科全书当作文献目录来使用
（适合探究者★★★）

百科全书是一种参考工具书，也就是一扇通往外界知识的大门。大部分专业性百科全书，以及像《不列颠百科全书》这样综合性百科全书，都会在词条的最后列出参考文献。

日本小学馆出版的综合性百科全书——《日本大百科全书》中也有部分词条会列出参考文献。如果某个词条中没有给出参考文献，可以使用提喻查找法（方法20）来寻找它的上层概念，看看上层概念的词条中有没有给出参考文献。

同时查阅多部百科全书的示例：关于"音韵学"
将 kotobank 上查到的词条按照从短到长的顺序进行整理

 大辞林 第 3 版
音韵学

> 语言学的一个分支，与句法学、语义学等并列，主要研究语音的功能和结构体系。

百科事典 My Pedia
音韵学

> 语言学的一个分支，主要研究某一语言中音素的数量、组合方式、功能和体系等。一般指共时性研究，历史性研究被称为音韵史或历史音韵学。与语音学有一定的区别。
>
> 相关词条：有坂秀世、形态论、语言学、语言类型论、语法、音拍

 数字版大辞泉
音韵学

> Phonology，语言学的一个分支。其研究对象是语言的发音（包括重音等），主要研究历史上语音的变化过程，并从中总结出基本规律。除此之外，将某一语言中的语音看作由抽象的基本单位——音素构成，并研究其结构体系的共时性研究也会被称为音韵学。→音素学

 世界大百科事典 第 2 版
音韵学

> 音素是人类认知范畴内构成语音的最小单位，对应英语中的"phone"，经常被看作音位的同义词。然而事实上，音位可以分为音段音位和超音段音位。其中音段音位对应语音中的最小单位，也就是单音，而超音段音位则是指强弱和高低重音等。有时只把音段音位称为音韵。在中国，自古以来就有研究语音的音韵学，人们将构成汉字字音的单位称为音韵。

不列颠国际大百科全书 小项目全书

音韵学

> phonology; phonemics
>
> 主要研究语音学中观察到的语音是由什么样的音韵单位构成，这样的单位有多少个，
> 形成了什么样的结构体系，以及起到了哪些功能等。想要从音韵学的角度来分析语
> 音，需要先从语音学的角度来对语音进行正确的观察。反之，有了合理的音韵学解释
> 后，语音学的观察也会变得更加精确。因此，语音学和音韵学是相辅相成的。最小的
> 音韵单位是音素。在东京方言中，一个或三个音素构成音拍，而一个或三个音拍再构
> 成一个（音韵学中的）音节，在连续的音节上加上重音，就构成了形式上的音形。有
> 的人会用音韵一词来代替音素，但是更确切地来说，音韵应该是以上音韵单位的统
> 称。从这个角度来看，音韵学（phonology）的概念要比音素学（phonemics）更加广
> 泛，至少还包括音节结构和重音。音韵学也同其他学科一样，可以分为共时音韵学和
> 历史音韵学（音韵史）。另外，还有的人会将语音学和音韵学统称为"音学"。

 日本大百科全书

音韵学

> phonology
>
> 语言学的一个分支学科，其主要的研究对象是音素，在美国语言学领域被称为音素学
> （phonemics）。音韵学的研究内容包括（1）音素的划分（2）音素的体系（3）音素的
> 结合等。
>
> （1）音素的划分。在日语中，"カク［kakɯ］"和"タク［takɯ］"这两个词
> 之所以会产生意思上的区别，就是因为在［－akɯ］这一相同语音环境前出现
> 了两个不同的音——［k］和［t］。这两个音无法再进一步分解成更小的连续语
> 音单位，因此我们可以称其为音素。像这种去除一个音素后，剩余的部分完全
> 相同的词，就是最小对立体。找到最小对立体，就能够从中找到音素。例如，
> 从"サク［sakɯ］""ナク［nakɯ］""ハク［hakɯ］""マク［makɯ］"
> "ヤク［jakɯ］""ラク［rakɯ］""ワク［wakɯ］"这几个词中，我们能够得到的
> 音素有 /s,n,h,m,j,r,w/。从"キク［kikɯ］"和"シク［ʃikɯ］"这一对最小对立体
> 中则可以得到 /k/ 和 /ʃ/ 这两个音素。其中，［s］和［ʃ］的关系比较特殊。在日语中，
> ［s］可以与［a,ɯ,e,o］这几个元音结合起来，形成"サ""ス""セ""ソ"这四个假
> 名，而［ʃ］只能与剩下的母音［i］结合在一起，形成"シ"，因此［s］和［ʃ］属于
> 互补分布。互补分布且比较相似的语音会被看作同一音素。因此，由于齿龈音［s］与
> 硬腭齿龈音［ʃ］都属于无声齿摩擦音，且互补分布，因此二者被看作同一音素 /s/ 的
> 同位异音。像这样，同一音素的不同语音形式被称为同位异音。
>
> （中略）
>
> 参考文献约根森著：《音韵学总览》，林荣一监译，大修馆书店，1979。

254

方法24 | **文献目录**—— 调查达人的赠礼

对于查找资料的人来说，文献目录就是"巨人的肩膀"。查找资料最快的捷径，就是先找到比自己更了解这个领域，且更擅长查找资料的前辈。而文献目录就是前辈们为我们留下的知识财富。

① 先用百科全书来做预备调查

先用百科全书来查阅自己想要了解的内容，掌握大概的知识，搞清楚这些内容属于哪个学科（方法23）。

② 用文献目录来检索资料

如果百科全书上的内容不够详尽（大部分情况下都会这样），我们就需要直接去找那些相关的文献来看。

这个世界上有许多比我们更擅长查找资料的人。因此，直接参考他们的成果，对我们来说是最为高效的方式。

其中，文献目录就是这些大师级人物为我们留下的成果之一。这些文献目录有的是各个领域或研究方向的文献列表，有的还会附有各个文献的解说。想了解具体的类型划分可以翻至本书第260页。

方法24

③ **如果不知道应该去看哪一本文献目录，可以查阅"文献目录的目录"**

当我们想要查找某一领域的资料时，文献目录是一种非常便利的检索工具。虽然大部分人并不知道文献目录的存在，但只要有了它，就能够在查找资料的过程中如鱼得水，因此前辈们也对各种文献目录进行了收集和整理，编纂出了"文献目录的目录"。想要了解这种"文献目录的目录"，可以翻至本书第 262 页。

不知道文献目录的读者，宛如没有带航海图就出海的水手

文献目录，是一种用来查找文献的参考工具书。

如果说百科全书可以用来寻找我们"想要了解的知识"，那么文献目录就可以用来**寻找我们"想要了解的知识究竟在哪里"**（在哪一本文献中）。一般来说，只要一个学科发展成熟，就会有相应的专业性百科全书出版，但文献目录却不一定。

因此，同样是参考工具书，人们一般对百科全书要比文献目录更熟悉一些。

如今，走到哪里都能看到各种各样的推荐书单，但是这些书单上从来都不会出现用来查找书籍的书。大部分的读书方

法论中都不会提及文献目录的存在。书和书之间明明都是相互关联的，但很多书评都只会单单介绍一本书。

事实上，不知道文献目录的读者，与没有带航海图就出海的水手别无二致。即使手中没有航海图，水手的确也能够扬帆起航，但他们的船只能沿着海岸航行，无法远离陆地。

换作读书的话，就相当于是读书的内容永远在自己已知的内容附近徘徊，无法取得大的进步。

文献目录中尽可能收录了与某项内容（或某个领域、某个人物）相关的所有文献。

然而人无完人，不可能做到尽善尽美，想要将所有的文献全部收录进来是不现实的。所有的文献目录都会有一些遗漏，因此，我们也可以说，所有的文献目录都是处于未完成的状态。大家在编撰文献目录前，都会对这一点了然于心，否则就根本无从下手。

尽管如此，文献目录依然能够让我们站到一个仅靠自己无法到达的高度。有了文献目录，我们才能够看到文献的海洋有多么广阔而又深不可测。这些文献的背后，是人类在求知道路上所付出的辛勤努力。

想要通过查找资料来攀爬到"巨人"的肩膀上，是一件很难的事情。这并不只是由于我们的能力不足，还有一部分原因是，我们并不知道还有多少知识是我们不了解的，也不知道还有多少资料是我们没有找到过的。文献目录中有许多单凭我们自己的力量无法找到的文献，我们面前那片未知与无知的

方法24

大海是如此无边无际。知道了这一点，自学者就能够避免陷入自以为是，打开知识的视野。到了那时，巨人也一定会高兴地将肩膀借给我们。

事实上，如果一个人能够将自己感兴趣的内容、想要了解的内容或是其他信息需求转换为一张（广义上的）文献列表，那么这个人就已经可以称得上是一名合格的自学者了。当他在阅读的过程中碰到自己无法理解的内容时，就会将这一困难转换为问题——"（为了理解这一内容）我应该读哪些书才好呢？"从而找到前进的方向。

当您面对一个陌生的领域，不知道该读哪些书才好的时候

"我应该读哪些书"这个问题回答起来要比我们想象得更难。

特别是当我们在挑战未知的领域时，会接连不断地产生信息上的需求。由于我们对该领域还不是很熟悉，为了搞清楚自己"应该读什么书"，需要先想一想"先读哪些书，才能搞清楚自己应该读什么书"，这样一来，问题就变成了俄罗斯套娃，不知道该从哪里开始解答才好。

打个比较通俗易懂的比方，这就像是一个人迷了路，却看不懂手中的地图一样。而文献目录就能够将我们从这样的困

境中解救出来。

　　说得再夸张一些，这种能够告诉我们"应该读哪些书"的工具书就像是一根魔杖，可以立刻将一名普通人变成自学者。自学者并不是多么博学的人，但是他们能够用自己的力量来寻找通往知识的途径，从而慢慢地获取知识，加深自己的理解。

　　无论是书，还是知识，都无法孤立存在。

　　任何一本书（或知识）都会和其他的书（或知识）之间存在联系。有的时候，一本书会为另一本书奠定基础，还有的时候，一本书则是为另一本书提供了参考。

　　这种书与书之间的印证关系不一定会被注明，但只要我们能够找到其中的一本，也许就能够顺着它们之间的这种微弱的联系，顺藤摸瓜，最终找到自己想找的文献或知识。

　　当然，还有另一种可能，那就是您想找的文献并不存在。如果您在一段时间的探索和彷徨后确信了这一点，那么接下来，也许就轮到您来将这些尚且无人知晓，或尚未有人付诸笔墨的知识书写下来了。

方法24

文献目录的种类

首先应该使用的"文献目录的目录"
（适合初学者 ★ ☆ ☆ ）

对于我们这些查找资料的初学者来说，想要找到符合自己
需求的文献目录，最有效的方式就是查阅片山喜八郎和太田
映子共同编写的《以日语文献为对象的参考调查便览》（书志
研究会）。

这本工具书的特点，或者说是优势在于，它虽然省略了对
各个文献资料的具体说明，只用数字来表示资料的种类，但是
却将一共三万多个条目全部按照日语五十音图的顺序排列，
其中包括各种专有名词、作品名和人名，使读者能够直截了当
地找到自己想要的内容。

我们不仅可以用"英国文学""漫画"这样的普通名词或
是类别来检索，还可以直接用"菲茨杰拉德""哆啦Ａ梦"这
样的专有名词来检索，找到对自己的调查研究有帮助的百科
全书和文献目录。

《以日语文献为对象的参考调查便览》

菲茨杰拉德（作家）

【1・4】日本读者对菲茨杰拉德作品的接受 菲茨杰拉德图书馆、年谱→*Eureka* 20（14）青土社 1988

【2】日本的斯科特・菲茨杰拉德文献目录 1930-79 永冈定夫→《昭和大学教养部纪要》10（1979）・同追录版 1・2→《山梨大学教育学部研究报告 第 1 分册 人文社会学系》34（1983）・39（1989）◆日本 Francis Scott Key Fitzgerald 研究书志→神奈川县立外语短期大学图书馆 1984 ◆日本的菲茨杰拉德文献目录 永冈定夫（www. 生成的目录）

【3・4】斯科特・菲茨杰拉德 星野裕子 Media Factory 1992 ◆菲茨杰拉德 森川展男 丸善 1995

【4】The Scott Fitzgerald Book 村上春树 中公文库 1991 ◆了不起的盖茨比 小川高义译光文社 2009

726 哆啦 A 梦

【3】哆啦 A 梦的"指导（coaching）能力"横山泰行 EASTPRESS 2005 ◆"哆啦 A 梦"教会了我们人生中需要知道的所有道理 横山泰行 EASTPRESS 2009

【7】哆啦 A 梦研究完全事典 世田谷哆啦 A 梦研究会 DATA HOUSE 2005

368 小偷

【3】小偷生活的今昔对比 中山威男 立花书房 1991 ◆平成时代的小偷击退指南 奥田博昭 乐书房 2001 ◆从大盗"潜行者弥三郎日记"中看盗贼的本领与人生 清永贤二 东洋经济新报社 2011

【4】昭和小偷世相史 奥田博昭 社会思想社 1991

  这种下层概念的条目中列举的文献几乎都不是整本的文献目录，而是一些附有文献目录的书籍或期刊文章。当我们在查找资料时，这些文献也会派上很大的用场。

文献目录的目录

（适合中级者★★☆）

当我们想知道某个学科是否存在文献目录，以及有哪些文献目录时，还有一些其他的"文献目录的目录"可以使用，在这里我想向大家介绍以下几本。

首先，天野敬太郎编撰的《日本文献目录的目录》中就网罗了自日本成立起至 1970 年发行的所有文献目录，其中不仅收录了整本的文献目录，还收录了附有文献目录的图书和期刊，是一本颇具代表性的"文献目录的目录"。

其内容共分为五卷，总载篇、人物篇 1 及主题篇 1~3。在那之后，还有深井人诗编撰的《主题文献目录索引》（收录范围 1966—2007 年）和《人物文献目录索引》（收录范围 1979—1994 年）。发行时间再晚一些的文献目录则会被收录到每年刊行的《文献目录年鉴》中。而《日本文献目录总览》则是在《文献目录年鉴》的基础上，收录了自 1945 年起至 2003 年发行的文献目录。

这种"文献目录的目录"的开山之作，是 16 世纪瑞士博物学家康拉德·格斯纳编写的《世界书目》（*Bibliotheca Universalis*）。他致力于将古典语言中的植物名称与当时通用语言中的植物名称进行比对，因此在文献学和语言学方面取得了很高的造诣，编撰了《希腊·拉丁语辞典》和《世界书目》。除此之外，他还撰写了《动物史》《植物史》两部巨

常用的"文献目录的目录"一览

文献目录的目录	出版社	出版年份	收录范围	内容结构
天野敬太郎编《日本文献目录的目录》总载篇、人物篇1、主题篇1、主题篇2、主题篇3	严南堂书店等	1973—2006	自日本成立起至1970年发行的所有文献目录、附有文献目录的图书以及期刊	总载篇:普通文献目录(出版物目录、藏书目录等)、人物类文献目录(著作目录)、明治维新前的文献目录 人物篇1:人物类文献目录(艺术家、文学家) 主题篇1:主题类文献目录(综合性图书、哲学、历史) 主题篇2:主题类文献目录(艺术、语言、文学) 主题篇3:主题类文献目录(社会科学、自然科学、产业)、人物篇2:(人物类文献目录的补充)
深井人诗编《主题文献目录索引》	日外Associates	[1966—1980]、81/91、1992—2000、2001—2007、2008—2014(日外Associates 1981—2009)	1966年至2014年间发行的整本的文献目录、附有文献目录的图书以及期刊文章是本表格下一行中介绍的《文献目录年鉴》中主题类文献目录部分的合辑。只包括人文及社会领域	全部按照日语五十音图的顺序排列
《文献目录年鉴》	日外Associates	1982—2016(每年发行一册)	1980年及以后发行的整本的文献目录、附有文献目录的图书以及期刊文章,每一册都会对前一年度发行的出版物进行整理和总结(1989年以前的年度划分是从前一年4月到第二年3月)	1988年及以前:全部按照日本NDC十进分类法排序 1989年及以后:全部按照日语五十音图的顺序排列
《日本文献目录总览》	日外Associates	2004	1945年至2003年发行的整本的文献目录	按类别整理,附有人名及项目名索引
Besterman, T. A world bibliography of bibliographies and of bibliographical catalogues, calendars, abstracts, digests, indexes, and the like. Genève: Societas Bibliographica.	Lausanne Societas Bibliographica	1965—1966	自15世纪起至1963年发行的文献目录、藏书目录、抄录及索引类图书(包括附带此类内容的图书),共涵盖除东亚诸语言以外的40国语言的图书	将16 000种文献全部按照名称顺序排列 共5卷,其中第5卷附有作者名索引

著。现在大家仍在使用的世界版"文献目录的目录"是《世界书目目录》（*A World Bibliography of Bibliographies*）。人们通常直接用作者的名字"Besterman"（贝斯特曼）来称呼这本书。作者西奥多·贝斯特曼 [1] 也是一名自学者，他是在大英博物馆的图书室中踏上了自己的求知之路。

日本国立国会图书馆检索服务
（适合探究者★★★）

日本国立国会图书馆是日本唯一的法定缴送本图书馆。根据日本的缴送本制度，日本国内出版的所有出版物都必须提交给日本国立国会图书馆进行收集和保存。因此，从理论上来说 [2]，日本国内的所有出版物都会被收藏在日本国立国会图书馆中。

利用日本国立国会图书馆的在线检索及申请服务（简称：国立国会图书馆 online） [3]，就可以检索日本国立国会图书馆中收藏的各种图书资料和电子资料，并直接在网上申请文献复制等服务。

使用这一系统，我们只要选取合适的关键词或是分类号，

---

[1] 关于贝斯特曼的生平，可以参考《图书男子——一个统一了书籍世界的男人》。https://readingmonkey.blog.fc2.com/blog-entry-781.html.

[2] 事实上，出于各种各样的原因（例如，发行方不知道缴送本制度的存在），日本国内有不少资料并没有被上缴至日本国立国会图书馆。具体可以参考砾川全次：《杂学的冒险——国会图书馆中找不到的 100 本书》，批评社，2016。

[3] https://ndlonline.ndl.go.jp.

就可以直接搜索到所有相关的书籍、论文和电子资料。这些搜索结果虽然比不上专家们编撰的文献目录，但是至少能够为我们查找资料打下基础。

既然所有的出版物都会被收藏在这座图书馆中，那么我们也可以利用该系统来查找自己想要的文献目录（也就是将其看作"文献目录的目录"）。如果您想要直接查找整本的文献目录，可以在"详细检索"的"类别"一栏中输入"文献目录"。

如果是想要查找期刊上刊登的文献目录，就没有这种固定的检索方法了。可以先将类别限定为"期刊"，然后在"关键词"一栏中输入自己感兴趣的主题，再在"题名"一栏中输入"文献目录""目录""书目""书单"等类似的词来进行检索。

世界级文献检索系统
（适合探究者★★★）

当然，我们的好奇心和学习行为不应该被局限在自己母语文献的范围内。

现如今，有了网络这种便利的工具，我们就能够使用世界级的在线图书目录来查找自己想要的书。

其中，最广为人知的就是 World Cat[1]，加入了 Online

---

[1] https://www.worldcat.org/.

Computer Library Center（OCLC）[1] 的 71 000 多家图书馆的藏书都被收录在了 World Cat 中。

还有一个十分便利的检索工具叫作 KVK（Karlsruher Virtueller Katalog）[2]。

它原本只是用来检索德语国家（德国、奥地利、瑞士）图书馆的馆藏资料，现在其检索范围不仅包括 World Cat 和欧洲各国的图书馆的藏书目录，还有 abebooks 和 ZVAB 等网络二手书店的书籍目录，以及 Google Books 和 Internet Archive 等网站上的电子书。

用来查找教辅书的文献目录
（适合探究者★★★）

有些类型的图书很少被图书馆收藏，因此在图书馆的检索系统上很难查找得到，教辅书就是其中之一。

日本学习参考书协会每年发行的《学习参考书总目录》就是一本专门用来查找教辅书的文献目录。但是只有现在市面上能购买到的教辅书才会被收录进来，如果您想找出版时间更早的教辅书，可以使用日本国立国会图书馆检索服务中的"详细检索"，在"分类"一栏中输入分类号来检索。

---

[1] OCLC 是一个提供在线图书馆检索服务的非营利性会员制机构，同时也是一个研究组织，其目的是促进全世界的信息共享，降低人们获取信息的成本。截至 2010 年，已有 171 个国家和地区的 7 万多家图书馆加入了该组织。

[2] https://kvk.bibliothek.kit.edu.

用于查找教辅书的
"日本国立国会图书馆检索用分类号"

教 辅 书

Y32　小学教辅书、中学入学考试、中学入学指南

Y33　中学教辅书、高中入学考试、高中入学指南

Y34　高中教辅书、大学入学考试、大学入学指南/综合类【包括学校介绍】

Y35　高中教辅书、大学入学考试、大学入学指南/语文【包括古文（日文、汉文）】

Y36　高中教辅书、大学入学考试、大学入学指南/社会【伦理、社会、政治、经济、日本史、世界史、人文地理】

Y37　高中教辅书、大学入学考试、大学入学指南/数学

Y38　高中教辅书、大学入学考试、大学入学指南/理科【物理、化学、生物、地理】

Y39　高中教辅书、大学入学考试、大学入学指南/保健体育

Y41　高中教辅书、大学入学考试、大学入学指南/艺术【音乐、美术、工艺、书法】

Y42　高中教辅书、大学入学考试、大学入学指南/外语【英语、德语、法语】

Y43　高中教辅书、大学入学考试、大学入学指南/家庭·技术【包括农业、水产、工业、电气、铁路、商业、商船】

Y44　高中教辅书、大学入学考试、大学入学指南/其他【考试相关信息等】

外语学习教材

Y45　外语学习用教材/英语

Y46　外语学习用教材/德语

Y47　外语学习用教材/法语

Y48　外语学习用教材/汉语、朝鲜语

Y49　外语学习用教材/其他语种

考 试 问 题 集 、 就 职 指 南

Y51　普通入职考试（包括公司介绍、面向初高中生的入职考试指南和问题集等）

Y52　公务员考试（国家·地方）【包括警察、消防员、外交官、海上保安官、航空管制官、税务职员、三公社职员等】

Y53　司法考试【司法书士】

Y54　文职类资格考试【公认会计士、税理士、海事代理士、土地家屋调查士、行政书士、口译导游业。簿记、珠算、英语、速记等技能鉴定也包括在内】

Y55　教育类资格考试【教职员、学艺员、社会教育主事、保育士、司书、儿童福祉司、社会福祉主事】

Y56　医学、卫生类资格考试【医生、牙科医生、口腔技工、药剂师、诊疗X光技师、护士、助产士、保健师、营养师、厨师、按摩·指压师、针灸师、柔道整复师、理发师、美容师、洗涤师】

Y57　技术类资格考试【技术士、技能士（包括技能鉴定）、专利师、测量师、建筑师、锅炉技师、热管理人员、电气主任技术人员、无线通信工程师、放映技术人员、原子炉主任技术人员、危险品处理主任人员、天然气主任技术人员、矿山安全技术职员、海技从事者、潜水员、领港员、航空工作人员、安全管理人员、农业改良普及员、兽医、装蹄师】

Y58　汽车类资格考试

Y59　体育类及其他资格考试【场地自行车、摩托车越野、摩托艇、骑手、调教师】

方法 25 | 教科书——

入门书、百科全书、文献目录三位一体，自学者的好伙伴

教科书兼具入门书、百科全书和文献目录三种功能，是我们常用的第三类参考工具书。

本书中所说的教科书并不是指在小初高课堂上所使用的课本，而是指将我们学习中所需要的各种素材都收录在内，能够自成一体的书籍。

如果您需要反复查阅某一学科的内容，或是想要正式开始学习某一学科，那就最好事先准备好相应的教科书。

① 找到可用的教科书

先查阅百科全书和文献目录，搞清楚自己感兴趣的内容属于哪一学科。

在这之后，我们就可以开始寻找相应的教科书了。教科书一般不会放在图书馆的参考工具书区，而是与其他书籍一起，分门别类地摆放在各个书架上。因此如果我们对该学科领域没有任何了解，就会很难找到自己想要的教科书。在这种情况下，我们可以先去看别人列出来的教科书清单，上面会有各个

学科领域具有代表性的教科书，或者先去查一查各个出版社出版了哪些教科书系列，看这些系列中是否包括自己想学习的科目。想要了解教科书具体都有哪些种类，可以翻至本书第272页。

② 使用教科书来查阅自己想要了解的内容

我们在使用教科书时应该注意以下两点。

首先，大部分教科书都会在开头部分对编写目的、结构、内容和特色进行详细说明。因此，我们在开始使用教科书前，应该先熟读这些"使用说明书"。

还有，就是要好好利用教科书的编写特点，发挥其最大价值。一般来说，如果一本教科书比较厚重，包含的知识和信息也比较多，那么编写者就会特地去设置一些栏目来帮助学习者确认学习内容。例如，许多教科书会在各个章节的开头和结尾对这一章节所学习的内容、新的术语和概念等进行总结，还有的教科书会在各个章节的末尾设置一些复习题。利用好这一点，我们就可以在短时间内了解这本教科书的大致内容。想要进一步学习如何使用教科书，可以翻至本书第278页。

方法25

"教科书"是自学者最强大的武器

如果我们只能选择一本书来帮助我们学习某项知识，那么教科书（Textbook）将是我们的首选。

虽然小初高课堂上使用的教材也会被称为"教科书"，但其实它们只能算作"课本"。这些课本是专门用来给老师上课使用的，如果没有老师的讲解，就只能算作"半成品"。

本书中所说的教科书是自学者的有力武器，其概念来源于彼得吕斯·拉米斯为推翻经院哲学式教育而发起的教育改革。

经院哲学兴起于中世纪的欧洲，其学术知识的积累与流通（教育）主要依靠注释（commentary）。研究古典文献的学者们会对原文进行注释，后来的学者再对这些注释进行注释，使这门学科不断地发展下去。拉米斯发起教育改革后，教科书这一新型的知识容器逐渐以基督新教的学校为中心普及开来。教科书中囊括了学生在学习的过程中所需要的所有素材，将学生应该掌握的内容和应该阅读的资料都按照主题分门别类进行了整理。有了教科书，学生就不必再去参考其他的文献（比如古典文献的原文和注释）了。

现如今，绝大多数的学科都有了这样的教科书。

继专业学会的成立和学术杂志的创刊之后，教科书的出版已经成为一个学科确立的第三大里程碑。

从人才培养的角度来看，教科书的重要性不言而喻。教科书中所记载的内容，都是该学科领域的所有参与者应该共享的知识资产，也是新知识诞生的前提条件。换句话说，教科书的职责，就是将一门学科最基本的共有知识传承下去。该学科的所有专业人士都学习过这些知识，所有的研究也都是基于这些知识来进行。

反过来说，**当某个研究成果被载入了教科书，就意味着该研究成果已经成为其所在的学科领域的共有知识。**

方法25

教科书的种类

英文版大学教科书的译本 [1]
（适合初学者 ★ ☆ ☆）

从拉丁语到法语、德语，再到现在的英语，西方学术界的通用语言经历了一个变化的过程。现如今，大多数的学术研究都会用英语来发表。因此，使用英语来编写教科书，对编写者和读者来说都是一件好事。编写者可以快速地将新的学术成果加入教科书中，而读者也能够顺利地从教科书中获取这些信息。

事实上，许多国家在高等教育中都会选用英文版的教科书，而不用自己的母语。这是因为学生最终都是要用英语来阅读和写作学术论文，所以如果在学术研究的入门阶段就使用英语来学习的话，日后就会方便许多。

因此，英文版的大学教科书在英语国家以外的地区也被广泛使用，如今已经成为世界通用的学术研究入门书。

---

[1] 想要对英文版教科书进行全方位检索，可以使用 Open Syllabus Explore（http://opensyllabus.org/）。这个网站中收录了美国、英国、加拿大、澳大利亚、新西兰等国家的大学在网络上公开的授课计划。截至 2020 年 4 月，已经有超过 600 万门课程的授课计划被收录在其中。使用 Open Syllabus Explore 可以对这些授课计划的内容进行检索。例如，通过检索我们可以得知，目前使用范围最广（在 8000 多份授课计划中出现）的微积分教科书是 James Stewart 编写的 Calculus，而第二名则是他编写的另一本教科书 Essential Calculus（在 2000 多份授课计划中出现）。

一些主要学科领域中具有代表性的教科书

学科领域	教科书名称
微积分	斯图尔特《微积分》(中国人民大学出版社)
线性代数	斯特朗《线性代数》(清华大学出版社)
物理学	哈里德《物理学基础》(机械工业出版社) 《费曼物理学讲义》(上海科学技术出版社) 《伯克利物理学教程》(机械工业出版社) Herbert Goldstein《经典力学》(高等教育出版社) John David Jackson《经典电动力学》(高等教育出版社) J.J.Sakurai《现代量子力学》(世界图书出版公司) Moller *The Theory of Relativity* Charles W.MISNER 等《引力论》(正中书局)
化学	James E.Brady *General Chemistry* Donald A.McQuarrie, John D.Simon *Physical Chemistry: A Molecular Approach* Peter Atkins *Shriver & Atkins' Inorganic Chemistry* John McMurry *Organic Chemistry*
生物学	Jane B.Reece, Lisa A.Urry, Michael L.Cain, Steven A.Wasserman, Peter V.Minorsky, Robert B.Jackson *Campbell Biology* 《细胞的分子生物学》(科学出版社) Donald Voet, Judith G.Voet *Biochemistry* 《生态学：从个体到生态系统》(高等教育出版社)
医学	《默克诊疗手册》(人民卫生出版社) John E.hall *Guyton and Hall Textbook of Medical Physiology* 《罗宾斯基础病理学》(北京大学医学出版社) 《哈里森内科学》(后浪|科学技术文献出版社) 《坎德尔神经科学原理》(机械工业出版社) Benjamin J.Sadock, Virginia A.Sadock, Dr. Pedro Ruiz *Kaplan and Sadock's Synopsis of Psychiatry*
自然人类学	Roger Lewin *Human Evolution : An Illustrated Introduction*
文化人类学	Emily A.Schultz, H.Lavenda *Cultural Anthropology: A Perspective on the Human Condition*
心理学	Susan Nolen-Hoeksema, Barbara L.Fredrickson, Geoffrey R.Loftus, Christel Lutz *Atkinson & H: Igard's Introduction to Psychology*
社会心理学	埃利奥特·阿伦森《社会性动物》(华东师范大学出版社)
语言学	《语言引论》(北京大学出版社)
经济学	保罗·克鲁格曼, 罗宾·韦尔斯《微观经济学 / 宏观经济学》(中国人民大学出版社)
微观经济学	哈尔·R.范里安《微观经济分析》(中国人民大学出版社)
宏观经济学	戴维·罗默《高级宏观经济学》(商务印书馆)
经济史	罗伯特·海尔布罗纳《经济社会的起源》(上海人民出版社)
社会学	安东尼·吉登斯《社会学》(北京大学出版社)

日本的大学教科书
(适合初学者 ★ ☆ ☆)

　　这些英文版的教科书及译本的内容十分全面，因此往往会比较厚重（有些甚至达到了 1000 多页），价格也非常昂贵。相比之下，日本的大学教科书价格低廉，页数也适中，涵盖了某一学科领域的入门知识和概要性内容，还会介绍一些用来拓展阅读的专业文献，对自学者来说非常便利。

　　在这里，我想向大家介绍一些日本国内的系列教科书。

○《温和学院派》系列（Minerva 书房）

　　这一系列的教科书比较偏向入门书，每一项内容都会用两页左右的篇幅来介绍。书的尺寸都是 B5，高效利用了纸张，在正文边上的空白处加了丰富的注释。每一本的主题都与大学的科目相对应，可以作为教科书使用。

○《有斐阁ARMA》系列（有斐阁）

　　该系列教科书按难度分为了红色（Interest）、绿色（Basic）、黄色（Specialized）和高级（Advanced）四种，从入门书到专业课程的教科书一应俱全。其中红色的难度最低，相当于大学的选修课。绿色要比红色的难度稍高一些，对应基础课程，黄色对应专业课程，高级则是专门为那些想要继续深入学习的人准备的。

○《写给学习者》系列（世界思想社）

该系列教科书的第一本发行于 1967 年，至今已有 50 多年的历史，覆盖了近 300 个学科领域，其中也包括一些其他系列教科书中没有涉及的小众学科和分支学科。各教科书中都附有文献介绍、研究史概述和年表。

日本有一种历史悠久的"红皮书"，主要收录各个大学入学考试的往年真题。其出版方教学社与《写给学习者》系列的出版方世界思想社是在同一集团的名下，因此，世界思想社之所以能够出版这么多的学术书籍，很大程度上都是在依靠"红皮书"系列所取得的收益。

讲座书　第四类参考工具书
（适合中级者★★☆）

在大学，一门课程通常会持续一学期，而一学期内大概能上 15 次课。为了能够在规定的课时内讲完，并防止定价过高，大学教科书的页数大多都保持在 200—300 页。

在日本，由于教科书的篇幅有限，出版社就推出了一种新的出版物类型，俗称"讲座书"，用来收录各个学科领域中的共有知识。这些讲座书的系列名中通常都会带有"讲座"一词，比如"××讲座"或是"讲座××"。

不同出版社所出版的讲座书会有一些区别，内容主要都是对当前某一领域的研究成果。

从读者的角度来看，讲座书通常具有以下特征。首先，讲座书会告诉我们某一学科领域面临着哪些问题，目前已经搞清楚了哪些内容，还有哪些尚未解决的课题。其次，由于讲座书没有篇幅限制，因此该学科领域的研究者们在编撰时，能够尽可能地将这门学科中的所有内容和相关信息全部都收入其中。

如果说百科全书、文献目录和教科书分别是第一、第二、第三类参考工具书，那么"讲座书"就是我们能够用到的第四类参考工具书。比起那些只有一册的入门书和概要书，讲座书的内容更为丰富，解说也更加详细，还附有文献介绍或是参考文献列表，为想要深入学习的读者指明了前进的道路。

不仅如此，日本的大多数图书馆都收藏有许多各种不同学科领域的讲座书。这些讲座书通常被摆放在普通图书区，可以借阅，比百科全书这种只能在图书馆内使用的书要方便许多。

如果您是初次接触一门学科，可以先查一查该学科有没有对应的讲座书，从讲座书入手。

讲座书清单

0 综合类图书

007	Algorithm Science Series（算法科学系列）（共立出版，2006）
010	讲座图书馆情报学（Minerva 书房，2013—）

1 哲学

108	岩波讲座哲学（岩波书店，2008）
121.08	岩波讲座日本的思想（岩波书店，2013—2014）
130.2	哲学的历史（中央公论新社，2007—2008）
140.8	朝仓心理学讲座（朝仓书店，2005—2008）
160.8	岩波讲座宗教（岩波书店，2003）

2 历史

209	世界历史大系（山川出版社，1990—2007）
210.1	日本史讲座（东京大学出版会，2004）
220.6	岩波讲座东亚近现代通史（岩波书店，2010—2011）
290.8	朝仓世界地理讲座：大地与人类的物语（朝仓书店，2006—）

3 社会科学

311	现代政治学丛书（东京大学出版会，1988—2012）
311.08	岩波讲座政治哲学（岩波书店，2014）
323.01	岩波讲座宪法（岩波书店，2007）
371.45	儿童学讲座（一艺社，2009—2010）
380.8	讲座日本的民俗学（雄山阁出版，1996）
389	岩波讲座文化人类学（岩波书店，1996）

4 自然科学

410.8	讲座数学的思维方式（朝仓书店，2001—）
420.8	岩波讲座物理的世界（岩波书店，2001—）
430.8	岩波讲座现代化学入门（岩波书店，2000）

440	系列现代天文学（日本评论社，2007）
467.5	系列进化学（岩波书店，2004）
490.8	岩波讲座现代医学基础（岩波书店，1998）
493.7	临床精神医学讲座（中山书店，1997—2001）

5 工学

508	岩波讲座现代工学基础（岩波书店，2000）
520.8	系列都市·建筑·历史（东京大学出版会，2005）
548.3	岩波讲座机器人学（岩波书店，2004）
589.2	文化时装大系（文化服装学院学院教科书部，1998）
596	烹饪科学讲座（朝仓书店，1993）

6 产业

611.4	讲座当今的食品·农产品市场（筑波书房，2000）
674	企业宣传讲座（日本经济新闻社，1993）

7 艺术

702	讲座日本美术史（东京大学出版会，2005）
772	讲座日本的戏剧（勉诚社，1992—1998）

8 语言

801	讲座认知语言学的边界
808	岩波讲座语言的科学（岩波书店，1997）
810	日语语言学讲座（清文堂出版，2010—2015）
818	系列方言学（岩波书店，2006）
840	讲座德语语言学（Hituzi 书房，2013—）

9 文学

908	岩波讲座文学（岩波书店，2002）
910	岩波讲座日本文学史（岩波书店，1995）

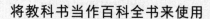

教科书的使用方法

将教科书当作百科全书来使用

　　教科书的最后通常都会附有索引，还有许多教科书会将专业术语整理到一起，并附上简短的说明。当我们拿到一本教科书时，应该先打开目录，看教科书的结尾有没有索引（Index）和术语表（Glossary）。有了索引和术语表，我们就可以像查阅百科全书那样来"查阅"教科书了。

将教科书当作入门书来使用

　　大学级别的教科书通常都比较厚，比一般的入门书和概要书更加权威，内容也更加详细，这就导致读者读起来会更累，也更费时间。

　　但与此同时，篇幅较长也有一定的好处，那就是可以加入许多前提性的知识以及图片来加深理解。为了让初学者们能够独立学习，这些教科书中的解说往往也十分详尽。因此比起一些质量不够好的普通书籍来说，教科书更适合作为入门书来使用。

　　不仅如此，这些大部头的教科书还会在排版和栏目设置上为自学者带来许多便利。例如，许多教科书会在各个章节的开头和结尾对这一章节所学习的内容、新的术语和概念等进行总结，还有的教科书会在各个章节的末尾设置一些复习题。利用好这一点，我们就可以在短时间内了解这本教科书的大致内容。

将教科书当作文献目录来使用

一本教科书往往是建立在成百上千个学术研究的基础上。教科书在编写过程中引用和参考的研究论文以及专业书籍都会被注明在页尾的注释以及书后的参考文献列表中。这些注释和参考文献列表是十分宝贵的学习资源，自学者从中就能够找到自己下一步应该阅读的资料。

正如我在前文中所说的，当某个研究成果被载入了教科书，就意味着该研究成果已经成为其所在的学科领域的共有知识。换句话说，教科书所参考的论文和专业书籍都是该学科领域的学习者必须了解的基本文献。教科书在注明这些文献名称的同时，还会告诉我们这些文献具有哪些价值和意义，以及在阅读这些文献前应该掌握哪些基础知识和相关信息。

教科书就像是一扇大门，能够引领我们去学习其所在学科领域的共有知识。拥有了教科书，就相当于拥有了一本附带文献简介和评价的文献目录，即使是初学者也能够安心使用。

现如今，人们已经可以在 MOOC 等网络学习平台上观看各种类型的课程视频，但即便如此，寻找和阅读书籍依然是自学者的必经之路。这是由于在自学的过程中，我们不能光去使用别人为我们挑选好的教材，沿着别人为我们铺设好的道路行走，而是必须开辟出一条属于自己的学习之路。

前文中所介绍的各种参考工具书能够帮助我们打开通向无穷知识的入口。查阅了百科全书，阅读了教科书后，如果您心中的疑惑依然没有得到解答，求知欲依然未能被满足的话，就只能自己去找其他的文献来读了。

让我们先来想一想如何才能找到自己想要的书籍。一般来说，寻找书籍主要有三种途径："利用关键词来检索""按照学科领域来查找""寻求偶然的相遇"。

利用关键词来检索

·从网上购买

寻找书籍最简单的方法，就是将自己感兴趣（想要深入了解或是感到疑惑）的内容转换为关键词，然后直接在购物平台

寻找书籍的方法

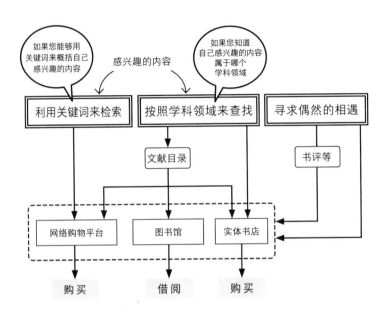

上搜索。无论您是在家里，还是带着手机外出，都可以随时随地搜索和购买书籍。

在这些购物平台上，只要我们输入关键词搜索，就会出现各种标题或内容与该关键词相匹配的书籍，除了书名和封面图以外，还有销量等信息可供参考。

如果我们点进其中一本书的页面，还能够看到内容简介、读者评价，以及买了这本书的人同时还会购买的其他书籍（与该书相关的书籍）。想要购买的话，可以直接从该页面购买（若满足一定的条件，甚至可以当日或次日送达）。

方法26

· 利用图书馆的资料检索系统（OPAC）

如果我们能够将自己感兴趣（想要深入了解或是感到疑惑）的内容转换为关键词，那么也可以利用图书馆的资料检索系统（OPAC[1]）来寻找自己想看的书。

当我们输入关键词进行检索后，就会出现许多书名或主题词与该关键词相匹配的书籍。在检索结果的页面中，我们不仅会看到书名、作者名等相关信息，还有分类号和作者名等组合而成的"索书号"。其中，分类号是一种非常关键的信息。有了分类号，我们就能够知道自己感兴趣的内容具体属于哪一个知识类别。

大多数图书馆都会提供公开的网络检索服务，因此无论我们是在自己家里，还是出门在外，都可以对图书馆内的藏书进行检索。通过检索，我们不仅能够知道图书馆中收藏了哪些书籍，这些书是开架还是闭架，借阅状态如何，还能直接从网上预约借阅。在前往图书馆前，事先利用 OPAC 查好相关的信息，可以提升效率，节省时间。

如果我们在自己常去的图书馆中找到了想借的书（且这本书处于可以借阅的状态），那么我们直接去图书馆借阅即可。

即使该图书馆里没有收藏我们想看的书，也可以使用馆际互借服务，从周围的其他图书馆调取过来。

---

[1]　全称为 Online Public Access Catalog，一般指网络上公开的藏书目录。大部分图书馆都会将藏书目录公开到网络上，因此我们可以通过网络来检索世界各国图书馆的藏书。

按照学科领域来查找

· 去实体书店或是图书馆寻找想要的书

如果我们对自己感兴趣（想要深入了解或是感到疑惑）的内容已经有了一定的了解，或者是通过事先调查知道了这些内容具体属于哪一个学科领域，那么查找资料时可以选择的方式也就多了不少。

掌握了其所属的学科领域，我们就可以直接去大型书店和图书馆中对应的书架，以及专业性比较强的二手书店中寻找自己想要的书。

在英语中，人们将这种直接站在书架前扫视书脊的行为称为浏览（browsing）。

这种传统（说得不好听一点叫作原始）的方法不容小觑。与一座比自己还高的书架相对峙，将书架上密密麻麻的、同属一个学科领域的书籍尽收眼中。即使是在今天，这样的知识体验依然有它的独到之处。

在浏览的过程中，我们能够发现一些用我们所想到的关键词搜索不到的书籍，并从中获得新的想法，发现一个崭新的世界。

这些被摆放在同一座书架上的书，在英语中被称作书堆（books tack 或 stack）。

当我们对某一事物或是主题感兴趣，想要知道人类都掌握了哪些相关知识时，我们不应该将目光局限在某一本书

方法26

（a book）上，而是要将关注的范围扩大到一个甚至几个 book stack（s）上。

在这些书籍的注视（或是俯视）之下，我们选中其中的一本，从书架上抽出来、翻开，然后再次浏览整个书架，抽出另一本书，这样不断循环往复。

任何一项知识都无法独立存在，必定会与其他的知识相互关联，同样地，任何一本书的背后，也都会与许多其他的书有着千丝万缕的联系。当我们面对着整整一书架的书时，就能够真切地体会到这一点。

·从文献目录中寻找自己想要的书

站在书架前直接寻找书籍虽然不失为一种好方法，但也有它的局限性。与某一主题相关的书往往恒河沙数，而摆放在书架上的只是其中的一小部分。书海浩瀚，而人类的求知欲也仿佛没有尽头。

有许多人会想要收集与某一主题相关的所有文献，而他们的劳动成果最终会以文献目录的形式呈现出来。

如果我们感兴趣的学科或是主题已经有了对应的文献目录，那真是无比幸运。

无论是范围多么狭窄的主题，其对应的文献目录都不可能做到毫无遗漏。但尽管如此，绝大多数的文献目录都已经远远超出了我们的检索能力、知识和想象力。无论我们将一个领域调查得多么彻底，只要拿到对应的文献目录一看，就会发现自己竟然连山脚都还没有走到，想要攀爬的高峰依然还矗立在远方。

文献目录不仅能够告诉我们一个学科领域都有哪些相关的文献、这些文献的名称是什么、作者是谁，有时还会对这些文献的内容进行概括，并作出评价。掌握了这些信息后，我们就可以通过网络、图书馆和书店等诸多途径去寻找自己想要的书了。

寻求偶然的相遇

最后，除了从自己感兴趣的内容出发来寻找书籍以外，我还想介绍一下其他与书籍相遇的方式。

事实上，在大多数情况下，人们与书籍的相遇都是全凭偶然。

很多时候，我们都是在听到别人提起，或是读了某篇书评后，才能够得知某一本书的存在。

还有的时候，我们在书店或图书馆无意间瞟到一本书，就顺手将其从书架上取了下来。

正是因为有了这些外界的刺激和偶然，我们才能够不被自己有限的知识所束缚，遇到自己感兴趣的范围以外的书籍。

其中，我比较想向大家推荐的一种方式，就是在图书馆的还书区与书籍偶遇。除了那些已经被其他人预约了的畅销书

方法26

以外，不久前刚刚被别人借阅过的书，都会被摆放在这里。因此，还书区中的书相当于是所有来馆者给出的"特别推荐"，也是整所图书馆的生动缩影。

询问图书馆参考咨询服务台的工作人员

除了上述的这些方式以外，还有一种方式几乎囊括了所有的搜索途径，那就是直接去询问图书馆参考咨询服务台的工作人员。这种方式可以说是寻找书籍的必杀技。

参考咨询服务台的工作人员都是查找资料的专家，他们不仅能够熟练应用前文中提到的各类方法和检索工具，还会动用头脑中的各种知识和方法，根据我们感兴趣的内容来帮我们查找相应的资料[1]。

事实上在日本，许多人都不了解，也不会有效地利用图书馆的参考咨询服务台。

但是对于那些没有老师，也没有前辈领路的自学者来说，参考咨询服务台是一个非常难得的助力，也是不可或缺的帮手。

例如，当我们找到了一本书，而这本书的内容却有些过于晦涩难懂时，我们就可以将这本书拿到参考咨询服务台去，向那里的工作人员说明具体的情况，包括我们的调查进行到

---

[1] 关于参考咨询馆员如何帮助来馆者解决问题，可以参考大串夏身：《参考咨询与图书馆 一名图书管理员的日记》，皓星社，2019。这本书中讲述了一名图书管理员在面对来馆者提出的问题时如何去动用自己的头脑，对我们自学者来说也是不错的参考。

了哪一步，现在遇到了哪些问题等。这个说明的过程本身就有助于提升我们的调查能力。在此基础上，借助参考咨询馆员（reference librarian）的力量来进行探索的经历也会使我们的学习能力更上一个台阶。

书的特质

伴随着互联网的普及，人们调查研究和阅读的环境发生了巨大的改变，但书依然处于人类所有知识活动的中心（尽管象征性的意义比较强）。

一直以来，书都不是知识的最前线。新的知识从诞生到被写入书中，需要经过漫长的时间。因此，书的优势并不在于内容的更新速度，而是在于信息的稳固累积。

人类的知识总是处于不断更新的状态，然而书一旦出版，那么无论时间过了多久，其内容都不会再发生变化。**即使是在像今天这样瞬息万变的世界中，书的内容也依然是稳固不变的。**

正是由于书具有这样的特质，无论人与人在时间或是空间上相隔多远，都能够拿起同一本书来品读。

处于不同时代、不同地点的人可能会用不同的方式阅读同一本书，当我正在读一本书时，可能也会有其他的陌生人正在（或是曾经）与我读同一本书。这种像大气圈一样笼罩在我们的周围，能够超越时间与空间将人与人联系在一起的公共性，

方法26

我们称为"读书圈"（Reading sphere）。

黑格尔将"读报纸"看作近代人的"晨间礼拜"。有了报纸，同一个国家的人就能够在几乎相同的时间段内阅读几乎相同的信息。以本尼迪克特·安德森为首的诸多学者认为，这种带有自觉性的行为与国民意识的形成有关，使一个国家的国民能够被看作单一的共同体。以前，大家在见面聊天时都会默认对方已经读过了当天报纸上刊登的大新闻，没有读过的人甚至会感到羞耻，找借口说"今天起晚了所以没时间读报纸"。

相比之下，读书的人就不会产生如此紧密的同步关系。报纸上刊登的新闻全都大同小异，但书中的信息却各不相同，除了一些极受欢迎的畅销书以外，大多数拥有同一本书的人连彼此的面都没有见到过。

"总有人在远方和我读同一本书"。在大多数情况下，我们无法亲眼见到他们，但只要我们的手中拿到了一本书，就说明远方一定也有人在阅读同一本书。

书无法让我们抢在他人的前面得到知识，但却能够让我们与他人共享同样的知识。这就是书这种知识载体所具备的特质。

书会让不变的事物在原地等待

即使是面对同一本书，不同的人也会有不同的解读方式。

正是因为来自不同时代的人也可以阅读同一本书，这些不同的解读方式有了更多的可能性，并且能够随着时间的流逝积累下来。

当人们对一本书有了各种不同的解读方式，并且这些解读方式的积累又进一步催生出了新的书籍，我们就可以满怀敬意地称这本书为"经典作品"。

如果一本书只是单纯流传的时间比较久，或者是内容很优秀，那还称不上是经典作品。

这就又牵扯出一个新的角度。

人文类学科的任务就是将人们忘记了的事物（或是想要忘记的事物）存储下来，等到了需要的时候再进行读取，还原出一个与现实不同的世界。而书籍等文字资料不仅是人文类学科的对象与素材，还是其永恒的盟友。

因此，人文类学科的各种研究成果也大多是以书籍的形式出版。

如果一个人所在的专业领域变化比较快，必须时刻获取最新的信息，那么这个人自然而然地就会离书籍越来越远。甚至有很多时候，连论文出版前的同行审查都显得有些过于漫长，因此他们会选择通过论文以外的其他的途径来获取信息。

一个人越是想要走在时代的最前沿，就越会觉得书籍毫无用处。

方法26

然而事实上，对人类来说，"过去"并非毫无用处，而是支撑着"现在"的重要基础。当我们迷失在浮躁之中失去了根基，或者是看不清自己前进的方向时，那些落后于时代、永恒不变的书籍就能够助我们一臂之力，让我们重回当下，扎实地踩在地面上。

即使人类社会中的一部分在追逐未来，剩下的部分也仍然会保持原状。而书籍就能够让这些不变的事物停留在原地，等待我们将其重新拾起来。

雷·布拉德伯里笔下的"书的意义"

雷·布拉德伯里曾经写下过一个关于书的最美的故事[1]，随后又在另一部短篇小说中借人物之口给"爱"下了这样一段定义。

我在前文中提到的人文类学科的任务——"将人们忘记了的事物（或是想要忘记的事物）存储下来，等到了需要的时候再进行读取，还原出一个与现实不同的世界"——也是从这段话中获得的灵感。我觉得这本书的作者也是想通过这段话，来告诉我们书存在的意义，以及书对我们来说有怎样的价值。

在这个世界上，有许多我们已经忘记，或是即将忘记的事物。有时，为了能够在这个残酷的世界中生存下去，我们也不

---

[1] 雷·布拉德伯里:《华氏451度（新译版）》，伊藤典夫译，早川文库，2014。知道了布拉德伯里也是一名在图书馆中提升自我的自学者后，再去读这个故事，就会更加别有一番风味了。对于那些自以为可以操控世界的愚蠢之人来说，第一个想要彻底消灭的眼中钉应该就是书籍。许多人都曾经构想过一个严令禁止读书的反乌托邦。但是，很少会有人去进一步思考如何让书籍在这样的世界中幸存下来。

得不舍弃一些东西。一本书只要写成，就不会再发生变化。因此，书能够帮助我们将这些碎片拾起来，永久地保存下去。

当我们需要重新找回这些过去时，当我们被自己坚信的事物背叛时，当我们从甜美的梦境中幡然醒悟时，当我们想要向曾经放弃过的可能性重新发起挑战时，书就会将它所收藏的这些碎片重新交到我们的手上。

"大家的一言一行，我都会像宝物一样珍藏起来。有些事情，你们一家人或许已然忘记，但它们却依然留存在你们心中的某个角落，组成了我。

"我可以帮助大家回想起那些已经遗忘了的事情。爱，究竟是什么？这个问题可能再过千年万年也不会有定论。或许有一天我们会突然醒悟，原来爱就是他人身上的一种力量，这种力量能够让我们重新找回曾经的那个自己。他们一直注视着我们，将我们所做的一切都铭刻在了记忆里。当我们迫切地想要找回过去那个更好的自己，但却无法鼓起勇气时，他们就会助我们一臂之力。也许有一天我们会突然意识到，这些人才是我们在寻找的'爱'……"

方法26

方法 27 | 查找期刊论文

　　随着自学的不断深入，我们将逐渐成长为一名经验丰富的自学者。但与此同时，我们心中的疑惑和好奇心也会随之扩张。当书籍已经无法满足我们的求知欲时，阅读论文的时刻就终于到来了。

　　论文中的知识要比书籍更加详细，涉及的范围也更广。这是因为发现新知识的人会将这些知识直接通过论文输送给读者。那些还没有被写进书中的新知识，以及受众太少、无法以书籍形式出版的生僻知识，都只能通过阅读论文来了解。

　　寻找和获取论文的方法也有许多种。在本节中，我将向大家介绍几种寻找论文的途径，以及一些在过程中会用到的检索工具。

利用关键词来检索

　　与书籍一样，寻找论文最为简单快捷的方法，也是将自己感兴趣（想要深入了解或是感到疑惑）的内容转换为关键词后在各种数据库中检索。数据库会直接将所有符合条件的期刊文章及论文列出来。许多学术论文甚至可以直接从数据库中下载。有了互联网，无论我们是坐在家里还是携带手机外出，都可以随时随地下载和阅读自己感兴趣的论文。

如何查找期刊论文

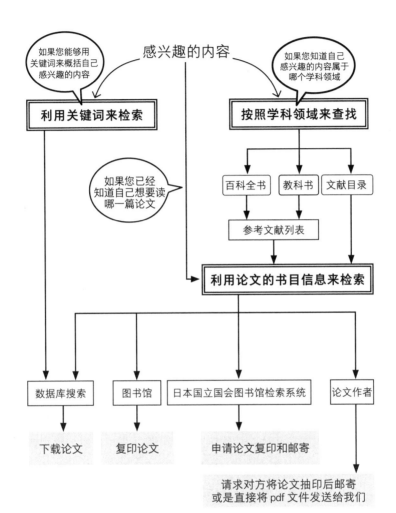

感兴趣的内容

如果您能够用关键词来概括自己感兴趣的内容

如果您知道自己感兴趣的内容属于哪个学科领域

利用关键词来检索

按照学科领域来查找

如果您已经知道自己想要读哪一篇论文

百科全书　教科书　文献目录

参考文献列表

利用论文的书目信息来检索

数据库搜索　图书馆　日本国立国会图书馆检索系统　论文作者

下载论文　复印论文　申请论文复印和邮寄

请求对方将论文抽印后邮寄
或是直接将 pdf 文件发送给我们

方法27

按照学科领域来查找

利用数据库来检索论文的确十分简单快捷，但如果我们对其所在的学科领域不太了解的话，就很难靠自己来找到合适的检索关键词。不仅如此，如果我们没有事先掌握一定的知识，那么就算检索到了论文，我们也很难判断这些论文是否是自己想要的。

在这种情况下，我们不妨采用迂回战术，先利用专业性百科全书（方法23"百科全书"）和教科书（方法25"教科书"）来大致了解一下该学科领域的知识，然后再去检索论文，效率就会高上许多。

这样做还有一点好处就是，专业性百科全书和教科书通常都会列出各项知识所对应的代表性文献。与其迷失在数据库的海量文献中，不如先从这些文献入手，通过引证关系来顺藤摸瓜收集更多的相关文献（方法21"寻找相关文献"），这样一定会为我们的大脑减轻不小的负担。

论文的书目信息包括作者名、发表年份、论文题目、刊名、卷号、页码等，可以用来查找特定的论文。学术书籍和论文的参考文献栏中也会注明这些信息。有了书目信息，我们就能够检索到，或是在图书馆收藏的期刊中找到特定的论文。

用来收集某一特定学科领域书目信息的出版物也会被称为文献目录（方法24"文献目录"）。并不是每一个专业或学科领域都有相应的文献目录，但是只要找到了文献目录，我们查找论文的质量和速度就一定会显著提升。

自学时可以使用的论文检索工具

名称	URL	简介	是否需要付费
Goole Scholar（谷歌学术）	https://scholar.google.co.jp/	谷歌提供的免费检索服务，不仅可以检索论文、学术期刊及各类出版物，还可以用来查询文献引证关系。有些文献可以直接点击链接下载，还有一些文献可以通过点击链接跳转到相关机构或企业的网站上阅读其摘要	免费
日本国立国会图书馆检索系统	https://iss.ndl.go.jp/	其检索范围除了日本国立国会图书馆期刊文章索引、CiNii Articles、J-STAGE 等日本在线期刊文章数据库以外，还包括日本国立国会图书馆 Digital Collections 的资料目录以及 Research Navi 中的部分主题数据库	免费
DBLP	https://dblp.uni-trier.de/	计算机科学相关的文献目录网站。可以检索与计算机科学相关的主要刊物文章及官方会议资料等	免费
Pub Med	https://bibgraph.hpcr.jp/	其主要数据库来源为 MEDLINE，可以用来检索与生命科学及生物医学相关的参考文献及摘要，由美国国立卫生研究院下属美国国立医学图书馆运营	免费检索部分文献可免费阅读全文
MathSciNet	https://mathscinet.ams.org/mathscinet/	由美国数学学会（AMS）提供的文献目录及评论数据库，囊括了数学领域的各国文献和论文	付费
zbMATH	https://zbmath.org/	由欧洲数学学会（EMS）等机构提供的数据库，可以用来搜索数学领域的文献和论文	只有检索结果中的前三篇可以免费阅读
ADS（天体物理数据系统）	https://ui.adsabs.harvard.edu/	由 NASA 开发的天体物理学相关论文数据库	付费
大宅壮一文库期刊文章索引检索	https://www.oya-bunko.com/	可以用来检索大宅壮一——文库收藏的各类周刊杂志、综合类月刊杂志、女性杂志、经济类杂志和其他专业类杂志上刊载的文章。共收录了 1988 年以来被刊载在杂志上的约 320 万篇文章。有任意词检索、人名检索、主题检索等多种检索方式	付费
期刊文章索引集成数据库（Zassaku Plus）	https://zassaku-plus.com/	可以用来搜索日本发行的各类全国杂志、地方杂志上的文章。目前已收录了自明治初期起到现代超过 1000 万篇文章	付费
Web of Science	https://login.webofknowledge.com/	可以用来检索科学技术领域（1900 年～）、社会科学领域（1900 年～）和人文科学领域（1975 年～）中各主要学术期刊上文章的书目信息和参考文献，以及 1990 年以后世界各国的重要会议、专题座谈会、研讨会的会议记录。还可以用来查询文献间的引证关系	付费
JSTOR	https://www.jstor.org/	1995 年创立的数字图书馆。收藏并公开提供各类电子书、最新及过期的学术期刊等，并提供近 2000 种学术期刊的全文检索服务	付费
ScienceDirect	https://www.sciencedirect.com/	Elsevier Science 公司提供的科学论文数据库（电子期刊）	付费
ProQuest Central	https://www.proquest.com/APAC-JP/	人文科学、社会科学、自然科学等领域的综合性数据库。可以用来查询文献的摘要、索引等信息	付费

方法27

利用论文的书目信息来检索

·在数据库中检索

如果在前期的调查中掌握了论文的题目和作者名等信息，那么最简单快捷的方法就是直接去各类论文数据库中检索。在大多数情况下，我们能够从数据库中直接获取完整的书目信息，甚至是下载到整篇论文。

·去图书馆查找

想要在图书馆中查找某篇论文，我们需要先知道其所在的期刊名及卷号，然后在图书馆的资料检索系统（OPAC）中搜索，看我们所在的图书馆中是否收藏了该期刊[1]。

这里需要注意的一点是，在大多数情况下，图书馆的资料检索系统（OPAC）无法直接搜索到具体的论文[2]。因此，想要在图书馆中查找论文，必须先掌握论文的书目信息，或是先在图书馆中能够使用的论文数据库中搜索。

如果图书馆中收藏了相应的期刊，那么我们可以利用文献复制服务，将论文复印下来后带走。

如果不巧该图书馆中没有收藏相应的期刊，我们也可以去参考咨询服务台求助，工作人员会帮我们查找附近图书馆的

---

[1] 图书馆收藏的期刊经常会出现中途停止订阅，或是因某些原因缺失了某一期的现象，有时我们想找的文章刚好就在缺失的那一期里。

[2] 包括东京都立图书馆在内的部分图书馆会将论文集的目录以及内容简介等也录入馆藏目录中，可以直接利用 OPAC 来检索。

馆藏，并办理馆际借阅的手续。

·利用日本国立国会图书馆的检索系统来查找

如果附近的图书馆都没有收藏我们想找的期刊，那该怎么办才好呢？

在日本，国立国会图书馆就是我们最后的手段。由于国会图书馆会提供论文及期刊文章的复制和寄送服务，因此即使是住在很远的地方也没关系。只要在国会图书馆的网站上检索论文，然后填写文献复制寄送服务的申请表，就可以足不出户地获取自己想要的论文。

除了日语的书籍和期刊以外，这里还收藏了许多海外发行的期刊以及国外大学的博士论文。这些博士论文主要是通过购买、赠予以及国际交换等方式收集而来的。很多在其他网站和数据库中检索不到的比较早的文献也能够在国立国会图书馆的检索系统中找到，大家在放弃之前不妨尝试一下。

·直接与论文的作者取得联系

方法27

如果我们尝试了各种方式，在各种数据库和国立国会图书馆的检索系统中都找不到自己想要的文章，那又该怎么办才好呢？

如果我们想要找的是学术论文的话，那么还有最后一种方式可以选择，那就是直接与论文的作者取得联系，请求对方将论文的 pdf 文件发送给我们。大多数研究者都会将自己的邮箱等联系方式公开在网络上。利用 Research Gate[1]这样的网络平台也能够与论文的作者取得联系，请求对方将论文发送给我们。

这些论文的作者可能是世界上对这一学科领域最为熟知的人，也可能是奋斗在学术研究第一线的人。想到这里，大家也许会害怕自己的冒昧会给对方带来困扰。但是只要我们在联络的邮件中详细地向对方说明自己是如何对这一方向产生了兴趣，又是如何从数不胜数的学术论文中寻找到了这篇文章，那么一定会有很多研究者会回应我们的这份努力和热忱（前提是在著作权方面不会产生问题[2]）。发表研究成果并不是学术研究的终点，只有那些对他人的学习和研究产生了推动作用的研究，才能称得上是一项完整的研究。

论文是从知识产地寄来的特快专递

论文是尚未经过稀释的知识原液，也是知识的生产者直接从产地寄给我们的特快专递。在以前，论文只能通过一些特殊的途径获得，比如只有大学等研究机关的内部人员，才能够在

---

[1] Research Gate 是一个面向科学家和研究者的网络社交平台，大家可以在该平台上分享原创论文，相互提问和回答，还可以征集研究合作者。研究者可以自行将论文公开在平台上，也可以在收到其他研究者的请求后公开论文。

[2] 有时出版社会与论文作者签订合约，要求作者不得擅自公开在期刊上刊载论文。

书目信息格式范例

① 日文图书……作者名『书名』出版社名、出版年份

［例］户田山和久『逻辑学的形成』（名古屋大学出版会，2000）

② 日文图书收录论文……作者名「论文题目」，『书名』出版社名，出版年份，页码

［例］野口贵公美「美国公文书的管理与保存制度」（高桥滋·综合研究开发机构编『政策提议——关于公文书管理相关法律条文的完善』商事法务，2007），pp.128—142.

③ 日文期刊收录论文……作者名「论文题目」，『期刊名』卷号，出版年份，页码

［例］大久保利谦「总理府内国立公文书馆设立计划的由来与现况」『史学杂志』73（4），1964，pp.82—93.

［例］大久保利谦（1964）「总理府内国立公文书馆设立计划的由来与现况」『史学杂志』73（4），pp.82—93.

④ 英文图书……作者名，作者名首字母缩写.（出版年份）.书名.出版地点：出版社名.

［例］Wiegand, W. A. (2017). *Part of our lives: A people's history of the American public library*. New York : Oxford University Press.

［例］Wiegand, Wayne A. *Part of Our Lives: A People's History of the American Public Library*., 2017. New York : Oxford University Press.

⑤ 英文期刊收录论文……作者名，（中间名＋）作者名首字母缩写.（出版年份）.论文题目.期刊名，卷号，页码.

［例］Sheldrick, G. M. (2008). A short history of SHELX. Acta Crystallographica Section A: Foundations of Crystallography, 64(1), 112—122.

［例］Sheldrick, George M. "A short history of SHELX." Acta Crystallographica Section A: Foundations of Crystallography 64.1 (2008): 112—122.

专门的图书馆书库中找到相应的学术刊物，复印自己想要的文章。现如今，在互联网普及后，就有了诸多途径能够将知识的生产者与我们连接起来。

　　有了论文，我们才能站在人类知识向外扩张的最前线上，从知识的生产者那里直接获得最新的见解。

方法27

期刊处于书籍的"上游"

论文一般发表在学术期刊上，但能够为自学者提供帮助的期刊并不止这一种。除了各个领域的专业刊物（文学类期刊、商业类期刊、科学类期刊、专业技术类期刊等）以外，政府机关发行的刊物、某一地区发行的刊物以及综合类刊物和周刊等都有可能会刊载我们想要的文章。

不知道大家在看书时有没有注意到，有些书籍会在最后标明书中的某些章节最初是发表在哪个期刊上。

从知识和信息流通的角度来看，几乎所有书籍的内容都是"二手的"。在现如今这样的出版机制下，许多书籍都是以期刊（包括学术期刊）等其他媒体上刊载过的内容为基础撰写而成。

因此，如果我们将知识和信息的流通比作河流，那么期刊就是处于书籍的"上游"。因此，期刊上的文章往往会具有下列几项优点。

优点①：期刊的内容比书籍更新

在大多数情况下，知识和信息会被先刊载在期刊上，然后再被写入书中。

一般来说，书籍的制作要比杂志更花时间。因此，从期刊到书籍之间的时间跨度还会被拉得更长一些。

大多数人在查找资料时，都是想要尽量得到最新的信息。

如果我们感兴趣的主题比较新颖，那么可能相关的书籍都还没有被撰写出来。但即便是在这种情况下，有时我们也能够在期刊上找到一些相关的文章。

优点②：期刊的内容比书籍更多样化

并不是所有被刊载在杂志上的内容最终都会以书籍的形式出版。从这一方面来说，这种筛选性相对于书籍可以说是一项优势。

比如说，从商业的角度来看能否获取利益，这也是决定一本书能否出版的重要因素。如果某一方向过于小众，读者群体的规模太小，那就很难会被制作成书籍出版。

我们想要调查研究的内容并不一定会与大众的兴趣相符。如果一项内容大家都很了解，那就没有什么调查研究的必要了，因此，调查的内容比较小众反而是常事。

这也是我们不能将调查研究的范围局限在书籍中，还应该去翻阅期刊的一个理由。

优点③：期刊的内容比书籍更详尽

方法27

专业期刊和学术期刊通常都只是面向专业人士，因此不会再用基础性的知识来占用篇幅。

这些刊物中的文章大多都会深入地去钻研某个特定的主题，学术论文就是一个非常典型的例子。

相反，那些包罗万象的书籍则大多都是将这些文章的概要总结到了一起。

如果我们从书籍中获取了大概的知识后，还想要继续深入了解的话，就必须要去阅读这些专业期刊和学术期刊了。

优点④：期刊上的文章比一本书的篇幅更短

上文中我已经总结了期刊的三大优点——更新、更多样化和更详尽。

除了这三点以外，期刊上的文章还有另一大特征，那就是比一本书的篇幅要短上许多。篇幅越短，我们阅读起来花的时间也就会越少。这就意味着，阅读一本书的时间可以用来阅读许多篇期刊文章。

从调查研究的角度来看，我们读的文章越多，接触到的信息源也就越多。

与此同时，这些信息源还比书籍更新、更多样化、更详尽。

延伸阅读

国史大辞典编辑委员会编

《国史大辞典》

（吉川弘文馆，1979—）

纸质版共有 15 卷，Japan knowledge 上收录的网络
版使用起来更加便利。

平凡社编

《改订新版 世界大百科事典》
（全 34 卷）

（平凡社，2007）

目前该书的最新版本是 2009 年改订的新版《世界
大百科事典》（平凡社，2009）。纸质版共有 34
卷，Japan knowledge 上收录的网络版使用起来更加
便利。

R. Keith Sawyer 编 / 森敏昭、秋田喜代美、大岛纯、
白水始监译 / 望月俊男、益川弘如编译

《学习科学手册（第二版）》
（全 3 卷）

（北大路书房，2016—2018）

本书尚无电子版，只能购买纸质版的三卷。

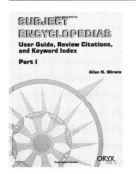

Allan N.Mirwis

Subject Encyclopedias: User Guide, Review Citations, and Keyword Index

（Oryx Press，1999）

片山喜八郎、太田映子共同编写

《以日语文献为对象的参考调查便览》

（书志研究会，2004）

CD-ROM 版的价格比较低廉，大家可以直接购买。

学习参考书协会编写

《学习参考书总目录 2019 年版》

（学习参考书协会，2019）

由各个出版社分别制作，学习参考书协会统一发行的一部教辅书目录。每年都会发行新的一版，可以按照用途和难度来检索各种最新的教辅书和练习册。

石畑良太郎、牧野富夫、伍贺一道编

《温和学院派·完全掌握系列 社会政策完全掌握［第 3 版］雇用与社会保障》

（Minerva 书房，2019）

玉野和志编

《写给学习者系列 写给都市社会学的学习者》

（世界思想社，2020）

角田政芳、辰巳直彦著

《有斐阁 ARMA 系列 知识产权法 第 9 版》

（有斐阁，2020）

雷·布拉德伯里

（Ray Douglas Bradbury, 1920—2012）

美国小说家，科幻抒情诗人，被称为是继爱伦·坡后的奇幻文学第一人。布拉德伯里从 11 岁就开始了创作，同时也在家乡的卡耐基图书馆大量阅读 H.G. 威尔斯、儒勒·凡尔纳和爱伦·坡的著作。虽然因经济大萧条而未能进入大学学习，但在高中毕业后的整整十年间，他每周都会去泡三天图书馆。《华氏 451 度》就是他在加利福尼亚大学洛杉矶分校鲍威尔图书馆的自习室中租赁打字机写成的。

雷·布拉德伯里著 / 伊藤典夫、宫胁孝雄、村上博基、吉田诚一译

《歌唱吧！那像触电一般的喜悦！新版》

（早川文库 SF，2015）

雷·布拉德伯里著 / 伊藤典夫译

《华氏 451 度（新译版）》

（早川文库 SF，2014）

知识的生命周期

在这一专栏中，我想以学术性知识为中心，向大家简单介绍一下知识诞生与流通的过程。

很多人都对"只有研究者才能够生产出新的知识"这一观点持反对态度。我之所以想以学术性知识为中心来讨论知识的生产和生命周期，是因为学术性知识流通和积累的机制比其他任何知识都要成熟。

在知识的生产与流通方面，学术研究占有绝对的优势。这是由于学术研究具有很强的集体性和持续性，而这两种特性又是建立在公开性的基础之上。

世界上有不计其数的研究者曾经或是正在从事学术研究，他们有的是屈指可数的天才，有的则是资质平平的普通人。现有的学术研究体系能够激励这些研究者，让他们去探寻那些尚无人知晓的新知识，并将这些知识公之于众。除此之外，还能为这些研究者提供一个平台，让他们相互切磋琢磨，不断提升自己的学术研究能力。

在学术研究的世界中，只有公开发表的研究成果才能被看作研究者的业绩。因此，这些研究成果不会像企业机密一样被藏匿起来，也不会像宗教的教旨一样被全盘接受。

　　研究者们在通过论文来发表自己的见解时，必须写清楚这种见解是如何产生的（研究方法），以及它和人们之前的见解相比有哪些新颖的地方（与先行研究相对比，总结出研究的意义）。

　　当我们将上述的这些内容与自己的见解一同公开后，别人就能够对我们的研究结果进行批判和验证。这个过程有时是面对面进行，有时还会跨越地区甚至时代。有了这个过程，知识的质量才有了保证。当一项知识成功通过了世界各国相同领域专业研究者们的批判和验证，被广泛地参考和引用，那么这项知识就会成为该领域的共有财产，成为新一代学术研究的基础和前提。

　　随着研究成果的不断累积，人类的知识就会不断增加，已知与未知的分界线——知识的最前线也会不断向外扩张。

　　只要我们理解了学术性知识的生产与流通过程，就能够做到以下几点。

· 知道最新的知识会被收录在哪些资料中，以及如何去找到它们。
· 知道比较简单概括的讲解会被收录在哪些资料中，以及如何去找到它们。
· 学会判断哪些信息的可信度比较高，哪些信息的可信度比较低。

　　总的来说，如果将学术性知识的流通比作河流，那么我们只要往上游的方向走，就能够获得比较新的知识。同理，如果我们走到了几条河流的交汇处，就能够找到对多种知识的概括和总结。

不同的学科领域会有一些差别，但大体来看，通过研究所产生的新知识——学术性知识会在被不断筛选的同时，按照下列的流程来流通。

学术研究→学会演讲 / 论文发表→文献综述→论文集→教科书 / 百科全书

从这个简单的流程图中，我们能够看出以下几点。

新的研究成果从被公开到被载入教科书和百科全书，需要经过很长的时间。因此我们在教科书和百科全书读到的研究都不是新的研究。但也正因如此，教科书和百科全书中的知识都是经过了精挑细选的。

如果想要尽快看到新的学术研究成果，那么可以去观摩学会演讲或是浏览预印本网站。研究者们通常会在论文正式发表前先在学会上进行公开。

在下文中，我将对流程的各个环节进行详细说明。

○学术研究→学会演讲 / 论文发表

学术研究的结果通常会在学会上公开，还会以论文的形式刊载在学术期刊上。

这些内容在公开前基本上都要经过审核，也就是说，并不是所有研究成果都能够被公开发表。

比如，很多学术期刊都会在接到论文投稿后先进行同行评审（peer review）。在这一过程中，同一学科领域的其他研究者会匿名对该论文进行审查，也就是审稿。审查结果有许多种，有的论文可以直接刊载，有的需要修改后刊载，有的需要修改后再次审查，还有的会直接被拒稿。

不同期刊审稿的通过率不同。越是许多人都会关注的知名期刊，接到的稿件数量就会越多，通过率也就越低。

学会演讲的审核通常要比学术期刊更宽松一些，所以拿到演讲资格要比发表论文简单一些。

因此，许多人都会先在学会上公开自己的研究成果，之后再进一步补充和完善，将论文投稿到学术期刊的出版社。

学会演讲的听众们都是该学会的成员。因此，先在学会上公开研究成果最大的好处就是，我们能够面对面地从同一学科领域的研究者那里获得批评和建议（有时可能会比较严苛）。从他们的指摘中看到了自己研究的缺点和不足之处后，我们就能够加以改善。

学会演讲的概要通常会被收录在预稿集中。由于学会演讲通常要早于论文发表，因此如果我们想要了解某一领域的最新研究，那么不妨去看一下学会演讲的预稿集。

　　由于审稿这一环节比较花时间，因此一篇论文从投稿到刊载往往需要经过很久。在学术界，所有人都在探求那些尚未被人知晓的知识，即使是同样的研究，也只有发表时间更早的人才能够受到赞赏。因此，论文从投稿到刊载的时间跨度是一个不可忽视的问题。为了解决这一问题，人们会将那些尚未通过审读的论文提前公开。预印本网站[1]就是专门用来将这些尚未通过审读的论文公开在互联网上。

　　在一些发展比较快的领域，长达一年以上的审读时间有些太过漫长，许多人会直接以预印本网站上公开的论文为基础，再撰写下一篇论文。这样一来，预印本网站已经成为学术信息交换的主场。这样的情况在计算机科学领域就比较常见。读者可以直接通过运行程序来验证论文的结果，不像其他领域那样需要通过同行评审来确保论文的品质。

---

[1]　一些有审读机制的学术期刊会将准备刊载的论文稿件提前公开在预印本网站上。从学术期刊接到投稿，到审读完成后出版，往往需要花费数月甚至一年以上的时间。因此，在互联网普及这一大的时代背景下，为了能够将投稿的论文提前公开，从而更高效地交换信息，以科学界为中心的各领域研究者开始广泛使用这种预印本网站。其中最早且最为知名的要数 arXiv（https://arxiv.org/）。

<小结>

※ 在学术期刊上发表论文，是公开学术研究成果的主
要途径，也是组成研究者业绩的主要部分。

※ 学术期刊上刊载的论文都经过了一定的审查，因此
相对来说可信度比较高。

※ 学会演讲的审查要比论文宽松一些，大多数的研究
者会先在学会上公开自己的研究成果，然后再进行
论文投稿。因此，通过学会来了解最新的研究成果
会比论文更快一些（但是可信度比论文更低）。

※ 预印本网站的出现是为了让人们能够更快地阅读到
那些已经投稿，但尚未刊载的论文。研究者可以随
时向期刊投稿，因此预印本网站是公开研究成果最
快的方式。对于那些想要查找学术研究成果的人来
说，在预印本网站上能够获取最新的信息。

○ 学会演讲／论文发表→文献综述→论文集

当一个学科领域还不够成熟，没有相应的教科书时，我们
想要了解它就必须去查找和阅读相关的论文。

然而论文的数量实在太过庞大，如果我们对该学科领域还
不是很熟悉的话，那么也很难判断这些论文中哪些比较重要。

查找资料的一大诀窍，就是先找一找有没有别人查找过相
关的资料。当我们在查找论文时，文献综述和论文集就相当于

是别人查找后的成果总结。

当一个新的研究方向有了多位研究者涉足，论文开始不断累积，那么首先会出现的就是文献综述。所谓文献综述，就是将某一学科或方向的研究进行总结的论文。

对于一个刚刚开始了解某研究方向的人来说，文献综述能够提供莫大的帮助。只要找到该方向的文献综述，就能够知道该方向目前都有了哪些研究、哪些论文和研究者值得关注、今后的发展方向（未知事项和比较有研究潜力的课题）是什么。

想要查找文献综述，可以在自己感兴趣的关键词后面加上"回顾""概况""进展""展望""研究课题""元分析""literature review""review article"等关键词，在数据库中进行搜索。

在 Web of Science[1]（收费）和 Pub Med[2]（免费）等网站中可以指定 Document Types（文章类别）。因此如果您是使用 Web of Science 来搜索的话可以选择"REVIEW"，使用 Pub Med 来搜索的话，可以选择"Customize…"中的"Review""Scientific Integrity Review"或是"Systematic Reviews"。

当越来越多的研究者开始涉足这一新的研究方向，使该方向成长为一个新的研究领域时，人们有时就会将一些主要的

---

[1] http://www.webofknowledge.com/wos.

[2] https://www.ncbi.nlm.nih.gov/pubmed/.

论文整理成论文集出版。

如果我们感兴趣的研究方向已经出版了论文集，那么一定找来看一看。论文集的开头部分，或者是各章节的开头部分经常会设有导言，用来介绍该研究方向的发展历程。再往后翻，就是导言中所介绍的那些主要的论文。

< 小结 >

※ 如果我们对一个学科领域还不太熟悉，那么可以先找一找论文集或是文献综述。

※ 文献综述中的研究要比论文集更新，范围也更窄。

※ 论文集的出版通常会比较晚，因此不适合用来查找最新的研究，而是比较适合用来查找该研究方向中影响力比较大的论文。

○ 论文集→教科书／专业性百科全书

当一个研究领域进一步发展成熟，大学中开设了相关的课程，或者是成立了专业学会，那么相应的教科书也会紧接着登场。到了这个阶段，该研究方向就已经发展成为一个学科领域。

教科书是一种重要的工具，它能够将一个学科领域的共有知识传承给下一代，培养新的人才。教科书能够将一个学科领域的基本知识以清晰易懂的方式介绍给初学者。该学科领域所有研究者都会对这些知识深谙于心。在此基础上，如果读者还想进一步了解相关的内容，那么还可以去找教科书中列出的文献来拓展阅读（方法 25 "教科书"）。

如果一个学科领域已经出版了相应的教科书，那么教科书就是我们了解该领域的首选途径。

各个学科领域都有再版了许多次的老牌教科书，新版本的教科书中会收录一些比较新的重要研究。

教科书的销售策略之一，就是对细节进行修订，吸引学生和大学图书馆再次购买（不然很多学生都会从学长学姐手里直接拿到二手的教科书）。然而事实上，这些新版中改动的部分并没有我们想象得那么多。教科书再版后，许多英语国家的大学图书馆都会将旧的版本大量下架，因此从国外的网上二手书店能够用比较低的价格买到。

专业性百科全书的编写要比教科书更费时费力，所以不会像教科书那样定期进行修订。因此，百科全书上信息的更新速度要落后于教科书。

另外，百科全书上的一个词条要比一本专业书短上许多，所以非常适合用来了解大概的内容。

还有一点比较方便的是，专业性百科全书上的各个词条后面都会给出参考文献，这些文献都是编者挑选出来的与该词条关联性最强的经典文献，非常值得一读。

< 小结 >

※ 专业性百科全书也是学术性知识的来源之一，位于
知识流通的最下游。因此其中的知识更新速度最
慢，内容也最为简略。但与此同时，在经过了时间的
筛选后，百科全书中给出的解释和参考文献通常也
都最为标准和经典。

※ 教科书的出版是一个学科领域确立的里程碑。有了
教科书的学科领域通常已经发展得比较成熟，通过
对比某一教科书的不同版本，就能够了解该学科领
域发展的历程。

第10章

整理收集到的资料

无知小子和老者的对话 10
成为速度最快的门外汉

无知小子：多亏了您的帮助，我的自学终于走上了正轨。接下来我一定要努力做到博学广识，让那些瞧不起我的人拜倒在我的脚下！

老　者：你是被别人瞧不起得太久了，所以报复心理才这么强吧，小心眼儿的家伙。说吧，今天又来找我有什么事？

无知小子：我这次是想来请教您，有没有哪一本书能让人读过后立刻就变得特别博学？

老　者：如果你所说的"博学"是指"掌握所有领域的知识"，那我可以告诉你，世界上根本就没有所谓"博学"的人，就算是有人真的做到了"博学"，也派不上任何实际的用场。

无知小子：这是为什么呢？

老　者：既然你的名字就叫作"无知小子"，想必你是觉得自己很无知吧。在你眼里，"博学"就是自己的反义词。成为一个"博学"的人，就是要掌握所有领域的知识。

无知小子：哇！您是怎么知道的！

老　者：只有那些在无知上栽过跟头的人，才能看清自己的无知。想要避免重蹈覆辙是人的自然反应，也是求知欲产生的契机之一。但此时，他们的学习动机是来自"讨厌无知的自己"这种消极的想法，因此他们在学习时一旦碰到其他自己不了解的事物，注意力就会立刻被吸引走。

无知小子：其实前几天我还试着去读了读百科全书，结果到"啊，用玉杯盛上鲜花"[1]那里就放弃了。

老　者：你是《红发会》[2]里面的人物吗？我们不了解的事物那可是无穷无尽，这样做只会一直原地打转，到头来什么都没学懂。等你哪一天终于醒悟过来，一定会痛恨自己白白浪费了大好的时光吧。保重。

无知小子：啊，您可不要诅咒我啊！那我究竟该怎么办才好呢？

老　者：想要提前将所有的知识都熟记于心，等需要的时候再拿出来用，这是百分百不可能的。但是在需要用到某项知识或是信息的时候，我们可以快速地去将

---

[1] 佐藤红绿创作的少年小说。日本旧制第一高等学校宿舍舍歌的创作灵感也是来源于此，是小学馆编写的《日本大百科全书》中第 12 个词条。

[2] 阿瑟·柯南道尔创作的"夏洛克·福尔摩斯系列"中的一个故事，是 56 篇短篇小说中的第 2 篇。小说中的一个角色每天上午十点到下午两点都会在办公室抄写四个小时的《大英百科全书》。

它们收集起来。

无知小子: 这具体应该怎么做呢?

老　　者: 只要能够上网,当我们在面对一个完全陌生的主题时,就可以用最快的速度来整理几十甚至上百部文献的内容。方法就是检索相关的百科全书、书籍和论文,制作三个表格。

无知小子: 什么样的表格?

老　　者: 这三个表格分别是**"目录矩阵表""引用矩阵表""要素矩阵表"**。三者没有固定的先后顺序,我们可以选择先从目录矩阵表开始做起。

无知小子: "目录矩阵表"是什么?

老　　者: 目录矩阵表,就是将我们找到的所有文献的目录都汇总起来制作成一张表格。现如今,就算我们找不到实体书,也能在网上搜索到书的目录,所以只要复制粘贴下来即可。Webcat Plus Minus[1]之类的网站上就能搜索到。

无知小子: 把目录汇总到一起有什么用处呢?

老　　者: 目录中通常都是这个领域中经常出现的关键词和主要的研究方向。将目录汇总到一起后,我们就会发现有许多书中会有相似的内容,还能够看出哪些书上的内容完全是在照搬其他书籍。

---

[1] http://webcatplus.nii.ac.jp/pro/.

无知小子：这只要多读一些文献就能看出来吧？需要特意去制作表格吗？

老　　者：直接阅读文献效率比较低，也很难坚持下来。对于没有多少读书经验的普通人来说，光是复制粘贴目录的话，一百本也不成问题，但如果一本本地去读这些文献，那么估计没读上几本就会失去耐心了。面对几十甚至几百本的文献，光靠大脑来记忆肯定是不够的，必须依靠文献列表这种外部记忆工具。由于我们对这一领域还不是很熟悉，因此很容易在入门阶段被一些不靠谱的文献牵着鼻子走，迷失了前行的方向。我们通过目录能对这些文献有一个整体的印象，就算在学习的过程中不小心迷失了方向，也可以马上找到其他的文献来指引我们。

无知小子：那接下来，"引用矩阵表"又是什么呢？

老　　者：引用矩阵表就是将各个文献中参考和提及其他文献的部分抽取出来汇总而成的表格。如果一部文献被许多其他文献参考，那么该文献应该就是这一领域中比较基本的必读文献。以该文献为起点，还能再顺藤摸瓜找到一些该文献的引证文献（方法21）。当然，最快的方式还是直接去询问对该领域比较熟悉的人，或者是去翻阅相应的教科书。但是鉴于有些领域还没有出版教科书，也不是所有的人都有这样的人脉，因此利用引用矩阵表来判断文献的可靠性是一种比较通用的做法。

无知小子： 那最后一个"要素矩阵表"呢?

老　者： 有了目录矩阵表，我们就掌握了一个领域或研究方向中经常出现的关键词；有了引用矩阵表，我们就能像滚雪球一样收集文献，鉴别这些文献的可靠性，摸清它们之间的关系。在此基础上，如果我们对某项内容或是某个概念特别感兴趣，那么可以从这些文献中将相关的内容全部提取出来，总结成"要素矩阵表"。有了这张表格，我们就能够一览无余地看到这些文献的作者都抱有哪些相关的看法和见解。对于一名刚刚入门的初学者来说，如果想要尽快度过照葫芦画瓢的模仿阶段，就必须多去接触不同的看法和观点，这样才能够逐渐形成自己的思考。有了自己的观点后，我们也可以将其加入这张要素矩阵表中，从不同的角度来探讨。这样经过了反复的批判和探讨后，我们的观点才会逐渐变得成熟起来。

从点式阅读到线式阅读，
再到面式阅读

只读某一册书（可能来自他人的推荐），这种孤立的读书方式叫作"**点式阅读**"。

所有的书籍（文献）都和知识一样无法孤立存在。每一本书、每一部文献都会参考其他的文献，文献与文献之间相互影响，存在着直接或间接的联系。当我们顺着这种脉络从一本书读到另一本书时，我们的读书方式就变成了"线式阅读"。

在此基础上，如果我们能够抓住许多条这样的脉络，或者是向反方向去追溯，将不同文献中的内容进行比对和组合，创造出一些作者本人也没有预想到的线条（联系），再将这些线条编织到一起，这样的读书方式就叫作"**面式阅读**"。

我们在书评、广告、书籍介绍和别人的推荐中了解到的书都是以"本"为单位。然而事实上，这一单位是书籍流通时使用的单位，而不是我们在学习和研究时使用的单位。

当我们想要去了解某项内容时，并没有"一本"完美的书能够解答我们所有的疑惑，只有几本、几十本，甚至几百本不完美的书在等着我们。因此，我们在读书时不能只将一本书从头读到尾，而是应该学会去比照这些书的内容，将它们联系到一起，甚至是进一步迈向那些还没有文献存在的领域。本章中所介绍的三种矩阵表就能够帮助大家学会这样读书。

有了目录矩阵表，我们就能够将所有的相关文献尽收眼底，随时从中找到自己想要阅读的部分（相当于将许多部文献汇编成了一册书）。这就为我们将来的纵向、横向，甚至斜向阅读打下了基础。

有了引用矩阵表，我们就能够抓住文献之间的引证关系，并根据这些关系来判断文献的可靠性和地位。因此，引用矩阵表可以帮助自学者彻底摆脱"点式阅读"，并将读者从"线式阅读"引向"面式阅读"。

最后，要素矩阵表可以帮助我们从几个特定的切入点来贯通式地阅读多部文献。"面式阅读"就是从这里开始。

让多部文献一览无余

方法28 | 目录矩阵表

① 为每一项自学内容制作一张对应的矩阵表

最好使用制作表格的软件来代替手写，这样一来表格可以随着记录内容的增加而不断扩增。

② 将文献的标题和作者名等信息输入表格最左端的一列中

收集与自学内容相关的文献（包括书籍、论文等），填写表格最左端的一列。

③ 将目录中的小标题填写到相应的格子中

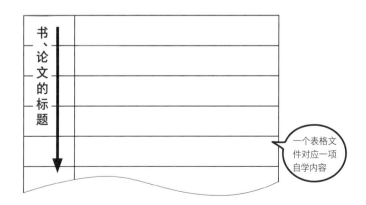

书、论文的标题

一个表格文件对应一项自学内容

将书籍和论文目录中的小标题填写到表格中。有些论文没有目录，可以直接从正文中找到各部分的小标题。每一部文献对应表格中的一行，将文献的基本框架填写到表格中。

在填写的过程中，我们会主动地去阅读文献的目录和标题，吸收一些背景知识。与此同时，还能够将所有文献的内容都汇总到一张表格中，让它成为我们的外部记忆工具（脚手架）。将所有文献的小标题都填写到表格中后，这些文献的基本框架也就一目了然了。

④ 如果有必要的话，将各章节的概要也记录下来

如果光看目录和小标题无法得知其中的内容，或是目录和小标题有遗漏的话，可以将文献中各章的内容简单概括一下，填到表格中。

目录、概要 →

	第1章	第2章	第3章	第4章	第5章	第6章
文献 A	●●●●●●●● ●●●●●●	●●●●●●●● ●●	●●●●●●●● ●●●●	●●●●●●●● ●●●●	●●●●●●●● ●●●●●●	●●●●●●●● ●●
文献 B	●●●●●●●● ●●●●●●●● ●●	●●●●●●●●	●●●●●●●● ●●●●	●●●●●●●● ●●●●	●●●●●●●● ●●●●	●●●●●●●● ●●●●
文献 C						
文献 D						
文献 E						

刚开始的时候，概要不必写得太过详细。我们的目的是能够一览无余地把握这些章节的内容，因此在最开始的阶段，哪怕只有一些关键词已经足够了。只要我们将遗漏的部分补全，通过表格能够把握所有文献的内容，那么必要的工作就已经完成了。接下来，我们可以将自己比较在意的部分填写得更加详细一些，也可以直接进入下一个环节。

⑤ 将相同或类似的内容标记出来

将各个章节的内容全部填写到矩阵表中以后，我们就可以进入这一环节了。

如果在表格（矩阵表）中看到了相同或是类似的内容，可以用相同颜色的马克笔标记出来，或是将其所在的格子圈起来后再用线连起来。

通常情况下，④和⑤需要反复交替着进行。随着概要填写得越来越详细，章节之间的关联性也会渐渐地显现出来。

将这些标记出来的内容相互对比后，还能够发现一些刚才

	第1章	第2章	第3章	第4章	第5章	第6章
文献 A						
文献 B						
文献 C						
文献 D						
文献 E						

浏览时没有注意到的异同，找到一些需要详细阅读的章节和
内容。

在这个过程中，我们会发现自己已经能够来去自如地阅读
多部文献了。

此时，我们收集到的这些文献的框架就已经一览无余了。
有了这张表格，我们就做好了将这些文献作为一个整体来阅
读的准备，而不是将它们彼此孤立开来。

**⑥ 利用矩阵表来横向阅读这些文献，将感兴趣的内容
抽取出来进行整理**

如果我们找到了在多部文献中都会出现的内容，或是发现
了值得去深入对比的异同后，可以在文章标题的右侧再追加
几列，每一个想要对比的项目分别对应一列，将各个文献中的
相关内容填写进去。

至于具体应该填写哪些内容，翻阅哪些章节，这些都可以
在目录矩阵表中找到答案或是线索。

		第1章	第2章	第3章	第4章	第5章	第6章
文献 A							
文献 B							
文献 C							
文献 D							
文献 E							

方法28

关于"穆勒五法"的目录矩阵表

	A	B	C	D	E
1	J.S. 穆勒的具体演绎法（1）J.S. 穆勒的具体演绎法（2·完）	序讨论具体演绎法与穆勒经济理论之间的关系具体演绎法＝一种用来研究由多种原因共同导致的社会现象的方法	I 因果关系与归纳法1. 归纳法归纳＝从特殊事例推理出一般原理演绎＝从一般原理推理得出特殊事例从已知事例推理出未知事例时，应该先归纳（已知事例→一般原理），再演绎（一般原理→未知事例）	2. 因果关系的特征穆勒认为，因果关系就是无条件前后相继发生的秩序。时间上前后相继发生的两种现象总是以其一的形式相互关联原因的定义：总是先行发生且无须其他条件的所有条件的总和	3. 因果关系的发现×单纯的枚举归纳1.✓实验研究方法契合法、差异法、契合差异并用法、剩余法、共变法差异法是一种完美的归纳，但是1. 光靠观察无法满足差异法要求内的条件2. 差异法无法用于多个原因共同导致的结果↓（因此）穆勒的（直接）演绎法a. 归纳：用于归纳那些只有单个原因的事例b. 论证：如果是多个原因共同导致的结果，则需要通过论证来思考c. 验证：通过论证得出原因后，再去寻找这些原因引发的现象，观察论证得出的结果是否会去实际发生
2	穆勒型论证与生态学	有关论证感觉的研究源自赫尔、惠威尔和穆勒所创立的 19 世纪英国逻辑学，而穆勒逻辑学则是该领域的集大成者	1. 归纳的五种规范（canon）契合法、差异法、契合差异并用法、剩余法、共变法	2. 穆勒的演绎法i）通过直接归纳来找到各个原因的单纯事例ii）用这些单纯的法则推导出复杂的事例iii）把推导出的结论代入特定的事例中进行验证	3. 生态学的论证Kitching&Ebling（1967）——共变法Diamond（1986）——契合法与共变法（大垣、野池 1992）——共变法的双重应用／共变法的并用与契合法的并用Snow（1965）——共变法的双重应用
3	假说构建的逻辑—演绎法与枚举归纳法—	I. 绪论从朴素归纳主义的立场和波普尔证伪主义的立场来讨论科学假说的构建逻辑	II. 假说构建的逻辑1. 符合逻辑的演绎法与枚举归纳法的异同根据真理守恒性推测正确与否✓ 肯定前件式演绎法× 枚举归纳法	2. 使用朴素归纳主义进行假说构建的逻辑（枚举归纳法）枚举归纳法可以将观测到的事实普适化。而科学发现和法则不仅需要普适化，还需要对观测到的事实进行说明	3. 使用证伪主义进行假说构建的逻辑（演绎法）想要得出一个科学理论，需要先提出假说，然后再通过观察来证实波普尔想要把归纳式推测从构建和验证假说的过程中驱逐出去
4	假说构建的逻辑—排除归纳法—	I. 绪论从科学假说的构建逻辑来看排除归纳法（由穆勒确立）的有效性和极限	II. 排除归纳法的逻辑1. 伊格纳兹·塞麦尔维斯的探索（事例）寻找产褥热的原因	2. 排除归纳法契合法、差异法、契合差异并用法、剩余法、共变法	3. 排除归纳法的特征与问题·契合法的特征与问题·差异法的特征与问题·契合差异并用法的特征与问题
5	培根与新归纳法	I. 绪论罗素、施韦格勒对培根归纳法的评价不高内井对培根归纳法的评价很高想法已经在培根归纳法中体现了出来	II. 科学假说与逻辑的作用1. 什么是假说科学假说是指使用无法直接观察到的新概念来对事实进行说明如果只是堆砌观察到的事实，那么我们就无法称之为科学假说	2. 假说构建的逻辑是否存在枚举归纳法只是将观察到的事实进行堆砌在符合逻辑的演绎法中不会有新的概念产生那么培根提倡的新归纳法是什么呢？	III. 培根的科学方法论1. 培根生活的时代背景科学史即将开始的时代"假说"一词尚未诞生，培根称之为"光"和"最初的收获"培根 对 亚里士多德的批判——他认为亚里士多德只关注了那些自己身边能够观察到的事实，而无视了那些与自己的理论不符的观察事实
6	归纳法与发现（上）（下）	一将培根的排除归纳法用作普适化和作出新发现的方法	二培根提出排除归纳法的动机用排除归纳法来发现"形式"	三培根发现"形式"的具体事例："热"这一单纯物性的形式	四显而易见的事实在排除归纳法中起到的作用，以及排除性归纳法中假设性方法的欠缺

> 把相关项目用线连起来

文献标题　　目录 + 概要

F	G	H	I	J
4. 社会科学的方法 √物理学方法=具体演绎法……使用演绎法来分析多种原因导致的现象 ×化学方法=实验法……只通过实验，不需要演绎 ×几何学方法=边沁学派=只使用演绎 具体演绎法=直接演绎法+反向演绎法	II 直接演绎法 1.归纳形成演绎前提 经济现象=需要考虑的原因较少=是少数适合使用直接演绎法的学科之一 动机→意志→个人行为→（集合）社会现象 （但是）穆勒并没有使用自己提出的归纳法（他只是对古典派经济学的传统进行了整理，并将其准确地表达了出来）。这种方法实行起来难度过大	2. 假设性的科学 【可以直接把目录的小标题抄下来，不必阅读其中的内容】 【一边阅读，一边概括文章的内容】	3. 精确科学以外的科学	结语
4. 穆勒逻辑学的评价 证伪式假设演绎法（HD）——步骤简单易懂，统计标准化，任何人都能够出结果 穆勒式验证——模式多样，需要具体情况具体分析。在HD不适用的情况下只能选择这种方法	赖兴巴赫（1951）——认为模型过于简单，对其进行了批判 波普尔（1961）——穆勒站在公正的立场上对所有科学领域中都会用到的步骤进行了阐述，这些方法的普及性甚至超出了穆勒自己给出的评价 克拉夫特（1990）——穆勒把经验论以古典的形式明确地总结了出来，直到今天依然深受人们的支持			
III. 证伪主义的问题与今后的课题 1.假说构建过程的问题 仅仅通过归纳无法构建假说，那么假说的构建是否需要以其他现有的知识（包括其他假说或观察事实等）为前提？如果不增加信息量，光是通过演绎也无法构建假说 III. 结论与今后的课题	2. 假说证伪过程中的问题 波普尔对证伪主义的批判并不是针对假说的构建，而是集中在假说的证伪上 批判=科学史上有许多与假说的证伪过程不相符的例子	3. 今后的课题 演绎法与枚举归纳法都无法用于科学假说的构建，今后还需要研究一下其他的归纳法（排除归纳法）		
2. 知识是什么 人类的知识=通过观察自然的秩序而获得，并能够作用于自然的东西（比科学知识的概念要广） 带来知识的经验=带来成果的实验（品种改良等）经验的积累=带来"光"的实验（找出本质原因） 带来知识的	3. 构建假说的两条道路 【自然的预测】=从个别事例直接飞跃到最普遍的公理，然后再去发现一些中级的公理（人们一直以来的做法） 【自然的解明】=从感官和个别事例一步一步地上升到普遍的公理（新的做法）	4. 培根的新归纳法 （发现热的本质是运动） ① 具有表=把具有给定性质的各种观察事实收集起来 ② 接近种的缺乏表=收集一些表面看上去与上表中的事例相似，但却不包含给定性质的事例 ③ 程度表：收集一些具有给定性质，但程度有所不同的事例 ④ 排除这样的一些性质：与给定性质不共存的性质、当给定性质增加时会减少的性质	IV. 结论 在培根生活的时代，人们不仅要对经验作出解释，还希望能够找到一种与经验百分百相符的假说构建理论。因此，培根的逻辑是根据观察事实来尽可能地否定那些轻率的假说	方法28
五 通过归纳来作出新发现时必然会导入新概念=假设式方法 例：开普勒发现火星的运行轨道是椭圆形	六 惠威尔的科学发现逻辑	七 在培根看来，对显而易见的事例进行检视有哪些必要性和意义	八 在培根提出排除归纳法后，穆勒将其重新总结为"实验四法"	

让许多本书变得"一览无余"

目录矩阵表是将许多本书的目录摘录出来汇总而成的表格，可以让这些书的内容和框架全部变得一览无余。

朱迪斯·杰拉德曾经在著作《如何利用矩阵表来撰写护理研究的文献综述》(*Health Sciences Literature Review Made Easy: The Matrix Method*)（安部阳子译，医学书院，2012）中提出了一种"矩阵表法"。本章中所介绍的三种矩阵表的灵感都是来源于此。我制作目录矩阵表的初衷，是为了寻求一种能够在不读文献（甚至无法获取文献）的情况下机械化整理文献的简便方法。

在篇幅比较长的文章或书籍中，目录能够将各个章节的小标题整合到一起，并注明各个章节首页的页码[1]。有了目录，我们就能够看到一本书都有哪些内容，这些内容又是按照什么顺序排列的。因此，目录就相当于是一本书的缩影，其篇幅虽然不长，但却展现出了整本书的概要和框架。

如果我们想要概括一部文献的大概内容，自然是必须要先阅读它才行。而目录是那些最熟悉这部文献的人，也就是作者

---

[1] 根据色诺芬撰写的《阿格西劳斯传》，目录的发明者应该是来自锡拉库萨的科拉克斯。同时，科拉克斯还是政治雄辩术的创始人。除了普林尼的《博物志》和圣依西多禄的《词源》外，从古代到中世纪初期的书籍中都没有目录。到了12世纪，一些篇幅很长、需要对内容进行检索的书籍开始配备了目录，例如格拉提安的《教会法规谬误订正》(*Concordia discordantium canonum*)和朗巴德的《箴言四书》(*Libri Quatuor Sententiarum*)。前者全面收录了基督教的教会法规，后者则是被广泛用作神学的教科书。到了1250年后，用来售卖的手抄本书籍就已经普遍都会加上目录了。安·布莱尔：《信息爆发前现代欧洲的信息管理方式》，住本规子、广天笃彦、正冈和惠译，中央公论新社，2018。

和编辑亲自对文献内容做的概括。利用这些短小精悍的目录，我们就能够在通读文献前把握其概要和框架。而目录矩阵表则能够帮助我们去更加系统地了解多部文献。

现如今，我们可以直接从网络数据库中搜索书籍的目录信息。就算是没有摸到过原书，也可以着手制作目录矩阵表。

只要我们将许多本书的概要整理到一起，就可以让它们变得像一本书一样。我们在读书时，可以通过目录来快速找到自己想看的内容在书中的哪个位置。同理，有了目录矩阵表，我们就可以直接从许多本书中直接找到自己想看的内容。目录矩阵表可以帮助我们摆脱"**点式阅读**"，开始向"**面式阅读**"转变，不再被单独的某一本书所束缚。

除此之外，目录矩阵表还有一个作用，那就是可以帮助我们看清这些与同一主题相关的书籍中哪些内容是共通的，哪些内容又是某一本书所独有的。从这几点来看，目录矩阵表是我们在文献调查的最初阶段就应该使用的方法。

方法28

在书和书之间架起"桥梁"

在制作目录矩阵表时，制作者只需要机械地将目录中的小标题依次填写到表格中即可。但如果只是这样机械地填写，一点都不动脑子的话，就会很难在记忆中留下印象。

为了弥补这一缺陷，我们在制作好目录矩阵表后，还需要再重新浏览其中的内容，进行一些加工。所谓的加工，就是指在看到内容相似或是有所关联的项目后，用线将它们连接起来。在这一过程中，我们就需要理解表格中整理的内容，并将它们互相进行比较。这样一来，我们才能将目录矩阵表刻在自己的记忆中。也就是说，**通过对表格中填写的信息进行处理，我们能够更加深入地去理解这些目录中的内容，找到自己不明白的地方和需要进一步加深理解的地方。**

完成了这一道加工后，我们就可以将目录矩阵表随时放在手边。当我们在读这些文献时，如果突然产生了疑问，比如"关于这一点，其他文献是怎么说的呢？"或是"其他文献中的讲解会不会更简单易懂一些呢？"，就可以在矩阵表中找到其他可以参考的文献以及具体章节。

有了这张矩阵表，就相当于是在许多本不同的书之间架起了"桥梁"，使我们能够在其间来去自如。

这些"桥梁"就像是我们大脑中的神经突触一样，会在使用的过程中不断被强化。利用这些"桥梁"来反复阅读过目录矩阵表中的文献后，读者就可以用自己独特的方式来将这些文献相互联系起来了。

目录矩阵表能够让我们将许多部文献尽收眼底，并把它们当作一个整体去阅读。只要我们不断地应用这个方法，它就会像一个坩埚，让这些文献的内容与我们自己的理解融为一体。

① 将收集到的文献的标题填写到表格的最上面一行

　　将收集到的文献的标题从左到右依次填入表格中。在之后的步骤中，我们还会进一步填写这些文献的参考文献，如果您找到或是下载到了这些参考文献，可以将它们的标题也追加到最上面一行中。

② 将这些文献的参考文献列表复制到表格最左端的一列中

　　表格最左端的一列用来填写"被引用的文献"。翻开收集到的文献，找到参考文献列表，将这些参考文献的标题从上到下依次填写到表格的最左端，重复的文献只记一次。

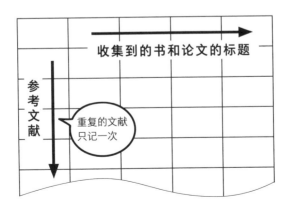

③ 将论文中提及参考文献的具体内容摘抄到表格中

一篇一篇地阅读收集到的论文，从正文和注释中找到参考了其他文献的段落，将其摘抄到引用矩阵表中相应的格中。

我们每读一篇论文，就可以填写该论文所对应的一列。读完一篇后，再继续去读下一篇文献，填写下一列。

这样将收集到的文献全部通读过一遍后，一张引用矩阵表也就完成了。

	文献 1	文献 2	文献 3	文献 4
参考文献 A	●●●●●●●●			
参考文献 B	●●●●●●			
参考文献 C	●●●●●			
参考文献 D	●●●●●			
参考文献 E	●●●●●			

> 如果是引用了左边的文献，那么就将引用的全文摘抄下来。如果是对左边的文献做出了评价，就将评价的部分摘抄下来

④ 按照被引用次数从多到少的顺序，给参考文献排序

当我们在矩阵表的一个格子中填写了内容，就意味着其上方对应的文献与其左侧对应的文献存在引证关系。而格子中所填写的内容就是作者对参考文献中相关内容的概括，或是作者本人对参考文献的评价。

接下来，我们可以数一数这些参考文献所对应的行中有多少个格子填写了内容（可以使用制表软件中的 COUNTA 函数来计算），这样就能够知道一个参考文献被引用的次数，然后按照从多到少的顺序将这些参考文献（所对应的各行）重新排序。

重新排序后，被参考次数比较多的文献就会出现在表格的顶部。

如果我们找到的论文比较少，那么各个参考文献的被引用次数可能没有多大的区别（因为最多被引用次数＝收集到的论文数）。在这种情况下，我们可以按照参考内容的字符数（可以使用 LENB 函数来计算）或是具体的参考内容来将这些参考文献（所对应的行）重新排序。

⑤ **给收集到的论文排序**

我们可以按照参考文献数量从多到少的顺序，从左到右给收集到的论文排序。

参考文献数量的多少与论文的质量和重要程度并没有直接的关联，但有时却能够体现出论文的种类（例如文献综述通常会引用较多的文献）。

但是比起这种机械化的方式，直接人工地去将这些论文进行分类和排序的话，我们能收获到的东西会更多一些。

例如，当我们按照出版年份来将这些论文（所对应的列）排序时，可能就会发现不同年代的论文参考的文献也会有所不同，或是有的文献一直在被其他的论文引用。换句话说，有的文献只会在一段时期内被大家所参考，而有的文献则是经久不衰，无论是哪个年代的文献都会去参考它。

按照从多到少的顺序来排序 →

	被引用次数	文献 1	文献 2	文献 3	文献 4
引用次数		12	10	5	3
参考文献 Z	256				
参考文献 H	160				
参考文献 B	125				
参考文献 Q	70				
参考文献 D					

文献 1 的参考文献数

再或者，如果我们按照作者、研究者群体（下文中会详细说明），或是对应的学科领域来给这些论文（所对应的列）排序，可能还会发现有些文献只会被特定的作者、研究者群体，或是特定学科领域的论文所参考，还有些文献受众则比较广，会被多个学科领域的论文所参考。

⑥ 对引用矩阵表进行解读

引用矩阵表可以让文献之间的引证关系以及具体引用和参考的内容变得一目了然。当我们将这些文献分开来阅读时，经常容易忽视掉一些它们之间的联系。有了引用矩阵表后，这些关系就变得清晰明确了起来，比如以下三点：

· 了解文献的评价

如果我们选中某一行（一部参考文献），然后从左到右进行阅读，就可以知道其他的论文都对这部文献表达了怎样的观点。

如果这些论文的观点都差不多，那么说明大家对这部文献的见解和评价普遍如此。

如果这些论文的观点各有不同，那么也能够看出各个作者对这部文献的见解和评价有所区别。

方法29

关于"涂尔干、仪式"的引用矩阵表

	A	B	C	D	
1	这篇论文→ ↓关于这篇论文	该论文被其他论文引用的次数	野中亮，涂尔干社会学方法论中象征主义的问题，2003	小川伸彦，【论文】对涂尔干仪式论的一种解读：两种规范与"社会"的实在性，1994	
2	该论文引用其他论文的次数		19	19	
3	Lukes,S.,1973,Emile Durkheim. His life and woyk, Stanfoгd	3	卢克斯认为世俗被看作神圣的"剩余性范畴"（residual category）[Lukes, 1973:26]	文献标题	
4	Parsons, T. 1937, The Structure of Social Action, McGraw.Hill（稻上毅、厚东洋辅译《社会行动的结构3 涂尔干论》木铎社，1982）	3	社会形态学，……被看作朴素的"社会学主义实证主义"（sociologsitic positivism）(Parsons, 1937: 343, 461-2 = 61, 227-8) 的产物，一直没有被放在重要的位置上目前对涂尔干的研究中在一个争论，那就是涂尔干的前期研究与后期研究之间是否存在"断绝"。其中，他的前期研究包括《社会分工论》《社会学方法的准则》《自杀论》，而关于"基本形式"的研究则属于后期。以帕森斯为代表的转换·断绝派认为这两个时期不存在连续性（Parsons, 1937），而以吉登斯为代表的连续派则认为二者之间存在连续性（Giddens, 1978）	帕森斯在《社会行动的结构》（1937）一书中解读了涂尔干的宗教论，并认为与其说"宗教是一种社会现象"，不如说"社会是一种宗教现象"。有了这种想法的转变后，我们不仅可以把《基本形式》一书看作宗教的一般理论，还可以将其当作社会的一般理论来阅读	
5	1912, Les lormes élémentaires de la vie religéuse, P. U. F. (1975, 古野清人译《宗教生活的基本形式（上、下）》岩波书店)	2	《基本形式》一书中最值得关注的一点是，涂尔干站在仪式论的角度，对社会的本质——生成与维持集体感情的机制进行了讨论。《基本形式》中没有采用形而上学的本质主义与经验论的功利主义，而是阐述了一种观点，那就是——社会虽然是一种无定形体，但却也是"一种特殊的实在"（《社会学方法的准则》原P9，日语版P59）。一直以来，仪式论都只被看作一种方法论，因此引入这样的观点有着重大的意义。其核心概念——"宗教仪式=集体欢腾"也决定了仪式论的重要性。人们聚集在一起并通过仪式来进行密切的交流是一种物理条件。而这个条件对于产生集体感情这种心理实在来说是必不可少的。这就从仪式论的角度对涂尔干的理论假说"社会是一种心理实在"提供了保证		
6	1912, Les lormes élémentaires de la vie religéuse, P. U. F. (1975, 古野清人译《宗教生活的基本形式（上、下）》岩波书店)	2		"现如今，社会对待罪犯（criminels）的态度与对待智力反常者的态度是不同的；这证明逻辑规范（normes logiques）的权威与道德规范（normes morales）的天然权威虽然具有重要的相似性，但性质确实完全不同。它们就像是同一个纲中的两个种。研究它们的区别究竟是什么、起源于哪里，是一件很有意思的事情。这应该不是一种原始的差别。因为在很长一段时间中，公众的意识并不会把精神错乱的人和越轨的人区分开来。《宗教生活的基本形式》原著 P25，日文版上卷 P44—45)	
7	Alexander, J.C., 1988, 'Introduction', Alexander,J.C.(ed.) Durkheimian Sociology, Cambridge	2	参考文献	一直致力于研究涂尔干宗教论的皮克林认为，在涂尔干的仪式论中，集体欢腾的作用可以分为两种，一种是创造作用，另一种是再创造作用（cf.Pickering, pp.385ft.）	

340

E	F
野中亮，从"社会形态学"到"仪式论"：涂尔干社会理论的变迁，2002	樫尾直树，仪式类型论与献祭的优越性：涂尔干宗教社会学理论上的可能性（1），1991
11	11
"转换"派与"断绝"派的学者不承认连续性的存在，例如帕森斯（Parsons, 1937）。另一方面，以吉登斯（Giddens, 1978）为代表的连续派则主张二者之间存在连续性 Alexander（1988）、Lukes（1973）、Nisbet（1988 = 1975）等人都对此有过概括性的论述	可以说，几乎还没有人从正面去完整地研究过涂尔干宗教社会学所提出的各种错综复杂的问题 （3）帕森斯、卢克斯、皮克林等人的确做出了不少成果，但是他们也尚未准确地理解涂尔干宗教社会学的核心。近年来，日本学者内藤莞尔对涂尔干学派的一系列研究也是同样。Parsons1937, Lukes1973, Pikering1984.
	可以说，几乎还没有人从正面去完整地研究过涂尔干宗教社会学所提出的各种错综复杂的问题（注3） （以下内容引自注3） 帕森斯、卢克斯、皮克林等人的确做出了不少成果，但是他们也尚未准确地理解涂尔干宗教社会学的核心。近年来，日本学者内藤莞尔对涂尔干学派的一系列研究也是同样
涂尔干宗教社会学的特征就是可以在理论的框架下将世界一分为二，例如"信念"与"实践"、"神圣"与"世俗"（《宗教生活的基本形式》原著P50，日文版上卷P72》） 他指出，一直以来人们对宗教的研究都偏向于认识论，并且强调在对宗教进行定义时，所有宗教都是信念与实践的体系（《宗教生活的基本形式》原著P65，日文版上卷P86—87》） 从近代科学的观点来看，宗教仪式只是充满无知与谬误的行为。但事实上，这只是由于从近代科学的角度来看，行为者的主观目的与其所选择的手段之间的关系不存在目的合理性而已。而涂尔干想要做的，就是找到这种在我们看来完全不合理的行为能够一直持续下去的原因	
"转换"派与"断绝"派的学者不承认连续性的存在，例如帕森斯（Parsons, 1937）。另一方面，以吉登斯（Giddens, 1978）为代表的连续派则主张二者之间存在连续性 Alexander（1988）、Lukes（1973）、Nisbet（1988 = 1975）等人都对此有过概括性的论述	
	可以说，几乎还没有人从正面去完整地研究过涂尔干宗教社会学所提出的各种错综复杂的问题 （3）帕森斯、卢克斯、皮克林等人的确做出了不少成果20世纪30年代，帕森斯与古野清人取得了开创性的研究成果。70年代的卢克斯与80年代的皮克林也撰写了长篇的著作，推动了涂尔干研究的发展 涂尔干在其著作中强调了"仪式"在宗教中的重要性，特别是在受到"史密斯启示"（6）后，他开始认为献祭在宗教中占有本质性的地位 （6）参照'Lettre de Durkheim' au directeur de Revue neo-scolastique, XLV.pp.606-7。涂尔干在这封信中称自己与史密斯的邂逅是"一个启示"（revelation）参照 Pickering 1984: pp.4-51, 内藤 1985 pp....... （17）涂尔干......

重新排序后，处于表格顶部的就是该领域的基本文献

横向阅读矩阵表可以了解其他人对该文献的评价

方法29

·把握哪些文献属于经典文献

按照被引用次数将参考文献重新排序后，被引用次数比较多的文献就会集中在引用矩阵表的顶部。

不仅如此，我们还能在引用矩阵表中看到这些文献是如何被其他文献所提及的。

如果一部文献不仅被许多其他文献引用和参考，其被提及的部分还涉及比较基本的概念或是研究方法，那么我们就基本可以断定这部文献是与该主题相关的必读经典文献。

·摸清研究和文献的分布

在前文中，我提到过可以从引用矩阵表中发现一些研究者群体的存在。

例如，不同的研究者群体可能会偏向于在论文中引用和参照不同的基本文献。这些研究者可能是属于不同的学派，或是由于研究方法不同而被划分成了两个群体。

如果用引用矩阵表中涉及的这些文献来制作一张要素矩阵表（方法30），那么这些不同研究者群体之间的区别就会变得清晰起来。例如我们会发现某个研究者群体所撰写的论文都在使用A方法论，而另一个研究者群体则都在使用B方法论。这就会进一步引导自学者去学习要素矩阵表的制作方法。

只读一篇文献的话，会很难判断它的价值

引用矩阵表的创作灵感同样是来源于《如何利用矩阵表来撰写护理研究的文献综述》（*Health Sciences Literature Review Made Easy: The Matrix Method*）一书中提到的"矩阵表法"。我制作引用矩阵表的初衷是为了分析文献之间的关系。

学术文献等大多数比较可靠的文献都会注明自己参考或是引用了哪些其他的文献（方法 21"寻找相关文献"）。

引用矩阵表就是将这些参考和引用的内容从文献中提取出来，进行总结，使文献之间的引证关系全部呈现在一张表格之中。

如果说上一节中介绍的目录矩阵表中呈现的是许多部文献的"内容"，那么**引用矩阵表中呈现的则是许多部文献之间的"关系"**。这些文献并不是相互独立，而是彼此关联，处于关系网中，形成了一个文献共同体（Republic of papers）。如果我们只读了一部文献，那么就会很难判断它的价值和意义。其他文献是否参考了这部文献，其他的作者对这部文献表达了什么样的看法，这些都是我们判断文献价值和意义的重要依据。

方法29

一个门外汉在对相关领域不是很熟悉的情况下，很难从数不胜数的文献中筛选出哪些是比较重要且值得信赖的文献，哪些是不太靠谱、没什么人看的文献。在引用矩阵表中，我们能够看到其他各个文献是如何参考引用，或是提及某一部文

献的。这样不仅数量上一目了然，内容也可以一并阅读。

对于那些独自向未知的领域发起挑战，无法得到良师指导的自学者来说，这些信息都是宝贵的财富。

划时代性研究与衍生性研究

我们可以用一张简单的图来表示学术研究的过程（参见下一页）。

每当一个划时代性研究出现后，都会有许多衍生性的研究随之诞生，使这一领域的研究步入繁盛期。之后，这种势头会逐渐消减，研究数量不断减少，这一领域也就进入了衰退期。接下来新的划时代性研究出现后，新的繁盛期又会再次到来，如此循环往复。

在大多数情况下，在一个划时代性研究刚刚出现时，大家并不知道它具有划时代意义。当后人在回顾某一领域的研究历程时，会发现许多的研究都是以同一研究为起点而诞生的，在那之后，大家才会将这一研究称为划时代性研究。

一个划时代性研究与随之产生的多个衍生性研究，可以组成一个研究群（cluster）。只要我们能够通过文献之间的引证关系来抓住这些研究之间的联系，就可以区分出哪些研究属于划时代性研究、哪些研究属于衍生性研究，划分出多个研究群。

有些衍生性研究会指出划时代性研究中的（部分）错误，还有一些衍生性研究中使用的方法要比划时代性研究更加简捷有效。但是划时代性研究之所以具有划时代意义，是因为这些研究提出了重要的问题，吸引了后来的许多研究者前来挑战。这些问题往往都比较艰深，光凭一项研究很难彻底攻破，需要更多的研究者和研究方法来助力。也许正是因为如此，划时代性研究才会催生出大量的衍生性研究。

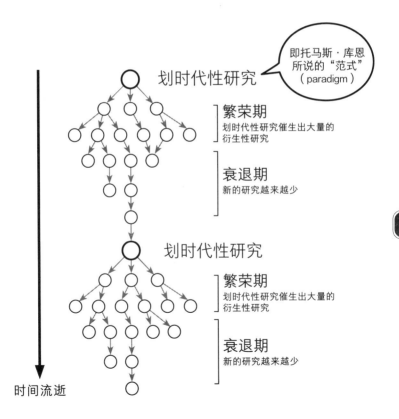

"巨人的肩膀"是一张网

我在"寻找相关文献"（方法21）中提到过，在学术界，研究者必须在论文中注明引用和参考的文献。因此，我们可以轻松地把握各个研究之间的依存关系和衍生关系。

人类的学习和研究，还有随之出现的所有文化产物都无法孤立存在。任何一项事物都会继承先前事物的特性，或是受到其影响。我们所说的"巨人的肩膀"就是以这种关系网的形式存在的。

换言之，只要我们能够抓住事物之间的影响关系，那么引用矩阵表也可以应用到学术文献以外的事物上。

方法30 | 要素矩阵表

① 收集文献并将其按照出版年份排序

② 选出一些可以放到矩阵表中的要素

我们需要根据自己的目的（或者此次文献调查的目的）和当前收集到的文献来决定在要素矩阵表中加入哪些项目，因此要素矩阵表的构成可以是多种多样的。

其中，有三个必备项目要放在矩阵表的最左边三列。

（a）作者、书名、刊名等书目信息：有了这些信息，我们才能找到这些文献。

（b）出版年份等：为了按照出版年份给文献排序。

（c）文献的（研究）目的：有些文献直接写明了研究目的，有些文献则是提出了假说或是研究问题。

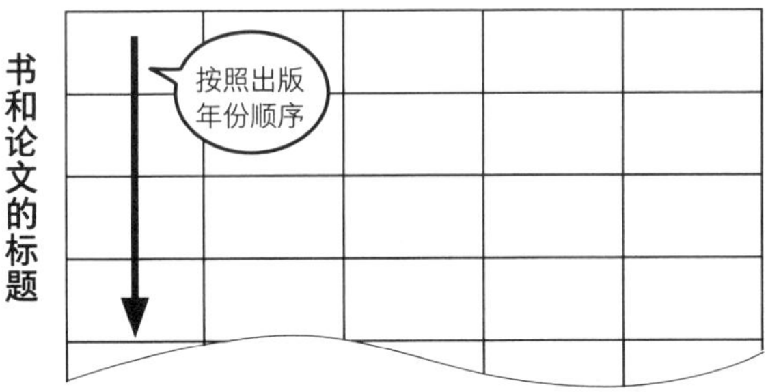

当我们以研究论文为对象制作要素矩阵图时，以下几个项目也经常出现[1]。

（d）自变量和因变量[2]。

例如，在"吸烟对肺癌的影响"这一研究中，"吸烟量"（频率）就是自变量，"肺癌的发生率"就是因变量。

（e）研究设计（研究的种类：案例研究等描述性研究、观察性研究或是实验性研究）。

（f）研究对象（数量、单位、属性）。

（g）数据集与数据源。

（h）数据的收集方式和收集时间。

（i）使用的指标与测量尺度。

（j）统计分析的手法和前提条件。

（k）作者认为本研究有哪些意义和优点。

（l）作者认为本研究有哪些缺点。

（m）引用文献。

（n）资金来源。

……

（z）关于以上项目，矩阵表的制作者有哪些评价或是看法。

---

[1] 如果是以书籍为对象的话，由于书的结构和内容各有不同，因此我们需要针对收集到的书籍来选择相应的要素。在这种情况下可以先制作目录矩阵表（方法28），找到这些书籍中所包含的相同要素后，再制作要素矩阵表。

[2] 在很多情况下，人们想要通过研究来解决的问题（研究问题）都可以简化为"什么给什么带来了影响"。此时，施加影响一方的数据就是解释变量，也可以称之为自变量，而受到影响一方的数据就是响应变量，也可以称之为因变量。

从文献中抽取出的各个要素

	书目信息	出版年份	研究目的	测试对象	测试问题
文献 A					
文献 B					
文献 C					
文献 D					
文献 E					

③ **从文献中找到这些要素，填写到相应的格子中**

决定好要整理哪些要素，有了固定的格式后，接下来也可以几个人一起来分工合作填写表格。这种分工既可以按照文献，也可以按照要素，比如让一个人从一部文献中找出所有的要素，或是从所有文献中找出同一要素。

方法30

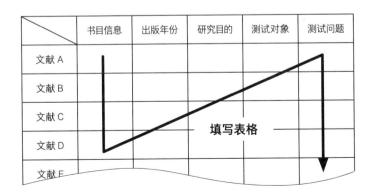

④ 对完成后的要素矩阵表进行解读，将自己注意到的地方写下来

当我们收集了与某一方向或是学科领域相关的文献，制作好要素矩阵表后，就能够看到这些文献（或是大部分文献）有哪些共通点，各个文献又有哪些独特的地方。如果您在制作要素矩阵表的过程中注意到了什么，或者是在之后重新阅读的过程中有了什么新的发现，都可以用笔写下来。

例如，当我们在阅读各个项目所对应的纵列时，可以了解到以下内容。

· 都有谁在做这个方向的研究？又有谁在过程中给予了帮助？ →**论文作者与合作研究者所对应的纵列。**

· 这个方向的研究都是在哪里（哪个研究机构）进行的？ →**论文作者所属的研究机构所对应的纵列。**

· 这个方向的研究都一定会（或频繁地）引用哪些文献？ →**参考文献所对应的纵列。**

· 这个方向的研究中经常会使用哪些数据集？ →**数据集所对应的纵列。**

· 这个方向的研究资金通常是来自哪里？ →**资金来源所对应的纵列。**

在要素矩阵表中，我们会将与某一主题或是学科领域相关的文献按照出版年份顺序排列。因此，我们还可以从中看出这些研究随着时间的流逝发生了怎样的改变。

- 这个方向的研究在初期通常会怎样去进行设计？（选取什么样的案例来进行研究？）
- 这个方向的研究是从何时开始引入随机对照实验（Randomized Controlled Trial，RCT）的？ →只要按照从上到下的顺序来阅读"研究设计"所对应的纵列，就可以找到这两个问题的答案。

除了这些研究中的共同点以外，有了要素矩阵表，我们还能看到这个方向的研究还有哪些空白，或是存在哪些不足之处。

这些空白和不足之处，也许就是接下来我们研究的重点。

方法30

- 在这个方向的先行研究中，研究对象几乎全都是成年人。→很少有研究以10～20岁的青少年为对象。
- 在这个方向的先行研究中，方法 A 和方法 B 都有相应的比较对象，而方法 C 还没有。

关于"顿悟问题解决"的要素矩阵表

	A	B	C
1		实验对象	课题
2	铃木宏昭、宫崎美智子、开一夫（2003），从制约论的角度看顿悟问题解决中的个人差异，心理学研究，74（4），336—345	31名未接触过相关课题的文科大学生	七巧板（T puzzle）的拼接与评价
3	寺井仁、三轮和久、古贺一男（2005），从假设空间与数据空间的探索看顿悟问题解决的过程，认知科学，12（2），74—88	24名大学一年级学生（18～21岁）	找出数字的排列规律
4	西村友、铃木宏昭（2006），顿悟问题解决中制约放宽时的内隐信息加工，认知科学，13（1），136—138	19名未接触过相关课题的本科生与硕士生，随机分为实验组（10名）与对照组（9名）	七巧板（T puzzle）
5	清河幸子、伊泽太郎、植田一博（2007），在尝试解决问题与观察他人之间反复切换对顿悟问题解决的影响	60名日本关东地区的大学生	七巧板（T puzzle）
6	服部雅史、柴田有里子（2008），顿悟问题解决中内隐认知与元认知的相互作用：以9点问题为例，日本认知科学会第25次大会发表论文集，156—159	49名未接触过相关课题的本科生与硕士生	9点问题
7	涉谷宗、中野良树（2010），在益智游戏"七巧板"的顿悟问题解决中对于解决可能性的主观评价与内隐评价	31名未接触过相关课题的学生（男性21名，女性10名：平均年龄22.3岁）	七巧板（T puzzle）

文献标题

这一研究主题的实验对象全都是大学生

纵向阅读矩阵

阵表并分析

	D	E
	自变量	因变量
	是否给出提示	自行完成拼接的人数和所需时间
	是否发现规律	眼球运动随时间的变化
	是否有潜意识镜头	自行完成拼接的人数和所需时间
	一个人解决课题/两个人一起解决课题 / 一个人解决课题,但是能够观察到自己尝试解决问题的过程	在规定时间内完成拼接的人数
	是否给出内隐暗示刺激和元认知指导	正确率
	经过时间	对是否能够解决作出的预测

这些研究中选用的课题相同,但是自变量却全都不一样→现阶段人们仍在摸索哪些因素会对顿悟问题解决产生影响

纵向阅读矩阵 并分析

方法30

"贯通式"地阅读多部书籍和论文

要素矩阵表也是第一种利用表格来整理多部文献的方法。利用要素矩阵表，我们可以从不同的文献中抽取出共有的要素进行比较分析。

前文中所介绍的目录矩阵表（方法 28）和引用矩阵表（方法 29）的创作灵感都是来源于《如何利用矩阵表来撰写护理研究的文献综述》（*Health Sciences Literature Review Made Easy: The Matrix Method*）一书，而要素矩阵表则是在此基础上增添了一些独创性。

这三种矩阵表都是用来对多部文献进行整理和分析，使文献的内容变得一览无余，但这三种方式之间也存在着一些区别。

其中，目录矩阵表和引用矩阵表中需要填写的项目都是事先决定好的（目录矩阵表中需要填写章节的标题，而引用矩阵表则是需要填写参考文献等内容），因此我们可以机械化地将这些内容从文献中提取出来。而相比之下，要素矩阵表并没有规定填写的项目，制作者（分析者）需要根据本人的目的和观点来选择。

因此，目录矩阵表和引用矩阵表的制作可以和文献的收集同步进行，而要素矩阵表则必须在大致看过这些文献，把握了文献的内容和倾向后才能够开始制作。

要素矩阵表就是一种脚手架，能够为我们提供一个合适的环境，让我们从不同的角度出发，贯通式地阅读自己收集到的文献。

通过这种多轴线式的比较，我们就能够看到该研究方向或是学科领域所共有的背景和语境，这些都是只读一篇文献所无法体会到的。

不仅如此，要素矩阵表还能为我们当前的文献调查指明目标。

当我们填写完表格，从多个角度来比较过这些文献后，就能够发现它们之间的相似和不同之处。这样一来，我们就会知道自己从这些文献中能够得知什么，还有哪些方面不是很清楚，今后应该再去收集一些什么样的文献，以及还可以从哪些新的角度来阅读这些文献。这样简单的一张表格，就能够将我们引向多个主题、多重化的"主题阅读"。

我们制作好的要素矩阵表是一种知识的中间产物，在之后的学习和研究中也可以多次重复利用。大家可以隔一段时间后再来重新读一下自己制作的表格，这样应该就能够深刻地体会到这一点。

方法30

因此，我们最好是将自己从要素矩阵表中得到的体会简要地记录下来，这样才能够随时回顾，看到自己的认识发生了哪些变化。

有了要素矩阵表，我们就不会迷失在众多的文献之中

如果我们想要得出"自己的思考"，必须先有选择地抽取出一些信息，然后将这些信息相互联系起来进行整合，找到其中的逻辑关系。因此，制作好要素矩阵表后，重新确认其中的内容，将这些内容进行组合和比对，这样的做法也有助于我们形成自己的思考。在这一过程中，自学者能够深化自己的理解，获得一些在单纯的阅读中所无法得到的发现（至少可以提升获得新发现的可能性）。

我们可以从一张要素矩阵表中多次获得不同的发现，也可以为同一组文献制作一张新的要素矩阵表，这些做法都能够帮助我们在许多文献共同组成的知识前线上，从各种不同的角度来获取新的知识。

如果我们仅仅是收集了许多文献，而这些文献的复杂程度超越了我们的思考能力，使我们变得越发混乱，那就变成了本末倒置。

注意力是一种有限的认知资源，人很难同时将注意力分配在多个对象上。

我们既不是超人，也没有多么博学广识。因此对于我们来说，想要同时去阅读多部文献，需要使用一种能够将它们系统化的辅助工具，而要素矩阵表就可以为我们搭建起这样一座脚手架。

第11章

对信息
进行筛选

无知小子和老者的对话 11
不要被那些"荒谬的知识"所迷惑

无知小子：有人瞧不起我，跟我说"自学这种东西，到头来只会让人变得自以为是而已"。

老　者：大多数人都会半途而废，根本就坚持不到自以为是的阶段。

无知小子：您不要长他人志气，多跟我讲讲自学的好处啊！

老　者：自学者需要一人分饰两角，既是学生，也是老师。因此，每当学生这一角色取得了进步，教师这一角色也会有同样的进步。这样一来，每次的进步都会有正反馈，我们的自学能力也会实现指数式、几何级数式提升。

无知小子：没错！多说点这样让人振奋的话！

老　者：但是，自学的这种优势同时也会引来危险。一旦学生（教师）这一角色出了错，教师（学生）这一角色也会跟着出错。所以说，无论是往好的方向走，还是往坏的方向走，都会比一般的学习要快上许多。大多数自学者都没有前辈的引导和监督，所以一旦陷入了奇怪的思维方式，或是相信了一些荒谬的理论，也没人能把他们拽回来，很容易越走越偏。这可比跟着老师学要严重多了。

无知小子：老先生，说实话，您是不是跟自学有仇啊？

老　者：不过就算是跟着老师学，多多少少也会遇到这样的问题。教师会给学生施加影响，同样地，学生也会反过来给教师施加影响，所以刚才我所说的这个正反馈并不是自学独有的现象。

无知小子：所以说，您是跟学习有仇？

老　者：我没有。对于人来说，学习是必然的。正如我一开始所说的，当今的社会既庞大又复杂，如果只靠天生的认知能力，人将无法维持社会的平稳运转，那些用来支撑人类社会的知识也将逐渐消亡。自学的好处就是，我们可以自由选择学习的内容。人生很短暂，既然不管怎样都必须要学习，那不如去学一些有意义的东西，你说是吧？

无知小子：那请您教教我，如何才能分辨出哪些知识是荒谬的，避免被它们引入歧途呢？

老　者：这就跟问别人"怎么才能不被诈骗"是一个道理。很多人都以为自己不可能中招，只有那些非常马虎大意的人才会被骗。

无知小子：难道不是这样吗？

老　　者：当然不是。所有的骗术都是瞄准了我们认知中的薄
　　　　　弱环节。或者也可以说，只有这种有效戳中薄弱环
　　　　　节的骗术，才会被犯罪者们不断模仿、流传至今。

无知小子：这个我懂，就是所谓的"适者生存"吧！

老　　者：人类认知中的薄弱环节大多都是在进化的过程中获
　　　　　得的特性。因此，只要是人，无论多么聪明，知识
　　　　　有多么丰富，都无法逃脱这种骗术的魔爪。

无知小子：照您这么说，骗子岂不是要统治世界了。

老　　者：其实我本来想说他们确实已经统治世界了，但是我
　　　　　之前也提到过，人类会从历史上的失败和成功中吸
　　　　　取教训，以集体、社会，甚至是一个文明的形式来
　　　　　解决那些个人所无法解决的问题。例如我们会给
　　　　　"诈骗"下一个定义，立法将其作为一种犯罪来处
　　　　　罚，还会给这些典型的骗术起名字，告诫所有人提
　　　　　高警惕。这些都属于是靠集体的力量来战胜困难。

无知小子：所以说，人类虽然无法根除诈骗，但是却可以举全
　　　　　社会之力来思考对策。那么在面对那些荒谬的知识
　　　　　时，我们也是这样与之对抗吗？

老　　者：寄生在生物体内的细菌和病毒有许多不同的生存策
　　　　　略，同理，在人类社会增殖的那些荒谬的想法，以

及抓住了人类认知中薄弱环节的"认知病毒"[1]也是多种多样的。它们最大的特征，或者共同点，就是不允许别人去怀疑。比如当你对某一事物产生质疑时，旁边会有人对你说"这样做是会遭天谴的"或者"这样的想法实在是太放肆了"。

无知小子： 上天保佑，您这可是把全世界的宗教都给得罪全了。除此之外还有什么其他的分辨基准吗？

老　　者： 信念是人对事实的想法，如果一个信念与事实不相符的话，那么我们还是避开它比较好。人一旦接受了这种与事实不相符的信念，那么就很难再去接受其他与该信念相矛盾的信念了。这就是所谓的"认知失调"。人都倾向于让自己的思维保持一贯性，因此就会想办法让这些信念也保持一致。这样一来，一个与事实不相符的信念还会污染其他的信念，就像推倒了多米诺骨牌一样，不断地向外扩散。当信念与事实之间的矛盾变得越发频繁，人就会放弃去将自己的信念与事实进行比对，开始逃避现实。那些放弃了质疑的人也会更容易感染"认知病毒"。

---

[1] 接下来我所阐述的对抗"认知病毒"的方法参考了基思·斯坦诺维奇《机器人叛乱》一书中关于"如何避开有害模因"的探讨。模因（meme）一词是进化生物学家理查德·道金斯在著作《自私的基因》中自创的新词，是由意为"模仿"的"min"加上意为"因子"的"-eme"后再缩略而成。在他的假设中，"模因"和基因一样具有自我复制性，能够将自己从一个人的头脑中复制到另一个人的头脑中。有了这一概念后，我们就可以将进化论应用到文化现象中了。

无知小子：这就是认知的免疫力在逐渐下降吧。但是这样一来，我们岂不是连白日梦都不能做了？有时候为了忘却日常生活中的烦恼，我还会在脑内编织一些幻想，这也不可以吗？

老　　者：刚才我不是说了吗？信念是人对事实的想法，我们必须将信念与现实进行比对。而幻想则完全不同。我们都知道幻想不是真实的，所以幻想才属于安全领域。甚至可以说幻想是一个学习的好机会，我们可以在幻想中学习如何将虚构的东西与事实和信念划清界限。学会了这一点以后，当我们遇到由于信息不充分导致无法判定对错的信念时，也会派上用场。

无知小子：听您这么说，我就更加相信自己不会被那些不实的传言所误导了。

老　　者：哦？那我倒是想听听，你都明白什么了？

无知小子：我决定以后再也不去看那些乱七八糟的网站，专心致志地在读书中度过未来的人生。

老　　者：虽然我很想表扬你，但是非常遗憾，世界上有许多书的内容都会出现错误，甚至还有的书会故意写错，目的就是将这些错误的知识传播出去。

无知小子：怎么会这样！书籍难道不是人类最后的知识圣域吗！

老　　者：你去书店看看就知道了。有的书会特意将作者或是

一些知名人士的照片放在封面和海报上，还有的书
会铺天盖地地一下子放好多摞，用这些手段来宣传
的书简直数不胜数，都是为了吸引那些缺乏知识的
人拿到手里翻看。

无知小子：我的书架就是被这些书填满的。

老　　者：出版界与学术界比较类似，都深受人们的信赖。很
多人都跟你一样，觉得"书里写的东西应该都是正
确的"，所以就算是没有听说过作者的名字，他们
也会想要看看里面的内容。在这样的机制下，新鲜
的血液才会不断地注入进来，书籍的森林才能够万
古千秋，绵延不绝。因此，为了回应读者的这种期
待，出版方会想方设法将书中的错误剔除出去，一
本书在摆上书店的货架前，必须经过层层的检验。

无知小子：这些工作都是图书的编辑和校对者在做吧。

老　　者：然而也正因如此，想要用书籍来散播谣言和虚假消
息也非常容易。在出版界大多数人的不懈努力下，
人们对书籍有着深厚的信赖。而一些不靠谱的书正
是寄生在这种信赖之上，才得以广泛流通。

无知小子：继"认知病毒"以后，又出现了"寄生书籍"吗！

老　　者：之前我跟你讲过该如何去寻找书籍，也介绍了文
献目录，对吧。知道了这些后，你就会意识到**原来
与同一个主题相关的书有许多本，自己应该着手去
寻找它们，而不是偶然间碰到一本书就直接拿起来**

读。发现了不靠谱的"寄生书籍"以后，我们还可以在它们的对比之下，去寻找那些真正有用的书籍。这些不靠谱的书籍必定是寄生在人类对其他书籍的信赖之上。那么反过来说，既然有"寄生书籍"存在，就必定也同时会有一批真正有用的书籍存在。不要只看一本书，而是要将书籍的森林全部收入眼底。这样一来，我们就能够逐渐分辨出哪些书是"寄生书籍"，还有哪些书则是为其他的书奠定了基础。说白了，任何信息以及信息源都不是百分百值得信赖的。即使是现在印在教科书中的知识，也可能会在未来有了新的数据或是理论后遭到全面或是部分的否定。因此，所有的知识都只是暂时的，只是程度有所不同罢了。

无知小子：怎么会这样！那我今后到底应该相信什么呢？

老　　者：我可以这样回答你——我们应该相信的就是，**任何一项知识，无论现在是如何被人们奉为真理，将来都有被推翻的可能**。如果我们放弃去理解和认识这个世界，那么将来就连能够推翻的东西都没有了。怀疑现有的知识，其实就是相信知识的未来，相信人类会永远走在通往未来的求知之路上。你也可以这么想，"我们现在所拥有的知识虽然不够完美，但是一定程度上也是值得信赖的"。因为对于过去的人来说，我们现在所拥有的知识就是"未来的知识"。正是因为过去的学者们相信知识会有光明的未来，因此付出了不懈的努力，所以现在的这些知识才得以推翻曾经的知识，出现在我们的视野之中。

方法31 | 时间层级矩阵表

① 制作一个 3×3 的网格

网格的纵轴和横轴分别设三个项目，纵轴从上到下分别是"上级""同级""下级"，横轴从左到右分别是"过去""现在""未来"。

❶

	过去	现在	未来
上级			
同级			
下级			

方法31

② 选择一件想要辨别真伪的事情，写在正中间的一格中

假设半天前发生了一场规模较大的地震，微博上很多人都在说"动物园里的狮子跑出来了，大家要小心"。此时，如果我们想要辨别这一消息的真伪，可以先将其填到正中间的网格中。

②

	过去	现在	未来
上级			
同级		动物园里的狮子 跑出来了？	
下级			

③ 想一想，如果这件事是真的，那么应该会怎样

先想一想，在这件事发生前，应该发生了什么事情，然后将其填写到"同级·过去"所对应的格子中。然后再想一想，在这件事发生后，还会接着发生什么事情，然后将其填写到"同级·未来"所对应的格子中。如果想不出来的话，可以先空着。

③

	过去	现在	未来
上级			
同级	地震导致笼子损坏了？	动物园里的狮子 跑出来了？	狮子在街道上 徘徊？
下级			

**④ 想一想，如果刚才填写的这两件事也是真的，
那么应该会怎样**

先想一想，如果刚才填写的两件事也是真的，那么在更高的层级上会发生什么事情，然后将其填写到"上级·过去"

和"上级·未来"两格中。然后再想一想，在更低的层级上会发生什么事情，然后将其填写到"下级·过去"和"下级·未来"两格中。如果想不出来的话，可以先空着。

④

	过去	现在	未来
上级	其他的笼子和建筑也遭到损坏?		政府和警察会将危险告知附近的居民?
同级	地震导致笼子损坏了?	动物园里的狮子跑出来了?	狮子在街道上徘徊?
下级	里面的狮子受了伤?		

想不出来的话，可以先空着

⑤ **检查一下各格的内容是否存在矛盾**

根据周围的格子来推断空格中的内容，看看这些推断结果之间是否存在矛盾。

例如，在当前的网格中，"上级·现在"的格子还空着。我们可以采用以下三种方式来推断其中的内容。

如果"上级·过去"一格中的内容是事实，那么接下来会发生什么事情？

如果"上级·未来"一格中的内容是事实，那么在那之前应该发生了什么事情？

如果"同级·现在"一格中的内容是事实，那么在更高的层级上会发生什么事情？

方法31

如果能够直接获取相关的信息，那么可以将其和推论得出的内容进行对比，看二者是否一致。

	过去	现在	未来
上级	其他的笼子和建筑也遭到损坏？	除了狮子以外，还有其他的动物也跑出来了？→微博上没有看到这样的消息？	政府和警察会将危险告知附近的居民？→并没有接到这类的通知
同级	地震导致笼子损坏了？	动物园里的狮子跑出来了？	狮子在街道上徘徊？
下级	里面的狮子受了伤？		狮子为了养好身体，找地方躲起来了？

矛 盾

事实度 0%

⑥ 根据⑤中检查的结果，用 0～100 的数字来评价这件事的可信程度

即使没有确切的依据，也能够拆穿谎言

有些时候，如果我们单独把某个观点或是信息摆出来，看上去就会觉得还比较合理。特别是在信息匮乏的时代，人们无从确认消息的真伪，因此就更容易轻信谣言。有时候，人们是觉得谣言比较符合他们现有的知识和信念，还有的时候，人们仅仅是因为无法断定这件事不可能发生，所以就觉得"宁可信其有，不可信其无"。

然而，所有的事物都不是孤立的。事物和事物之间有的是互为因果，还有的则是包含和被包含的关系。

想要验证一件事的真假，最重要且最常用的方法就是从中寻找矛盾。我们对矛盾的感知非常敏锐。在听别人说话时，我们就经常会在无意识中观察对方的发言和语调、表情之间是否有矛盾，从而判断对方是否值得信赖。

如果我们想要辨别一件事的真伪，而这件事情是一种对事实的描述，那么我们就可以根据时间上前后关系以及层级式的包含关系来对相关的事实进行推断，再将这些事实摆在一起互相比较，这样就能让隐藏在其中的谎言显现出来。

在无法获取其他可靠消息的情况下，光靠这种方法很难断定一件事究竟是真是假，但是它至少能够让我们冷静下来思考，而不是盲目地听信谣言。

发明问题解决理论中的"九屏幕法"

方法31

本节介绍的时间层级矩阵表可以用来探讨一条消息的真伪，其原型是 TRIZ 理论[1]中的"九屏幕法"（9-Window Method）。

---

[1] TRIZ, 是俄语 теория решения изобретательских задач（拉丁文写法：Teoriya Resheniya Izobreatatelskikh Zadatch）的缩写，意为"发明问题解决理论"，发音与英语中的"trees"一词相同。其创始人是苏联的专利审查官根里奇·阿奇舒勒（Genrich Altshuller）。根里奇在工作中接触到了许多专利后，开始思考当人们在解决这些不同的业界和技术领域中的难题时，是否有可遵循的共通法则。于是他在合作者的帮助下，对250万件专利进行了研究，提出了 TRIZ 理论的核心思想与工具。在苏联改革重组并解体后，TRIZ 理论传播到了西方各国。20世纪90年代后，美国等西方各国成为 TRIZ 理论研究的中心。

TRIZ 理论的思想（philosophy）中有一条叫作"从空间、时间和关联（interface）[1] 来思考"。

"九屏幕法"就是该思想的一种实际应用。TRIZ 理论认为，最具颠覆性的科技创新正是来源于发现并解决现状中存在的矛盾（冲突的要求或是必须二选一的情况）。因此，该理论中包含了许多用来发现矛盾的方法，九屏幕法正是其中之一。

我们平时的思考一般都会倾向于集中在比较狭小的范围内[2]，比如特定的时间和场所（大多都是"此时"和"此地"），同时从宏观和微观等不同层级来考虑问题会比较困难。

那些擅长解决问题的人不仅会将注意力集中在眼前的问题上，还会自主地切换时间和层级，从更多维的视角来找到那些对当前问题产生影响的制约因素（一般体现为相互矛盾的要求）。想要理解一个系统，我们就必须先理解两大前提。第一个前提是，任何一个系统都会受到"超系统"（更高层级的系统）和"子系统"（更低层级的系统）两方面的影响。第二个前提是，无论是在哪个层级上，所有的事物都拥有过去和未来，或者说是原因和结果。

"九屏幕法"可以用于产品策划等方面，对各种问题的促

---

[1] 此处的"interface"一词与通常的含义不同，是用来表示"系统中各个构成要素间的相互关联"。

[2] 这就是本书序文中提到的系统 1 的特性。"九屏幕法"可以将自动运转的系统 1 暂时关闭，将我们的思维切换到系统 2。

成因素和制约因素进行分析。时间层级矩阵表则是九屏幕法的另一种应用，可以找出谣言等虚假信息中隐藏的矛盾。

这些虚假信息之所以会以谣言的形式广泛传播，是因为它们大多与我们的愿望和思考倾向相一致，所以我们才很容易轻信（或者说是很想要相信）。时间层级矩阵表可以让我们暂时跳出原有的思维模式，一五一十地对时间上的前后关系（因果关系）和空间上的内外关系（所处的环境与内部的关系）进行确认，从这些影响因素中揪出隐藏的矛盾。

方法31

让荒唐的主张暴露无遗

方法32 | 四格表

① 将有所怀疑的主张或是知识写成"如果发生了 X 现象，就会发生 Y 现象"的形式

如果我们怀疑"求雨"这一活动是否真的有效，可以先将其写成"如果（不）求雨，就（不）会下雨"的形式。

② 制作一张四格表（如下图所示）

人一旦集中注意力去观察某一现象的发生，就容易忽视该现象没有发生的情况。这就是迷信和偏见产生的源头。

四格表会让我们去考虑"X 现象不发生"和"Y 现象不发生"的情况。通过收集相应的事例和数据，我们就能够注意到自己思考的偏向性，并让其重回正轨。

	求雨	不求雨
下雨		
不下雨		

③ 将事例和数据填写到四个空格中

特别是要注意收集那些"只发生了 X""只发生了 Y"或是"X 与 Y 均未发生"的事例，将数据（发生的次数等）填入表格中。

求雨这种咒术之所以能够在全世界范围内广泛传播[1]，是因为求雨必定会带来降雨。许多民间的传说都佐证了这一点。然而事实上，正确的说法应该是，人们会一直举行求雨仪式，直到真的下雨为止，所以求雨才必定会带来降雨。举办求雨仪式属于特别事件，因此会停留在人们的记忆（或是记录）中，而如果在平平无奇的一天下起了雨，那么既没有人会记得，也没有人会去记录。在没有求雨的情况下也会下雨——这件理所当然的事情想来应该不必赘述了吧。

从天数的角度来看，"没有求雨却下了雨"的天数要比"求雨后下了雨"的天数多得多。如果求雨仪式真的有效，那么应该只有"求雨后下了雨"和"没有求雨也没有下雨"两种情况成立才对，然而事实却并不是这样。

方法**32**

	求雨	不求雨
下雨	只有在干旱的时候才会举办求雨仪式（一年最多也只有几次而已）	约等于该地区的年降水天数
不下雨	一般不会发生这样的情况（因为求雨仪式会一直持续到下雨为止）	365 天——该地区的年降水天数

[1] 大林太良：《人类文化史上的求雨仪式》，《新尝研究》1999 年第 4 期。

迷信鸽子的教训

四格表法是吉洛维奇在《理性犯的错》(*How We Know What Isn't So: The Fallibility of Human Reason in Everyday Life*) 一书中所提倡使用的方法。

现如今，人们依然在探讨人类的哪些能力是天生的、哪些能力又是从经验中得来的。但至少大家都认为知识属于后者。

人在通过经验学习时，有一种最为基本的模式，那就是**一旦发现某件事（Y）会紧接在另一件事（X）的后面发生，那么就会认为 X 与 Y 之间存在某种联系**。

这种学习模式可以立刻（也就是丝毫不被怀疑地）应用到对外界的探索中。即使是不会说话，也不会爬行的小婴儿，都能够从连续发生的事情中推测并学习它们的关系，用来操控外界。

例如，我们可以用绳子将天花板上悬挂的饰品和小婴儿的脚系在一起，婴儿会观察到只要自己挪动了脚，饰品就会晃动，于是认为"脚的移动（X）"和"饰品晃动（Y）"两件事之间存在联系。学习到这一经验后，婴儿就会积极地挪动自己的脚，看饰品晃来晃去[1]。

然而事实上，光靠这一种学习模式是不够的。

---

[1] C.K.Rovee-Collier, M.W.Sullivan, "Organization of infant memory," *Journal of Experimental Psychology: Human Learning and Memory* 6 (1980): 798—807.

接下来，我想向大家介绍一个与鸽子的迷信行为有关的实验[1]。

在斯金纳箱中，鸽子只要按下按钮，就能够得到食物。当鸽子获得了食物后，就会越发频繁地按按钮（在"食物"这一强化刺激下，按压行为得到了强化，具体可以参照方法11"行为设计表"）。

接下来，让我们修改一下实验的机制，使食物随机投放，与鸽子是否按按钮无关。只要食物的投放频率不是太低，那么偶尔也会有鸽子按下按钮后恰好获得食物的情况出现。

当然，在大多数时候，鸽子就算按下了按钮也不会得到食物，但只要每按几次就能有一次正好碰上食物出现，那么鸽子按按钮这一行为也会慢慢地被强化。甚至在这一实验中，鸽子变得比之前更加执着，即使是完全停止投放食物，鸽子还是会继续按按钮。这一现象被用来解释人们赌博成瘾的心理，因为赌博的输赢也同样是概率的问题。

方法32

如果再继续随机投放食物，偶尔鸽子按下按钮后会正好碰上食物出现，那么即使二者之间没有任何关联（很多次鸽子按下按钮后依然不会得到食物），鸽子依然会选择继续按按钮。作为人类，我们也没有资格去嘲笑鸽子，因为吉兆、凶兆等人类的迷信也正是符合这一模式。

---

[1] B. F. Skinner, "Superstition' in the pigeon," *Journal of Experimental Psychology* 38(2) (1948): 168—172.

减肥法、养生法、学习法

在心理学等研究领域出现以前，就已经有许多广告业的人开始利用人的这种倾向了。

有一种比较经典，且现在也十分常见的宣传手段，那就是请成功者来讲述自己的成功历程。

这些成功者会谈及自己使用了什么特殊的方法，以及自己取得了成功这一事实，但这二者其实都属于极为特殊的情况。

比如，真正减肥成功的人其实十分罕见（大部分人都会失败）。同时，世界上的减肥方式可能有成千上万，从中选择某一种也可以算作比较少见的情况。很多书会专门介绍新奇的减肥方式，同时还会摆出一些减肥成功的案例。但这些书不会告诉读者这些减肥成功的人其实只是冰山的一角，大多数的人减肥都会失败，也不会告诉读者世界上还有成千上万种其他的减肥方式。换句话说，所谓的"介绍成功案例"其实只是把四格表中左上角的那一格拿出来讲一讲而已。

无论是减肥法、养生法还是学习法，想要证明一种方法有效，就必须要对四格表中的全部四种情形进行讨论。除了观察使用该方法后得到的结果以外，还需要设置相同条件的对照组，观察这些对照组会产生怎样的结果，然后比较这些结果是否存在差别[1]。

---

[1] 关于哪些因素在教育和学习中能够起到效果，可以参考约翰·哈蒂：《可见的学习——对800多项关于学业成就的元分析的综合报告》，教育科学出版社，2015。

用系统 2 来思考

为了防止落入迷信的圈套，我们不能将注意力全部放在"X 现象发生后，Y 现象发生了"这一种情形中，还需要确认一下"X 现象发生后，Y 现象没有发生""X 现象没有发生，Y 现象发生了""X 现象没有发生，Y 现象也没有发生"这三种情形有无出现，出现的频率如何，并将它们放在一起来比较。这四种情形正是对应四格表中的四个格子。

刚才案例中的鸽子就是将注意力全部放在了"按下按钮后，得到了食物"这一种情形上。如果它能够对剩下的三种情形——"没有按下按钮，但得到了食物""按下了按钮，但是没有得到食物""没有按下按钮，也没有得到食物"也进行观察，并对比它们出现的频率的话，那么鸽子就能够制作出一张下面这样的表格，发现"是否按下按钮"和"会不会得到食物"二者之间完全没有任何关联。

方法32

	按下按钮	没有按下按钮
得到了食物	3 次	6 次
没有得到食物	11 次	21 次

从鸽子的故事中，我们能够得到这样一个教训，那就是：在面对类似的问题时，我们的直觉往往是靠不住的。想要看穿

这种迷信的圈套，我们不能只靠临场的反应，而是需要踏踏实实地收集数据进行比较。

系统 1 负责掌控人类的感情与直觉，但它却十分不擅长解决与频率或是概率有关的问题。相反，系统 2 的反应比不上系统 1 那么迅速，但逻辑和数字却是它的拿手好戏。因此，面对这种情况时，我们需要将无意识中迅速开始自动运行的系统 1 关掉，让系统 2 开始工作。

当我们发现自己想要通过直觉得出结论时，一定要先停下来想一想，**系统 1 是不是不擅长解决这种问题？此时是不是应该用四格表来分析？**

这说起来容易，做起来却很难（可能就像"把眼泪憋回去"[1] 一样难）。但是总比毫无意义地按按钮，在不知不觉中落入迷信的圈套要好上许多。

现如今，人类建造出了一个无比庞大的社会，光靠感情与直觉已然无法维持社会的运行。同时，许多人都已经抓住了人类感情与直觉的弱点，并利用这一点给系统 1 设下了诸多的圈套。正因如此，学会从系统 1 切换到系统 2 才显得尤为重要。

---

[1] 这一比喻源自维特根斯坦的名言："哲学需要自制力。这种自制力不是指理解上的自制，而是感情上的自制。也许这一点正是大多数人都觉得哲学很难的原因。控制自己不去使用某种表达方式，就像把眼泪和怒火憋回去一样难。"——饭田隆：《维特根斯坦》，讲谈社，1997，第 192 页。饭田隆在书中写道，这一段关于哲学的论述是 1931 年维特根斯坦写在手稿 *Big Typescript* 中的一段话。

方法33 | 图尔敏模型

【基础的图尔敏模型】

① 找出对方的主张（Claim）

从对方的话或是文章中找出对方的主张。主张与事实的描述不同，会包含个人的主观判断。

例如，"X 应该是 Y"这种句式属于一种主张，而"A 是B"一般来说则属于事实描述。但如果我们将"A 是 B"改写成"A 应该是 B"或者"我们应该把 A 看作 B"后，原句的意思也不会发生改变，那么这句话也很可能是一种主张。在实际生活中，我们所听到的话语和看到的文章通常都会由多个不同的主张组成。在这种情况下，我们可以将其分解为单个的主张，也可以直接将结论或最重要的主张挑出来。

方法33

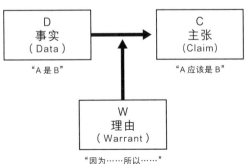

② 找出事实（Data）

事实与主张相反，不包含个人的主观判断。

如果一句话原本是"A 是 B"的句式，但是改写成"A 应该是 B"后意思也不会发生改变，那么这句话很可能并不是事实，而是一种主张。

③ 用理由（Warrant）将主张和事实联系起来

理由可以写成"如果【事实】的话，那么【主张】"的形式。很多时候理由并没有被明确地写出来，所以需要我们进行推测。

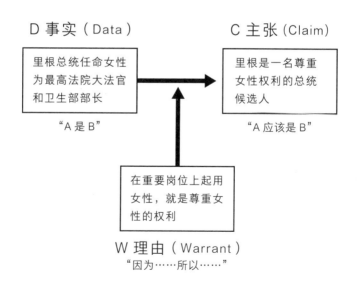

④ 将①~③中的分析汇总成一张图

例如，1984 年的时候，为了让里根能够在下次总统选举中成功连任，里根阵营提出了一个主张，那就是"（我们应该将）里根（看作）是一名尊重女性权利的总统候选人"。对此，我们可以将主张、事实和理由的关系进行总结，如下图所示。光看这张图的话，我们无法判断该主张是否正确（在重要岗位上起用女性是否真的是尊重女性的权利？）。此时，我们就需要进入下一阶段，那就是"具体的图尔敏模型"。

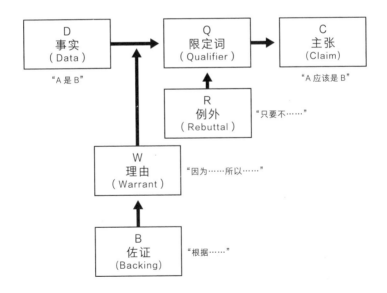

方法33

【具体的图尔敏模型】

⑤ 寻找理由的佐证（Backing）

接下来我们需要寻找理由的佐证。有了佐证，理由才能够成立。

在大多数情况下，提出主张的人不会将佐证明确地说出来或是写出来，大家可以谨慎一些，找到一个最站得住脚的佐证。

⑥ 想一想该主张在什么条件或是情况下不成立（例外 Rebuttal）

我们在平时的生活中遇到的主张就像数学中的命题一样，不可能全部成立。几乎所有的主张都是在大多数情况下成立，但在某些特殊的条件下无法成立。换句话说，当满足某种特殊条件时，该命题就变成了伪命题。

⑦ 对该主张的可信度做出评价（限定词 Qualifier）

想一想该主张成立的概率大概是多少。是几乎在任何情况下都能够成立，还是只有在某些情况下才能够成立？用一个限定词来做出评价。

⑧ 将①～⑦中的分析汇总成一张图

主张、事实、理由、依据、例外和限定词之间的关系可以用下图来表示。

里根阵营的依据（Backing）是"由于里根总统此举是对女权团体的主张表示了支持，因此他很尊重女性的权利"。而"女权团体"一方则提出了反驳，认为里根总统对其提出的其他要求一直持反对态度，例如女性堕胎的权利一直未能得到法律的承认。这一反驳使得里根阵营主张的可信度大幅下降。

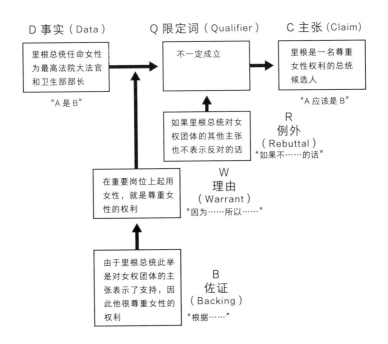

图尔敏对日常生活中理性的研究

当我们想要判断一条消息的真实性时，可以使用时间层级矩阵表，而当我们想要**判断一个主张是否能够站得住脚**的时候，就可以用图尔敏模型来进行分析。

图尔敏模型最早出现在 1958 年出版的《论证的使用》（*The Uses of Argument*）一书中。该书是一本讲述非形式逻辑的哲学书，作者斯蒂芬·图尔敏是一名哲学家，师从维特根斯坦，曾与阿兰·雅尼克共同撰写了《维特根斯坦的维也纳》[1]一书。

图尔敏的父亲爱好历史，在他的影响下，少年时代的图尔敏经常会阅读罗宾·乔治·科林伍德（英国哲学家、历史学家）的著作。科林伍德提出了一种名叫"问答逻辑"的哲学，将人类的思考看作由"问与答"构成的历史进程。

图尔敏在迈入学术界前，还曾经学习了物理学，在二战中担任过雷达技师。这些经历和科林伍德的影响都为后来图尔敏模型的出现奠定了基础。

在当时，图尔敏的同事和一些科学哲学家都在努力想用新的形式逻辑学来构建科学哲学，但图尔敏却不以为然。在他看来，大家的关注点过度集中在了逻辑和形式上的物理学，完全没有想过科学家和技术人员们在实践中遇到问题时需要如何去解决。因此，图尔敏选择将日常生活中理性和逻辑的运作规律作为自己的研究方向。

图尔敏的同事们通常会在研究中使用逻辑学和数学的模型。在逻辑学和数学的世界中，任何人只要以一个共通的前提

---

[1] S. 图尔敏、A. 雅尼克：《维特根斯坦的维也纳》，藤村龙雄译，平凡社，2001。

（公理）为起点，按照某种法则进行推导，就一定会得出相同的结论。然而在日常生活中，这种共同的前提是不存在的。甚至可以说，正是由于大家的前提有所不同，所以才会有争论的出现。

在日常生活中，人们根本无法做到像实验科学那样，收集到足够的数据，来确保自己主张的可靠性。但与此同时，这些主张也并不是毫无根据的胡言乱语。平时人们对事物的种种争论可以说是"良莠不齐"，有的有理有据，有的则根本经不起推敲。而我们会认真地去对这些论述的可靠性做出判断，同时也会努力去提升自己论述的质量。因此，像演绎法和归纳法这样专门用来研究数学和科学的方法并不是很适用于日常生活中的理性判断，我们需要一种新的方法来帮助我们做出判断。

方法33

在不确定的情况下尽量做出合理的判断

图尔敏是从法学中得到了构思新方法的灵感。法律界的专业人士——例如在法庭中唇枪舌剑的律师——会站在不同的前提下，基于证据和理由来展开自己的论述。即使是没有板上钉钉的证据（事实 Data），也必须想办法将事情了结，得出一个结论。这和我们在日常生活中针对某件事进行讨论、做出判断的模式可以说完全相同。

与数学命题不同，无论是法庭上的辩论，还是用其他法律手段来解决问题时的讨论和判断，都无法做到在任何情况下都能够普遍成立。它们只适用于一些特定的场合，目的是最大限度地让当事人感到满意（或是尽量减少当事人的不满）。因此，法律方面的专业人士会尽最大的努力，当场通过讨论做出最合理的判断，否则就算好不容易双方达成了一致，法官做出了判决，也可能会在之后被旧事重提，甚至彻底推翻。这样的事情一旦频繁发生，就会使契约和法律判决的权威性产生动摇。

哲学家亚里士多德可以称得上是逻辑学的始祖，他曾经研究过人是如何在不确定的情况下，尽可能地做出比较合理的判断，并将这一过程称为"实践智慧"（Phronesis）。

在英语中，法律学所对应的单词是"jurisprudence"（juri法律 + prudence 实践智慧），也就是说，法律学的本义就是指"法律的实践智慧"。

图尔敏所研究的日常生活中理性的运作也同样属于"实践智慧"。图尔敏模型就是将实践智慧系统化、标准化、流程化后所得出的一种方法，在这种方法的指导下，任何人都能够将实践智慧应用到日常生活之中。

延伸阅读

吉洛维奇·托马斯著 / 守一雄、守秀子译

《容易相信的人类——人为什么会迷信和误信》

（新曜社，1993）

斯蒂芬·图尔敏著 / 户田山和久·福泽一吉译

《论证的技巧　图尔敏模型的原点》

（东京图书，2011）

第 **3** 篇

我们应该如何学习

关于学习方法的学习

认为学习是一件苦差事的人，都从来没有在方法上下过功夫，而是以为学习的方法只有反复练习和死记硬背这两种。一旦考试结束离开了学校，他们就会把学过的东西全部扔下，再也不会回头看一眼。因此，理所当然地，这些人会对外宣称"学习一点用都没有"，认为精通人情世故要比专业知识有用得多。

一只训练有素的鹦鹉在看到红色时，能够脱口而出"红色"两个字，而人类则与鹦鹉不同，可以真正理解"红色"这一概念。那么，这种不同究竟体现在哪里？

推论主义哲学家罗伯特·布兰顿曾经指出，鹦鹉无法运用"红色"这一概念来进行推论。对于一只鹦鹉来说，它不知道一种颜色不可能既是"红色"又是"绿色"，不知道"深红色"属于"红色"的一种，也不知道"红色"就意味着"有颜色"。鹦鹉叫出颜色的名字只是一种单纯的条件反射，所以它也无法用这一事实来支撑自己的其他主张。

我们虽然不是鹦鹉，但是在那些（过度）适应了学校和考试的人中，有些人也仅仅是学会了如何去应对一些固定的题型。因此，他们一旦遇到了自己没有见过的题型，就会立刻变得束手无策，也不知道该如何将学到的知识应用到学校和考试以外的场合中。

"学习科学"这门学问，就是想要搞清楚学生为什么无法将学到的知识应用到教室以外的地方，以及如何才能真正地做到学以致用。目前该学科领域中的一种观点认为，**比起单纯地去记忆正确答案，采用与专业研究活动类似的方式来学习，能够让学习者学到更深层次的知识**。通过研究人们还发现，**比起死记硬背得来的表层知识，这些深层次的知识在考试后也能够被长久地保存在记忆中，且更容易被应用在现实生活中**[1]。

例如，当我们在学习历史的时候，与其去背诵那些历史事件发生的年份和顺序，不如像真正的历史学家一样，翻阅史料，提出假说，论述自己的看法，推导出合理的结论，这样才能够学习到更深层次的知识。

使用这种方法，学习者不会轻易地陷入空想和偏见之中，即使是落入了这些陷阱，也可以很快地摆脱出来。换句话说，它可以有效抑制系统1的弱点，让系统2来掌控大局。本书的主要目的虽然是介绍自学的方法，却也花费了不少的篇幅来讲学术研究的方法，其原因有一部分就是来源于此。

---

[1] 美国教育学家奥苏贝尔将学习分为机械学习（死记硬背）和有意义学习。他指出，当教材中的概念与学习者自身认知结构中已有的概念之间建立起联系时，才会产生意义。比起机械学习（死记硬背），通过有意义学习得到的知识会在大脑中保持得更加长久，也更容易应用在实际生活中。

虽然我们已经知道了什么样的学习方法更有效，但我们却比自己想象中还要故步自封、顽固不化。例如，有些人在小的时候曾经通过机械性记忆（死记硬背）取得过一些成绩，之后就一直没能摆脱这种学习模式，迟迟无法从机械学习转换为有意义学习。

他们之所以无法解决这一困难，主要有两方面原因。一方面是因为他们缺乏学习机制方面的相关知识，例如如何实现记忆的精细化和系统化。另一方面原因就是他们想要改变学习模式的主观意愿不够强烈，缺乏一个重新去思考如何学习的契机。

很多人都认为现行的教育制度早已跟不上时代，但同时他们自己的学习观念却也非常陈腐。例如有的人会一边对"填鸭式"教育表示不满，一边又对"学习就是将知识装进脑子里"这样的观点深信不疑。

只要将几十年前就已经出现了的心理学观点冠以"脑科学"三个字，就有不少的人会将其奉若宝典，而"记忆力""基础学习能力""人格发展阶段"等概念虽然已经被现代科学所质疑，但人们却仍然不愿将其弃置一旁。

由于人们的学习观念还比较落后，因此市面上的学习方法和自学指南类书籍大多都是停留在介绍学习方法（如何去学习）这一层面，不会去讲认知科学是如何发展的、情境性学习理论又是如何出现的，也不会提及在那之后学习科学这一领域取得了哪些研究进展。

这种对现状的不满促使我撰写了本书的第 3 篇，希望能够帮助广大自学者更新学习观念，打开一个窗口，让自学者接触到一些认知科学和学习科学领域的见解。这两个学科领域已经积攒了数不清的研究成果，且主要是以学校等教育机构为中心来展开实际应用，但如果我们能够将其看作对人类认知机制的一种探究，那么它们应该也可以在自学的道路上助我们一臂之力。

第12章

阅读

无知小子和老者的对话 12
用各种各样的方法来反复阅读

无知小子：为什么我们非得读书不可呢?

老　　者：也没什么不可的。既没有人去命令你读书，也没有
　　　　　人会对你抱有什么期望。

无知小子：此处难道不是应该好好讲一讲读书的意义吗！比如
　　　　　网络上只能得到碎片化的信息之类的。

老　　者：是否碎片化也是相对的，光读一两本书也不可能掌
　　　　　握系统化的知识。

无知小子：那我干脆就放弃读书，利用网络上的视频来自
　　　　　学吧。

老　　者：的确有非洲的年轻人通过上网看视频来学习农业技
　　　　　术，借助字幕和自动翻译功能，我觉得是个不错的
　　　　　方法。书有时会买不到，译本的出版也会受各种的
　　　　　因素影响。

无知小子：哈哈哈，那读书是不是可以退出历史舞台了。

老　　者：那倒也不一定。有些知识看视频会比较好理解，比

如鱼的处理方式，反之；还有一些知识则是最好通过阅读来理解，比如一些比较复杂且抽象的内容，以及需要用逻辑来理解的内容。当我们需要将多方面信息放在一起进行对比的时候，文字的形式会更方便。我们可以根据自己的理解程度来调整阅读的速度，按照自己喜欢的顺序来阅读，还可以反复阅读某一段落。如果是看视频的话，我们基本上就得按照视频剪辑者规定好的节奏来观看了。

无知小子：视频也是可以快进和重放的呀。

老　　者：但在读书的时候，我们可以直接翻到自己想读的位置，这一点要比看视频方便许多。我们在读书的时候并不是想要把整本书的内容全部都装到脑袋里。写这本书的作者和我们所面临的问题不同，需要的信息也不同。因此，书最重要的一个特点，就是读者可以用不同的方式去读它。读书是一件十分自由的事；反过来说，这就意味着书完全是处于一种被动的状态。书页只能读者亲自去翻，与书建立什么样的联系，也全都是交由读者自己来定夺。

无知小子：说实话，我完全读不进去书。光是读一本书都会觉得精疲力竭，总是半途而废。请您快帮帮我吧。

老　　者：你先去读完一页书再回来说话。

无知小子：骑自行车还会先加两个辅助轮呢，在我学会独立阅读之前，您总得先为我提供一点助力吧。实在不行

的话，您就先替我读一读，把内容消化整理好再讲

给我听。

老　　者：你当我是你妈吗？不过，我以前也很不擅长阅读，

现在虽然谈不上有多么擅长，但至少能读进去了。

无知小子：老先生您也是吗？那您快告诉我您是如何做到的。

老　　者：标准答案当然是"找到了一本特别有趣的书，让我

深陷其中，一读就停不下来"。但是很遗憾，这种

幸运的事并没有降临到我身上。

无知小子：呜呜呜，太可怜了。

老　　者：也没有可怜到让人掉眼泪的程度吧。

无知小子：那您究竟是如何爱上读书的呢？

老　　者：并没有爱上。读书只是为了获取自己想要的信息，

跟爱不爱没什么关系。我问你，读完一本辞典需要

多少天？

无知小子：这不是多少天的问题吧，可能需要许多个月，甚至

是许多年。

老　　者：但我们平时不会用这么长的时间去读辞典吧？

无知小子：我从小到大用的都是电子辞典。不过话又说回来，

辞典本来就不是用来读的吧，只要遇到生词的时候

查阅一下就够了。

老　　者：辞典之所以可以这样用，就是因为我们可以直接从

中找到自己想要查找的内容。就算是没有从头到尾

地读完一遍，我们也知道自己想找的词条是在第几

页，读过词条后，就能够获取自己想要的信息。

无知小子：我想到了一个绝妙的主意，只要我们**把普通的书也当作辞典一样来使用**就行了！但是具体应该怎么去做呢？

老　　者：辞典和普通的书之间的区别，就在于读者能否直接找到自己想看的内容在书的哪个位置。换言之，如果我们想将一本书变成辞典，就需要制作一个列表，标明书的每个地方都写了什么。

无知小子：咳咳，我知道！这个列表就是索引，对吧？

老　　者：嗯，但是很多书都没有配备索引，就算是配备了索引，有的也并不完整，派不上什么用场。因此，如果我们手上有经常会用到的书，那就必须得自己来制作索引了（方法41）。

无知小子：等一下，如果要制作索引的话，那岂不是还得把整本书从头到尾读完才行？

老　　者：不仅如此，还得反复读上好几遍。

无知小子：这不是本末倒置了嘛！难道就没有更轻松一点的方法吗？

老　　者：那你也可以尝试带着问题去读书。问题可以调动我们的认知能力，提升积极性。在读书中寻找问题的答案，和什么都不想，单纯把书从头读到尾，这两种不同的情况下，读书的方式自然会出现区别。

无知小子：原来是这样。但是如果是一边读书一边寻找答案，

那与问题的答案无关的部分岂不是很容易会被忽
视吗？

老　　者：这正是我们的目的。你之所以读不完一本书，就是
　　　　　因为"读完一本书"这个目标对现在的你来说有些
　　　　　太过宏大了。所以我们就要先设定一些能够实现的
　　　　　小目标。

无知小子：所谓的小目标，就是指提出问题，然后寻找答
　　　　　案吗？

老　　者：如果你只带着一个问题去读书的话，那至少能从中
　　　　　得到这一个问题的答案吧。如果光是这样你还觉得
　　　　　有些不满足，那就再多提一些问题，重新从书中寻
　　　　　找答案。

无知小子：我一直以为一本书读好多遍是在浪费时间。

老　　者：那些不愿意把书读第二遍的人，最终都只会落得同
　　　　　样的下场，兜兜转转读了许多名字不同的书，但
　　　　　其中的内容却是千篇一律[1]。不用我说你应该也知
　　　　　道，这样的书基本都没有多大的价值。**如果一本书
　　　　　不值得你再去读第二遍，那干脆就不要读它，省得
　　　　　浪费时间和人生。**

无知小子：现在我也学会像您这样拐弯抹角地骂人了。

老　　者：还有一点就是，当我们寻找问题的答案时，下一个

---

[1]　　"那些轻视二次阅读的人，最终都只会在不同的书中反复读到相同的故事。"罗
　　　兰·巴特：《S/Z》，泽崎浩平译，MISUZU 书房，1973。

问题也会随之产生。一本好书会引领读者提出好的问题，但这也要求读者达到一定的水平，否则甚至可能领会不到书中的用意。举个例子，如果一名读者认为某个伟人写的书中一定全部都是“真理”，那么当他在读书产生了疑问时，反而会觉得是这本书写得有缺陷，漏掉了一些内容。事实上，这些“漏掉的内容”才是作者为读者送上的一份最棒的礼物，它能够让读者发现问题，引领读者继续向前深入探索。如果你足够幸运，在恰当的时机遇到了恰当的书，且这本书在你的心中种下了问题的种子，那么你可一定不要轻易放手。想要回答一个问题，光读一本书很可能会不够用，这就会帮助你实现从“点式阅读”到“线式阅读”的跨越。不必让别人来告诉你应该读什么书，在读书的过程中，下一本应该读的书自然而然就会浮现出来。

无知小子：哇！听上去好像变成了阅读专家了！

老　　者：**说到底，在读书的过程中，我们都必须要用各种不同的方法来反复读同一本书**[1]。读书的方法不止一种，知道了这一点，读书就会变得轻松许多。

---

[1] “我发现了一件很奇妙的事，那就是我们不能只读一本书，只能重读一本书。所有优秀的读者、一流的读者、积极且富有创造力的读者，都是会反复重读同一本书的人。”弗拉基米尔·纳博科夫：《欧洲文学讲义》，野岛秀胜译，河出书房新社，2013。

不知不觉中就会用到的最快的读书方式

方法34 | **转读**（Flipping）

盯着书页，用最快的速度翻书

像翻阅辞典，或是检查书籍有没有缺页、漏页那样快速地翻书。翻的时候什么都不用想，只需要动手即可。

用快速滚动的方式来阅读卷轴装的佛经

方法34

转读是速度最快的读书方式，熟练以后不到一分钟就能够看完一本书。

转读一词原本是指，用快速滚动的方式来阅读卷轴装的佛经。后来，佛经的装订方式变成了经折装[1]，转读的方式也就变成了用双手分别托住佛经的两端，从右往左或从左往右倾斜，让书页唰啦唰啦地落下。

---

[1] 指将连成长串的纸张按照固定间隔进行折叠的装订方式，也可指使用这种装订方式制成的书籍。与线装书不同，经折装的书不需要订线。而卷轴装的书只需按照固定的间隔进行折叠，就可以变成经折装。例如日本常明寺的大般若经原本就是卷轴装，后来改成了经折装。

即使是在现代，每年在禅宗和真言宗的寺院中，还会举行转读大般若经[1]600卷的仪式。我们平时所看的书早已不再是用线串联起来的竹简[2]，也不是莎草纸制作的卷轴（Rotulus），而是将一沓纸张从一侧装订后制成的册装书（Codex）[3]。

这种册装书无法像卷轴那样滚动阅读，也无法像经折那样让书页自然落下，因此我们只能用这种快速翻页的方式来阅读。

通过快速翻页让图画动起来的书，在英语中被称作"flip book"（John Barnes Linnet 于 1868 年获取了专利），因此，这种通过快速翻页来读书的方式就被称作 flipping。

---

[1] 通称《大般若经》，简称《般若经》，正式名称为《大般若波罗蜜多经》，是唐代的三藏法师玄奘收集各类长短不一的"般若经典"后汇编而成。内容共有16 会 600 卷，包含了大乘佛教基础教义，是一部庞大的佛经集。630 年前后，玄奘从印度等地取回了诸多般若佛经，并花费了四年时间来指挥翻译和编撰工作，于 663 年完成了《大般若波罗蜜多经》。此汉译本也传到了日本，目前日本国内各寺院中收藏的大般若经都是这一版本。

[2] 中国最早的书籍是将竹简或木简用线绳串联制成。在汉字中，"书"是指用笔在竹帛上写字，而"籍"则代表竹片。竹帛中的"竹"是指竹片，"帛"则是指绘绢。一根简上面会写一行字，许多根简用线连接起来就叫作"册"（策）。直到现在，"册"也仍然被用作书籍的数量单位。

[3] 现存最古老的册装书是《西奈抄本》。目前该抄本的各个部分分别被收藏在英国、德国、埃及和俄罗斯四个国家。四国机构共同合作，耗时五年，将现存的800 页的照片汇编成了一册书，并公开在了网络上。
http://www.codexsinaiticus.org/.

使用册装书，可以直接翻自己想读的位置

许多爱好读书的人认为转读只是一种仪式，没有任何实际的应用价值，最多只能用来（在买二手书的时候）看一看书有没有缺页、漏页和污损。

当我们需要重读一本书时，这样的读书方式就有了新的意义。

从我们与一本书的初次相遇到最终告别，转读会一直伴随着我们，并为其他所有的读书方式打下基础。因为**如果我们不去翻页的话，就压根无法阅读装订成册的书籍**。

有时，当我们需要某一方面的信息时，会回想起自己曾经在某本书中读到过。于是我们就需要重新将书拿在手中，从中翻找自己需要的内容。在这一过程中，我们就会在不知不觉中使用转读的方式来读书。使用装订成册的书（Codex）时，读者可以直接翻到自己想读的位置，比起卷轴等以往的书籍形式要方便许多。

方法34

音乐和视频基本都需要按照时间顺序播放。人们口中说出的话也是同样。由于语言是线性的，因此用来记录语言的载体在这一点上都大同小异。无论是可以卷起展开的卷轴也好，还是朗读的录音带也好，都只能按照一定的顺序来读或是听。册装书却能够摆脱这种制约。我们既可以按照从开头到结尾的顺序来阅读，也可以随心所欲，直接阅读自己感兴趣的部分。

册装书的出现是书籍的一次革命，使人们在读书时可以直接翻到自己想看的部分。

读书的过程是由对象和主体——书和读者这两部分组成。因此，只有将"册装书"这一书籍形式和"转读"（Flipping）这一读书方式结合起来，我们才能够真正地做到想看哪里就翻到哪里。

为了方便日后再次查找书中的信息，我们往往会在书中做标记、贴便签、自己制作索引，甚至是将重要的部分摘抄出来。然而尽管如此，依然免不了会遗漏一些内容，一旦我们需要用到它们，就还是得用转读的方式来重读。

此时的你，已经不再是之前阅读这本书的那个你了。**书虽然没有任何变化，但是读者（和读者所生活的世界）却会发生了改变。正因如此，我们才有必要将书放在手边，反复地去阅读。**

有些人认为用这么快的速度翻书，眼睛都来不及看，根本就无法从书中获取任何信息。如果真是这样的话，那么我们岂不是无法从书中快速翻找到自己以前读过的内容了吗？

相信大家应该都会发现，用转读的方式去阅读一本刚刚拿到手的书，和阅读一本以前读完了的书，获得的感受必定会有所不同。

当我们第一次拿到一本书时，可以先用转读的方式阅读一遍。之后，当我们读过这本书后，可以再用转读的方式去读一读它，这样多反复几次。

在转读的过程中，我们就会感受到书和读者之间的关系发生了怎样的变化。

转读和搜读

当我们想检查一下书有没有缺页、漏页时，就会使用转读的方式。

此时，我们的目光聚焦在书页上。虽然翻页的速度很快，我们无法理解具体的内容，但只要看到了缺页、漏页的现象，我们就能够立刻停下来。

当课堂上听到老师说"请大家将书翻到第 237 页"时，我们也会用转读的方式来翻书。此时，我们的目光聚焦在书页一角的页码上。看到了指定的页码后，我们就会立刻停止翻页。

即使翻页的速度很快，我们的眼睛也能够留意到一些信息。

方法34

事先决定好自己要找什么，然后一边用转读的方式来翻书，一边让目光快速地扫过书页，搜寻自己要找的目标（缺页、漏页、页码、语句或词组），这样的读书方式被称为**搜读**（Scanning）。

搜读和转读都属于基本的阅读方法，我们每天都会在不知不觉中用到它们。例如，当我们在使用索引时，首先要用转读和搜读两种方法来翻到指定的页码，然后还要用搜读的方式在这一页中找到自己想要的词。

搜读的用途还要比转读更广一些，可以用在除了册装书以外的阅读中。当我们需要在文件中搜寻某一信息时，就会用到搜读的方式。使用电脑时，我们也会一边滚动鼠标，一边从屏幕上的文字中搜寻自己想要的信息。当然，电脑的检索功能也可以代替我们的眼睛来完成这项工作。

可以说，搜读就是从纸质媒介时代开始持续至今的人工检索功能。

< 练习 >

· 准备一个计时器，尽量用最快的速度将一本书从封面开始翻到最后一页，测一测需要多少秒。

· 在读一本书之前和之后分别进行转读，测一测需要多长时间，看读书前后转读的速度是否会发生改变。

只读必要的部分

方法35 | # 跳读（Skimming）

跳读（Skimming），是指为了达成当前的目的，将必要的部分从文本中筛选出来进行阅读。使用这一方法，我们就能够在最短的时间内把握文章的大概内容。

方法35

① 阅读绪论部分，或是文章的第一个段落

论文、学术著作和大学教科书中的文章通常都是由许多个段落构成，很适合采用跳读的方式。在第一个段落中，作者通常会写明这本书的写作目的以及自己想要解答的问题。

② 阅读结论部分，或是文章的最后一个段落

在一篇文章中，结论往往会被写在最后一个段落中。如果需要的话，我们还可以阅读中间各个段落的开头第一句话，这样就能够看清作者是如何一步步推导出结论的。

用跳读的方式来阅读《想象的共同体》一书

论文和学术著作都会在开头部分写明这本书的**写作目的**和作者**想要解答的问题**

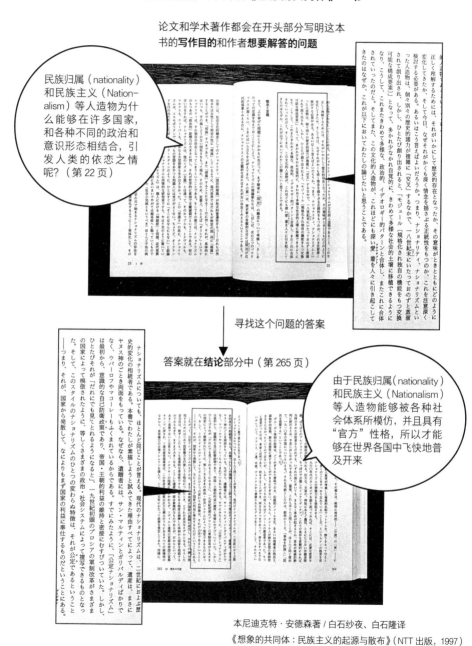

民族归属（nationality）和民族主义（Nationalism）等人造物为什么能够在许多国家，和各种不同的政治和意识形态相结合，引发人类的依恋之情呢？（第22页）

寻找这个问题的答案

答案就在**结论**部分中（第265页）

由于民族归属（nationality）和民族主义（Nationalism）等人造物能够被各种社会体系所模仿，并且具有"官方"性格，所以才能够在世界各国中飞快地普及开来

本尼迪克特·安德森著 / 白石纱夜、白石隆译
《想象的共同体：民族主义的起源与散布》（NTT 出版，1997）

跳读所带来的解放

跳读，是一种将必要的部分从文本中筛选出来进行阅读的方法。速读的目的是快速地从文本中获取信息。而跳读则是一种最为古老，也最广为人知的速读方式。

在英语中，"Skimming"一词原本是指将乳脂上方澄清的液体或是浮沫等用勺子撇去的过程，后来被用来形容"在读书时只阅读必要的部分"。根据《牛津词典》（*Oxford English Dictionary*），早在1711年，"Skimming"一词就已经有了阅读方法的含义。但辞典中给出的解释只有"reading（over）hastily"，也就是"匆忙地阅读（全文）"，并没有说明具体应该怎样将必要的信息从书中"舀出来"。

不过，跳读真正的意义并不在于方法本身，而是在于一种观念，那就是"我们在读书时（首先）只需要读必要的部分即可"。想通了这一点，我们才能够舍弃"书必须一字一句地从头读到尾"这种脱离实际的观念，迎来真正的解放。

这种从头读到尾的阅读方式比较适用于小说等虚构作品，然而除此以外，还有许多其他类型的书籍存在，我们在自学中会读到的也主要都是这一部分。大部分书都和辞典、百科全书一样，只需要阅读必要的部分即可。即使是需要从头读到尾，我们可能也会重读许多次，因此不必每一次都读得那么详细。

我在前文中也提到过，大多数人都没有跟别人学习过读书的方法。对于我们来说，现在的读书方式早已成为习惯，除非是偶然遇到一些特殊情况，我们几乎不会对自己的读书方式产生怀疑，也不会去重新审视它。越是不擅长读书的人，读书的观念就越为固化（因此他们也会越发觉得自己不擅长）。这也是因为他们很难遇到重新塑造观念的机会。

但是反过来，从积极的角度来看，**只要我们能够舍弃"书必须从头读到尾"这样的观念，那么读书的过程就可以变得轻松愉快很多。**

说起来大家可能会感到惊讶，有的人在拿到像学术论文这样结构十分明确的文本后，也仍然会理所当然地想从开头开始按顺序读，结果绪论都还没读完就来跟我说自己读不下去了。

如果觉得自己不擅长读论文，或者碰到了很难读懂的外语论文，那么先从中筛选出必要的部分，会为我们阅读论文提供很大的帮助。

学术论文不仅必须要采用分段式的写作方式，其结构安排也有明确的规范，每个部分应该写什么内容都有严格的规定。论文之所以能够实现规范化，主要是由于论文数量的激增导致人们必须想方设法来提升阅读的效率。

一篇论文从整体的布局到细部的安排，都必须遵从一定的行文规范，这样读者才能在没有读完全文的情况下，判断出自己是否应该阅读这篇论文。面对如此精心设计好的文本，如果我们还不使用跳读的方式来阅读，那就真的是浪费了作者的一番苦心。

论点先行写作法的起源与未来

有些文章会将要点和重要的内容放在开头部分，其目的是提升文字沟通的效率，我们现代的新闻报道就经常会使用这样的写作方式。

这样的写作方式并非起源于芭芭拉·明托所撰写的《金字塔原理》一书。有一种说法认为，美国总统林肯遇刺后，其手下的陆军长官埃德温·斯坦顿在向公众传达死讯的公报中最先使用了这样的写作方式。

之后，这种方式逐渐被应用于新闻报道，乃至所有实用类文本写作中。在这之前，报纸上的文章无论是结构还是文体，都与小说别无二致。但是后来，需要报道的信息量不断增加，人们也开始追求信息流通的迅捷性与正确性，于是新闻报道的文体逐渐走向了与文学截然不同的方向，想要尽量排除主观，追求客观性，舍弃了枯燥无味的倒金字塔结构。

这样一来，文学类以外的其他类型文本都开始普遍采用论点先行的写作方式。从读者的角度来看，这就意味着适合用跳读的方式来阅读的文章越来越多了。面对这种结构完全符合规范的文本，跳读已经称不上是一种技巧，只是单纯按照规范来完成几道工序而已。只要熟悉了文本写作的规范，我们阅读起来就会变得越来越容易，根本不会去刻意地应用技巧。

与此同时，我认为那些不按照规范来写作的文本也不会就此退出历史舞台。没有了规范，我们就无法从形式上来机械化

方法35

地判断出哪些内容是必须读的，只能进一步去观察文章的表现形式和内容。遇到这种结构不遵循规范的文章，我们的阅读方式也要从跳读过渡到问读，具体的内容将会在下一节中向大家详细说明。

论文的结构

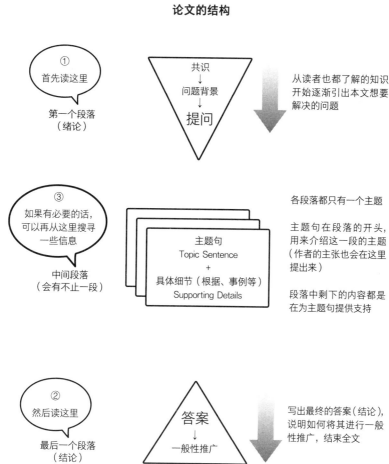

如何用跳读的方式来阅读结构不规范的文章

在英文写作中，原则上，除了文学作品以外的文本都应该采用分段式的写作方式，实际上却并不是所有人都会遵循这一规范。日语的文章中，也有不少议论性的文章没有按照分段式写作的规范来行文。学会如何从这类文章中找到自己需要阅读的部分，对我们阅读常规的论文也会起到一定的帮助作用。

·站在作者的立场来思考

方法35

既然我们的目的是要把握文章的大概内容，那么我们可以先想一想，作者会如何去安排文章中（作者觉得）比较重要的内容或是主张。

其中最为常见的一种处理方式就是**"多次重复"**。一般来说，作者并不是很能信得过读者。一些（比较马虎的）读者在阅读时很容易漏掉某些内容，想要防止这种情况发生，最好的办法就是把重要的内容多说几遍。如果同一个词（也可能是近义词，或是意思相近的表达方式）在文章中出现了许多次，那么它通常就能体现出作者想要表达的主题。

还有一种比较常见的处理方式就是**"吸引读者的注意"**。新奇的杜撰词汇、精妙的措辞，这些都能够体现出作者在写作时将重心放在了这一部分内容上。还有的时候，作者会先将一些平平无奇的普遍论调写出来当作障眼法，然后再突然来一个转折。如果我们遇到了这种能够挑起读者好奇心的写作手法，其后面很可能就是作者真正的主张。

除了这两种方式以外，有些作者还会将重要的内容放在文章的**开头和结尾**。比如，一些作者很会为读者着想，为了让读者能够少费一些力气，他们会在文章的开头先告诉大家自己接下来会说些什么内容。还有一些作者比较谨慎小心，他们担心自己没能把观点表达清楚，因此可能会在文章的最后再重申一遍。

·注意那些表示主观倾向和判断的表达方式

（至少到目前为止）文章都是人写出来的，因此文章中必然会隐藏着作者的目的。

这就意味着，即使是在一篇比较客观的文章中，作者的主张也要比事实的记录更为重要。

换句话说，文章中能够流露出作者主张的部分，很可能就是比较重要的内容。

除了"理所当然""毫无疑问"这种直接表示判断的词以外，大小、长短、高低、新旧、好恶、善恶等需要作者本人来进行界定的词也能够显示出作者的主观倾向和判断。在这两种方式中，第一种方式需要我们去体会作者的意图，而第二种方式则是顺着作者留下的痕迹来追寻其真正的目的。

<**练习**>

· 试着用跳读的方式来阅读本书中尚未读过的章节。

· 试着用跳读的方式分别阅读学术论文（最适合跳读的文献类型）和小说（最不适合跳读的文献类型），思考一下哪种文章的主要内容更容易把握，理由是什么，以及怎样才能让速度变得更快。

方法35

同 文 献 对 话

方法 36 | 问读（Q&A Reading）

①将文献（书或是论文）中的章节标题转换为问题的形式

例如，目录中如果出现了"马尔萨斯陷阱"这样一个小标题，而我们又不知道"马尔萨斯陷阱"究竟是什么，那么就可以提出一个问题——"马尔萨斯陷阱是什么"。

②从标题对应的章节中找到问题的答案

寻找答案的时候可以跳过无关（或是关系不大）的部分。

③回答问题，制作一份"摘要"

找到①中所有问题的答案后，该文献的"摘要"也就制作完成了。

用问读的方式来阅读《10 万年的世界经济史》

Q.这本书的主题与马尔萨斯陷阱有什么关系?

A. 1800 年时人们的平均生活水平与公元前 10 万年相比几乎没有任何的变化（第16页）。
也就是说，这 "10 万年的世界经济史" 一直是处于马尔萨斯陷阱之中。
under the Malthusian Trap.

Q.马尔萨斯陷阱是什么?

A. 技术进步带来的短期收入增加不可避免地被人口增长所抵消（第13页）。

方法 36

Q.为什么这里会提到马尔萨斯陷阱?

A. 这本书想要解答的三个问题都与马尔萨斯陷阱有关。
这三个问题分别是（第18页）：
1. 为什么马尔萨斯陷阱的时代会持续如此长的时间?
2. 为什么在 1800 年，英国这样一个小小的岛国能够首次突破马尔萨斯陷阱?
3. 为什么会出现之后的 "大分流" （一部分国家突破了 "马尔萨斯陷阱"，而其他国家则依然在陷阱中挣扎？）

找到了这些问题的答案后，这本书的 "摘要" 就完成了。

格里高利·克拉克著　久保惠美子译《10 万年的世界经济史·上》（日经 BP 社，2009 ）

用问读的三个好处

问读，就是向书提出问题，然后找到答案的阅读方式。

比起直接拿起书来从头读到尾，这样的读书方式有许多优点。因此我们的自学也会主要以这种方式为中心来展开。

首先，使用问读的方式来读书，**速度会比较快**。在问读的过程中，我们只需要提出问题，然后找到答案即可，因此花费的时间要比通读全文更短一些。

不仅如此，我们还可以**自由地调节阅读的速度与深度**。读者可以根据自己的目的来调整问题的数量和密度，既可以只提一个问题，从书中寻找答案，也可以准备许多细致入微的问题，将书中的内容详细地提取出来。因此，有时我们只需要用一张纸，就可以总结一本书的内容，而还有的时候我们则能够用一整本书的篇幅来讨论一篇论文。

最后，问读还能够**促进理解和记忆**。为了找出问题的答案，读者需要积极地去提炼和运用书中提供的知识和信息，而这种深度处理可以促进记忆的巩固和理解的深化（方法48）。

伊本·西拿的阅读方法

在伊斯兰世界中，一位名叫伊本·西拿（拉丁名：阿维森纳）的学者被人们称为是"神存在的证据"（Hujjat al-Haq)，托马斯·阿奎那、罗杰·培根等许多欧洲的学者也都深受他的影响。他很早就展露出了各方面的天赋，许多学问都是靠自学得来，因此他也同样是一名自学者。

据传，伊本·西拿早在 10 岁时，就已经能够背诵各类文学作品，跟卖菜的人学会了算数。再后来，无论是学习哲学、天文学、逻辑学、自然学、形而上学还是医学，他都能够很快超越自己的老师。到了 16 岁，伊本·西拿就已经能够以医生的身份为患者治疗，并且因为治好了萨曼王朝君主努哈二世的病而深受信赖，得到了出入王宫图书馆的许可，18 岁就读完了图书馆中所有的书籍（包括希腊语文献），精通了所有的学问。

方法36

有一个名叫阿鲁·朱扎杰尼的弟子深受伊本·西拿的宠爱，并为他撰写了传记。传记中有一段话专门讲述了伊本·西拿的阅读方法。

"关于这名伟大的学者，有一点很值得我们注意，在我作为老师的同伴与仆从与他一同度过的这 25 年间，我从未见他将一本新书从头到尾认真地阅读过一遍。老师会直接翻开比较难懂的章节或是错综复杂的部分，看作者都有哪些见解。"

也就是说，伊本·西拿的阅读方法是将书中比较难懂（应该也是比较重要）的部分转化为问题，看作者给出了什么样的答案。

开始阅读前，先通过"预读"来认识一下文献

当我们拿到一部新的文献（书或是论文）时，可以先提出三个问题：

- 这本书是围绕着什么主题来写的？
- 关于这一主题，作者提出了什么样的主张？
- 作者采用了什么样的方式来为自己的主张提供依据？

想要知道摆在自己眼前的究竟是一部什么样的文献（书或是论文），我们至少应该先找到这三个问题的答案。通过阅读来回答这些问题，对文献进行预习，这个过程我们可以称为"预读"（preview）。

这些问题的答案需要从文献（书或是论文）中来寻找，但是也没有必要将文献全部读完。如果我们要读的是一本书，那么问题的答案可能就藏在书的序文、后记、目录，或是腰封上的文字中。如果我们要读的是一篇论文，那么只要看一看题目和摘要，应该就能够得到必要的信息了。

搞清楚自己即将要读的文献大概具有哪些性质，会决定之后我们阅读文献时应该采取怎样的态度。通过预读，我们能够判断出一部文献究竟是需要详细阅读，还是可以先放下，直接去读下一部文献。

除此之外，预读还能够为我们提供其他必要的判断依据，让我们在真正开始阅读前做好准备与预估。例如，通过预读，

我们能够知道文献的难易程度如何，想要理解其中的内容需要掌握哪些前提性知识，这些知识自己是否已经掌握，以及以自己现在的实力，完全读完并理解其中的内容需要花费多少时间和劳力。

无论接下来究竟采用什么方式来阅读，预读都能够对我们有所助益。

预读后，接下来正式开始读的过程就仿佛是在重读这本书。换句话说，预读可以让我们先认识一下这部文献，之后能否成为朋友虽然还不一定，但是至少我们与文献已经不再是陌生人了。

方法36

另一种问读——应该读，还是不应该读

世界上有着不计其数的文献（书、论文）。仅是在日本一个国家，每年就会有 8 万种图书出版发行。全世界每年发表的论文数量更是超过了 200 万篇。没有人能够将这些文献全部读完，即使是将范围缩小到某一学科领域或是研究方向，相关的文献数量也仍然多如牛毛。

"应该读什么"要比"如何读"重要得多（这一点我在本书的第 2 篇中也提到过），也就是说我们需要判断自己手中的文献是否值得一读。

应不应该读——这个问题要比实际阅读一部文献高出一

个层级，我们可以称之为读书的元问题。那些带着问题来读书的人，只需要想一想"这部文献能否帮助我解答心中的疑问？"，心中自然就有了定论。

想要具备这种判断能力，我们需要对接下来要读的文献有一个大致的预判。这也不算是什么方法，更像是一种习惯。

如果我们接下来打算读的是一篇论文，那么可以先从论文的题目出发，对研究对象、结论和推导出结论的过程进行预判，然后再进行预读。通过阅读摘要和序文，来确认自己的预判是否正确。

如果是一本书，那么我们也可以用同样的方式，对整本书，以及各个章节的内容进行预判和确认。

即使预判与实际不符，也没有什么大不了的，重要的是不断地去挑战。熟练的读者能够灵活地运用这种最高级别的问读方式。所谓最高效的速读法，就是只去阅读自己需要的部分。

< 练习 >

· 找到一部自己接下来想要阅读的文献，提出问题并寻找答案，制作一份摘要。

在规定的时间内读完

方法37 | 限时阅读（Timed Reading）

方法37

① 找到一本想读的书，事先规定好用多长时间来读

不要太长，15～30分钟即可。

② 在规定的时间内读完

如果一开始规定的时间是30分钟，那么到了30分钟后，即使是没有读完也必须停下来。无论还剩多少页没有读，心中有多么意犹未尽，（至少在当天）都不能再翻开这本书。

如果文献的内容涉及了我们不太了解的学科领域，那么可以用最开始的5分钟来制定"作战策略"——熟悉书的结构，决定阅读哪些部分和具体的阅读顺序。

限时阅读的具体做法

先用 30 分钟
阅读一本书

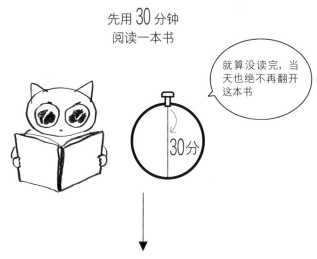

就算没读完，当
天也绝不再翻开
这本书

在每天的日程安排中加入读书时间

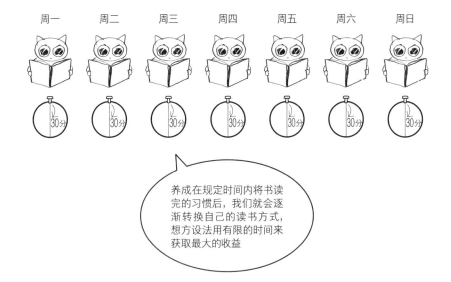

| 周一 | 周二 | 周三 | 周四 | 周五 | 周六 | 周日 |

养成在规定时间内将书读
完的习惯后，我们就会逐
渐转换自己的读书方式，
想方设法用有限的时间来
获取最大的收益

在规定的时间内将书读完，有哪些好处

限时阅读（Timed Reading），就是指在自己规定的时间内将文献（书或是论文）读完。如果说"学会了这个方法，就能够在一定的时间内把书读完"，这虽然算不上是在骗人，但也属于一种同义反复（又名套套逻辑，tautology）。相当于是别人问"如何才能在 30 分钟内将这本书读完"，而我们回答他"只要设定 30 分钟，然后将它读完就好"。

明白了这一点，我们就会发现限时阅读与其说是一种技巧，不如说更像一种训练。**养成限时阅读的习惯，可以帮助我们重塑自己的阅读方式和技巧。**

在限时阅读的过程中，我们可以适当地运用前几节中介绍的速读方法，也就是转读、跳读和问读。从某种意义上来说，限时读书法可以算作速读方法的成果展示。

如果我们想要从一种训练中取得理想的效果，那么首先必须坚持下去。因此，我们需要每天都抽出时间来进行限时阅读，每一本书都必须在自己事先规定好的时间内读完（如果规定的时间是 30 分钟，那么就都要在 30 分钟内读完）。当然，在限时读书的时间段以外，我们还可以继续像往常一样享受读书的乐趣。

最理想的情况是利用外界因素来决定开始和结束的时间，比如在坐车去上班或是上学的路上，利用从 A 站到 B 站的时间读完一本书。

方法37

限时阅读主要可以起到如下效果：

· 让我们读书时的注意力更加集中。
· 让我们能够自由地从平时的状态切换至读书状态。
· 让我们学会更好地寻找和抓住要点。
· 使我们读书的速度变得一目了然。
· 通过记录每天读的页数和自我满意度，我们可以看到自己的进步（包括读书的速度和对书中内容的掌握程度）。
· 使读书更有计划性。
· 帮助我们学会判断哪些内容以及哪些书是不需要读的。
· 能够阅读更多的书。
· 当我们拿到一本书时，可以选择将其放在限时阅读的时间段内阅读。

适合限时阅读的书籍与不适合限时阅读的书籍

当然，并不是所有的文献（书或是论文）都适合限时阅读。

· 用来愉悦身心的书，比如小说。
特别是那些需要读者从头到尾按顺序来阅读的书籍。

· 读起来很轻松，不需要花多少时间的书。
如果一本书我们能用 10 分钟读完，那就没有必要再去设定 30 分钟了。

而下面这两种书则比较适合限时阅读。

· 目录和索引都完备的书。
· 结构符合规范的文献，例如论文等。

在阅读这类文献时，我们可以在短时间内决定好应该读哪些部分，以及具体的阅读顺序，所以很适合限时阅读。

＜练习＞

方法37

· 试着在 30 分钟内读完这本《自学大全》。第一次阅读时不必事先制定策略，第二次则可以先想一想自己应该读哪些部分。
· 从每天的日程安排中腾出一段时间用来做限时阅读。将想读的文献列出来，每天都阅读不同的文献，先试着坚持一周。

阅读方法的寂静革命

方法38 | # 默读（Silent Reading）

不出声地阅读文章（也不要在心里读出来）

　　如果我们想要让自己读书的速度超过说话的速度（大约每分钟300字），那么就必须学会不出声地阅读文章。这里的"不出声"不仅是指嘴上，还包括心里。

　　在默读文章时，我们可以将手指放在喉咙的位置上。有的时候，虽然我们没有发出声音（vocalization），但是嘴唇还是会动，或是喉咙处还能够感受到震动，这就意味着我们的身体依然在"构音"（articulation）[1]。此时我们并非完全在默读，而是处于一种近似于朗读的状态。想要摆脱这一习惯，可以试着不断在口中重复无意义的音节，比如拼音表的某一行，或是发出"啦啦啦啦"的声音，让舌头反复运动。

---

[1]　"构音"广义上是指发出说话的声音，构成语言，在声学中有严格的定义，指控制唇与舌等部位的活动，让声带上方的空腔，即声道的形状发生改变，从而对声带发出的声音进行加工，形成正确的语音。

在以前，读书只有出声朗读这一种方式

默读是一种行为，也是一种技术，意思是指不出声地阅读文章，理解文章的含义。大多数人都是先学习如何说话，能够理解话语的意思后，再开始学习书面的语言。因此我们需要先学习文字对应的发音，将文字读出来，通过听声音来理解文字的含义。等到熟练后，即使不再读出声来，我们也能够理解文字的意思。这就意味着我们学会了默读。

方法38

出于以上原因，对于不太会默读的幼儿和小学生来说，读文章时出声朗读要比默读更容易理解，记忆也更加牢固。

对于掌握了默读技术的成年人来说，结果却是相反的，默读无论是在速度[1]、理解程度[2]还是记忆[3]方面，都要比出声朗读更加有效。朗读的速度最快也只有每分钟300字左右，如果一本书共有300页，每页400字，那么就需要花费6小时40分钟。相比之下，默读的速度能够达到每分钟2000字左右，同样的书可以用1小时读完。

由于默读在速度、理解程度和记忆等方面都要比朗读更加

---

[1] 一项关于英语的经典研究结果显示，默读的速度最快可以达到说话速度的10倍。John L.Bradshaw,"Three interrelated problems in reading: A review,"*Memory & Cognition* 3(1975)：123—134.

[2] 国田祥子、山田恭子、森田爱子、中条和光：《比较朗读与默读对文章理解起到的效果——用于改善阅读理解的指导方法》，《广岛大学心理学研究》第8号，2009，第21—32页。

[3] 竹田真理子、赤井美晴：《长文阅读中朗读与默读对记忆起到的效果：使用难易度不同的散文与诗歌》，《和歌山大学教育学部教育实践综合中心纪要》第22卷，2012，第81—85页。

有效，所以现如今，默读已经成了我们读书的标准方式。

纵观历史，在进入近代市民社会后，默读才逐渐普及开来，成了主流，因此它可以称得上是一种全新的读书方式和习惯。

在那之前，很久以来，读书都只有出声朗读这一种方式。当时，人们不会自己与书独处，而是需要读出声音来，让周围的人和自己都听得到才行。这种阅读其实是一种社会性行为。

我们阅读的内容和方式，都要对周围的人公开。如果有人自己在家里悄悄地读书，不让其他的人知道（默读），那么他就会遭人非议。在这样的大背景下，人们读书不能读得太快，否则听众会跟不上，也不能只挑自己想读的部分读，或是跳过自己觉得不重要的部分，这样的行为会被看作投机取巧。正如在古典音乐界，演奏者可以展示出自己对乐曲独特的理解，但是绝不可以擅自对乐曲进行剪切和改编。

西方的活字印刷术是由德国人古登堡发明的。然而在活字印刷术普及后的很长一段时间，仍然只有富裕阶层的人才能够将书籍作为私有物保存。毕竟在当时，大部分人都没有接受过基础教育，识字率非常低，因此书籍的销量在短时间内不可能有明显的增长。

即使是在工业革命导致机械化印刷快速发展的英国，书籍的普及也十分缓慢。

由于书籍的价格比较昂贵，因此通常是以租借的方式流通，人们也习惯从书店租书来看。诞生于 19 世纪英国的虚构作品中，有八成都是以租书者为目标客户。店铺遍布全国的大型连锁租书店是书籍的主要买家，对出版社和作家有着极大的影响力。

直到狄更斯等作家崭露头角的 19 世纪中期，人们依然是以家庭为单位从外面租书，而读书则是一家人聚在一起共同享受的娱乐活动。这和日本昭和年代，一家人聚在一起听广播看电视时的场景十分相似。

方法38

家中的男主人，或是正在上学的长子等识字的人会承担朗读的职责，而不识字的人（年级较小的孩子、年轻时没能上学的老人）则会坐在旁边倾听。在家庭朗读中，适合一家人共同欣赏的作品会比较受欢迎。情节跌宕起伏，主题是惩恶扬善，结局又十分圆满的故事就能够做到老少皆宜。在这样的流通方式和价格设定的影响下，书籍的价格在很长一段时间内都没有出现明显的下调，因此读书也很难成为一种独自享受的乐趣。

由于在朗读的过程中，周围的人都能够听到我们所阅读的内容，因此人们也就无法去阅读一些包含反社会性内容的书籍（例如我相信绝大多数人都不愿意在家人的面前朗读色情小说）。

一个人享受读书时光的革命

当大多数人开始购买书籍作为自己的私有物品，从共同体的纽带中解放，迎来可以独自阅读的时代后，低俗的现实主义文学和有杀人情节的推理小说（在英国人们直接称其为犯罪小说）才兴盛了起来。

在日本，直到六七十年前，人们还会聚集在一起听书中的男女情事。一个人读书，其他的人就围坐在他的身边，跟着故事的情节欢呼雀跃或是扼腕叹息。

在明治初期的日本，报纸还是一种新型的媒体，家里的一家之主会将报纸上面的内容朗读给其他的家族成员听。后来到了明治中期，杂志登上了历史舞台后，读书才开始作为一种个人行为普及开来。从明治末期到大正年间，读书行为逐渐遍及了日本社会的各个阶层，这些读书的人共同组成了读者群体。

现如今，在虚构文学作品中，喜欢读书的人一般都会被塑造成沉默寡言的性格，从这一点中也能够看出，现在大家都认为读书应该是独自一人完成的行为。虽然在现代也依然存在集体性的读书方式，比如读书会，但参加读书会的人通常都会自己先将书读完，然后再一起讨论读后的感想。

在我们现在所生活的世界中，默读已经战胜了朗读，成了标准的读书方式。

我在转读那一节中也提到过，册装书的出现将读书从序列性中解放了出来，使人们可以直接翻到自己想读的位置。同样地，默读的出现也是一种解放，让独自读书成了可能。在欣赏音乐时，我们必须按照演奏者演奏的速度来听，观看视频时，我们也必须花费与视频相同长度的时间。如果我们自己可以一个人默读，不需要照顾其他听众，那么阅读的速度就可以摆脱发声器官极限（300 字左右 / 分钟）的限制。

在默读这场寂静的革命之后，人们才能够不受周围人的束缚，摆脱发声器官的制约，用自己喜欢的速度、顺序和理解方式来与书籍对话。

方法38

<练习>

·默读一篇短文，测一测需要花费多长时间，计算一下自己的读书速度。再与朗读（方法 39）和指读（方法 40）进行比较。

报纸上的专栏文章一般字数和难易程度会比较固定，还能够一下子找到许多篇，因此很适合用作比较的材料。

·阅读后，试着回答一些问题，看看自己对文章的内容理解了多少（与朗读和指读进行比较）。

用最古老的阅读方法将知识刻入身体

方法 39 | 朗读（Reading Aloud）

将文章的内容出声读出来

　　朗读是一种用来读给别人听的阅读方法。在学校或是古时候的私塾，教师和长辈会听学生们读书，并纠正他们的错误。当我们在自学时，可以将自己的朗读录下来，自己给自己挑错。

　　流畅地朗读文章比我们想象得要难，如果我们对文章的理解不够准确，朗读也会变得磕磕绊绊。

从私塾到九九乘法口诀

朗读，就是指出声读书。孩子们在刚开始学习读书时都会采用朗读的方式，因此很多人都将朗读看作初学阶段的一种过渡。事实上，朗读在之后的教育中也仍然发挥着重要的作用。

当我们在出声朗读时，速度一般都不会很快，因此老师能够听清我们在读哪些内容、读得对不对，从而立刻做出纠正和指导。

方法39

在日本的近世时期，无论是武家的学校、汉字塾还是平民的私塾，都是采用诵读的方式教学，让学生们在理解文章的意思前，先将文字转换成声音，反复朗读。

这些教育机构会为刚开始学习的学生设置"诵读席"，然后让专人负责一对一指导（通常是由比较年长的学生来负责）。

负责指导的人会先朗读教材（四书：《论语》《孟子》《大学》《中庸》）作为示范，然后再让学生反复跟读，读到差不多记住了，就让他们独立背诵，在背诵的过程中订正其错误。作为一种学习方式，诵读不仅能够调动耳、口等多种感官，同时还纳入了一些社会性

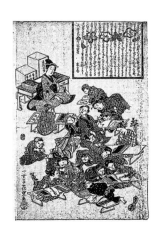

的策略。

　　这些年幼的初学者不必思考文章的含义，只要模仿语调，将文章背诵下来，就算是读完了。等到进入下一个学习阶段，老师开始讲解文章的内容时，文章的语句早已深深地刻在了他们的头脑，或者说是身体里。

　　这种方法的应用不仅仅局限在汉文的教育中。例如，绪方洪庵曾在大阪开设过一个"适适斋塾"（简称适塾），让学生诵读两本荷兰语的教材，抄写原版书籍并举办共读会（方法15），成功培养出了大村益次郎、桥本左内、福泽谕吉等诸多外语应用能力极强的人才。

　　这种方法也并不是日本独有的。在西欧，直到19世纪中叶以前，学校的授课方式都是以口头背诵为主。老师会让学生背诵基督教的教义问答、祷告词、圣经、拉丁语的名句和知名演讲、著名的诗句等各类内容。

朗读是学问的基础

　　以朗读为核心的诵读与背诵，可以将经典的文章和语句刻进学生的身体，直到学生能够像条件反射一样自如地应用。**这些被根植在脑内，形成了条件反射的大量语句，能够为思考和语言的运用提供丰富的储备，**同时也为各领域求知者之间的沟通和交流打下了基石。

真正的学问不是胡乱读书就能够得来的，而是需要建立在这种身体训练的基础上。

近代的教育观念是以儿童的"发展"为基础，将背诵与理解、重复训练与自发学习都摆在了对立面。因此，这种不必理解意思，直接将文章背诵下来的学习方式几乎是遭到了全盘的否定。然而事实上，我们在生活中的方方面面依然还能够见到这种方式的应用，比如说绝大多数人都曾经背诵过的九九乘法口诀。

方法39

除此之外，**理解能力较差的阅读者还可以通过朗读来加深对文章的理解**。当我们在发出声音朗读时，会强迫自己将注意力放在每一个词语上。这样一来，即使是认知资源比较有限的儿童，也能够通过朗读，将认知资源强行分配到每个词语上，让大脑对文章的内容进行处理，提升阅读理解的成绩。

曾经有人做过一个实验，让阅读者在阅读文章的同时完成其他任务，减少其分配在阅读方面的认知资源。结果发现在这一过程中，采用默读的方式来阅读文章的人，阅读理解的正确率出现了明显的下降，而采用朗读的方式来阅读文章的人则保持了原来的水平。

这就意味着，当我们注意力被别的事物吸引，或是由于疲劳而无法全神贯注地读书时，出声朗读有助于防止阅读理解能力的下降。

从出声朗读（Reading Aloud）到出声思考（Think Aloud）

在本节的最后，我还想向大家介绍一种介于默读和朗读之间的读书方式——"喃读"。喃读，并不是单单指小声地读文章，而是要将自己内心中浮现出来的想法也说出来。根据松见法男等人的研究，喃读在记忆和理解两方面都要比默读更有效。

这一结论让我联想到了维果茨基所提出的观点，他认为比起安静地学习，将自己的想法说出来能够学得更快且更深入。田中敏在研究喃读时也指出，低年级学生在阅读理解的过程中发出的外部言语就是维果茨基所说的"自我中心语言"。

在喃读的过程中，阅读者不仅需要将文章的内容正确地读出来，还要把在文章刺激下产生的自己的想法也说出来。也就是说，喃读可以将我们思考的过程转化为声音，将我们引向另一种新的学习方法——出声思考（方法52）。

＜练习＞

·朗读一篇短文，测一测需要花费多长时间，计算一下自己的读书速度（与默读和指读进行比较）。

·阅读后，试着回答一些问题，看看自己对文章的内容理解了多少（与默读和指读进行比较）。

用手指来指引读书的方向

方法40 | # 指读（Pointing Reading）

① 用手指或是笔尖指着当前读到的位置

视线聚焦在手指或笔尖。

② 沿着阅读的方向移动手指或笔尖

一边往下读，一边移动手指或笔尖。此时视线依然聚焦在手指或笔尖。手指（或笔尖）的移动速度与我们阅读的速度相同。这样一来，我们的阅读速度会受到手指（或笔尖）移动速度的制约，但是可以保证不会出现倒退或是看错行的情况。

大家也可以试着将这种方式与朗读结合起来，将指着的内容出声读出来。

用传统的方式来阅读难懂的文章

指读，是指跟随着手指（或笔尖）的移动来阅读（有时也可能是出声朗读）文章的内容。在指导学生阅读时，指读与朗读都有着同样的作用，那就是能够随时确认学生读到了哪里。不仅如此，有的初学者很难做到让视线跟着文字走，所以这种指读也能够起到引导视线的作用。使用这种方法，阅读者就不会不小心遗漏某些内容，也更容易注意到自己不会读的字或是单词。

当阅读变得越来越熟练后，即使不用手指去指，我们在朗读文章时也不会出现看错行的情况。再后来，随着阅读水平的进一步提升，我们就进入了默读的阶段，可以不出声地读书。学会了默读，我们才能够超越发声器官的极限，用更快的速度来阅读。

听我这样一说，大家可能会觉得只有刚开始学习阅读的幼儿才会使用这样的方式来读书。然而事实上，自古以来，人们在阅读难懂的文章时都会采用指读的方式，因此它其实是一种传统的阅读方式。当我们的注意力有些涣散，无法全神贯注地阅读的时候，或是当我们尝试着去阅读一种不太熟悉的文章类型，结果感觉读不进去的时候，指读都能够助我们一臂之力。

现如今，我们在阅读书籍或是文件时，也会在自己觉得比较重要的内容下方画线，或是将其用马克笔标记出来。虽然在大部分情况下我们并不会再回头去重新阅读这些做过标记的部分，但画线的过程能够让我们更加集中注意力，将必要的认知资源分配到阅读理解中。这就相当于是在阅读的过程中短暂地采用了指读的方法。

日本平安时代的人也曾用"指读"的方法来阅读

如果我们仔细地观察那些古代流传下来的经书或是汉文典籍，会发现纸张上有一些像凹痕一样的文字和符号，即角笔文字。角笔有点像是尖端被削尖了的筷子，而这些角笔文字都是角笔画过纸张所留下的痕迹。

使用角笔在纸张上留下的划痕不会很明显，因此在铅笔普及以前，人们在打草稿、做秘密记录以及为汉文典籍和佛经做标注时都会使用角笔。目前对角笔最早的记载是在平安时代的文献史料中，然而在 1987 年，人们就在正仓院文书中发现了角笔文字，由此可知，角笔的使用至少可以追溯到奈良时代。中国汉代的木简上也发现过类似的刻文，因此日本学术界普遍认为角笔应该起源于中国。

古代的读书人之所以会使用角笔文字，是因为它既不会把纸面弄脏，又只有做记号的人自己能够看得懂。因此，人们在阅读汉文时做的标注和私人笔记就这样以角笔文字的形式留存到了今天。这些痕迹向我们揭示了古人阅读文章的方式，也是用来研究平安时代日常口语的重要资料。

<练习>

· 用指读的方式阅读一篇短文，测一测需要花费多长时间，计算一下自己的读书速度（与默读和朗读进行比较）。

· 阅读后，试着回答一些问题，看看自己对文章的内容理解了多少（与默读和朗读进行比较）。

· 阅读一篇短文，在自己觉得比较重要的语句下面画线，将阅读的速度和理解程度与不画线时进行比较。

让读书与思考接轨

方法41 | 刻读（Marked Reading）

① 先粗略地阅读一遍，了解整本书的结构和概要

最好先整体地了解一下自己要读的书，如果时间不充裕的话，这一步也可以跳过。有些内容我们在阅读时会觉得很重要，但是从整本书的角度来看却显得不值一提。

② 一边阅读，一边在必要的位置做标记

遇到自己感兴趣或是觉得比较重要的内容，可以在下面画线，或是用马克笔来做标记，也可以贴上小标签。

大家一开始可能会在颜色的区分上多费一些功夫（并且觉得这样做是非常有必要的），但随着读书的经验值不断增长，这种颜色的区分自然而然也会发生改变。因此，我们在最初的阶段不必过分在意颜色问题，获得知识和经验、不断成长才是我们真正的目的。

我在刻读时，会使用 3M 的塑料标签和最细的黑色签字笔

③ 读完一遍后，再从头开始重温那些留下标记的部分

在重温的过程中，可以将不必要的标签撕掉。

把做过标记的内容和页码摘抄下来，我们就得到了一份自制的索引。在重温的过程中，把自己的想法和思考与文章的内容共同记录下来，对写读后感和小论文也会有帮助。这是我们在对文章的内容进行论述前必不可少的一步（单凭记忆是不可靠的）。在摘抄时可以适当地做一下筛选，不必把所有标记过的内容全部抄下来。

一切思考方式的基础

角笔文字的出现是为了能够在不弄脏纸面的前提下留下印记，这一点我在指读一节中已经向大家做了介绍。与之相反，刻读则是特意在纸上留下痕迹的阅读方式。

自古以来，就有许多自学者使用刻读的方式来推开精读的大门。刻读能够使书的内容和阅读者本人的思考发生化学反应，是一种十分有效的阅读方法。

现如今，许多人在学习时依然会在文字的下方画线。至于这种方式是否有效，人们则持有不同的意见。阿里·安瓦尔·安默（Aly Anwar Amer）就曾经做过一个相关的实验，他让大学生分别用"整理树状知识导图"和"画下画线"这两种方式来阅读科学类文献，结果发现两种方式都对阅读有一定的促进效果（其中知识导图的效果要更好一些）。然而萨拉·E.皮特森（Sarah E.Peterson）的实验却得出了相反的结果。萨拉将实验对象分成了三组，第一组在阅读时画线，然后再重新阅读画线后的文章；第二组在阅读过程中画线，然后重新阅读未画线的文章；第三组则是完全不画线，将文章阅读两遍。读过文章后，再让实验对象回忆文章中的内容，回答一些需要通过文章内容来进行推测的问题，从而对其阅读的效果进行对比。实验结果发现，第一组的正确率要低于剩下的两组，萨拉由此推断出这种画线的学习方式对记忆和推论可能会产生不良的影响。

方法41

使用元分析（meta-analysis）来对诸多相关的研究成果进行分析后，得出的结果是阅读时画线会比单纯的阅读更有效。

事实上，刻读并不仅仅是一种学习方法。

阅读文本，在感兴趣的语句下面画线，针对其中的内容进行思考，写下评论，这一系列的步骤可以说是所有思考方式的基础。

我们的大脑在进化过程中产生了"容易分心"的机制，这是为了随时对外界的风吹草动保持警惕，以备在第一时间逃走。想要违背大脑的天性，全神贯注地思考一项事物，并且达到其他人从未触及的深度，我们必然会需要一些外部的帮助。而写在纸张上的文字，正是人类使用时间最长的一种脚手架。

那么，当阅读者想要与书本上的内容展开辩论，形成自己的思考时，应该如何做呢？仔细一想就会发现，在任何情况下，前文中所提到的"阅读文本，在感兴趣的语句下面画线，针对其中的内容进行思考，写下评论"都是必不可少的基本步骤。无论我们是在写关于某本书的读后感或书评，还是需要写关于某一主题的论文，或是整理访谈和田野调查的记录，都需要使用同样的方法。

由于这种方法的应用过于广泛，人们已经将其看作理所当然，不会特意去把它当作一种方法来专门介绍。这就导致一些不了解这种方法的人只会将书从头读到尾，然后凭借着自己模糊不清的记忆来撰写读后感或是小论文，还有的人会从访谈和田野调查的记录中随便抓出几句话来排列组合，凑成一份报告。如果一个人没有做过阅读理解和记忆的专项训练，那么他从文本中提取出来的关键词必然不会很精确，数量也不会很多。这样一来，他在写文章时也只会写一些仿佛是在哪里听说过的老套的说辞，或是反反复复用意思差不多的句子来凑字数。

我们无法通过写作将自己的思考百分百地还原出来。当我们回头去读自己写下的文字时，必然会发现一些分歧与违和。而这些就是我们接下来需要思考的内容，也就是将我们的思考向前推进的契机。

将这种违和感写下来，然后读一读自己所写的内容，从中继续捕捉违和感，再写下来。这个循环往复的过程就是所谓的"思考"。综上所述，"阅读文本，在感兴趣的语句下面画线，针对其中的内容进行思考，写下评论"这一连串的行为就是我们在"思考"时的具体步骤。

使用摘抄作为脚手架

在文章中做好标记后的下一步，就是摘抄。

我们需要做的，就是将标记出的语句抄写到另一个笔记本上。为了方便日后回顾，可以把页码和摘抄的理由也备注下来，这样我们在写文章时也可以引用。

这些备注主要有两大功能，一个是有助于记忆和回想；另一个则是可以以摘抄的语句为核心形成一种"结晶"，而结晶的体积还会随着时间的流逝不断增大。这些备注合在一起，就形成了一部"作品"。

如果我们以年为单位坚持做摘抄，随着摘抄的文字越积越多，我们会开始怀疑自己所做的一切是否只是单纯在收集可

南方熊楠做的摘抄（伦敦摘记）

用的语句。

对于所有写作者来说，摘抄不仅是一种基础的练习，还是提升自我修养的重要方式。我们甚至可以说，从他们摘抄的语句和选择语句的标准中就能够看出他们想要成为怎样的人，而他们的精神世界也正是由这些因素构成的。

摘抄笔记是一种能够增强人类认知能力的脚手架。回顾自己的摘抄笔记，将联想到的内容添加进去，如此循环往复。在这个过程中，我们并不是单纯在用自己的大脑来思考，而是在和这些摘抄内容的作者一同思考（方法14）。只要能够坚持下去，相信你的摘抄笔记一定会成为一份充满生命力的知识财产。

让一本书成为自己的"座右书"

做完摘抄后，再多花一点儿心思，我们能够自己制作出一份索引。摘抄笔记中已经标注了页码，因此我们只需要将从同一本书中摘抄出来的语句按照首字母顺序排列起来即可。

或者，我们也可以在给全书做完标记后，从第一页开始按顺序将标记的语句摘抄出来。

有了自制的索引，我们就可以在必要的时候直接拿出刻读后的书，找到其中相关的内容。这样一来，这本书就变成了一个可以随机访问的数据库，我们可以任意调取自己想要的内容。说得再直白一些，就是让书变得像辞典一样可以随时查阅。

如果一本书我们只会读一遍，不会再去重温，那么就没有制作索引的必要了。

大多数真心想要求学的人应该都知道，只读一遍根本无法吸收书中所有的信息和知识，除了从头到尾通读全书以外，还有许多不同的读书方式。这些都是从平时学习中遇到的挫折里总结出来的经验。

方法41

所谓的"座右书"，就是指人们放在手边时常翻阅的书。而自制索引就是将一本书改造为"座右书"的有效手段。如果

B6 卡片索引

右上角的索引卡是我在电车中读书时使用的工具。用书在下面垫着的话，即使是在没有桌子的地方也可以做摘抄，B6 大小的卡片也可以夹在 A5 大小的书中，对那些比较忙碌，只能在坐车的时候学习的人来说会比较方便。

您拥有过目不忘的天赋，自然不需要制作索引。但如果您的记忆力与常人无异，过了一段时间就会想不起来自己阅读过的内容，那么只有自己来制作一份索引，才能真正地将书中的内容化为己用。

任何一种交流都是双向的，人与书之间的交流也是同样。在改造书籍的过程中，作为读者的我们也会发生相应的变化。

在书籍中留下的印记，同样会镌刻在我们的记忆中。这就是书籍赠予读者的最好的礼物。

＜练习＞

- 选择一段文本，篇幅不要太长（比如论文或书的一个章节，也可以选用报纸上的专栏文章），用马克笔之类的工具一边画线一边阅读。与单纯的阅读相对比，看一看自己的阅读速度和理解程度是否会有区别。

- 用画线、贴标签的方式来阅读这本《自学大全》。从头读到尾后，再将画线处和贴过标签的部分摘抄下来，标上页码。这样一来，您就拥有了一份自制索引，以及一本自己专属的《自学大全》。

精读 Close Reading

引领我们走向精读的"辅助轮"

方法42 | 段落归纳（Paragraph Summarizing）

方法42

① 选择一部文献，确定阅读的范围

如果文献的篇幅较长（比如一本书），那么可以以章节为单位来阅读。本书中将以托马斯·S.库恩所撰写的《科学革命的结构》一书的第一章为例，对各个段落的内容进行归纳。

② 给各个段落标上序号

直接在书中给段落标上序号。《科学革命的结构》第一章共有 14 个段落。

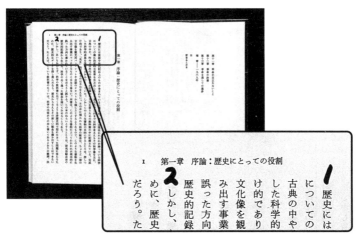

托马斯·S.库恩著　中山茂译《科学革命的结构》（MISUZU 书房，1971）

③ 将段落的序号写到纸上，留出一定的空白

④ 读完一个段落后，对其内容进行归纳总结，填写到对应的空白处

　　最好是每一个段落都用一句话来概括。

　　可以一边读，一边将概括性的语句或是关键词画出来。然后再将画线的部分整合成句子。遇到重复或是可以省略的部分就干脆利落地舍弃。这样一来，留下的记录就能够反映出我们对文章的理解程度。

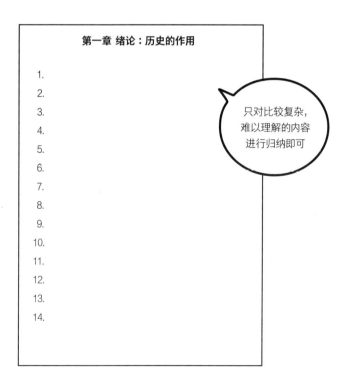

第一章 绪论：历史的作用

1.

2.

3.

4.

5.

6.

7.

8.

9.

10.

11.

12.

13.

14.

只对比较复杂，难以理解的内容进行归纳即可

《科学革命的结构》摘要

第一章 绪论：历史的作用

1. 这本书的目的 = 勾画出一种完全不同的科学观，而这种科学观来自研究活动本身的历史记载。

2. 如果我们寻找并选取历史资料，只是为了回答教科书中那些与历史无关且老套的问题，那么必定无法从中得到新的科学观。

3. （一直以来）科学的发展就是知识和方法的累积，而科学史只不过是一部编年史，记载了它们累积的过程以及遇到的障碍。

4. 随着关于科学的历史性研究不断发展，人们很难再继续将科学的进步看作是一个累积的过程。

5. 对这些困难的讨论将引发科学的历史方法论革命，本书想要用这种新的方法论来描绘新的科学形象。

6 在这一过程中我们会发现，在各类科学问题中都成立的唯一的不变性结论——例如"科学家的信念是由观察和经验决定"——也并不一定是绝对的？

7. 第 3、4、5 章——常规科学 = 想要把大自然强行塞到规则的模子中。

8. 第 6、7、8 章——危机 = 随意性要素。科学家们普遍认同的现存的科学传统被颠覆 = 科学革命。

9. 第 9、10 章——关于科学革命。例如哥白尼、牛顿、拉瓦锡和爱因斯坦。什么可以算作是问题、什么又可以算作是答案，科学家们判断的标准已经发生了彻底的改变。

10. 一些不明显的变化中也存在着科学革命，无论一个新的理论有多么微不足道，都能够改写以往的观念，而不只是单纯的累积。

11. 除了新理论的发明以外，新事实的发现也会改变人们的想法和理论体系。发明与发现很难完全区分开来。

12. 科学革命概念的引申，第 11 章——教科书对科学革命的掩饰，第 12 章——旧传统的拥护者与新科学的倡导者之间的竞争，第 13 章——革命带来的发展如何才能与科学的进步并存。

13. 历史研究是否会带来概念的转变？是否只会导致各种不同类型的对立性解答？是否忽视了概念上的差异？

14. 规则的概念一直处于一种循环之中，因此它拥有高于抽象的具体性内容。那么，我们能否证实这些关于知识的理论与科学史中的诸多现象相符呢？

在归纳总结中发现自己尚未理解的内容

段落归纳（Paragraph Summarizing）是精读的"辅助轮"。

将段落的序号写在纸上，留出空白。这个填补空白的过程，就能够促使阅读者更加深入地去理解文章。

概括文章的内容并不是一件简单的事。想要对段落进行归纳总结，就必须充分理解段落的内容，并能够用自己的语言来表达出来。如果我们理解得不够充分，或是想不通作者的用意，那么就很难归纳段落的内容。这并不是我们的理解能力本身出了问题，而是我们在阅读的过程中，对文章的理解出现了"详略不均"的现象，这一点在平时读书时很难注意得到。

平时我们在阅读书和论文时，并不需要理解其中所有的内容。即使我们逼迫着自己从头到尾通读了全书，也会在无意识中跳过一些语句，或是忽略一些读不懂的内容。**在这种情况下，段落归纳就能够帮助我们从"通读模式"切换到"精读模式"。**

从这种意义上来说，我们在对各个段落的内容进行归纳前，应该先将书通读一遍，或者最好是先反复读上几遍。这样一来，在归纳的过程中，我们就会发现自己之前的阅读是多么的"粗糙"。这里的"粗糙"并不是贬义词，当我们的目的是将书全部读完时，一定程度的"粗糙"也是必要的。

将难懂的书一点点地瓦解

当我们读了许多遍，依然无法理解书中的内容时，也可以使用段落归纳的方法来突破难关。

方法42

这种做法就像是将坚硬的岩石一点点地凿碎，有些十分难懂的书（在最初的阶段）只有用这种方法才能够顺利地读下去。如果一本书读起来毫不费力，我们可能会觉得很开心，但是我们能够从中获得的，也只有一些自己已经知道的知识和自我满足感而已。相反，那些读起来很费劲的书却能够为我们带来新的思考和新的生活态度。段落归纳，就是攻破这些书的最有力的武器。

显然，这个归纳的过程会花费不少时间。一开始，遇到比较难理解的段落可以先跳过，在旁边标一个问号。当我们读完其他段落后回过头来再看，也许就能够理解了。我们也可以先做一些自己当前力所能及的事，例如画下画线、贴标签，在书中留下一些标记（方法41），或是将一些关键词摘抄下来，这些都会对我们之后的理解有所帮助。

刚开始的时候，大家很容易陷入完美主义，明明是概括大意即可，却总想写得再详细一些，导致很难坚持到最后。因此，我们在做归纳的时候，最好是抱着"为每个段落写一个小标题"的心态，这样才能坚持得更长久。

理解程度的"自我监测"

　　除此之外，段落归纳还能够将阅读者的理解程度一五一十地记录下来，是一种自我监测的方式。

　　如果想要与以前的自己作对比，可以隔一段时间后再重新归纳同一篇文章的内容。为此，我们最好是将自己归纳好的成果长期保存。我个人比较推荐在无酸纸的笔记本上做归纳，但是对于那些不擅长整理，很容易弄丢东西的人来说，还是直接输入电脑中，以 txt 文本格式（或是其他各种软件都能够阅览的通用格式）上传到云端比较好。隔一段时间后再重新读一读自己归纳的内容，就能够敏锐地发现自己对哪些部分的理解要比原来更加深入了。对于一名阅读者而言，自己的进步就是读书动机的最主要的来源，其他任何事物都无法与之相提并论。

调动认知资源来跨越难关

方法43 | 抄写 （Scribing）

① 准备一段文本

刚开始最好篇幅不要太长，这样更容易坚持下来。

② 先读一小段，然后凭记忆写下来

读一段文本，然后移开目光，将刚才读过的内容写下来。这种方式也叫默写，相当于是"默记"＋"书写"。如果是一边看书一边抄写的话，熟练后（尤其是当我们一门心思只顾着抄写时）很容易变得机械化，导致我们根本意识不到自己抄了什么。默写就可以有效防止这种情况的出现。

经济领域中存在着多家企业，设其总数为 J

③ 写错了也不必擦掉，画两道横线即可

这些错误也是十分宝贵的记录。

④ 将准备好的文本全部写完

无论是一本书，还是一篇文章，都要坚持从头写到尾。这个过程会很累，所以中途可以休息一下，甚至也可以花费许多天来完成。刚开始的时候最好选择篇幅比较短的文本，尽量在一天内完成，这样更容易获得成就感。

⑤ 检查自己写下的内容是否正确

全部默写完毕后，对照原文，检查自己写下的内容是否正确。

发现了错误后同样也不必擦掉，画两道横线即可。最好用马克笔标记出来，让写错的地方变得更一目了然。

图中抄写的内容选自武隈慎一《数理经济学》（SCIENCE 社，2001）

経済には 多数の企業が 存在し その総数をJとする。
各企業に 1から Jまでの 番号を付け, 第j番目の
企業を企業jと呼ぶことにする。企業jの 生産
集合を $Y_j \subset R^n$ とする。企業が獲得した 利潤は
個人にすべて 分配するものとする。企業jから 個人jへ
利潤が 分配される割合を ~~$\theta_{ij} \geq 0$~~ で表すことにする。

$$\theta_{ij} \geq 0$$

数 θ_{ij} は 個人の 企業jの 株式の 保有比率を表している。
ただし、企業の 利潤は すべて 個人に 分配された。

$$\sum_{i=1}^{I} \theta_{ij} = 1 \ (j = 1, 2, \cdots, J) \qquad (7.2.1)$$

とする。

译文

经济领域中存在着多家企业，设其总数为 J。
用 1 到 J 为所有企业编号，第 j 家企业就叫作"企业 j"。
企业 j 的生产集 $Y_j \subset R^n$。企业的所有收益均会分配给个人。
企业 j 分配给个人 j 的收益占总收益的比例 $\theta_{ij} \geq 0$。

θ_{ij} 就代表个人在企业 j 中的持股比例。
并且，由于企业的利润全部都分配给了个人。

将抄写应用于阅读之中

抄写是一种非常普遍的学习方式，在大多数情况下，抄写都是用来记忆教材中的内容。"学习＝记忆＝反复抄写"，这个等式似乎已经广泛流传开来。

本节中所介绍的抄写方法并不是用来记忆知识，而是用来阅读文章。

对古时候的读书人来说，抄写是一种必备的技能，也是读书时必不可少的一步。之所以会出现"洛阳纸贵"的现象，并不是由于书籍的出版和增印导致纸张不足，而是大家抄写文章用掉了太多的纸张，导致纸变得供不应求。

现如今，印刷技术早已普及，只需要几家出版社，就可以大量地生产书籍，并将这些书籍投放到市场上，提供给读者购买。而在以前，无论是政府还是个人，都只能通过抄写的方式来生产书籍。当人们想要读书时，必须先从别人手里将书借过来，然后自己抄写一份保存。一本书就这样从一名读者（抄写者）的手上传递到另一名读者（抄写者）的手上，以点对点的形式普及开来。

与此同时，抄写的作用也不仅仅是将书复制下来保存，还能够让书中的每一个字都从抄写者的眼、手、脑中过一遍。

数学家的读书方式

现在，一些人在阅读数学方面的书籍以及需要运用数学公式来展开论述的科学类专著时，依然会使用与古时候相似的阅读方式。

他们做抄写并不是为了将书中的话一字一句地记住（在数学和其他相关领域中，死记硬背并没有什么用处），而是为了将必要的注意力调动起来，从而理解书中的内容。在读这些书的过程中，稍微看错一个小小的字符（例如把变量右下角的字母 i 看成了 j），都会导致无法理解证明的流程和论述的展开。

保持注意力高度集中，一字一句认真仔细地阅读（将书中的内容原模原样地抄写到准备好的笔记本上就是为了做到这一点），这只是阅读数学类书籍的最低要求。

除此之外，我们还需要再做一些练习题，看证明的过程是如何一步步地展开，反复确认一些定义和前提性的定理。有时为了能够理解定理的含义，我们还需要自己想一些简单的例题，并确认计算的结果。遇到不懂的地方就得去查阅其他的文献，再继续冥思苦想。将这些全部记录在笔记本上，反复咀嚼教材的内容，这就是钻研数学的必经之路。

我们时常看到的一些数学家的趣闻和传记都把重点放在了他们超乎凡人的才能和奇特的行为上。因此我们很难想到数学家们曾经付出过这样勤恳的努力。

让我们来听一听数学家们自己的讲述吧。

日本的第一位菲尔兹奖获奖者——数学家小平邦彦曾经在一篇名叫《数学没有捷径》的文章中反复提到了自己一直坚持使用的学习方法。

"接下来我想讲一讲如何去学习数学。当我们打开一本数学书，会看到里面有一些定义和公理，以及定理和定理的证明步骤。想要理解一条定理，我们需要先看一看它是如何被证明的。如果看了一遍就懂了，那自然是再好不过，如果没看懂的话，就在笔记本上多抄几遍，抄完以后一般就能够看懂了。在笔记本上反复抄写自己没有看懂的证明过程，我认为这就是数学的一种学习方法。"

构建了"小平次元"理论的数学家——饭高茂曾经撰写过一篇名叫《附记数学书的阅读方法（写给高中生）》的短文，被收录在《数学研讨会增刊入门·现代数学 6 笛卡尔精神与代数几何》（上野健尔、浪川幸彦著／日本评论社，1980）一书中。文中有下面这样一段话：

"如果你想要学习代数学的基础知识，那么就必须精读数学书。我们很希望看到高中生们立下远大的志向，开始学习群、环、体的知识，但这并不是一件容易的事。如果你是天才的话，那我也没什么可说的，但如果你和我一样，是一个莫名对数学产生了好奇心的普通人，那么我给你的建议是：合上书，拿起笔来，在空白的笔记本上，凭借记忆来还原数学书中的内容，不要放过证明过程中的任何一个细节。

"大部分人对读书的印象都源自小说。看小说时，我们只要能够跟上故事的情节即可，忽略一些小的细节也无所谓。然而学术文献却并不是这样。特别是在面对一些自己未曾涉足过的新领域时，我们甚至分不清书中的哪一部分是重点。**有些细小的差别在初学者看来完全不值一提，实际上却有着十分重要的含义。**

"我们在坚持自学的过程中，必然会遇到许多难关。有些知识我们无法马上理解，有些文献只有一字一句地去读才能读懂，甚至还有一些书，我们只能在不断重塑自我的过程中慢慢领会。"

但这些也都是绝佳的机会。当我们的认知功能无法流畅地对事物进行处理时，正好可以将迟钝而又好吃懒做的系统 2 强行拉出来锻炼一下。总之，无论发生了什么，都一定要继续前进，绝不能打退堂鼓。精读这种阅读方式就是为此而存在的。

运用所有的阅读方法来攀上精读的顶点

方法44 | 注释（Annotating）

"注"的一种含义是"附着、安放"，而"释"则意味着"说明、解说"。因此，"做注释"就相当于是"对文章中语句的含义进行解说，再将其附着到原文中相应的位置上"。在英语中，annotate（注释）一词是由前缀"an"（接近）和"notate"（记下）两部分组成。

将解说与原文放到一起有着非常重要的意义。这样一来，文字（无论是我们自己的解说，还是前人留下的解说）就会具有开放性，一些不同的文字之间也能够相互联系起来。

① 选取一段文本

做注释需要花费很长的时间，因此最好选择一段对自己来说非常有价值的文本，这样才能让时间花得更值得。第一次做注释时最好选择短一点儿的文本，比如论文或是书的一个章节，将每一页都复印到 A3 纸的正中央，然后在周围的空白处做注释（空白多一些的话，做注释的时候也会更方便一些）。

② 将比较重要或是值得注意的内容标记出来

最好先反复读上几遍，对各个段落的内容进行归纳（方法42"段落归纳"），这样之后的步骤会进行得更加顺利。然后再进行刻读（方法41），将比较重要，或是值得注意的内容标记出来（也可以将自己的一些发现和疑问写在旁边）。

③ 写注释

不要自己从零开始做注释，最好按照下面的步骤来逐步深入。刻读完一遍后，我们可以再重新阅读文本，并添加注释。此时不需要从头到尾通读全文，可以先从自己感兴趣，或是觉得比较重要的内容开始，前前后后来回地翻阅。

·将文章或章节的末尾的注释抄写下来

经典的文章或是书籍中大多会有校订[1]者和编纂者添加的注释，这些注释中凝缩了长久以来关于这部经典作品的所有研究成果的精华，因此它们是我们首要的参考对象。

这些注释中往往会提到一些其他值得参考的文献（比如同一作者的其他作品），一些有助于读者理解文章内容的事项，

---

[1] 一些年代比较久远的书籍在抄写和流传的过程中往往会经由许多不同的途径，因此会有多个版本留存。所谓校订，就是指将这些不同的版本放在一起进行比较和对照，修正流传过程中出现的错误，确定一份正确的原文。我们平时所看到的公开出版的经典作品一般都是经过校订后的书稿，或是以校订后的书稿为基础制作出来的。

以及用来确认这些事项的参考资料等。当我们在添加注释时，这些信息都具有很高的参考价值。同时，这些在注释中多次提到的书籍和资料也会起到一些帮助，因此最好将它们的名称写下来，制作一张清单，以便放在手边随时查阅。

·找到相应的注释书，将其中的注释抄写下来

大多数的经典作品都会有专门的注释书，且注释书中的内容都是一代又一代的研究成果不断积累而成[1]（甚至可以说，一部作品只有经过了一代又一代研究者的注释，有了注释书这样的成果积累，我们才会心怀敬意，称其为经典作品）。我们最好是将这些注释书也放在手边，以便随时参考。

在那些经过校订后的作品中，我们所看到的注释只是校订者们从历代注释中筛选出来的一小部分。对于他们来说，这些注释是最有价值的，然而对于我们来说，其他的注释可能也会对我们的阅读起到一定的帮助。

---

[1] 在日本，文学作品的校订和注释会比其他领域的书籍要更加完善一些。例如，一些作家的作品集（《漱石全集》《荷风全集》《新校本 宫泽贤治全集》《川端康成全集》《坂口安吾全集》《决定版 三岛由纪夫全集》《中上健次全集》）就并不只是将作家的所有作品收录进来，还需要对原文进行校订，将积累下来的相关研究成果放到注释中，并附上年表以及其他的参考资料。特别是若草书房还曾经发行过《漱石文学全注释》系列，对夏目漱石的所有作品进行注释（遗憾的是这个系列后来中断了）。除此之外，《近代文学注释大系（共9册）》中也有夏目漱石的专题。

·提出疑问并寻找答案，然后将其写在旁边

如果您想要阅读的文章或书籍还没有校订后的版本或是注释书（这种情况要普遍得多），也不要觉得无所适从。我们的理解与不解，以及内心产生的疑问，将会引导我们去完成注释工作。

刚开始的时候不必想得太过复杂，只要在原文的旁边写下几个问号即可。如果只是光用眼睛看，那么这些疑问和不明白的点很快就会从我们的记忆中溜走。用问号来将它们标记出来，就相当于是向眼前的这座难以翻越的文字之山中钉入了几颗岩钉[1]。

接下来，就可以利用身边一切可利用的资源来进行注释。普通的辞典、外语词典、各类专业性百科全书以及解说类书籍，再加上其他相关的文献，这些全部都可以用来查阅。如果身边有可以询问的人，也可以请教一下。

刚开始的时候，可能会有许多疑问都找不到答案。因此我们需要放平心态，能解决几个是几个，这样才能长久地持续下去。

在阅读中产生疑问并且将其写下来，这个过程本身就会有助于我们阅读理解能力的提升。请大家相信这一点，坚持做下去。

---

[1] 登山时使用的钢钉，用来提供支撑和着力点。

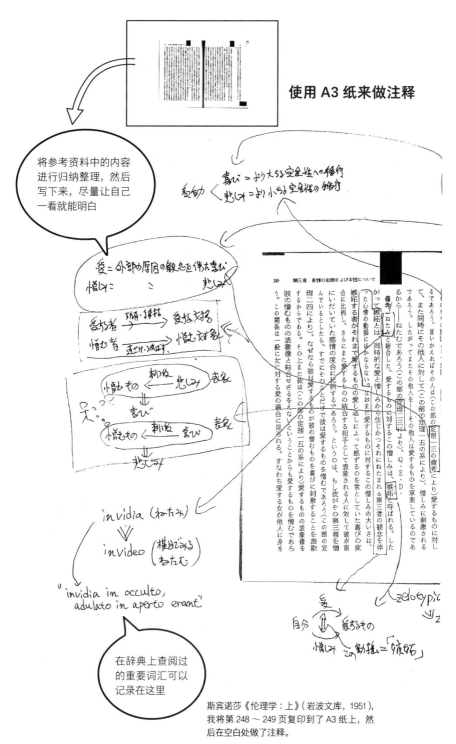

使用 A3 纸来做注释

将参考资料中的内容进行归纳整理，然后写下来，尽量让自己一看就能明白

在辞典上查阅过的重要词汇可以记录在这里

斯宾诺莎《伦理学：上》（岩波文库，1951），我将第 248 ～ 249 页复印到了 A3 纸上，然后在空白处做了注释。

472

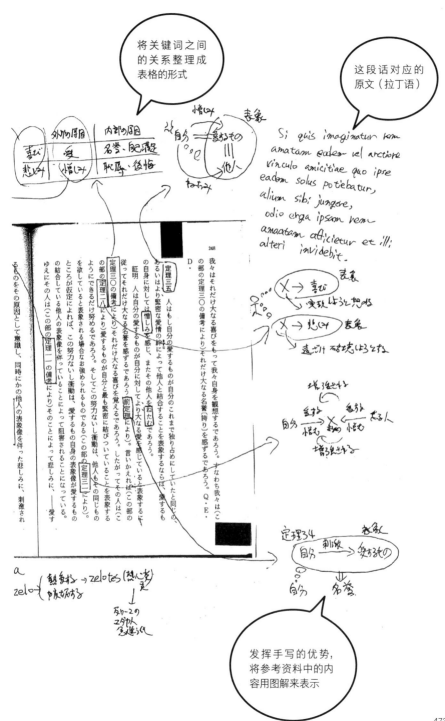

将关键词之间的关系整理成表格的形式

这段话对应的原文（拉丁语）

Si quis imaginatur rem amatam eadem vel arctiore vinculo amicitiae quo ipse eadem solus potiebatur, alium sibi jungere, odio erga ipsam rem amatam afficietur et illi alteri invidebit.

248

D・

我々はそれだけ大なる喜びをもって我々自身を観想するであろう。すなわち我々は（この部の定理三〇の備考により）それだけ大なる名誉（誇り）を感ずるであろう。Q・E・D・

定理三五 人はもし自分の愛するものが自分のこれを独り占めにしていたと同じあるいはより緊密な愛情の絆によって他人と結合することを表象するならば、愛するもの自身に対して憎しみを感じ、またその他人をねたむであろう。

証明 人は自分の愛するものが自分に対してより大なる愛を感じているほど、それだけ大なる名誉を感ずるであろう（前定理により）。それゆえそれだけ大なる名誉を欲するであろう、あるいは同じことだが（この部の定理二八により）愛するものが自分と最も緊密に結合していることを表象するように努めるであろう。そしてこの努力ないし衝動は、愛するものの自身の表象像が愛するものの表象像を伴っていることによって阻害されることになっている（この部の定理三一により）。

ところが仮定によれば、この努力は、愛されるものが他人と最も緊密に結合していることを表象することによって阻害されることになっている。したがってその人は（この部の定理二八の備考により）愛するものの表象像が愛するもの自身の表象像を伴っている場合にお強められるものを欲していると表象されることによって、またかの他人の表象像を伴った悲しみに、──愛す

ゆえにその人は（この部の定理二一の備考により）そのことによって悲しみに、

るものをその原因として意識し、同時にかの他人の表象像を伴った悲しみに、刺激され

发挥手写的优势，将参考资料中的内容用图解来表示

创造一份全世界独一无二的知识财产

注释，是阅读方法的最终阶段，但却并不是阅读的终点。相反，通过注释，我们能够将自己的阅读过程与他人的阅读过程联系起来，让阅读变得更加开阔。

例如，当我们在阅读经典作品时，我们不仅是在读作品的原文，还能够通过注释与历代阅读者对话。他们在阅读时产生的思考也都凝聚在了这些注释之中。

现如今，当我们在读书时，历代阅读者所留下的这份知识遗产能够为我们提供许多参考。同样地，我们接下来要做的注释也必然能够发挥一定的作用，而第一个从中获益的人，将会是我们自己。

本居宣长曾经为刚刚入门的门生写过一本名叫《初山踏》的书，用简单易懂的语言对初学者需要提前知晓的一些事项和学问的真谛进行了说明。他在书的最后提到，如果我们对自己所学的内容已经有了大致的了解，那么就应该开始试着自己为古书添加注释。

人类的思考并不一定要以语言的形式来进行，但当我们想要将思考外化时，语言的确是一种非常高效的工具。我们无法用语言将自己的思考百分百地还原出来，**但是当我们回头去阅读自己写下的文字时，就能够发现自己的思考与语言之间存在的分歧，然后再将这些分歧进一步用语言来表达出来。这样不断循环往复，我们的思考就会逐渐变得越来越深刻，这是单纯**

在头脑中思考所无法做到的。

这种思考和语言的转换不仅可以应用于我们自己的语言，当我们在阅读别人写下的文字时，也可以向其中加入自己的思考。只有这样，我们才能够真正爬上"巨人的肩膀"，在前人智慧的帮助下，达到一人之力所无法企及的高度。

事实上，有些语言看似发自我们的内心，实际上却是来源于阅读。我们都是不断在阅读中吸收他人的语言，然后再将这些语言积累到自己的头脑中。

注释，可以让思考和语言的转换跨越时代，将我们与过去和未来的其他阅读者联系起来。一部自己加过注释的书，是我们在未来的一生中都能够利用的，全世界独一无二的知识财产。

电子版注释：摘要·注释矩阵表

除了直接写在原文旁边以外，注释还有许多种其他的形式，可以根据自己的目的和所处的环境来选用。

例如，如果我们想要将原文和其他包含相关论述的文献都整理到一起，变得一目了然，那么使用 Excel 等软件来制作表格（矩阵表），会更加高效。

第 478—479 页的表格是一份"摘要·注释矩阵表"。表格中不仅包括原文（这里选用的是库恩撰写的《科学革命的结构》一书）的摘要，还摘取了其他文献中的相关论述。

表格中还用了涂色、连线等方式来表示相关内容之间存在的对应关系。

【 摘要·注释矩阵表的制作方法 】

① 对原文（《科学革命的结构》这本书）的内容进行归纳总结，制作一份摘要，输入矩阵表的第一行。可以按照段落来归纳（方法42），也可以使用问读（方法36）的方式，按照章节来制作摘要。

② 收集包含原文献（《科学革命的结构》）相关论述的其他文献（论文或是书籍）作为参考。

参照本书第2篇中给出的"调查研究"的路线图，先查阅百科全书（方法23），掌握一些关于《科学革命的结构》和其作者托马斯·S.库恩的基本知识，然后再去查找该学科领域（科学哲学、科学史）的文献目录（方法24）、教科书（方法25）或是讲座书，进行书籍探索（方法26），查找期刊论文（方法27）。

通过以上步骤，我们就找到了一本名叫《库恩：范式》（讲谈社，1998）的书。这本书是"现代思想的冒险家们"系列中的一册，作者是野家启一。我们将这本书和其他查找到的文献名称填入表格的最左边一列。

③ 阅读②中查找到的文献，将重要的内容摘取出来，看

看这些内容分别与原文中的哪一部分相对应，填入相应的格子中。

④ 这样一来，从横向上来看，矩阵表的每一行分别对应一部文献。从纵向上来看，矩阵表的每一列中则包含了各个文献对原文中某个部分的相关论述。

⑤ 表格制作完成后，再用涂色或是连线的方式将相关内容的对应关系表示出来，如果有什么新的发现，也可以在旁边做注释。

《科学革命的结构》摘要·注释矩阵表

	A	B	C
1	托马斯·S.库恩《科学革命的结构》 Kuhn, Thomas S.,(1962) The Structure of Scientific Revolutions, University of Chicago Press	第一章 历史的作用 P.1—11 Introduction: A Role for History 1. 本书的科学史方法论——丢弃科学的积累史观 2. 本书的结构	第二章 通往常规科学的道路 P.12—25 The Route to Normal Science 1. "normal science" 的定义 2. "paradigms" 的定义 3. 4. 5.
2	野家启一《库恩：范式》讲谈社（现代思想的冒险家们24），1998 第四章《科学革命的结构》的结构	1. "科学"谋杀案的现场取证 对科学中成功案例的反叛 （《科学革命的结构》的写作目的——勾画出一种完全不同的科学观，而这种科学观来自研究活动本身的历史记载。科学的形象过于现实，导致科学家和科学哲学家们无法去正视它）	范式的出现是一个领域成熟的证明 （范式还应该完成多少像这样的清剿工作？ 科学的历史几乎都是由常规科学所占据。放弃范式，相当于放弃其所定义的科学研究）
3	An Introductory Essay by Ian Hacking The Structure of Scientific Revolution, the University of Chicago Press 2012	1. 1962 在《科学革命的结构》一书出版的那一年，发生了哪些事	

将原文中某一章节的摘要和各个文献针对该章节的相关论述归纳整理到表格的同一列中

	D	E	F
	第三章 常规科学的本质 P.26—38 The Nature of Normal Science 1. 在 paradigm 的驱动下，实验与观察活动应该如何分类 2. paradigm 的完善与重构——理论物理学与实验物理学	第四章 常规科学如同解谜 P.39—47 Normal Science as Puzzle-solving 1. paradigm 赋予 normal science 的规则 2. normal science 中还剩下什么	第五章 范式的优先性 P.48—57 The Priority of Paradigms 1. rule, paradigm, normal science 三者的关系 2. normal science 的 identify ——维特根斯坦的语言游戏理论 3. normal science 理论背后的 paradigm
	2. 常规科学与范式 范式最初的定义——指得到普遍认同的科学成果，能够在一定的期间内，为一个科学家共同体提供典型的问题与解答。 范式的本质特征 = 为研究者团体提供用来解决的问题，且问题必须具有独特性，以至能够形成一个持续性的支持团体。 范式的共享 = × 经过理性讨论得出一致的观点，√ 对特定研究传统的归属	常规科学就是解谜 @"常规科学"名词解释	（接上文） （学习规则 = × 通过抽象的定义来学习概念、法则和理论，√ 以具体的科学成果为典范［范式］，结合所处的环境，学习将概念与法则套用于自然现象中的步骤［规则］。 即使是从属于同一范式的科学家，也不一定会遵从同一种规则）
	4. 范式 范式应该能够适用于少数人（比如100人）形成的共同体 范式为常规科学赋予了特征 泡利的例子：范式遭到挑战，科学家共同体解体 不应该将培根的热力学理论当作前范式期	3. 常规科学与解谜 科学家们一开始对"解谜"这种说法感到了震惊，但后来也对此表示了认同，认为这就是他们平时的工作方法 即便如此，库恩本人依然比较重视理论，而最近人们则更加重视实验，公众对科学的尊敬也是来源于理论以外的方面	表格制作完成后，用线将相关的内容连起来

用译读来做思考训练

方法 45 | 铃木式六分笔记

① 将笔记分成六个部分，把原文的一小段粘贴到
笔记的第 1 部分中

之所以使用粘贴的方式，是因为当我们还没有理解文字的内容时很容易抄错，且自己很难发现错误。

② 查一查这段文字中的单词、短语和语法，
将查到的内容写到第 2 部分中

这一步主要是确认单词的意思和词性，相当于是语言学习中的预习环节。

③ 将一些有助于理解文意的背景知识以及与语言
无关的事实写到第 3 部分中

将百科全书和参考文献中查到的内容写下来。一些译本中的"译者注"就属于这一类。文中出现的人名、地名，以及其他的专有名词的基本概念可以写在这里。

④ 将疑问和思考过程写到第 4 部分中

仔细想一想自己有哪里没有读懂，将自己的理解和思考过程以语言的形式写下来，然后尝试进行解答和说明。反复提出自己的猜想和疑问，并反复推敲译文，这样一来，阅读理解就升级成了一种思考训练。

⑤ 将译文写到第 5 部分中

专门划分一个区域来填写译文，这样也方便日后进行修改。修改译文是思考训练后半段的一个重要的步骤，相当于是对思考过程的一种验证。

⑥ 最后将这段文字抄写到第 6 部分中

铃木晓《中级法语的高效学习教授法：如何制作理想的笔记》

上智大学法语及法国文学纪要编辑委员会编 Les Lettres françaises 第 19 号，1999，第 67—75 页

学习德语的案例

No. · ·····
Date · ·

① 原文

> 首先将原文粘贴过来

Der Begriff **Perspektivismus** wurde zuerst von Gottfried Wilhelm Leibniz gebraucht und bezeichnet philosophische Lehren, die besagen, dass die Wirklichkeit von Standpunkt und Eigenschaften des betrachtenden Individuums abhängig ist.

② 単語

- Der = the
- Begriff = term
- Perspektivismus = Perspectivum
- wurde = was (遠近法主義)
- von = of
- Gottfried = Gottfried
- Wilhelm = William
- Leibniz = Leibniz
- gebraucht = used

人%

- und = and
- bezeichnet = designated
- philosophische = philosophical
- Lehren = teach
- die = the
- besagen = indicate
- dass = that
- die = the
- ist = is

- Wirklickeit = reality
- von = of
- Standpunkt = point of view
- und = and
- Eigenschaften = properties
- des = of
- betrachtenden = contemplative
- Individuums = individual

③ 内容について調べたこと

遠近法主義　Perspectivism

認識論の用語。絵画の遠近法では風景が画家を中心に配置されるように，認識は認識主体の立場によって制約され，普遍妥当的認識は不可能とする相対主義的立場。ニーチェ，T.リット，オルテガ・イ・ガセットなどに代表される。

出典 ブリタニカ国際大百科事典 小項目事典ブリタニカ国際大百科事典 小項目事典について

> 将查到的资料粘贴到这里。如果太长的话可以自己归纳总结一下

这里是这份笔记的关键! ⑤中的翻译是如何得来的, 将思考的过程尽可能详细地写下来

④ 質問・疑問・思考過程

∘ Der Begriff Perspektivismus wurde zuerst von Gottfried Wilhelm Leibniz gebraucht. (受身)

∘ und bezeichnet philosophesche Leben, die besagen.
　　　　　　(dass 以下のようなことを言ってる学説って感じ?)

∘ dass die Wirklichkeit von Standpunkt und Eigenschaften des betrachtenden Individuums abhängig ist
(これどれがどれにかかってるか わからん… 何が何に依存してる? 格をチェックすべき?)

⑤ 翻訳

パースペクティビズムという用語は ゴッドフリード・ヴィルヘリム・ライプニッツ
によって 最初に 使用されたもので 現実は それを見る 個人の視点と
特性に 依存するという 哲学的学説を 意味する。

理解了原文的内容后再进行抄写, 效果会更好

⑥ 原文を手書きで写す

Der Begriff Perspectivismus wurde zuerst von
Gottfried Wilhelm Leibniz gerbraucht und bezeichnet
philosophische Lehren, die besagen, dass die Wirklichkeit
von Standpunkt und Eigenschaften des betrachtenden
Individuums abhängig ist.

不是"记笔记"，而是"用笔记来思考"

铃木式六分笔记法[1]能够将译读外语的过程提升到精读（Intensive Reading）的境界。这种方法的创始人铃木晓是一位法国文学研究者，但这种方法不仅可以广泛应用在法语以外的外语学习中，还可以用来精读各种其他学科领域的著作。

这种方法的关键在于，**能够将原文与解释原文时所需要的所有项目（特别是自己查到的资料和自己的思考过程）全部整理到笔记本并排的两页中。**

铃木晓之所以会设计出这样的方法，是因为他在法语课堂上遇到了一些"不会好好记笔记"的学生。有的学生"只会将老师的翻译抄下来，然后到了考试前再拼命地背诵"，还有的学生"只会抄老师的板书，而口头的说明则一概不记，只是呆呆地坐在那里听"。对于这些学生来说，记笔记只不过是把将来需要背诵的东西暂时保存一下。也许在他们的眼中，学习也仅仅意味着把别人准备好的正确答案全部记下来。

如果学生抱着这样的学习态度，那么别说是理解一门语言，能不能理解老师讲的课都很难说。而铃木晓已经向我们证实了笔记的作用并不是仅限于此。对于阅读者而言，笔记还能起到引导的作用。它能够促使我们去查阅资料，动脑思考，从而加深对原文的理解，并且还能够将这些过程全部记录下来，

---

[1] 铃木晓：《中级法语的高效学习教授法：如何制作理想的笔记》，上智大学法语及法国文学纪要编辑委员会编 *Les Lettres françaises* 第 19 号，1999，第 67—75 页。

方便日后反复回顾。

拯救了"后进生"丘吉尔的方法

　　译读，又称为语法翻译法（grammar-translation approach），是一种古老的外语教学法。然而，正是因为这种方法很"古老"，所以也遭受了许多的批判。特别是那些提倡在交流中学习语言的人更是对这种学习方法十分不屑一顾。"母语者在说话时从来都不会考虑语法""就是因为用了这样的方法，所以日本人才说不好英语"，类似这样的言论比比皆是。

　　有一个人必然不会这样认为，那就是温斯顿·丘吉尔。他曾经借助"畅销书作家"这一身份跻身政坛，并带领英国在第二次世界大战中取得了胜利，晚年又凭借着自己撰写的回忆录获得了诺贝尔文学奖。

　　丘吉尔的父亲是一位举足轻重的政治家，但丘吉尔却连续三次都没能考上著名的哈罗公学。最后他虽然在"特殊照顾"下得以入学，成绩也是倒数第三名（倒数前两名不久后都退学了）。毕业后，丘吉尔也没能升入知名的大学，只好进入军事学院，走上军人的道路。然而不久后，他的后盾——父亲就离开了人世。

　　丘吉尔人生的转折点，是他在作为军人前往印度赴任的途中，向英国杂志社投稿的文章。在文章大受好评后，丘吉尔将其写成了一本书——《马拉坎德野战军纪实》，成功登上了英国的热销榜。后来，丘吉尔弃武从文，以随军记者的身份参加了布尔战争，被敌军俘虏后成功逃脱，并将事情的全过程写成了一部手记，再次登上了热销榜。

那么，他的这种高超的写作能力究竟是从哪里得来的呢？丘吉尔曾经在著作中回忆起自己在哈罗公学时的恩师，写下了这样一段经历。他说，当时的自己学习成绩很差，周围的人都认为他学不好拉丁语和希腊语，而负责教授他英语的萨默维尔老师一直让他练习去拆解文章。所谓拆解文章，就是使用黑色、红色、蓝色、绿色等不同颜色的墨水，将长文中的主语、动词、宾语、连词、关系从句、条件从句等组成成分全部画出来。由于考试不及格，丘吉尔将第一学年的课程修了三次，因此，"文章拆解练习"也做了别人三倍的量。这样一来，他就彻彻底底地掌握了一般英语的基本结构。

即使是与那些能够用优美的拉丁语写诗，用简洁的希腊语写下警句的优等生相比，丘吉尔在英语写作方面也毫不逊色。萨默维尔老师让后进生们做的文章拆解练习就是精读的基础，能够让他们充分注意到文章中微小的细节。经过这样的练习，丘吉尔才掌握了能够自由表达的写作能力，并且养成了用语言去剖析世界的思考能力。

战胜逆境的摘要注释法

方法 46 | 列宁笔记

① 阅读文献，制作笔记

将各个章节的标题写下来，归纳各个部分的主要内容（方法 42），然后把特别重要，或是之后可能会用得上的内容也摘抄下来（方法 41"刻读"），汇总成一份笔记。

② 阅读①中制作好的笔记，在笔记的空白处写下自己的评论

如果您不赞成文章中的某一部分，可以在旁边的空白处写下"反对！""否！否！否！"这样的否定性评论。反之，如果您认可作者的观点，想要表示赞同，那么可以在空白处写下"Yes""十分同意"等。如果有了一些复杂的想法或是想做较长的论述，也同样可以将它们写下来。

③ 时不时地翻看笔记，必要时可以添加一些内容

这部笔记是由两个区域构成，一个是"客观区"，一个是"主观区"。"客观区"是指笔记的主体部分，这部分主要反映了原文献中的内容。而"主观区"则是指旁边空白处的评论，这部分主要是阅读者自己的感想。

文献的内容和我们记下的笔记不会发生改变，但阅读者（自学者）却是处于一种变化的过程之中。在翻看笔记时，我们就会发现自己对同一部文献的理解和思考发生了改变。如果我们不断地将这些感受添加到笔记中，那么越来越多的主观想法就会在笔记中不断累积，形成一份世界上独一无二的知识财产。

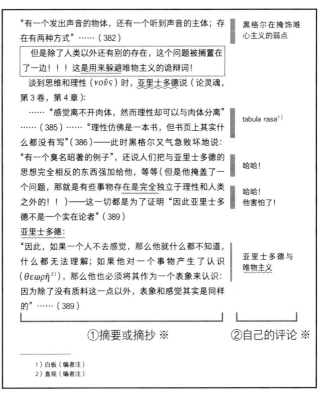

"有一个发出声音的物体，还有一个听到声音的主体；存在有两种方式"……（382）

  但是除了人类以外还有别的存在，这个问题被搁置在了一边！！！这是用来躲避唯物主义的诡辩词！

谈到思维和理性（νοῦς）时，亚里士多德说（论灵魂，第3卷，第4章）：

……"感觉离不开肉体，然而理性却可以与肉体分离"……（385）……"理性仿佛是一本书，但书页上其实什么都没有写"（386）——此时黑格尔又气急败坏地说："有一个臭名昭著的例子"，还说人们把与亚里士多德的思想完全相反的东西强加给他，等等（但是他掩盖了一个问题，那就是有些事物存在是完全独立于理性和人类之外的！！）——这一切都是为了证明"因此亚里士多德不是一个实在论者"（389）

亚里士多德：

"因此，如果一个人不去感觉，那么他就什么都不知道，什么都无法理解；如果他对一个事物产生了认识（θεωρῆ [2]），那么他也必须将其作为一个表象来认识；因为除了没有质料这一点以外，表象和感觉其实是同样的"……（389）

- 黑格尔在掩饰唯心主义的弱点
- tabula rasa [1]
- 哈哈！
- 哈哈！他害怕了！
- 亚里士多德与唯物主义

①摘要或摘抄 ※　　　②自己的评论 ※

1）白板（编者注）
2）直观（编者注）

弗拉基米尔·伊里奇·列宁著 / 列宁全集刊行委员会译《哲学笔记》（大月书店，1964），第269页
※ 只有①和②是笔者添加的内容

逃亡中的革命家所采用的阅读方法

俄国革命的领导者——弗拉基米尔·列宁曾在逃亡途中的图书馆里写下了著名的"列宁笔记"[1]。

在逃亡中，列宁无法拥有自己的书房，也无法随身携带厚重的书籍，因此只能在笔记本上归纳和引用书中的内容，并在空白处写下评论，制作一份自己的读书笔记。

列宁自身的观点并不只是体现在空白处的评论中，在笔记的主体部分，也就是对原文的归纳和引用中也随处可见。列宁通过这份笔记向自己的论敌挑起争论，锻炼了自己的思辨能力。与列宁相比，自学者们虽然不需要亡命天涯，但也同样无法购买大量的书籍，打造一个满意的学习环境。因此，列宁所面临的问题和采取的对策，对自学者们来说也有一定的参考价值。

可以无限添加内容的"升级版列宁笔记"

第491页中的表格就是我开发的"升级版列宁笔记"。表格正中央的一列是对原文内容的总结（本表格中是对各段落内容的归纳），最右侧的一列是其他解读和注释文献中对应部分的摘要，最左侧的一列中则是阅读者在重新阅读自己总结

---

[1]　网上可以读到列宁笔记的原文（俄语版全集）。

的内容后产生的感想等。

在前文中，我曾经向大家介绍过如何制作摘要·注释矩阵表（第476—477页），将自己所阅读的文献和其他包含相关论述的文献中的信息整合到同一张表格中。而这种"升级版列宁笔记"就是在摘要·注释矩阵表的基础上加入了列宁笔记的特征，在最左侧添加了一个空白列，用来撰写阅读者自己的评论。

与原版的列宁笔记相比，这种升级版的列宁笔记主要有两大优势。一个是可以以电子文档的形式来保存和管理，还有一点就是在使用软件制作表格时，每一格都可以无限输入以及添加内容。

【升级版列宁笔记的制作方法】

① 先阅读原文，按照章节或是段落对原文的内容进行归纳总结，输入表格正中间的一列中。

② 其他解读和注释文献中对应部分的摘要输入最右侧的一列中。

③ 重新阅读右侧两列中的原文和注释，将自己的感想输入最左侧的一列中。

升级版列宁笔记

吐槽 / 评论	各段内容的归纳	其他解读和注释文献
	1. 科学会不断发现未知的现象，在一套规则指导下的游戏中会产生新的规则 ② 然后，将从其他解读和注释文献中得到的信息填写到表格最右侧一列中	A. Normal science does not aim at novelties of fact or theory and, when successful, finds none. B. Nonetheless, new and unsuspected phenomena are repeatedly uncovered by scientific research, and radical new theories have again and again been invented by scientists (52).
# 这有点像 W 型科学 ③ 最后，把自己的吐槽和想法写到最左边一列中	2. 是什么让一些领域的工作变得与以往不同了呢？事实的新颖性（发现）和理论的新颖性（发明）（科学革命）具有一种规则性反复出现的结构=意识到反常=大自然违反了范式做出的预测→人们对反常现象进行扩展性的探索 # →范式理论的调整→反常现象变得与预测相符=结束，在范式的调整完成前，新的事实无法成为科学事实	D. So how does paradigm change come about? 1. Discovery? novelty of fact. a. Discovery begins with the awareness of an anomaly. b. Perceiving an anomaly is essential for perceiving novelty (although the first does not always lead to the second, i.e., anomalies can be ignored, denied, or unacknowledged). 2. Invention? novelty of theory. a. Not all theories are paradigm theories. b. Unanticipated outcomes derived from theoretical studies can lead to the perception of an anomaly and the awareness of novelty. c. How paradigms change as a result of invention is discussed in greater detail in the following chapter.
# 这部分内容也很有趣。改变的不只是理论，还有实验装置的存在意义，这些实验装置与当时的研究活动有着直接关联。这是对"范式的转换=思维方式的改变"的一种反证	10. X 射线的发现使人震惊——震惊后的反应=开尔文勋爵怀疑这是一场骗局+欧洲广泛采用阴极射线装置→他们需要重新审视这些能够透遮盖物的未知射线对以往实验产生的影响→不得不使用铅作为遮盖物=改变了现有领域的研究活动=否定了先前合乎范式的仪器设备	
将场景换成科学研究——反常现象的出现→混乱和抵触→范式转换，人们改变看法，让反常现象变得符合预期→然而仍有一部分人无法接受新的范式，放弃科学研究	17. 上述实验的结果=反常牌会使受试者感到混乱→随着次数的增加，受试者变得能够正确地辨认出来+但也有的人总是辨认不出来，导致对游戏本身产生了抵触	
吐槽 / 评论 ① 首先，按照段落归纳自己阅读过的内容	18. 科学的发展也与这个心理学实验有着相似之处——一开始所有的现象都符合预期→虽然人们会感到抵触，但新颖的事物=不符合预期的事物仍然会出现→人们注意到了反常，调整概念的范畴，让反常现象变得符合预期=至此，科学发现就完成了。常规科学虽然不直接追求新事物，还倾向于压制新事物，但却依然有效地促成了新事物的出现	The process of paradigm change is closely tied to the nature of perceptual (conceptual) change in an individual? Novelty emerges only with difficulty, manifested by resistance, against a background provided by expectation (64).

托马斯·S.库恩著　中山茂译《科学革命的结构》（MISUZU 书房，1971）

伊本·西拿

（拉丁名：阿维森纳）

出生于中亚地区布哈拉的哲学家、医学家。18 岁就已经精通了除形而上学以外的所有学问，然后便专注于亚里士多德的形而上学研究。在 17 世纪前，其著作《医典》一直是欧洲地区的医学教科书。在哲学领域，他也被称为"第二个亚里士多德"，其著作《治疗论》中包含了除伦理学和政治学以外的所有哲学分支，为共相论争带来了很大的影响。

约翰内斯·古登堡

（Johannes Gensfleisch zur Laden zum Gutenberg，1398 年—1468 年 2 月 3 日）

古登堡发明了各种与活字印刷有关的技术，并成功应用在了生产中，例如活字批量生产、油性印墨、与农耕用螺旋压力机类似的木质印刷机等。他亲手创立了印刷业和印刷物出版业。1455 年，首部大规模活字印刷的《圣经》成功出版。活字印刷技术的出现引发了欧洲书籍生产的大变革，为学术界乃至整个社会带来了巨大的影响。

查尔斯·狄更斯

（Charles John Huffam Dickens，1812—1870）

英国小说家。12 岁开始一边在当地的工厂工作一边自学。16 岁进入律师行打下手，第二年成了法院的速记员，后来以新闻记者的身份开始撰写关于议会的报道和一些风俗见闻类小品。其撰写的短篇小说获得了大众的认可后，1836 年出版了《博兹札记》，正式进入文坛。狄更斯一生中发表了诸多名作，受众也非常广泛，从乡下小城的普通人到维多利亚女王都对他的作品表示了喜爱，是英国的国民级作家。

福泽谕吉

（1835—1901）

日本明治时代的启蒙思想家，庆应义塾的创始人。
曾在绪方洪庵的适塾中学习，后来在江户中津藩的
宅邸中开设了兰学塾（庆应义塾的前身）。在横滨
观光时，福泽谕吉深切地感受到了兰学的局限性，
转为学习英学。后来他乘坐咸临丸号渡海前往美
国，又作为日本幕府派遣到欧洲的使节团访问了欧
洲六国，回国后将这些游历西洋的经历写成了《西
洋事情初编》一书。从日本幕末时期到明治时期，
福泽谕吉一直以西洋文明介绍者的身份活跃在历史
的舞台上。

南方熊楠

（1867—1941）

日本博物学家、生物学家、民俗学家。南方熊楠与
夏目漱石、正冈子规等人是大学预备门的同级生，
但是入学没过多久就退学了。之后他没有进入学校
读书，也从未有过固定的职业，一直是一名业余研
究者。他从小就一直坚持做摘抄，这一习惯一直支
撑着他的研究生涯。大英博物馆中还收藏着南方熊
楠的摘抄笔记，被称为《伦敦摘记》，共有 52 册，
多达一万多页。

《初山踏》

（讲谈社学术文库，2009）

宽正十年（1798 年）完稿，第二年刊行。本居宣长
写完《古事记传》后，在门生们的恳请下写作了此
书，用平实易懂的语言向初学者们讲述了国学的学
习方法。"初山踏"是指"第一次漫步于山中"。在
日本，人们会为了修行去攀登大峰山、葛城山等山
峰，后来则用来比喻初次踏上求学的道路。

温斯顿·伦纳德·斯宾塞·丘吉尔

（Winston Leonard Spencer Churchill，1874—1965）

丘吉尔是家里的长子，父亲是一名举足轻重的政治家，出身于公爵家庭，曾出任英国财政大臣，隶属于保守党。在著名的哈罗公学，成绩不好的学生通常会选择进入军事学院学习，而丘吉尔却连军事学院的考试都差点没能通过。他的学习之路十分坎坷，但在父亲离世，彻底失去了后盾后，丘吉尔靠文笔崭露头角，成功跻身政坛。在第二次世界大战中，丘吉尔作为英国的首相，用豪迈的性格和直率的演讲鼓舞了英国国民，带领英国战胜了纳粹德国。

芭芭拉·明托著 / 山崎康司译

《金字塔原理》

（钻石出版社，1989）

小平邦彦编

《新·数学学习法》

（岩波书店，2015）

第13章

记忆

无知小子和老者的对话 13
记忆的管理比记忆术更重要

无知小子：我记性太差，简直要活不下去了！您快帮帮我吧！

老　　者：好记性不如烂笔头。

无知小子：您这是事不关己，高高挂起啊。

老　　者：本来就是与我无关。很多不喜欢学习、想要放弃的
　　　　　人都会说"我怎么学都记不住"（所以不爱学了）。

无知小子：没错！简直是我灵魂的呐喊。

老　　者：这就像减肥失败的人说自己喝水也会长肉一样，明
　　　　　明除了喝水以外还吃了很多东西，这些事实全被他
　　　　　们选择性忽视了。

无知小子：减肥的人无辜躺枪啊。

老　　者：同理，那些说自己怎么记都记不住的人，根本就没
　　　　　有认真去学。光是翻翻书和笔记本，就能把里面
　　　　　的内容全部都记住，这只有专业的记忆大师才能
　　　　　做到。

无知小子：现在任何信息都能用手机直接搜到，所以记忆力根

本就失去了意义。

老　　者：你说这话听起来真像是昭和时代的老大爷。那我把辞典和语法书都借给你，你现在说中文给我听听[1]。

无知小子：对不起我错了。

老　　者：如果你蔑视某种东西，最后必定会在不知不觉中付出代价。看不起记忆力的人，都会在记忆方面栽跟头。虽然记忆并不是学习的最终目标，但也是一个不可忽视的组成要素。就比如说，如果我们连字母表都背不下来，那就绝对无法读懂和理解英文。

无知小子：的确是这样。

老　　者：其实有无数的知识都深深地刻在了我们的头脑中，以至我们甚至不需要特意去回想它们。我们对事物的理解也都建立在这些知识的基础之上。因此，如果一个人不愿意去记忆知识，那么理解也根本就无从谈起。当一个人说"太难了，理解不了"的时候，他要么是根本就没记住之前学过的简单的内容，要么就是记得太不牢固，要绞尽脑汁才能回想起来。

无知小子：您这次讲的方法好像比以往还要严格。这种让人喘不上气的斯巴达式学习法，现在的年轻人可是接受

---

[1]　此处是在暗指哲学家约翰·希尔勒曾经做过的一个名叫"中文房间"的思维实验。

不了的。

老　　者：那正合我意。有的人会说"为了考试去死记硬背根本就没有意义"，但其实记忆这些东西并不只是为了考试，而是为了自己。虽然记忆无法取代理解，但却能够为理解提供帮助。**只要我们记忆得足够牢固，就不需要再去花费宝贵的认知资源来回想这些知识，这样一来，这些认知资源就可以用在理解上。**

无知小子：您的意思是，遇到理解不了的知识，就先记住它？

老　　者：不，我的意思是，要把自己觉得"已经理解了""差不多记住了"的知识记得更牢固，做到烂熟于胸。当我们在学习的过程中碰壁时，这些知识有时会助我们一臂之力。

无知小子：我明白了，以后再也不逃避记忆了。可是具体要怎么做才能记住呢？用记忆术吗？

老　　者：我倒是可以教你一些经典的记忆术（Mnemonic），但是那些都不太符合现代人的记忆需求。

无知小子：现代人的记忆需求是指什么？

老　　者：记忆术原本是雄辩术的一个分支。说白了，就是把很长的演讲稿给背下来，做到脱稿演说。在这种情况下，人们需要记忆的信息量很大，且种类单一，所以需要提前做好一定的准备，而记忆术就是为了满足这种需求而诞生的。而在当今社会，我们需要记忆的信息种类极多，但是每种信息的量却并不大。

无知小子：需要记忆的信息种类的确是变多了，但我觉得量也依然很大啊。

老　　者：使用记忆术的时候，我们需要准备一个"记忆桩"来帮助我们记忆信息。一旦信息的种类变多，那么"记忆桩"的数量就会变得不够用。所以现代的记忆术将重点放在了"记忆桩"的生成方法上……你的脸上真是写满了"不想听"三个字啊。

无知小子：再怎么回忆过去也派不上用场啊，您还是多说一说记忆术未来的发展吧。

老　　者：我们要记的东西大多数也都是来自过去吧？算了，随你吧。在今天，比起记忆术，人们更加注重记忆的管理。这种变化出现的原因之一就是刚才我所提到的记忆需求的变化。以前的人需要在某个时间点（一般是在演讲前）将大量的信息，比如一整篇演讲稿全部记下来，而现在我们则需要接连不断地记住各种不同的信息。因此，对于我们来说最为必要且重要的就是长期的记忆管理，其中也包括时间规划。

无知小子：您刚才说"原因之一"，意思就是还有其他的原因吗？

老　　者：没错，这种变化出现的另一个原因就是——"忘记"其实是人类的一种本能。辩论只需要当场决出胜负即可，但是日常生活中的记忆却要以年为单位来计算，因此忘记是不可避免的。

无知小子：也就是说我们也无可奈何喽?

老　　者：我想说的是，我们需要接受一个现实，那就是**世界上不存在"记住后就再也忘不掉"的记忆术**。但即便如此，记忆女神也并没有抛弃我们。我们依然可以结合自己的需求，在时间规划和时机的选择上多下一点功夫，反复去记忆这些知识。比如说，现在已经有人做了相关的实验，研究当考试还剩几周（或几个月）时，应该间隔多久复习一轮。

方法 47 | 记忆法组合术

① 把自己想记，或是记不住的内容写下来

把自己接下来打算去记，以及学习过程中遇到的很难记住的内容全部写下来。好好回想一下自己有哪些想记但却没能记住的内容，比如工作的步骤、人名、地名、英语单词、物理公式等。接下来，我将会称它们为"记忆课题"。

② 把记不住会带来的损失和记住后能够带来的回报写下来

看看①中写下的这些"记忆课题"，想一想如果我们记不住（没能记住），会遭受哪些损失。反之，如果我们能记住，又会得到哪些回报。

③ 为每一个"记忆课题"选择最合适的记忆法

在第 504—505 页中，我将一些最常用的记忆法以表格的形式整理了出来。大家可以将自己平时使用的记忆法，以及一些听说过但却从未实践过的记忆法也添加进来。

④ 尝试使用自己选择的记忆法来记忆

尝试过后如果觉得其他方法可能会更好，那就再试一试别的。这样就能够总结出哪些记忆法最适合自己，自制一个"记忆法工具箱"。

将损失和回报都写出来，
让记忆的目的和动机变得更加明确。
这样一来，单纯的"记忆"
就变成了一项
"应该完成的工作"

想记的内容 记不住的内容	记不住会带来的损失	记住后能够 带来的回报	自己认为 最适合的记忆法
工作的步骤	只能一边看员工手册，一边工作，工作变得断断续续	工作能够变得更顺畅，速度也会变快	
人名	这样对别人很不礼貌，如果人家记住了我的名字，那我就会觉得更不好意思		
地名			
英语单词			
物理公式			

记忆法清单 包括一些常见的记忆方法和窍门

	记忆法	概述	优点	缺点
1	反复出声读	反复出声读自己想记的内容	无须准备，简单易行	过程中一旦出错，就会不小心把错误的内容给记下来。单单使用这种方法无法确定自己究竟有没有记住
2	反复抄写	反复抄写自己想记的内容	无须准备，简单易行	同上
3	反复读同时抄写	方法1和方法2的结合	无须准备，简单易行	同上
4	留出时间来复习和确认	确认一下自己之前记忆得是否牢固	防止"一旦记住就再也不管了"的情况出现	很容易忘记去复习
5	记忆唤起	遮住正确答案，努力回想，然后立刻确认自己的回答是否正确。多次重复这一过程。单词卡就是该方法的一种应用	一旦记忆出现偏差，可以立刻修正 不会出现"自以为记住了但是其实没记住"的情况	很难用来记忆那些无法一次性处理的信息，例如比较长的单词和文章
6	SAFMEDS 法	全称为 Say All Fast Minute EveryDay Suffle 把问题写在卡片的正面，答案写在卡片的背面。每天打乱卡片顺序后，在一分钟时间内用最快的速度回答卡片上的问题，并记录自己答对的题数，制作成图表	能够一眼看出自己记住了多少内容，有助于提升积极性	同上
7	间隔复习法	逐渐拉大复习的间隔	比单纯的复习记忆更牢固	需要安排并且记住复习的时间点，会比较麻烦
8	DWM（Day-Week-Month）法	复习一天前、一周前和一个月前记忆过的内容	复习的时间点也更好记	需要想一想一个月后的复习应该如何安排
9	35 分钟模块法	以 35 分钟为一个模块（方法51，第 542 页），结合 DWM 法来复习	同上	同上
10	SRS 笔记	用一个笔记本来管理间隔复习的时间点和想要记忆的内容	同上	随着想要记忆的内容不断增加，笔记本也会变得越来越厚
11	SRS 软件	使用 Anki、Supermemo 等 SRS 软件（App）来记忆	同上 即使想要记忆的内容增加，笔记本也不会变厚 软件（App）会自动帮我们设定复习时间	需要电脑或是手机
12	短间隔复述法	听到（或看到）想要记忆的内容后，反复出声复述，并逐渐拉长复述的间隔时间，比如 4 秒、8 秒、16 秒、32 秒这样递增	无须准备，简单易行	过程中一旦出错，就会不小心把错误的内容给记下来。单单使用这种方法无法确定自己有没有记住
13	自我测试法	自己出一份试卷，然后自己作答	一旦记忆出现偏差，可以立刻修正 不会出现"自以为记住了但是其实没记住"的情况	出试卷很费工夫
14	反复答题法	反复回答简单的问题，达到记忆的目的	能够发现自己记错或是记忆不准确的部分，及时修正 适合用来提高记忆的精确性和回想的速度	很容易厌烦。正确率提升后会逐渐失去动力
15	LowFirst 法	按照错误率从高到低的顺序来复习。在改良版的 LowFirst 法中，会直接将错误率低于规定值（10%）的项目从复习对象中删除，从而提高复习效率。水野理香《学习效果的认知心理学》（Nakanishiya 出版，2003）	比间隔复习法的效率更高	计算错误率，安排复习时间的过程比较麻烦（从实用的角度来看，最好是借助软件）
16	影像记忆法	在脑内将想记的内容转换成影像来记忆	记忆会更容易在脑内扎根	不一定适合所有人。对于不熟练的人来说，想象的过程可能会很费时间
17	联想记忆法	想一想自己看到这些内容后首先联想到了什么，将二者联系起来记忆	利用自己脑内产生的联想来记忆，会更容易一些	不一定适合所有人。对于不熟练的人来说，联想的过程可能会费时间
18	谐音记忆法	把想记的内容换成其他发音相近的字，变成不同的意思。例如圆周率：3.14159（山巅一寺一壶酒）	在记忆数字时使用这种方式，会比直接记忆更有效	想谐音很麻烦（如果直接购买谐音记忆方面的书会省不少事）
19	关键词记忆法	找到母语中发音比较相似的词，在想象中将二者联系起来例如 "踹（try）—脚试试" ·把发音联系起来→"踹"和"try" ·把意思联系起来→"踹"和"试试"	在记忆数字和外语单词时使用这种方式，会比直接记忆更有效	有时很难从母语中找到发音相似的词
20	利用韵律来记忆	利用韵律来记忆	在记忆数字和外语单词时使用这种方式，会比直接记忆更有效	对押韵方式不熟悉的人很难应用

	记忆法	概述	优点	缺点
21	自我关联记忆法	把想记的内容写到一篇与自己相关的文章中	与自己相关的事物记忆起来会容易一些	写文章比较麻烦
22	故事记忆法	把想记的内容编成一个故事	故事记忆起来会更容易一些	编故事比较麻烦
23	歌词记忆法	把想记的内容编成歌词	伴随着旋律去记忆,印象会更深刻	编歌词和旋律的过程比较麻烦
24	首字母记忆法	把想记的内容的首字母提取出来,串连成一个单词。例如五大湖→HOMES（分别取Huron、Ontario、Michigan、Erie、Superior的首字母）	更好记一些,回想起来也更容易	首字母组成的新单词有时也会很难拼写
25	记忆术（Mnemonic）	把已知的事物（记忆桩）和想记的内容在想象中联系起来,达到记忆的目的（方法50,第529页）	更好记一些,回想起来也更容易	刚开始还不熟练的时候,构建一个想象的过程会花费不少时间
26	手指记忆法	在想象中把想记的内容和各个手指联系起来,达到记忆的目的（记忆术的一种）	同上	同上
27	位置记忆法	在想象中把想记的内容放到自己平时生活的地方或是比较熟悉的地方（记忆术的一种）	同上	同上
28	上班路径法	在想象中把想记的内容放到自己平时上学或上班沿途经过的地方（记忆术的一种）	同上	同上
29	博物馆记忆法	在想象中把想记的内容和博物馆或是美术馆中的藏品联系起来（记忆术的一种）	同上	同上
30	数字辅音置换法（Phonetic法）	将数字换成辅音,这样一来,需要记忆的数字就变成了一个包含辅音的单词。例如:0→s,c,z/1→t,d,th/2→n/3→m/4→r/5→l/6→sh,ch,j,g/7→k,c,g,ng/8→f,v/9→p,b及其他辅音（元音可以任意选用,因此同样的数字也可以制作无数个记忆钉）（与记忆术搭配起来使用）	同上 有了这个方法,在使用记忆术时就不会出现"记忆桩"数量不足的情况 记忆数字会变得更简单	同上 需要记住数字的置换规则
31	数字假名置换法	略	同上	同上
32	语音地图法（Phonetic Map）	将数字辅音置换法（Phonetic法）中生成的字母组合排列起来,制作一张（例如10×10＝100格的）矩阵图,用作"记忆桩"	适合用来一次性记忆大量的信息,例如空间布局	需要先掌握记忆术和数字辅音置换法
33	多米尼克法（Dominic System）	将数字换成字母（1→A、2→B、3→C、4→D、5→E、6→S、7→G、8→H、9→N、0→O）,将得到的字母组合与姓名首缩写相同的名人或熟人的长相联系起来,用作记忆钉（与记忆术搭配起来使用）	置换规则比其他的数字置换法更好记一些,而且人的长相是最容易记忆的事物	必须事先准备好一张名单,写上许多名人和熟人的名字
34	多米尼克酒店法（Hotel Dominic）	将方法33——多米尼克法中的人名进行排列组合,制作一张矩阵图（参照方法32——语音地图法）	适合用来一次性记忆大量的信息,例如空间布局或是地图	同上
35	系统化记忆法	通过重新归纳整理来记忆（利用记忆的系统性）	经过处理的信息很难忘,还易于应用	由于需要先理解,所以比较花时间
36	类推记忆法	通过上下文推测单词的意思,从而达到记忆的目的	同上	同上
37	记忆树	以记忆的主题为树干,将相关的内容写到枝叶的位置上	同上	同上
38	凝缩笔记法	像打小抄一样,把考试范围内的知识点全部都总结到一张小纸片上	同上	同上
39	康奈尔笔记法	把笔记本上的一页分成三栏（正文栏、标题·评论栏和摘要栏）。利用标题·评论栏和摘要栏进行复习	同上 加入了复习的机制,十分有效	同上
40	互测法	两个人分别出一份试卷,然后交换作答	比自测法更高效	需要一个学习伙伴
41	交互式教学	两个人一边对话,一边使用预测、提问、总结和析疑四种策略来理解文章	经过处理的信息很难忘,还易于应用 在社会性相互作用下,使用过的信息会记得更牢固一些	同上
42	情感关联法	将内容与情感联系起来记忆 例如一边想象当事人的情感,一边记忆历史事件	情感越是强烈,与之相关的记忆就越是牢固	激发感情是一件难事
43	情景记忆法	将能够用到这些内容的场景还原出来,在场景下记忆	还原的场景与实际场景越是相似,回想起来就越容易	如果还原不出相似的场景,那就很难使用这个方法了
44	早期学习状态重置法	回想第一次学汉字、骑自行车、背乘法口诀时的场景,将自己还原到当时的状态中	这样能够重拾记忆力旺盛的心理状态	效果具体如何尚不明确
45	极端状态法	把自己放到一种极端状态下 例如成为一名刚刚进入医院的实习医生、参加部落的通过仪礼	当自己所拥有的知识在新的环境中完全派不上用场时,为了能够生存下去,学习效率会大幅提升	可能会对注意力的集中有危险
46	张贴记忆法	把想记的内容贴在自己平时经常会看到的地方（比如乘法口诀表、法语动词的变形等）	把记忆需要付出的努力最小化	效率不高（需要花费的时间较长） 需要做一定的准备

记忆能够为理解提供很大的帮助

一些十分不成熟的学习者会认为"学习就是记住正确答案"。

从这种学习观的角度来看，最高效的学习方法应该是"只记忆考试中出现的问题和答案"。当然，我是不赞同这种观念的。这样的学习观只在一些极为特殊的情况下才适用，毕竟很少会有人特意为我们准备好需要回答的问题和对应的正确答案。

与此同时，也有人认为"只要理解了就行，根本不需要去记忆"。对于这种观点，我也同样持反对态度。

在现实生活中，很多人会将"我无法学习"和"我记忆力太差"这两种信念牢牢地绑定在一起。如果这样的想法让许多学习者以及学习的预备军产生了放弃的想法，那么我们就绝不能置之不理。

无论学习意识有多强，我们都无法从记忆的必要性中彻底解放。

实际上，任何理解都必然伴随着记忆。那些主张"只要理解了就行"的人其实也同样会将知识记忆下来，只是他们在记忆的过程中没有使用任何特别的方法，也没有付出额外的努力而已。在我们（认为记性很差的人）看来，他们记东西简直不费吹灰之力。

正确的说法应该是：**理解是最棒的记忆法**。通过理解来记忆的知识，既不容易遗忘，又能够很快回想起来，还十分易于应用。

这种记忆法需要花费的成本也是最高的。理解通常比较费时间，还会消耗大量的认知资源。

当然，我也有好消息想要告诉大家，那就是——记忆能够为理解提供很大的帮助。把知识存储到记忆中后再拿出来应用，能够最大限度地减少认知资源的消耗。比方说，当我们在读外语文章时遇到了不认识的单词，我们会选择去查阅辞典，而查阅辞典的过程就会占用我们的一部分认知资源，导致用来理解文章的认知资源有所减少。反复对照辞典和文章，将注意力从文章上下文中移开，转而阅读辞典上的释义，这些看似微不足道的步骤累积起来，也会消耗不少的脑力。而只要我们把单词提前记下来，就可以将这些认知成本全部节省下来。也就是说，我们事先储存在记忆中的知识越多，就越能够将宝贵的认知资源花在理解上，而不必将其分配在其他事情上。因此，记忆能够为理解提供帮助。

绕了这么一大圈以后，记忆的必要性又一次摆在了我们的面前。

改变对记忆的看法

那么，我们应该如何去改善自己的记忆力呢？想要达到这个目的，我们首先要加深自己对记忆的理解。

元认知，是指我们对认知的认知。其中与记忆有关的部分则被称为元记忆，也就是指人对自己的记忆以及记录过程的认知。比如说，当一个人认为自己记性很差时，这种信念就会成为元记忆的一部分。

一个人越是觉得自己记性差，就越容易对记忆抱有一些极端的信念。

如果想要改变自己对记忆的认知和信念，最好的办法就是为自己接下来想要记忆的内容制订一个计划（对话2"站在巨人的肩膀上书写梦想"）。

即使计划未能顺利完成，制订计划（Planning）也会为我们带来许多好处。制订计划的过程能够引导我们去关注自己接下来将要做的事。当我们想要记忆某些内容时，如果能够事先考虑好自己记忆的目的、对象和方法，并对记忆的成果进行预测，那么在正式开始记忆的过程中，我们就能够敏锐地察觉到当前有哪些不好的（或好的）情况发生。

使用记忆法组合术[1]，就是在为记忆制订计划。在这个世界上，有许多各种各样的记忆法，能够为那些想要赤手空拳挑战记忆这一难关的人提供帮助。将这些记忆法全部列举出来的"记忆法清单"想必一定能够派上用场。

通过制订计划和记忆实践，我们早已形成定式的元记忆

---

[1]　NPO FUTURO（LD成长咨询中心）：《实行能力》，KAMOGAWA出版，2017。我以该书第94页所介绍的"记忆法组合术"为基础，对记忆法清单进行了扩充。

就会被不断地修正。只要能够理解一些与记忆相关的基本事实——例如"世界上根本不存在通用的记忆能力""每个人都有自己擅长记忆和不擅长记忆的内容""不同的记忆方法适用于不同的记忆对象"等——那么我们对记忆的惧怕感就会消减许多。

　　这个世界上存在着许多错误的"记忆神话",例如"我无论记什么都会很快忘得一干二净""天才就算不付出任何努力也能够做到过目不忘""只要用了某种记忆方法,就能够做到永不遗忘"等。而记忆法组合术就能够将我们从这些"记忆神话"中彻底解放出来。

方法 48 | PQRST 法

① 预读（Preview）

先将准备记忆的文本（文章）大致阅读一遍，把握主要内容。

② 提问（Question）

针对文本（文章）的关键点提问。可以分别从 5W1H（时间、地点、人物、对象、原因和方法）的角度来思考，提出问题。

③ 精读（Read）

仔细阅读文本（文章），从中寻找问题的答案。

④ 自己复述（Self-Recitation）

读完后，将得到的信息在心里反复复述，并将其记住。

⑤ 测验（Test）

把书合上，一边看着②中提出的问题，一边将答案写出来。作答完毕后，再对照文本（文章），检查自己的回答是否正确。

PQRST 法的应用实例

阅读材料

　　和歌山县林业试验场（上富田町）调查发现，为保护杉树与桧树的苗木，设置了森林防护栏以后，野猪会最先对防护栏进行破坏并入侵，随后鹿也会通过野猪打开的缺口入侵到防护区域内。试验场的工作人员表示，此次被破坏的部分都低于 60 厘米，今后会加紧研究对策。

（纪伊民报　2018 年 9 月 26 日）

① **预读（Preview）**

大概看了一下，文章的内容好像主要是围绕防护栏，在讲防护栏出现了什么问题。

> 在提问的过程中，我们会从原文中筛选出应该记忆的内容，这对记忆能够起到促进作用

② **提问（Question）**

Q1. 防护栏是为了保护什么？（答案有两个）

Q2. 是什么动物破坏了防护栏？

Q3. 首先入侵到防护栏内部的是什么动物？后来入侵的又是什么动物？（答案有两个）

Q4. 防护栏被破坏的部分在多少厘米以下？

Q5. 是谁发现了这个问题？

③ **精读（Read）**

> 带着问题再读一遍文章

④ **自己复述（Self-Recitation）**

⑤ **测验（Test）**

Q1. 杉树的苗木、桧树的苗木

Q2. 野猪

Q3. 首先是野猪，接下来是鹿

Q4. 60 厘米以下

Q5. 和歌山县林业试验场

> 为了回答问题而努力回想的过程能够强化记忆

把治疗健忘症的方法应用到记忆与学习中

PQRST 法是一种语言性记忆策略，使用这种学习方法可以有效地记忆从文章中获取的信息。

由于其效果十分显著，实行起来也比较简单，因此在欧美得到了广泛的推行，在健忘症和记忆障碍患者的治疗上也有着广泛的应用[1]。

PQRST 法与著名的 SQ3R 法[2]等方法同属于**阅读策略（Reading Strategy）**。

最开始，在冯·诺依曼等人所提出的"博弈论"中，策略（strategy）一词是用来表示"玩家在一连串的行动轮次中选取行动的方式"。

后来，心理学家布鲁纳等人开始用策略一词来表示"使用**概念获得模式**来学习时，用来收集信息的方法"，在那之后，其概念又进一步扩大，被用来泛指"人类主动对信息进行处理时所遵循的一连串的规则（Rule）"。从这种意义上来说，无论是我们在阅读文章时无意中就会遵循的规则，还是本节中介绍的这种需要我们特意去学习的规则，都被包含在了阅读

---

[1] 在科尔萨科夫综合征（缺乏维生素 B_1 引发脑功能损害后出现的健忘症状）、髓膜脑炎引发的健忘后遗症、头部外伤引发的健忘症等多种健忘症的治疗中，都有使用 PQRST 法成功改善记忆力的相关报告。芭芭拉·威尔逊：《记忆的康复疗法》，江藤文夫监译，医齿药出版，1990。

[2] 1946 年，心理学家弗朗西斯·罗宾森在著作 *Effective Study* 中提出的一种阅读（学习）方法，也是首个以文本为对象的学习策略，开创了使用各环节首字母的组合（acronym）来为策略命名的传统。在那之后，罗宾森又反复对 *Effective Study* 一书进行了修订，最终版本是 1970 年发行的第 4 版。

策略的范畴内。我们也可以对现有策略中的某一部分进行改良，从而开发一种新的策略。

我在下一页的表格中，对一些比较具有代表性的阅读策略进行了比较。

通过对比能够看出，组成这些阅读策略的基本要素都是源自最早的 SQ3R 法，只是在细节上会有一些变动。

- 先对自己即将阅读的文本有一个大概的了解（Survey / Overview / Preview）。
- 然后针对需要掌握的关键点来提问（Question / Ask / Key ideas）。
- 在阅读的过程中寻找答案。
- 以口头或是书面的形式来输出记住的内容（Recite / Recall / Verbalize / Write）。
- 评价阅读成果（Reflect / Evaluate / Assess）。
- 复习（Review），或是进行测验（Test）。

PQRST 法的基本步骤也和其他的读书策略有许多共通之处，其最大的特点在于将提炼要点时所使用的问题直接应用到了最后的测验中。

提出问题，在文章中寻找问题的答案，确认自己的理解是否正确，最后再用同一套问题来检测自己的学习成果——在这一连串的步骤中，我们能够从不同的深度去处理同一份阅读

一些读书策略的对比

SQ3R（罗宾森，1946）	PQRST（史塔顿，1951）	OK4R（鲍克，1962）	R.S.V.P（史塔顿，1966）	OARWET（诺曼，1968）	PANORAMA（斯佩斯&巴格，1973）	Cornell System（鲍克，1974）	REAP（伊涅&曼佐，1976）
第一个问答形式的读书策略，在欧美地区非常著名的学习方法	始祖级学习方法书 How to Study 中提出的方法，也是本节中主要介绍的方法	康奈尔大学阅读与学习中心负责人提出的方法	PQRST 法的创始人史塔顿提出的基本学习策略	名著 Successful Reading 中提出的方法	综合了以往的各类读书策略，步骤也最多	OK4R 法的创始人鲍克所提出的方法，另一个广为人知的名称叫作"康奈尔笔记法"	将作者的想法用自己的语言表达出来的读书方法
					Purpose 目的 Adaptability 调整速度		
Survey 概观	Preview 预习	Overview 概观	Preview 预习	Overview 概观	Overview 概观		
Question 设问	Question 提问	Key Ideas 关键概念		Ask 提问	Need (to question) 需要问的问题		
Read 阅读	Read 阅读	Read 阅读	Study 学习	Read 阅读	Read 阅读	Record 记录	Read 阅读
						Reduce 简化	Encode 编码
					Annotate 注释		Annotate 注释
Recite 背诵	Self-Recitation 自己复述	Recall 背诵 回想	Verbalize 背诵 用语言表达	Write 写出	Memorize 记忆	Recall 背诵 回想	
		Reflect 思考		Evaluate 评价	Assess 评价	Reflect 思考	Ponder 深入思考
Review 复习	Test 测验	Review 复习	Review 复习	Test 测验		Review 复习	

材料。从记忆的角度来看，它相当于是将"复述策略"[1]和"组织策略"[2]这两种有助于记忆的方法结合到了一起，因此效果应该会比一般的记忆方法更好一些。

关于健忘症的记忆编码障碍假说认为，如果一个人无法自发地对语句的意义进行处理，那么他就会产生记忆障碍。为了将新的信息存入短期或长期记忆中，我们需要先将其转化为更易于记忆的形式，这个转化的过程就叫作"编码"。记忆编码障碍假说将记忆障碍产生的原因归结为记忆编码的过程出现了问题。克雷克和洛克哈特在研究中指出，编码可以分为"字形编码""语音编码""语义编码"三个层次。记忆障碍患者通常能够完成前两种浅层次的编码，却由于无法对语义进行处理而无法完成语义编码，导致记忆力出现问题。一般认为，PQRST法之所以能够用来治疗记忆障碍，就是因为它能够促使阅读者对语义进行处理。

---

[1] 复述策略，是指有目的性地多次反复回想储存在短期记忆中的信息，从而让信息停留在短期记忆中，并且提升其转化为长期记忆的可能性。其中，机械性的重复被称为"维持性复述"，只能让需要记忆的信息储存在短期记忆中。而如果在重复的过程中能够同时在脑海中形成联想，从意义的层面来处理信息，让新的信息与我们现有的知识形成联系，那么这种复述就叫作"精加工复述"，可以促进信息转化为长期记忆。

[2] 组织策略，是将相互关联的信息总结整理后再记忆。早在很久以前，就有关于群化和主观组织现象的实验证明了组织策略的有效性。所谓群化现象，是指将不同类别的词语（乐器、蔬菜等）以随机的顺序呈现给被试者后，被试者在回想时会按照类别来将这些词语进行排序。而主观组织现象则是指，将相互之间无明显关系的词语以随机的顺序呈现给被试者后，被试者在反复回忆的过程中会逐渐使用固定的顺序。该现象证明，人会从主观的角度来将词语互相关联起来，在组织的过程中进行记忆。

方法 49 | 预习地图 & 复习地图

在开始学习前和结束学习后，将自己知道和理解了的内容总结成概念地图的形式。我们可以根据绘制地图的时间点和是否参照教材，将概念地图分为四种。

- 学习前 × 不参照教材。
- 学习前 × 参照教材。
- 学习后 × 不参照教材。
- 学习后 × 参照教材。

我们可以根据自己学习的进展来选择绘制这四种概念地图，完成预习和复习。本节中所提到的"预习地图"和"复习地图"分别是指在预习和复习中使用的概念地图。概念地图的具体制作方式如下。

① 把想到的几个关键词写下来

在绘制概念地图时，第一步就是把想到的关键词写下来，写的时候不需要按照顺序。我们称这些用来表示现象或是事物的关键词为"概念标签"。

如果您想到了三个关键词，那么最好不要把它们一字排开，而是像三角形的三个顶点那样排列，这样之后连线的时候会更方便。同理，如果是四个关键词，那么可以把它们排成四边形。

如果画图有些困难的话，您也可以选择将自己学习前知道的内容和学习后记住了的内容一条一条地用短句写下来，但我认为绘制概念地图要比逐条列举更有效一些。转动脑筋，努力去回想与某个关键词相连的其他关键词，这个过程能够帮助我们更加高效地从记忆中调取更多的内容。

还有一点就是，如果我们将这些内容逐条列举出来，那么每一条都处于并列关系，不方便记忆。相比之下，抓住这些关键词之间的关系后再进行记忆，能够有效地提升记忆的质量。

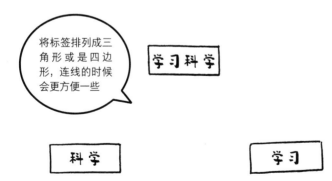

② 把相互关联的概念标签用线连接起来

　　只要两个概念标签之间存在一定的联系，那么就可以直接连线，二者之间关系具体是什么可以之后再考虑，如果实在想不出，可以先在旁边标注一个"？"。

　　当我们在连线，或是思考这些关键词之间的具体关系时，经常还会突然再想到一些新的关键词。这也从另一个角度证明了概念地图要比逐条列举更有效，能够从记忆的深处打捞出更多的内容。

③ 想一想连线的概念标签之间具体是什么关系，写在线上

　　这些关系词被称为"关系标签"。

　　在原版的概念地图中，关系标签大多是一些介词或动词。当我们在绘制概念地图时，只要是能够用来形容关系的词语（例如相似、相反、对立），都可以用来做关系标签。

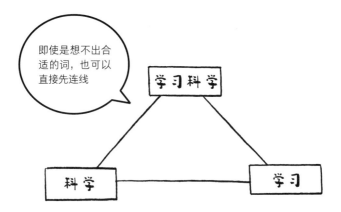

A → (is a) → B   ……"A 是 B"

A → (has a) → B   ……"A 中包含 B"

A → (in) → B   ……"A 在 B 之中"

A → (with) → B   ……"A 伴随着 B"

A → (kind of) → B   ……"A 是 B 的一种"

④ **在②和③的过程中，如果想到了新的概念标签，可以随时添加到图中**

⑤ **重复②～④**

　　每当想到了新的概念标签，就把它们先添加到概念地图中，连线，再填写关系标签。在这个反复添加的过程中，概念地图也会不断地成长。每一张地图都代表了我们在某一个时间点的记忆与理解的状态。在旁边写上绘制的日期，这样当我们以后重新回顾，或是与之前的概念地图做比较的时候，就会发现自己的理解发生了什么样的变化，有了哪些新的进步。

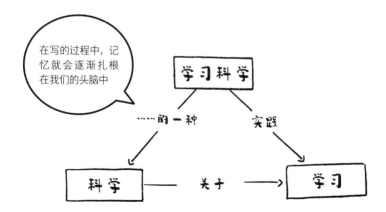

绘制预习地图的一些关键点

学习前×不参照教材

不要翻书，想一想有哪些关键词或是短语与自己接下来将要学习的内容有关，将它们全部写下来。除了当前自己所掌握的相关知识以外，由此能够联想到的其他内容也都可以写下来。

接下来，如果能够思考一下这些概念标签之间的关系，然后用具体的词表示出来，那自然是再好不过。然而当我们在面对一个尚未开始学习的领域时，可能会很难确定这些概念标签之间的关系，在这种情况下，可以先标注一个"？"。整个过程最好限定在一段较短的时间内（例如5分钟内），在计时结束前一直写下去，不要停笔。

学习前×参照教材

拿出接下来准备读的书，或是翻开今天打算学习的内容，从目录中提取一些关键词，写到纸上。

当我们在面对一个未知的领域时，如果光看目录中的小标题可能会感到一头雾水。此时，可以在自己不理解的词旁边标注一个"？"。如果您隐约觉得两个词之间似乎存在某种关联，但却不知道这种关联究竟是什么，那么可以在连接两个词的线上标注一个"？"。如果您对书中的内容作出了自己

的预测，也可以将这些预测写下来，并在前后分别标注一个
"？"。这些"？"就像是路标，能够告诉我们在学习时应该
关注哪些内容，以及通过学习应该获得哪些成果。

绘制复习地图的一些关键点

学习后×不参照教材

回忆今天学习过的内容，或是刚才看完的书中的某一章
节，将脑海中浮现出来的内容用单词或短语简单概括出来，然
后写在纸上，写的时候不需要按照顺序。即使是印象比较模
糊，不那么准确，也可以先写下来。整个过程最好限定在一段
较短的时间内（例如5分钟内），在计时结束前一直写下去，
不要停笔。

在填写关系标签的过程中，我们通常还能够回忆起更多的
内容。

学习后×参照教材

先在不参照教科书的前提下绘制出一张概念地图，然后再
对照教材和笔记，查缺补漏，修正错误。

预习地图、复习地图的实例

通过阅读《认知心理学与教育实践携手改变课堂》一书，来了解学习科学。

〈预习地图〉

学习前×不参照教材

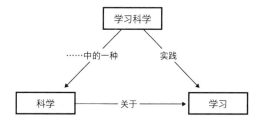

学习前×参照教材

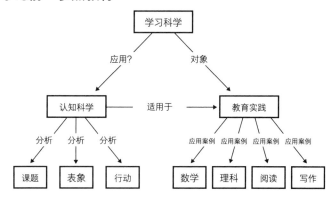

〈复习地图〉

学习后×不参照教材

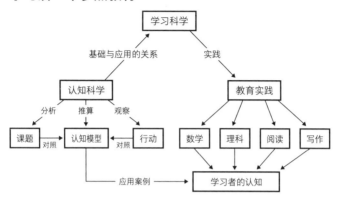

学习后×参照教材

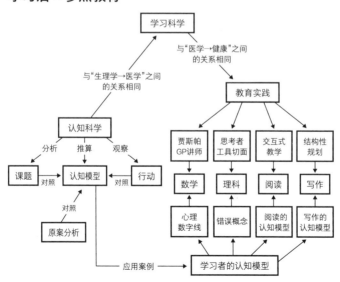

通过将理解图示化来促进记忆

有一种观点认为，将自己记忆中的内容写下来，会对学习起到促进作用（即使是未能成功回想起来也同样有效）。本节中所介绍的预习地图＆复习地图，就是将约瑟夫·D.诺瓦克提出的图示化手法——"概念地图"与这种观点结合了起来。

很久以前人们就已经发现，将记忆中的内容对外输出的过程，会对记忆与理解产生促进效果。一般认为，这种输出能够促进长期记忆网络的重构，从而在加深理解的同时，让记忆变得更加牢固。

任何知识和信息都无法在完全孤立的状态下发挥作用，也无法在完全孤立的状态下根植到我们的记忆中。也就是说，我们必须把新的知识和自己已有的知识建立联系，否则别说是理解，就连单纯的记忆都十分困难。

我们的长期记忆是一种网状结构。新的知识会被收纳到记忆网络中，与已有的知识建立联系（对原本的记忆网络进行重构），这就是学习的过程。所谓理解，就是指知识与其他知识之间建立联系，而"加深理解"则是指增加这种联系的数量。

如此看来，记忆和理解既不是相互对立，也无法相互取代，只是人们从不同的角度为同一种现象赋予的名称而已。

与已有知识建立联系的重要性

概念地图原本是用来展示学生所掌握的科学知识。通过绘制概念地图，学生能够将自己头脑中的知识和理解的结构（联系）图示化，这种方法既适用于个人，也适用于组织团体。

诺瓦克是在大卫·奥苏伯尔所提出的**"在学习新的概念时，事先掌握的知识非常重要"**这一学习观的基础上，提出了概念地图的具体步骤和使用方法。诺瓦克在其著作《学会如何学习》（*Learning How to Learn*）一书中讲到"将新的概念与命题同化到现有的认知结构中，这一过程与有意义学习相关联"。

将新的信息加入现有的认知结构中，使其与原有的信息产生关联，这一过程被称为"新知识的结构化"，也是学习过程的核心。

画出自己当前所掌握的所有"联系"，就相当于是把自己理解和不理解的内容，以及理解的程度全部用一张图表示了出来，方便我们对自己理解的现状进行回顾。在这个过程中，我们可能会注意到自己的知识有一些缺漏，也可能会发现新的"联系"，这些都能够对我们的学习起到促进作用。

如果我们能够养成习惯，当遇到新的知识或是尚未理解的知识时，想一想它们可以与哪些知识联系起来，那么我们的理解能力也会有所提升。

当我们回头看自己一开始写下的概念标签，思考它们之间的关系时，通常还能够想到新的关键词，或是发现一些新的联系。这就意味着，在尽力书写的过程中，我们能够回想起的记忆内容也会变得越来越多。

在预习时，这种做法能够活化原有的知识，方便新的知识与原有的知识建立联系。而在复习时，努力去回想起更多学过的内容，能够促进记忆的巩固和理解。

无论学习者眼中的自己有多么无知，都不可能是完全一无所知。事实上，我们每天都在利用自己的知识储备，对日常生活中的所见所闻作出理解和判断。

学习的过程并不是把东西塞到一个完全空着的架子上。如果是这样的话，那么对我们来说，无论是记忆有意义的事物，还是记忆一组无意义的符号，应该没有任何区别，然而现实显然并非如此。

我们的长期记忆是一种网状结构，记忆和记忆之间会产生联系。所谓学习，就是将新的要素添加到记忆网络中，建立起新的联系，对原本的记忆网络进行重构。

每当我们学习一项新的知识，与其相关的已有知识也会发生变化。如果一项新的知识与其他事物之间的关系不是很密切，属于"浅层次"知识，那么这项知识就会被添加到我们知识网络的外围部分。也就是说，学习这项知识能够带来的变化比较有限。

相反，如果一项知识与许多事物都存在联系，属于"深层次"知识，那么这项知识就会被添加到我们知识网络的中心区域。也就是说，学习这项知识会对我们已有的知识产生大范围的影响。

这样一想就会发现，不同的知识在知识网络中所处的位置不同，所以我们学习起来的难易度和速度也会有所不同。那些浅层次的知识几乎不会对已有的知识产生影响，因此我们的学习速度就会很快。相反，我们在学习深层次的知识时，则需要对已有的知识进行大范围的更改。因此我们会产生强烈的抵触情绪，并在很长的一段时间内处于不稳定的状态。学习的过程大抵如此。

因此，学习新的知识能够从不同程度上改变我们对事物的看法和思维方式。越是深层次的知识，就越会为我们的认识和思考带来大范围且深刻的影响。这些变化都是不可逆的。

从好的方面来看，如果学习真的只是"把东西塞到空架子上"，那么随着我们掌握的知识越来越多，架子变得越来越拥挤，学习也会变得越来越困难，达到了限额后就无法再继续下去了。

然而事实上，学习是对知识网络的重构和扩张，所以无论我们学习了多少知识，都不必担心会达到限额。相反，我们掌握的知识越多，知识网络就会变得越复杂，这样一来，新的知识就能够找到更多的接入点，学习的过程也会变得更加轻松。

知识之间原本就是相互联系的

学习新的知识，就是将其与原有的知识联系起来，对知识网络进行重构和扩张。明白这一点，要比掌握"高效的学习方法"有更重要的意义。

原因在于，这句话揭示了知识和所有与之相关的行为的本质。

然而，学校却并不会主动告诉我们这一点。

在学校中，每一门学科的教学内容都是事先规定好的，而且必须在有限的时间内教授完毕。如果我们顺着知识之间的关联不断向前摸索，那么很容易就会超出规定的学习范围。

每个人对知识的好奇心都充满了不确定性，很难完全停留在某一门科目或是专业领域的范围内。或许正是出于这个原因，尽管好奇心和知识之间的关联性是我们求知之路上绕不过去的"起点"，学校却仍然很少去关注这一方面。

世界上没有任何一本书能够包含我们所需要的所有信息。同理，世界上也没有任何一门科目或是知识领域能够把我们对知识产生的好奇心完全包含在内。

然而对于我们这些自学者来说，想学什么、如何去学，这些都可以由我们自己来决定。我们对知识的探求可以跨越一切边界，不必顾及任何其他人的看法。我在前文中已经提到过只读一本书是不够的，也介绍了如何去扩张自己探求知识的范围。请大家勇往直前，去将知识关联起来吧，知识也正在前方等待着我们。

方法50 | 记忆术 （mnemonics）

记忆术起源于古希腊，是一种通过想象将需要记忆的内容与记忆中原有的内容结合起来的方法。

使用记忆术时，需要先准备好用来关联记忆的"桩"。随着时代的变迁，准备记忆桩的方法也在不断改良。本节中将向大家介绍的是一种最古老的记忆术——"位置记忆法"。在位置记忆法中，人们会使用"位置"作为记忆桩，与需要记忆的内容相关联。

① 准备用来关联记忆的"桩"

最好用自己平时比较熟悉的"位置"来充当记忆桩。苏联心理学家卢里亚（Luria，A.R.）曾经对一名擅长使用记忆术的人（Shereshevskii）进行过研究，而这个人就是用自己从小长大的村庄和家附近的区域来充当记忆桩。

比如说，我们可以将自己身上的部位看作"位置"，来记忆"杂志、汽车、医生、玫瑰、球"这几个词。因为身体会一直伴随着我们，所以我们都对自己的身体十分熟悉。为了记忆这五个词，我们可以用头、眼睛、鼻子、嘴和胸这五个部位来充当记忆桩。如果再加上身体下方的其他部位，那么差不多能够一次性记忆 20～30 个事物。

② 在脑内想象自己想要记忆的事物

想象时最好一个一个来，尽量具体一些。如果想要记忆的事物比较抽象，那么可以使用本书第 532—533 页所介绍的方法来将其变换为具体的事物。

③ 在想象中将记忆桩与自己想要记忆的事物联系起来

记忆术的核心，就是通过视觉想象把未知的事物（自己想要记住的事物）与已知的事物（定桩类记忆术中所使用的记忆桩）联系起来。

例如，我们可以在脑海中想象下图中的这些场景，每一组大概停留 6～8 秒的时间（刚开始的时候不必太急，可以适当延长时间）。

一项与记忆术相关的初期心理学研究表明，刚开始接触记忆术的人最好在每一组想象上花费 4～8 秒的时间（这样在记忆测试中取得的成绩最好），2 秒则会有些过短。当然，随着熟练度的增加，花费的时间也会逐渐缩短。

想象的画面越是"活灵活现"（vivid）、"有视觉张力"（visual）、"荒谬怪诞"（bizarre），记忆能够保持的时间就越长。

为了想象出这样的画面，我们需要注意以下两点：

· 不要单纯将两个事物摆在一起，而是需要使二者之间产生互动。
· 想象中的画面必须是动画，而不是静止的。

位置记忆法的应用例

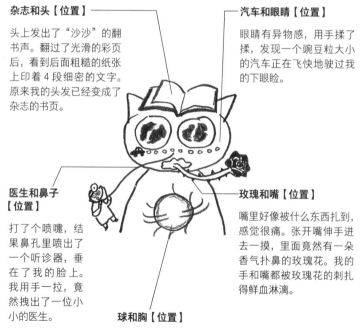

杂志和头【位置】

头上发出了"沙沙"的翻书声。翻过了光滑的彩页后，看到后面粗糙的纸张上印着4段细密的文字。原来我的头发已经变成了杂志的书页。

汽车和眼睛【位置】

眼睛有异物感，用手揉了揉，发现一个豌豆粒大小的汽车正在飞快地驶过我的下眼睑。

医生和鼻子【位置】

打了个喷嚏，结果鼻孔里喷出了一个听诊器，垂在了我的脸上。我用手一拉，竟然拽出了一位小小的医生。

玫瑰和嘴【位置】

嘴里好像被什么东西扎到，感觉很痛。张开嘴伸手进去一摸，里面竟然有一朵香气扑鼻的玫瑰花。我的手和嘴都被玫瑰花的刺扎得鲜血淋漓。

球和胸【位置】

巨大的球猛地向我飞了过来，陷进了我的胸口后依然在飞快地旋转。

记忆术的种类和想象的方法

准备记忆桩的方式有许多种，比如：

· 使用现实中存在或是想象出来的地点（Loci System，即位置记忆法）。
· 在脑海中想象一组顺序明确的事物，例如数字（Peg System）。
· 将数字转换为辅音，找到包含这些辅音的单词，再利用这些单词来展开联想（Phonetic System）。

还有的记忆术不需要事先准备记忆桩，而是直接在想象中把需要记忆的内容互相联系到一起（Pair System，Link System）。

在记忆具体的事物时，那么我们可以直接想象它们的样子，但很多时候，我们需要利用记忆术来记忆抽象概念或是外语单词的拼写，却很难在脑海中将它们用具体的画面表现出来。

这就是记忆术在实际应用中遇到的第一大难关。这类问题没有一个通用的解法，但大致有三种解决策略。

策略1：拆分读音并找到谐音词

在面对一个抽象概念或是外语单词时，如果我们能够知道它的词源或是由来，就可以通过具体的含义来记忆。如果无法做到这一点（或是不想去做），那么就只能把这个词当作一串无意义的音节来处理。

此时，先将一个词拆分成2~3个部分，再分别去找发音与之相似的词，就会容易许多。这也是写作谐音顺口溜的一项基本技巧。

例如：

· 麦卡锡主义→"麦"（卖？）+"卡西"（卡西欧？）。
· Temperament→"天"（舔？）+"破门"（破旧的门？）。

策略2：举出具体的例子

在想象一个具象名词时，我们也需要将其具体化为一个特定的事物。

例如，如果凭空去想象一双"鞋"，我们可能会感到有些困难。但如果是想象某一双特定的"鞋"（比如自己平时穿的鞋），那么脑海中的图像就会变得清晰许多。

一般来说，人们记忆与自己相关的东西会更容易一些，所以"想象自己（当前）拥有的某一件具体的物品"会对记忆起到帮助作用。

如果需要记忆的是动词，那么可以将其转换为做动作的人，或是做这件事时所需要的物品（比如看到"清扫"，可以想象一把"扫帚"）。

策略3：创造一个情景或是故事

对于形容词和动词，我们还可以想象一个场景和登场人物（比如自己），例如"我正在（做某事）"或是"（处于某种状态下）的我"。

如果能够在情景或是故事的基础上，再加上具体的地点和故事背景，那就更好了。

记忆术的历史可以追溯到古希腊

所有古代的文献都将记忆术的发明归功于古希腊的抒情诗人西摩尼得斯[1]。

"画是无声诗，诗是有声画"[2]是西摩尼得斯留下的一句名言，他的诗句总是伴随着丰富的色彩和画面感，让人能够身临其境。因此，从调动想象力的角度来看，说他是记忆术的创始人也合乎道理。

西塞罗[3]还在书中讲述过这样一个故事。

有一段时间，萨塞利地区的贵族斯考帕斯曾经资助过西摩尼得斯。当时斯考帕斯在战车竞速比赛中取得了胜利，举办了一场庆祝的宴会，并在宴会上要求西摩尼得斯为他写一首庆贺的颂歌。西摩尼得斯虽然照做了，但由于颂歌中掺杂了许多歌颂卡斯托尔神和波吕克斯神（希腊神话中的双子神，后来变

---

[1] 例如，卡利马科斯所撰写的《起源》和帕罗斯岛上的大理石碑文。普林尼在《自然史》一书中提到，西摩尼得斯曾发明了一种能够将听到的话逐句复述出来的方法，后来怀疑论者梅特罗多勒斯（公元前1世纪）对其进行了完善（《自然史》第7卷"人类"，第24章"记忆"）。西塞罗撰写的《论诸神的本性》一书中也有相同的记载。

[2] 普鲁塔克：《雅典人的名声是赢自战争还是源于智慧？》。

[3] 古罗马时期最伟大的雄辩家。

成了双子座）的诗句，使斯考帕斯感到十分气愤。他告诉西摩尼得斯："这首诗我只会支付一半的报酬，剩下的一半你去找双子神索要吧。"过了一会儿，有人来向西摩尼得斯传话说，门外有两位少年想要见他。西摩尼得斯刚起身离开宴会厅，天花板就崩塌了下来，把斯考帕斯和其他所有的宾客全都埋在了废墟之下。西摩尼得斯看了看门外，发现连一个人影都没有，但他心里却明白是卡斯托耳神和波吕克斯神将他叫了出来，用挽救他性命的方式支付了那一半的费用。崩塌下来的天花板将死者的尸体全都砸得面目全非，完全无法辨认，但西摩尼得斯却能够回想起宾客们落座的位置，从而确定他们的身份。这就是记忆术（位置记忆法）的由来。除此之外，西塞罗还在文中提到了自己遇到的那些拥有超常记忆力的人，说他们都是把需要记忆的内容与自己熟知的地点（Locis）联系起来，刻在了自己的脑海之中。

在他之后，昆体良也在《雄辩家的教育》一书中介绍了如何利用位置来记忆。他先将需要背诵的演讲稿分成了许多个部分，然后将这些部分与自己家里的各个位置联系起来，第一段对应门口，最后一段对应最里侧的房间，中间的部分则分别与沿途的各个房间相对应。在当时，记忆术属于雄辩术的一部分，而后来随着共和制的衰亡，口头演讲和雄辩术也逐渐失去了用武之地。

虽然雄辩术作为一种语言技巧的训练被勉强留在了教育科目之中，但其核心却逐渐转向了措辞（表达方式，特别是转义和文采），与诗学和文体学一起构成了"修辞学"。修辞学属于写作理论，是中世纪自由七艺中的一种，也是中世纪教育的重要组成部分。

原本，记忆术之所以会被包含在雄辩术中，是出于口头演讲的需要。当雄辩术的应用场景从演讲变成了写作，记忆术也就迎来了漫长的寒冬。

就这样，一直到文艺复兴时期以前，记忆术都一直没能再次受到人们的关注。

记忆术变成了斩获成功的武器

文艺复兴时期是近代的开端，然而在当时，口头演讲仍然未能像在共和制国家那样重拾一席之地。伴随着印刷术和低价造纸技术的发明与普及，文件、书本等外部记忆工具起到了越来越重要的作用，人们已经不再需要依靠自己的记忆力。

在这样的时代背景下，记忆术却重新登上了历史舞台。其原因在于，人文主义者们开始重读古希腊和古罗马时代的文献，新大陆的发现也让新的文物和信息源源不断地涌进了欧洲，再加上印刷术和造纸术所带来的技术革新，人们所能够接触到的知识和信息量都出现了爆发式的增长。

印刷术的发明导致书籍的流通量激增，这样一来，经典的文献得以普及，博闻强识者也开始闪亮登场。说到底，如果没有大量的人共同去阅读同一本书，那么"经典作品"这一门类也压根就不会出现。

在这样一个流动性很强的社会背景下，有一群人想要以这些新的知识和信息为武器，在社会或是学术界中赢得成功和地位。

说得再直白一些，此时的记忆术已经不再是用来背诵演讲稿的手段，而是被用来将世界上的各种信息存储到自己的头脑中（对于生活在现代的我们来说，这种感觉应该很容易想象），变成了个人用来斩获成功的武器。

作为一种可以同时对大量的知识进行处理的技术，记忆术也获得了一些哲学家和思想家的青睐。在新柏拉图主义的影响下，人们按照新的对应关系重塑了宇宙观。在将大量的新知识安排到这一宇宙观之内的过程中，能够将记忆内容与"位置"联系起来的记忆术也派上了用场。

对宇宙论体系进行塑造，或许能够同时提升一个人的认知能力，帮助其同时处理大量的知识与信息。又或许，钻研这种被普遍认为是最为抽象的学问，还能够同时带来现实意义上的成功。当时的哲学家和思想家们虽然不是十分圆滑，但也并不是死脑筋，因此他们自然不会放过这些可能性。

需要文学性想象力的诗人与文学家们，则会利用记忆术来进行创造性思考。有一种名叫"组合法"（Ars Combinatoria）的方法，就是将现有的要素进行组合，从中得到一些新奇的想法。这种方法同样需要用到大量过去的素材，因此人们认为它与记忆术之间是相通的。

记忆时代的终结与目录时代的开端

在近代初期，大量的信息与知识进入了欧洲并开始流通，使记忆术获得了复兴的契机。但与此同时，这也导致用来整理知识与信息的新方法不断出现，挤压了记忆术的生存空间。

例如，彼得吕斯·拉米斯就提出过一种用来整理知识与信息的方法，即利用抽象概念的二分法，反复对知识进行拆解，将其整理成树状图的形式。还有一种方法名叫"摘抄术"（ars excerpendi），是从数量激增的文件和书籍中将必要的部分摘抄出来，再利用各种索引或是检索系统来进行查找。与这些方法相比，记忆术不仅需要选取大量的"位置"，还必须费力去做各种奇妙的想象，步骤烦琐，性价比也不高，因此失去了立足之地。

摘抄术的研究者切沃拉尼曾经就摘抄术的意义提出过一个假说。他认为，摘抄术减轻了人们的记忆负担，减少了大脑在这方面的能量消耗，而节省下来的能量则可以用来进行更加复杂且精细的思考，间接推动了近代哲学与自然学的发展。与此同时，人们在研究如何对摘抄下来的内容进行整理的过程中，也会形成一套理论。而这些理论则是文献学和图书分类学等学科的雏形。

就这样，记忆的时代迎来了终结，而目录的时代则拉开了帷幕。

延续至今的记忆术

那么，人们发明了新的信息管理方法后，旧的方法就必定会退出历史舞台吗？

方法50

的确，类似的观点总是在反复出现。目录、百科全书、电脑，每当这种新的事物出现，就会有人持否定的态度，认为它们会给人带来博学广识的幻想，使人们不再努力学习。正如柏拉图在《费德鲁斯篇》中所提到的那样，甚至有人觉得文字的出现都会导致头脑的懈怠。

尽管有了这些方法，人类依然未能从记忆中解放出来。

虽然记忆术不再像过去那样兴盛，人们也不再对其抱有过多的期待，但它却依然在不断地改良中延续到了今天。

在那之后，记忆术的改良通常是为了避免出现"记忆桩"不够用的情况。我们所熟知的位置记忆法（Loci System）比较适合用来记忆大量且种类比较单一的内容，例如演讲稿。一旦信息的种类有所增加，"位置"的数量就很容易变得不够用。为了解决这一问题，文艺复兴时期的记忆术师曾经想过许多办法，例如建造一座"记忆剧场"，但真正突破这一难关的方法，是利用一定的变换规则在脑海中将数字转换为影像。

传统的记忆术

	Pair System	Link System	Loci System	Peg System	Phonetic System
创立者	不详	不详	西摩尼得斯？（前 556 年—前 468 年）	亨利·哈德逊（中世纪—1660 年代）	斯坦尼斯劳斯·明克·冯·文斯欣（1648）弗朗西斯·福韦尔·古罗（1844）
简图	○—○ ○—○	○→○→ ○→……	○ ○ ○…… ■ - ■ - ■	○ ○ ○…… □→□→□	○ ○ ○…… ↑ ↑ ↑ □ - □ - □ 1 2 3 ……
概述	在想象中把需要记忆的内容两两一对联系起来	如果需要记忆 A、B、C、D……那么就在想象中分别把 A 和 B、B 和 C、C 和 D……联系起来	先想象一个现实存在或是虚拟的场所，然后把需要记忆的内容与这些场所中的不同位置联系起来	先记住一系列顺序明确的事物（peg，记忆钉），然后再通过想象，把需要记忆的内容和这些事物联系起来	先根据数字生成关键词，然后再通过想象，把需要记忆的内容和这些关键词联系起来

随着时代的发展，用来生成记忆桩的方法也越来越复杂

　　这一方法原本是用来记忆比较复杂的数字，但如果将其应用到记忆桩的制作中，就可以用无数的数字制作出无数个记忆桩，使大量且多种类内容的记忆成为可能。另外，还可以通过数字的组合来表示坐标，来记录与位置相关的信息。

　　将数字转换为字母的方法，最早可以追溯到古印度天文学家兼占星术师哈里达塔所发明的 Katapayadi 数字（683 年）。在记忆术中通常是使用一种名叫"语音数字"（Major System）的方法，来将数字转换为辅音。这种方法的创始人是法国数学

家皮埃尔·赫里贡（1580—1643）。

现如今，在记忆术比赛中使用的主流方法是人物－行为－对象系统［Person-Action-Object（PAO）System］。这种方法能够将数字转化为"人物""人物的行为""行为的对象"，这样记忆起来会更容易一些。1987年，时年30岁的多米尼克·奥布莱恩开始接受记忆力方面的训练，并在20世纪90年代的世界记忆锦标赛中蝉联冠军。他所使用的多米尼克法是将人物与行为组合在一起作为记忆桩使用。而人物－行为－对象系统则是在此基础上进一步加入了"行为的对象"。

方法51 | **35 分钟模块法**

① **学习时，以 35 分钟为一个周期，具体的时间安排如下**

第 0～20 分钟……学习新的内容。

第 20～24 分钟……稍事休息，让新的知识在头脑中固定下来，为接下来的复习做准备。

第 24～26 分钟……复习一天前的学习内容。

第 26～28 分钟……复习一周前的学习内容。

第 28～30 分钟……复习一个月前的学习内容。

第 30～35 分钟……复习今天的学习内容。

② **想要继续学习的话，先休息 10 分钟，然后重复上述步骤**

利用时间分配机制来重复记忆

35 分钟模块法是一种学习时间分配机制。

由于多数人的注意力只能保持 20 分钟，所以我们就用前 20 分钟来学习新的内容。接下来，再按照学习时间：复习时间为 6：4 的比例，计算出复习时间应为 15 分钟。二者加在一起，就组成了一个 35 分钟的学习模块。

间隔复习法（Spaced Rehearsal）认为，学习者应该在反复复习的过程中逐渐拉长复习间隔。由此衍生出的"DWM（Day-Week-Month）系统"将复习的时间点简化为"一天后""一周后""一个月后"。35 分钟模块法也正是采用了这样的复习模式。

方法51

比起一次性记住，在多次重复中记忆的效果会更好，且持续的时间也更长。研究已经证明，这条规律适用于各种记忆方式、内容和情景，无论是单纯的背诵，还是阅读理解和技能习得，均不例外。

不仅如此，人们还发现，**逐渐拉开重复的间隔也能够增强记忆的效果**[1]。例如，比起每隔三天复习一次，不如分别间隔一天、三天、一周……这样会记得更牢靠一些。

间隔复习法的效果已经多次被实验所证实，十分可靠。对于自学者，乃至所有想要学习的人来说，都能够派上很大的用场（目前也的确已经有了许多实际应用），但知道的人却出乎意料得少。有的人即使听说过，也不觉得它有多么重要。

甚至还有人专门做过相关的研究，在教育机构中调查教师与学生是否了解该理论，以及是否认识到了该理论的有效性。

间隔复习法未能得到普及的最大原因，就是复习的时间点管理起来比较麻烦。

---

[1] 近年来又有一些研究表明，从长期的角度来看，保持固定的复习间隔会比逐渐拉长复习间隔更有效。

为了解决这一问题，人们也想出了各种不同的方法。例如像 DWM 系统这样对复习安排进行简化，或是使用 SRS 笔记[1]这样的笔记系统，以及利用 Super Memo 和 Anki[2]等电子程序来管理复习的日程。

概念地图与模块式学习法的结合

这种将学习与复习结合起来的模块式学习法还可以用来做各种改编。接下来我将向大家介绍如何将预习地图 & 复习地图（方法 49）与模块式学习法结合起来使用。

【35 分钟模块法】

第 0～1 分钟……绘制预习地图。针对接下来将要学习的内容，
（1 分钟）　　　　把自己已知、未知和想知道的全部写下来。

第 1～16 分钟……看教材，学习新的内容。
（15 分钟）

第 16～19 分钟……稍事休息，让新的知识在头脑中固定下来
（3 分钟）　　　　（转换注意力），为接下来的复习做准备。

---

[1] 参考《只用纸和笔就能简单实现 Anki 的功能》。通过这种方法，我们就能够用笔记本来同时管理自己的学习日程和学习素材。

[2] 《绝对不会退步的学习方式——为什么使用 Anki 就能做到终身不忘呢？》。

第19~21分钟······ 复习一天前的学习内容。拿出自己一天前绘
（2分钟） 制的概念地图，回想学习过的内容。

第21~23分钟······ 复习一周前的学习内容。拿出自己一周前绘
（2分钟） 制的概念地图，回想学习过的内容。

第23~25分钟······ 复习一个月前的学习内容。拿出自己一个月
（2分钟） 前绘制的概念地图，回想学习过的内容。

第25~30分钟······ 回忆今天学习过的内容，绘制概念地图。先
（5分钟） 不要翻书，凭借自己的记忆把学过的内容写
下来。除了概念地图以外，也可以选择绘制
思维导图。

第30~35分钟······ 订正概念地图。把能想到的内容全部写下来
（5分钟） 以后，再对照着教材进行订正。改正错误，
填补缺漏。

方法51

【60分钟模块法】

2分钟 ·········· 绘制预习地图。针对接下来将要学习的内容，
把自己已知、未知和想知道的全部写下来。

28分钟 ·········· 看教材，学习新的内容。

2分钟 ·········· 休息，转换注意力。

10 分钟 ·········· 回忆今天学习过的内容，绘制概念地图。先不要翻书，凭借自己的记忆把学过的内容写下来。将写下来的关键词用线连接起来，绘制概念地图。也可以直接凭借记忆绘制一张思维导图。

10 分钟 ·········· 对照教材，订正概念地图（即时反馈）。

2 分钟 ·········· 复习昨天的学习内容。拿出自己昨天绘制的概念地图，回想学习过的内容。

2 分钟 ·········· 复习上周的学习内容。拿出自己上周绘制的概念地图，回想学习过的内容。

2 分钟 ·········· 复习上个月的学习内容。拿出自己上个月绘制的概念地图，回想学习过的内容。

2 分钟 ·········· 复习今天的学习内容。拿出自己刚才绘制的概念地图，回想学习过的内容。

西摩尼德斯
（前 556—前 468）

古希腊的抒情诗人。出生于爱琴海上的凯奥斯岛，因此又被称作是"凯奥斯岛的西摩尼得斯"。据说他是第一位为了收取报酬而创作诗歌的希腊诗人。西摩尼得斯曾经活跃在僭主时代的雅典，也在贵族斯考帕斯一族所支配的帖撒利亚做过宫廷诗人。希波战争时期，他曾经撰写过许多诗篇来称赞希腊人在马拉松战役、亚德米西林战役和温泉关战役中展现出的英勇姿态。据传他在晚年受到了西西里岛锡拉库扎的僭主希伦二世的招请。

第14章

如何突破
"不懂" 的难关

无知小子和老者的对话 14
和"不懂"一起踏上旅途

无知小子：可能是因为我太笨了吧，遇到难度比较大的书根本就读不懂。

老　　者：那就去读简单的书呀。

无知小子：不行，那样的话，我肯定没法成长为一个优秀的自学者。

老　　者：你这思想觉悟很高啊。不过，能不能读懂难度比较大的书，跟一个人聪明与否其实没什么太大的关系。

无知小子：真的吗？

老　　者：我不知道你所说的书具体是指哪本，但是我想告诉你的是，世界上的确存在着任何人读完都会感觉一头雾水的书。

无知小子：我还以为聪明的人无论读什么书都会很顺畅呢。

老　　者：这根本就不可能。那些看上去读书很顺畅的人，大多都只是读惯了同一类型的书而已。如果读的书涉及自己不熟悉的领域，那么无论是谁都会感到有些困难。比如，一些专业的文献会默认读者已经对该领域的常识性知识有所了解，不会再去特意解释这些概念。对于不了解这些常识的门外汉来说，阅读这样的文献，跟没看规则就开始玩游戏没什么两样。

无知小子：那么，自己学习的话，遇到了不懂的地方该如何是好呢？别说是规则说明书了，我连个能请教的人都找不到。

老　　者：我有点好奇你现在到底在学什么，不过算了，我还是不问了。所有自学者都会遇到这样的难题。针对这一点，我们能采取的应对方法很有限，但是也有一些事是只有自学者才能做到的。

无知小子：哇，您是指什么？

老　　者：自学者可以自己来决定学习的内容。如果你觉得现在的教材对自己来说难度太大，那就可以换成更简单的教材。

无知小子：托您的福，我也学会了一些查找资料的方法，找教材这点小事我还是能做到的。我可以带着自己正在看的书去图书馆，找到参考咨询服务台，问一问那里的工作人员有没有比这更简单的书。

老　　者：你的进步很大啊。很多人会嫌这样走迂回路线太费时间，但是比起学到一半中途放弃来说还是要好得多。而且在通常情况下，**先读完比较简单的书，再去读难度比较大的书，理解起来也会更容易一些。**

无知小子： 嘿嘿，进步太快吓到您了，真是不好意思。

老　　者： 遗憾的是，世界上不一定存在与我们水平相符的书或是资料。由于初学者的数量比较多，所以面向初学者的书和资料通常也很多，但是当我们的水平提升到一定的层次后，就会发现自己面前的选择变得越来越少了。在新的学科领域中，甚至连面向初学者的教材都还没有出现。这种情况下，我们应该怎么办才好呢？

无知小子： 我知道，除了埋头努力以外没有别的办法。

老　　者： 那具体要怎么努力？

无知小子： 我要是知道的话就不会像现在这样发愁了。请您快给我一点提示吧！

老　　者： 其实，学习时遇到的"不懂"也分很多种情况[1]。比如说，如果我们看不懂文章中出现的专业用语和单词，那么应该怎么办？当然是去查一下它们的意思。但是有时候单词的意思会有好多个，我们搞不

---

[1] 池田久美子：《学生究竟是哪里不懂：不懂的种类》，《信州丰南短期大学纪要》第18号，2001，第105—122页。池田在论文中将大学生的"不懂"分成了五种类型。1. 对词汇的含义和相关的内容不了解。2. 没有领会到叙述背后隐藏的含义或是作者的言外之意。3. 文章出现了矛盾或是漏洞导致学生无法理解。4. 文章的叙述与学生自身的观念不符。5. 被一些没有提问价值，完全是伪造出来的问题牵绊住（如果再加上"6. 根本不想懂"，那么一共就是六种类型）。

清楚文章中用的具体是哪一种。甚至还有的时候，语句中各个部分的意思我们都差不多能明白，但是连在一起却感到一头雾水。

无知小子：的确，"不懂"可以分成很多种。那这样一来，我们应该采取的对策是不是也得分成很多种呢？

老　　者：就算眼前的问题搞不懂，也并不代表我们就失去了一切。把"不懂"的状态进行分类有一个好处，那就是我们可以在此基础上，绘制出一张通往理解的路径图。虽说在这个过程中我们还有可能会遇到许多岔路，但是至少它能够让我们感受到自己的理解正在逐步加深。对我们来说，搞清楚自己的"不懂"属于哪一种，就相当于是获得了一枚指南针，让我们不会像无头苍蝇一样乱撞。

无知小子：原来分类是有这样的意义啊。

老　　者：一旦我们读不懂书中的内容，不仅会导致眼前的问题解决不了，还会让我们搞不清楚自己究竟身在何方，需要向哪个方向前进。如果一个人连正确的方向在哪里都找不到，那么他必然就会陷入迷茫，搞不清楚自己该做些什么才好。如果我们不知道自己现在究竟是在前进还是后退，那么很快就会丧失学习的动力。反过来，只要我们看清了自己当前身处何方，那么心里多多少少都会感到踏实一些。这一点小小的慰藉，就能够支撑着我们继续坚持自学下去。

无知小子：嗯，如果最终还是没能坚持下来的话，那我就再次
积蓄学习的动力，重新开始自学。

老　　者：就是这样没错。其实，"不懂"是一个人开始学
习的起点。我们正是因为发现了不懂的事物，并
且想要把它搞清楚，所以才开始学习的。当一个
人想要去探求尚且无人知晓的新知识时（这属于
求知行为的一部分，即研究），就相当于是对全
人类的"不懂"发起了挑战。他可能会立刻陷入
困境无法脱身，绞尽脑汁也想不出解决的办法。
我们的前人们就是这样不断跌倒再爬起来，在
试错中不断地落入陷阱。最后，只有少数抓住了
机会的人能够为我们留下知识的碎片。这张"不
懂"的路径图，就是将前人探求知识的艰难过程
用最简略的形式表示了出来。将自己不懂的问题
进行分解，然后去一个一个地解答（哪怕只能解
答出其中一个部分），将许多种可能的答案进行
排列组合，想办法对其进行筛选。当我们做完这
些后，如果发现自己得到的成果中出现了矛盾或
是不协调的地方，那么就只能放弃自己当前的假
设和解释，再从头来过。在科学史和知识史中，
这个放弃的过程甚至可能需要历经好几个世代
才能够完成。如果你在挑战"不懂"的过程中感

到了疲惫，那么可以去多查一查这种前人们的奋斗史。虽然这部奋斗史中满是接连不断的失败，但是它和我们战胜"不懂"的过程的的确确是相通的。

把思考的过程说出来

方法52 | 出声思考（Think Aloud）

① 选择一个课题

这个课题可以是一道难题，也可以是读过后觉得没有读懂的文献。

② 准备一个可以录音的设备

可以使用录音笔，也可以用手机自带的录音程序。

③ 一边解题（或是阅读文献），一边把自己的想法说出来

为什么这里会提到"全微分"？它能派上什么用场？

开始录音,在解题(或阅读)的过程中,尽量把自己所有思考过程和想法都用嘴说出来。

④ 结束一段学习后停止录音,自己从头听一遍

当题目解不出来,或是读文献卡壳了的时候,就是我们回顾自己思考过程的绝佳机会。即使是顺利地将题目解了出来,也一定要听一听自己的录音。

一边听录音,一边重温自己解题和阅读时的思考过程。可以在听的过程中做笔记,也可以先把录音的内容转换成文字,然后一边听一边在旁边写下新的发现,对内容进行修正,这样效果会更好。

在听的过程中做笔记效果会更好

为什么这里会提到"全微分"?它能派上什么用场?

儿童的学习方法

初学阶段的儿童会一边出声念步骤，一边完成实际操作，以此来防止错误的发生。

出声向自己下达指令，可以让儿童确认并控制自己的行动。

方法52

随着年龄的增长，儿童的这部分语言逐渐内化，可以只靠脑海中的想法来控制自己。渐渐地，只有在和他人交谈时，我们才会使用有声的语句。

尽管如此，出声思考也并不是完全失去了作用。当我们面对自己不熟悉的情况，或是想让自己振奋起来的时候，出声思考就又一次有了用武之地。当我们想要克服困难，或是学习一项新技能的时候，它就会派上很大的用场。

比起安安静静地学习，把自己的思考过程说出来会学得更快，理解也会更深刻。

这种现象很有吸引力，且与人们的日常生活息息相关，但是直到近年来才开始逐渐引起了研究者们的注意。关于该现象最早的研究出现在 1920 年，研究者名叫列夫·维果茨基，是苏联的一名心理学家。后来到了 20 世纪 70 年代，许多教育心理学家开始注意到了这一现象，于是维果茨基的著作被翻译成了英语等其他各种语言，而维果茨基本人也被看作学习科学基础理论的奠基人。

然而，传统类型的教室通常比较注重空间利用率，会想方设法让更多的学生挤在一个房间里，然后安排一位老师来单方面传授知识。在这样的教室中，学生根本无法在学习时发出声音。不然的话，大家的声音就会盖过老师，使老师无法有序地向大家传授知识。

在我们的认识中，学习应该是在学校中完成，因此我们才不习惯在学习时发出声音。不仅如此，学习时发出声音甚至还会让我们有罪恶感。

为了能够在教室之外继续学习

那么，当我们走出教室后，情况又是如何呢？

大家都知道，学校的出现要比人类晚上许多，而这种教室型授课方式更可以算得上是一种新事物。

早在学校出现以前，人类就已经开始了学习，即使是到了现在，我们也依然会在教室以外的地方不断学习。否则，我们将无法适应新的环境，甚至出了门都找不到回家的路。

离开了学校这一特殊环境以后，大部分的学习不再像课堂上那样只有老师单方面讲授，而是变成了在社会关系中通过双向沟通来进行。此时，我们会用肢体语言加上声音语言来相互沟通，从而达到学习的目的。最重要的是，从生物的角度来看，这样的学习方式才是人类的出厂设置（因为我们在长期的进化中一直是采用这样的方式）。主动学习、合作学习等概念也是源自这种教室之外的学习。

自学者也可以利用社会关系来提升学习效果，具体做法可以参考我在本书第 1 篇中所介绍的共读（方法 15）。

除此之外，我还想向大家介绍一种自己一个人可以单独实施的方法。

即使是找不到交流的对象，在学习时自言自语也会有一定的效果。现如今，把自己说的话录下来已经不是什么难事，还可以利用语音识别功能将其转换为文字，因此这种学习方式也变得更加简便可行。

在学习时，我们可以把自己的自言自语录下来，然后播放给自己听，或者是先将录音转换为文字，然后重新去阅读自己的思考过程（有时可以在旁边添加自己的点评）。在前文中，我也提到过可以在朗读的过程中把自己的想法也一起说出来（方法 39 "朗读"）。

如果能找到一起学习的伙伴，那么可以两个人一组，一边出声思考一边解答问题。比起自言自语，在与别人交流的过程中出声思考会更自然一些，效果也更好。努力组织语言，让对方能够理解自己的想法，这也会加深我们对问题的理解，对学习起到促进作用。

方法52

即使遇到读不懂的内容也不再迷茫

方法 53 “不懂”路线图

① 遇到读不懂的内容时，就拿出下面这张图

如果在学习的过程中遇到了不懂的内容，就拿出第 561 页这张“不懂”路径图。

② 确认一下自己当前的状态是处于路径图中的哪个阶段

不明型

几乎完全读不懂，或是根本搞不清楚自己哪里不懂的状态。例如，当我们面对一门完全读不懂的外语时，就属于这一类型。

不定型

句子中的每一部分单独拿出来都可以理解，但是有些部分可以有许多种解释，所以不知道在这句话中选用的是哪一种。用外语来举例的话，就相当于是每个单词都能查到译法，然而代入句子中却看不懂，只能把许多个不同的义项一个个地代入句子中，不断试错。

不能型

确定了选用哪种解释后（有了自己的理解后），语句中依

然存在矛盾或是不协调的地方，当前的这种解释（理解）导致
文章前后的逻辑无法自洽。

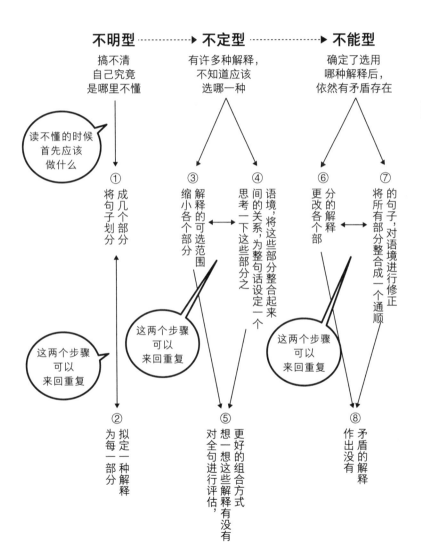

·不明型 的 "不懂" →将句子划分成几个部分→为每一部分拟定一种解释

在这种情况下，我们能够做到的就是先将读不懂的句子划分成几个部分，然后为每一部分拟定一种解释或是含义。

当我们在面对一门读不懂的外语时，首先需要先以单词为单位对句子进行划分（有些语言的单词之间没有空格，那样划分起来就会比较难）。然后为这些单词（或看上去像是单词）拟定一种解释。如果能查辞典的话，可以先把其中的一个释义代入进来。

如果迟迟找不到合理的解释或意义，那么就可能是在句子的划分上出了问题。此时我们需要回到上一步，重新对句子进行划分，再重新去寻找解释。如果重来一次还是不行，那就再多重复几次。

如果这一阶段的进展还算顺利的话，我们就成功迈向了"不懂"的下一阶段——不定型。

如何应对不明型的"不懂"

将句子划分成几个部分→为每一部分拟定一种解释

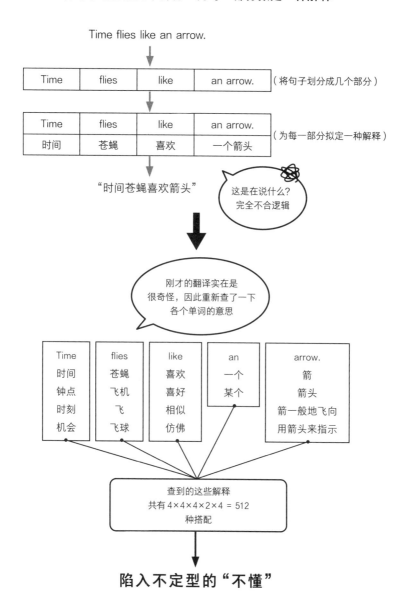

方法53

陷入不定型的"不懂"

·不定型 的 "不懂" → 为整句话设定一个语境→缩小各个部分解释的可选范围

在这种情况下，我们需要缩小各个部分解释的可选范围。还要思考一下这些部分之间的关系，设定一个整体的语境，将这些部分整合起来。在重复这两个步骤的同时对全句进行评估，想一想这些解释有没有更好的组合方式。

例如在外语文章中，每一部分的解释（各个单词的意思）与整体文意是一种相互依存的关系。如果我们不理解单词的意思，那么也就读不懂文章的意思；反之，如果我们不确定单词处于什么样的语境（context）[1] 下，那么也就搞不清楚文章中选取的是哪一个义项。

这一阶段的解决方针，就是一边将复杂的问题进行简化，一边想办法寻找答案。

比如说首先排除掉所有不可能选取的义项和组合方式（缩小选择的范围），同时为整句话设定一个语境或是含义，找到最可能的解释。

为了防止组合数过多导致混乱，大家可以采用一些外部记录方式，比如写到纸上，不要光用脑子去记。

---

[1] 从广义上来说，语境（context）包括人们在理解词汇和语句（有时还包括表情和动作）的含义时所需要的一切前提性因素。当我们将单词或表情理解为某个特定的含义时，会同时选择其所对应的语境（这种选择几乎都是在无意识中完成的）。

如何应对不定型的"不懂"

为整句话设定一个语境→缩小各个部分解释的可选范围

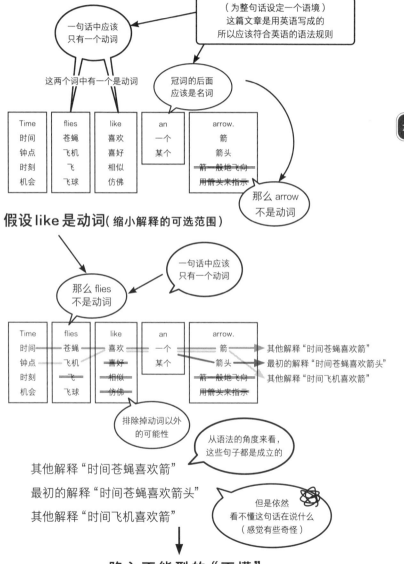

陷入不能型的"不懂"

·不能型的"不懂"→推翻当前的理解，重新来过

如果我们对语句做出了解释，但其中依然存在矛盾或是不协调的地方，导致我们的理解不是很顺畅，那么我们就只能推翻自己原先作出的解释（当前的理解），重新来过。乍一看，这个过程可能会有点像是在返工。

在应对不定型的时候，我们费了不少工夫为语句设定了语境，还想办法缩小了各个部分解释的可选范围，而现在却又必须推翻自己当前的理解，重新设定语境，选择其他的解释。

甚至，为了彻底消除其中存在的矛盾与不协调，这个设定语境、重新做出解释的过程还需要再重复许多次。

刚觉得自己有点懂了，就立刻被打回原形，重新回到不懂的状态中，这个过程必然会伴随着痛苦。然而，想要战胜不能型的"不懂"，这又是我们的必经之路。

在这个阶段，我们需要重新扩大解释的可选范围，瓦解自己当前的理解，并在此基础上重新做出新的理解。

在不断瓦解和重建的过程中，我们的理解就能够上升到一个前所未有的高度。

如何应对不能型的"不懂"

推翻当前的理解，重新来过

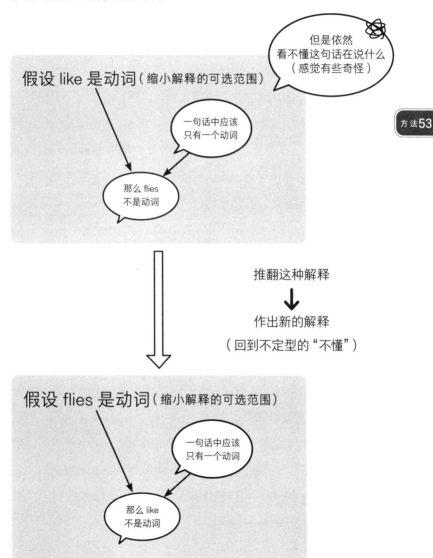

·再次回到不定型的"不懂"→逐个变更之前作出的假设

为了消除语句中的矛盾与不协调，我们推翻了原先作出的解释，再次回到了不定型的"不懂"，但这也并不意味着完全从零开始。在应对不定型的"不懂"时，我们的策略是通过设定语境，缩小解释的可选范围，来防止组合数过多导致工作量过于繁重。因此，当我们想要重新做出解释时，则需要遵循下述基本方针。那就是，尝试着去逐个变更之前作出的假设，保持其他的假设不变，千万不要同时变更所有的假设。这样一来，虽然解释的可选范围会有所扩大，但也不会扩大到我们无法控制的地步。

例如在下一页的图中，我就是把"这句话中的动词是like"这条假设改为"这句话中的动词是flies"，然后重新进行了思考，而其他的假设则保持不变。

在这些原先作出的假设中，有些假设有变更的余地（或是变更的余地比较大），有些假设则几乎没有任何变更的余地（或是变更的余地比较小）。在刚才这个例子中，"这篇文章是用英语写成的"（所以应该符合英语的语法规则）就是一条几乎无法变更的假设。

综上所述，当我们想要重新做出解释时，应该采取的策略是：先找到可变性比较强的假设，然后再试着去逐条变更。这样就可以将解释的可选范围限制在一个我们能够处理的范围内，让寻找新解释的过程变得轻松一些。

回到不定型的"不懂"

逐个变更假设

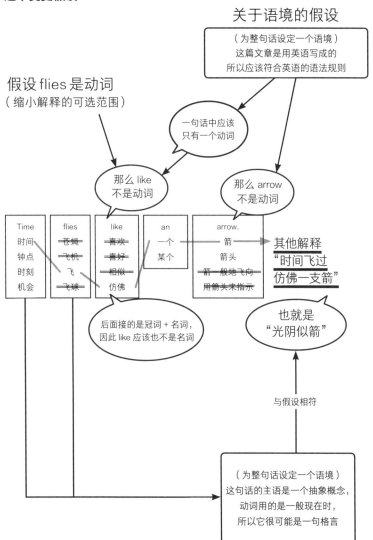

直面自己不懂的事物

对于自学者来说，最大的担忧就是"遇到不懂的地方没有人可以问"，在实际的自学过程中，这一困难也经常会阻挠我们前行的脚步。

在日常生活中，大多数情况下我们都可以避开自己不懂的事物（人们经常会以自己"不懂"为由来回绝别人）。就像伊索寓言里的狐狸吃不到葡萄就认为葡萄一定是酸的一样，我们遇到不懂的事物也可以选择无视，安慰自己说"那种东西就算懂了也没什么用"。

然而，学习这件事本身，就包括去挑战自己当前无法理解的事物。如果我们一直逃避，**光是在自己已经懂得和熟悉了的知识范围内徘徊，那么肯定什么都学不到**，只会保持着老样子，永远停留在原地。如果一个人想要挑战未知，那么他就必须先直面自己不懂的事物。与未知的相遇大多会伴随着一定的痛苦，有时会使我们深深地感受到自己的无知与无能，以致令我们陷入自我厌恶之中。因此，滞留在"不懂"的状态中绝不是一件轻松愉快的事情。

我们之所以会放弃去阅读难懂的书，将其抛在一边，就是因为无法忍受自己处于这种"不懂"的状态。

然而对于自学者来说，没有人能够指引他们从"不懂"的状态下脱身，大多数自学者不得不一个人直面不懂的事物，努力去突破这一难关。

"不懂"路线图并不是能够解决所有的问题，但却能够帮助那些处于"不懂"状态下的人看清自己当前是在前进还是后退，正在向着哪个方向前进，将他们从无用的混乱中解救出来，不再为此而劳心伤神。

有了"不懂"路线图，我们就能够了解自己目前处于什么样的状态，以及可以做些什么来摆脱这种状态。

与"不懂"交战所赢得的战利品

对于人类来说，"不懂"的状态是难以忍受的。但所谓学习，就是要直面自己不懂的事物，不停地与它们打交道。

那些能够从学习中获益的人，都是在无数次与"不懂"交战的过程中逐渐获得了耐性。

事实上，这种耐性也是独立思考所带来的副产品。这是因为，比起直接去参考他人的思考过程，当我们用自己的头脑去思考时，会更容易陷入"不懂"的状态之中。

有些学习者非常喜欢"寻找正确答案"，说白了，就是害怕自己出现错误。这样的人在面临不懂的事物时就很容易受挫。他们喜欢通过类似刷题这样反复练习的方法来学习，因为付出的努力都能够换回相应的成果。然而与之相反，思考的过程却并没有这样的保证。

在重塑自我的同时不断前行

大家在学习到一定的程度后，都会发现学习其实是分为两个阶段。第一个阶段是在自己现有的知识和技能的基础上不断累积新的内容，第二个阶段则是把当前自己所掌握的内容瓦解掉一部分（有时是瓦解掉大部分），然后进行重塑。

在积累的阶段，知识和技能的增加会为我们带来一定的自信，让我们误以为学习就应该是这样，不存在其他的形式。然而渐渐地，这种"量变"会逐渐停滞不前，遇到瓶颈。

许多解说类和入门类书籍中的讲解都非常通俗易懂，这其实是因为它们大多数都省略了困难的部分，只去讲解那些能够用日常用语和比喻来说明的部分。之后，当我们需要再去理解更复杂一些的内容时，就必须先把最开始接触到的这些讲解和我们从中获得的理解全部瓦解掉，再进行重塑。

自学者在学习的过程中必然也会经历这样一个阶段。为了学习更高层次的知识，我们就必须阅读更高水平的书籍，而想要读懂这些书，就得先对自我进行重塑。因此，我们不得不向自己不懂的事物发起挑战，绝不能临阵脱逃。当我们开始挑战这些真正的难题时，必须反复瓦解自己原本的理解，并重新建立新的理解。换句话说，我们必须反复打破"觉得自己已经懂了"这一状态[1]。

打破了这一状态后，我们自然就又重新落入了"不懂"的状态之中。

此时，我们必定会感到不安与惶恐，觉得自己陷入了危机之中，可能会无法全身而退。但是，只要能够从这一困境中成功脱身，迎接我们的将是真正的脱胎换骨。如果您以前总是爱逃避自己不懂的事物，那么现在重获新生的机会终于到来了。当您做好了直面"不懂"的心理准备后，就拿着这份路线图去迎接挑战吧，它一定会向困境中的您伸出援手。

方法53

---

[1]   "觉得自己已经懂了"是一种稳定的状态，想要打破这种状态并不容易。不仅如此，就连察觉到自己当前理解中存在的不完善，也是一件十分困难的事情。但反过来看，当我们发现自己的理解中存在着矛盾与不协调，因而感到苦闷时，就是打破这一稳定状态的绝佳机会，这种困境能够推动我们的理解再更上一层楼。西林克彦：《觉得自己已经懂了——阅读能力无法得到提升的真正原因》，光文社新书，2005。

这个方法可以用来提升练习题的学习效果。

⓪ 先把题做一遍

如果这道题您已经做过了一遍（或几遍），可以直接跳到①。

如果您是第一次做这道题，那么请在做题的同时计时，看自己需要花费多长时间才能解出来。即使没能解出来，也要把自己花费的时间记录下来，然后去看一看答案给出的解题方法。

① 把题重新做一遍

把题重新做一遍

趁着自己还记得（可能只是自以为还记得）解题的方法，再把题重新做一遍。

如果单纯重新做一遍感觉没什么动力的话，可以给自己设定目标，要求必须在一半的时间内做完。

由于刚才做过了一遍（或者已经看过了答案给出的解题方法），所以现在我们已经知道这道题肯定能解出来，且至少已经知道了多种解法中的一种。因此，这一次解题的过程就会变得更从容一些，不必再去担心这道题会不会解不出来。这样一来，我们在解题时很可能会产生新的想法，或是想到新的解题方式。

方法54

② 在解题的同时出声说出自己的思路

在上一步中，我们限制了解题的时间，接下来我们再来尝试另一种限制条件。

嗯……想要证明A等于B的话，那么首先需要成立的条件是……

在解题的同时出声说出自己的思路

大脑在处理信息时需要占用认知资源，而认知资源的总量是有限的。这一次，我们就要对解题时使用的认知资源进行限制。具体的操作方法就是，一边解题，一边出声说出自己的思路。最好把自己说的内容录下来，这样之后可以再听一听（方法 52 "出声思考"）。

③ 给别人讲解

人会通过交谈来向同伴发出指令、传达自己的想法，人类社会也是建立在这种沟通的基础之上。因此当我们向他人传达某一信息，或是从他人那里接收到了某一信息时，大脑就会自动将其摆在优先的位置上。这个特性，我们也必须利用起来才行。

也就是说，我们可以试着给别人讲题，而不是自己闷头做题。在讲题的过程中，我们能够从对方的表情和语言中观察到对方是否理解，然后想办法用对方能够理解的方式去讲解，这样做会比自己解题的难度更高，效果也会更好。

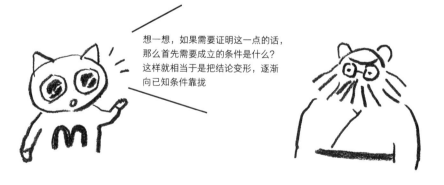

想一想，如果需要证明这一点的话，那么首先需要成立的条件是什么？这样就相当于是把结论变形，逐渐向已知条件靠拢

④ 给自己讲解

遗憾的是，可以聆听我们讲解的对象并不是随时都能够找到。如果找不到这样的人，那么身为自学者的我们就只能像往常一样继续一人分饰两角，同时扮演教师和学生的角色，自己给自己讲解。

回听一下自己之前的录音就会发现，我们在将自己的思考过程转化为语言的过程中，经常会出现绕来绕去，甚至脱离正轨的情况，很缺乏条理性。就连我们自己听起来都会觉得有些难懂。

方法54

接下来，我们要做的就是把录音中的内容写到纸上。重新整理自己的解题思路，像教学一样用简单易懂的语言表达出来。写的时候可以将笔记本分成左右两部分，一部分写教师的台词，另一部分写学生的台词。把教学的过程以对话的形式呈现出来后，摆在我们眼前的就是自学的本来面貌，即教师与学生这两种角色的融合。如果教师的说明不够完善，那么学生一定要立刻指出来。

教师

遇到证明题，一定要先确认一下题目给出的已知条件和需要证明的结论。

接下来，将已知条件进行组合和变形，使其向结论靠拢。

同样地，也可以把结论变形，使其向已知条件靠拢。

学生

这道题我完全不知道该从哪里入手。

确认过了，那么接下来呢？

我懂了，就是代入和变形对吧，如果这样做还是行不通怎么办呢？

把录音中的内容写下来。写的时候把笔记本分成左右两部分，整理成教师和学生对话的形式，这样会更简单易懂

让重复练习不再枯燥无味

任何人都知道重复练习的重要性，然而实际上能够坚持下来的人却是少之又少。

这种现象其实是人类本身的机制所造成的。人在相同的刺激下会产生厌倦心理，不断地将注意力转向新的刺激，因此我们的祖先才能够应对其他动物的袭击，在自然界中存活下来。

然而，现在我们所生活的世界已经和那个时候完全不同了。我们需要处理各种复杂的信息，还要去理解和记忆它们。为了防止对相同的刺激感到厌倦，我们只能想方设法将其伪造成新的刺激。

接下来我将介绍四种比较简单的方法。

・留出一定的间隔时间

这应该是人们最常用的一种方法。比如当我们做完了一本练习册后，再从头开始重新做一遍。此时距离我们上次解答这道题已经过了很长时间，第一次解题时留下的印象和记忆也没有那么清晰了，所以即使是相同的题目，也能多多少少带来一些新鲜感。

・限制时间

趁热打铁，马上重复的效果会更好。但这样做强烈地违背了人类的天性，因此实行起来就更要多花一点心思才行。

如果我们第一次解题时用了 10 分钟，那么第二次就可以试着在 5 分钟内解答完毕。仅仅是加上这样一个限制条件，就会带来完全不一样的体验。

更不用说，这还是一个提升解题速度和准确性的绝佳机会。实际上，即使是自己已经做过一遍的题，想要在一半的时间内完成还是很难。因此，虽然题还是同一道题，但却为我们带来了新的挑战。就算没能在目标时间内完成也不必陷入沮丧，一点点的不甘心和焦虑能够帮助我们保持学习的积极性。

方法54

·利用"不想半途而废"的心理

人只要开始着手做一件事，就会想要将这件事彻底完成（奥夫相基娜效应），这一点我们也可以利用起来。

如果您的目标是读三遍教科书，那么读第一遍时可以适当地跳过一些内容，第二遍时再跳过一些其他内容，等到最后一遍再从头读到尾。

·换一个学习场所

人是一种容易受环境影响的生物。即使是做同一件事，不同的环境也能够带来不同的体验。当然，虽说是换环境，也没有必要大老远跑到国外去，仅仅是把椅子往旁边移动 1 米（看上去可能有点傻），就会带来意想不到的变化。

不仅如此，如果总是在同一个环境下学习，还可能会让记忆对特定的环境产生依赖性，经常变换学习环境就可以避免这种情况发生。

难题更值得重新解答

重复解答的方法不仅适用于我们平时的学习（比如做练习册），还有更深层次的意义与目的。我们可以把自己解决问题的过程当作"教材"，从中总结出只属于我们自己的智慧。

很多时候，一个人虽然成功解决了问题，但却不一定完全理解自己解决的过程。当我们在解决问题时，会将所有的认知资源都倾注到问题之中，导致注意不到自己实际的思考过程。之后再重新回想时，也想不起当时具体做了些什么，思考的顺序又是怎样的。我们在解决问题时付出的努力有什么意义？我们脑海中一闪而过的灵感又意味着什么？无论是谁，想要搞清楚这些问题，都需要花费很长的时间。

在解答问题时，我们往往注意不到自己采用了什么样的策略（方法 48 "PQRST 法"），还会几乎无意识地去应用一些方法。重新解答问题，就让我们有了观察解题过程的机会。问题的难度越大，我们在重新解答时的收获也就越多。

练习册和升学考试中的题目只能有一个正确答案。这是一个非常强的制约条件。如果一道题的答案有许多个，或者光靠题目中给出的已知条件解不出来的话，那么考试的主办方必须公开致歉，评卷时按照所有人都回答正确来给分。

然而，当我们离开教室和学校后，就会发现许多问题都不一定能够解决。就算是能，方法也都不止一种。技术人员和设计师们通常需要把许多因素都纳入权衡的范围之内，从许多种可能的解决方式中选择最合理的一种。这样一来，问题就变得更难了。

有一点大家绝不能忘记，那就是，现在我们所接触到的知识和观点，都是前人们向问题发起挑战，想方设法将其解决后所留下的成果。

我在前文中提到过，所谓自学，就是在自己和人类的知识遗产之间建立联系。如果自学者坚持学习下去，那么他们也会对一些自己躲不过去，或是尚且无人解答的问题发起挑战。

在重新解答问题的过程中获得的经验，就会在面对这样的难题时派上大用场。

计算机科学家罗伯特·W.弗洛伊德在词法分析理论、编程语言语义、自动程序验证、自动程序综合生成和算法分析等领域都取得了巨大的成就（也就是说他在职业生涯中曾解决过许多本质性的问题），并于1978年获得图灵奖。他在获奖后的纪念演讲中曾经提到过的"一种方法"，对所有以解决问题为本职工作的人来说都有很高的参考价值。关于这种方法的具体描述如下：

"我在做一些复杂的算法设计时，发现有一种方法对提升

方法54

自己的能力有很大帮助。那就是，当我成功解答出一个很有挑战性的问题后，会重新解答一遍，回顾自己在刚才的解答过程中所洞察到的内容。我会不断重复这个过程，直到获得一个最清晰且直接的解法。接下来，我会总结出解决类似问题时可以遵循的普遍性规律，这样以后当我遇到问题时，就可以直接用最有效的方式来入手。这种规律大多都具有永恒的价值。"

延伸阅读

列夫·谢苗诺维奇·维果茨基

（1896—1934）

出生于白俄罗斯的苏联心理学家。虽然维果茨基在
38 岁就英年早逝，但他在短短的 10 年间发表了超
过 80 篇极具独创性的论文。维果茨基提出，人类的
高级心理机能是以语言为媒介，而语言的起源则具
有社会性，最初是在人与人的交往中作为一种心理
间的机能（社会层级），后来是在个人的内部作为
一种内部心理机能（心理层级）。他的理论对人类
心理发展中的社会性和历史性进行了阐述，在 20
世纪 60 年代传到了西方各国，影响十分广泛。

红摄也译

《ACM 图灵奖演讲》

（共立出版社，1989）

第15章

创造自己的自学方法

无知小子和老者的对话 15
以一名自学者的身份踏上人生的旅途

无知小子：老先生！老先生！今天我是来向您告别的。

老　　者：哦，那你多保重。

无知小子：就不能营造一点道别的氛围吗！……这段时间，我
　　　　　从您这里得到了许多关于自学的建议，真是不知道
　　　　　该如何向您道谢才好。

老　　者：我总觉得咱们两个只是坐在一起自说自话，不过你
　　　　　既然觉得自己学到了东西，那这段交流对你应该还
　　　　　是有所助益的吧。

无知小子：以前我只是空有一个自学者的名号，关于自学的一
　　　　　切都是您教给我的。在您的帮助下，我现在渐渐
　　　　　地能够看进去书了，遇到难懂的部分也不会立刻
　　　　　放弃，学会了在图书馆查找自己想知道的内容，
　　　　　还有……

老　　者：你是不是又有什么问题想问我?

无知小子：嗯，我觉得自己学到了很多东西，但是现在的我真

的变得比过去更聪明一些了吗?

老　　者：你这个问题和浮士德有点像[1]。既然如此，那我也像恶魔那样来回答你吧。如果是之前的你，肯定会说觉得自己变聪明了，然后被我泼一盆冷水。

无知小子：肯定会这样。

老　　者：越是能力欠缺的人，就越容易无凭无据地高估自己的实力，沉浸在自我陶醉之中。心理学中把这种现象称为邓宁－克鲁格效应。一些学生光是听了听课，翻了一下教科书，就觉得"这些我都懂了，很简单嘛"，结果之后却什么都没记住。还有一些大人也是一样，总觉得"这点工作很轻松啊"，结果到了截止日期前就变得手忙脚乱，发现跟自己想的完全不一样。他们无法忍受"自己不够聪明"这个事实，所以总是装作自己什么都懂的样子，不肯正视自己的实力，一直逃避自己应该做的事。到最后，他们对学习已经产生了畏惧心理，觉得自己反正无论如何也学不会，干脆就像伊索寓言里面觉得葡萄肯定很酸的狐狸一样，否定学习和知识的价值，甚至在别人想要学习的时候百般阻挠。

---

[1]　歌德：《浮士德：第一部》，相良守峰译，岩波文库，1991。故事的开端是，主人公浮士德博士在全面钻研过哲学、法学、医学和神学四种学问后感叹道："现在的自己丝毫没有比以前的自己变得更聪明"，发现自己对知识无限的渴求永远也无法得到满足，对人类的极限感到了失望。

无知小子：的确，我在自学的时候，就有好几个人来跟我说"学了也没用""你肯定不行"。

老　　者：相反，真正有能力的人，他们了解自己能力的界限，所以能分清哪些事是自己能做到的，哪些事是自己做不到的。他们知道鱼和熊掌不可兼得，所以懂得放弃，把精力都投入在了比较重要的事情上，还会尽可能高效地去利用有限的资源。

无知小子：您这番话，我会牢记于心的。

老　　者：你今天的学习态度可真是端正。

无知小子：是的。在您的教导下，我已经下定了决心，要成为一名独立的自学者！

老　　者：难道还有不独立的自学者吗？……总之，你就好好加油吧，也别把自己累坏了。

无知小子：那么最后，您能不能再教我一条秘诀？最好是能让自学者下半辈子都吃穿不愁的那种。

老　　者：事到如今了你还要问吗？自学又赚不到钱，你能不能吃穿不愁我可说不准。不过我倒是可以送你几句话，也好把你赶紧打发走。

无知小子：洗耳恭听！

老　　者：之前我已经说过很多遍了，当我们在自学的时候，无论是放弃还是坚持，学什么以及怎么学，这些都是由我们自己来决定。**说到底，学习其实就是一个改变自己的过程。每当学到一项新知识，或是掌**

握一项新技能，我们的身上或多或少都会发生一些变化。

无知小子：要是一点变化都没有的话，那岂不是白费力气了。

老　　者：是啊，然而当我们发生了变化以后，以前用起来很顺手的学习方法可能渐渐地就变得不合适了。

无知小子：也就是说我们必须改变自己的学习方法，对吗？

老　　者：我只是说会有这种可能性罢了。有的人太心急，刚试了试一种方法，还没来得及出成效，他就立刻觉得不好用，三天两头地换来换去。真正的自学者应该是感受到了自己的变化，检验了各种方法的效果，再根据自己的需求来更换学习方法，并且自己承担所有的结果。毕竟决策者和实行者都是自己，没办法把责任推到别人的头上。

无知小子：真是责任重大啊。

老　　者：也不用太紧张，就算失败了，浪费的也只是你的人生而已，这点儿赌注也不算什么。

无知小子：您可真是"事不关己，高高挂起"啊。

老　　者：确实不关我的事。不仅是自学，只要人活在世上，就都会不断地思考和尝试，经历挫折再从头来过。我以前也说过，绝大多数人的自学都会半途而废。所以你就放心吧，就算自学没能坚持下去，也不代表人生就彻底完蛋了。反正只要你有学习的意愿，就随时都可以开始自学。无论失败多少次，大不了卷土重来就是了。

无知小子：我明白了！

老　　者：牧野富太郎、南方熊楠、莱布尼茨和卢梭，这些耳熟能详的学者都曾有过自学的经历。从他们的求学生涯中可以看出，人即使是被剥夺了学习的机会和环境，也依然无法放弃学习。甚至可以说，哪怕人类用尽了焚书坑儒等各种手段来与知识划清界限，知识也永远都不会抛弃我们。如果将来某一天你遇到了难关，觉得自己跨越不过去，那么就在心里默念一下这句话——**只要你不把知识拒之门外，那么知识就一定会敞开胸怀接纳你。**就算是没有合适的机会和条件，人也可以随时开始学习。

把自己当作一种学习资源

方法 55 | 元笔记

① 准备一个专用的笔记本（元笔记）

　　除了做练习题和记录学习内容的笔记本以外，再准备一个笔记本，用来记录自己在自学过程中的一些发现。也就是从一个更高的视角（元层次）来记录自己的所思所感。

　　可以选用纸质偏厚的笔记本，也可以直接将文本文件存储在云端，通过移动设备来编辑。无论选用哪种形式，只要能够随身携带、随时随地记录即可。

② 把自己的发现记录到元笔记中

　　无论是在学习的中途或间隙，还是在回顾自己的学习历程时，只要有了新的发现，都可以随时记录到元笔记中，并注明日期和时间。

　　就算是一开始找不到什么可写的，只要坚持记录一段时间，就总能够看到一些自己以前忽略了的事物，或是发现自己的思考出现了一些变化（从元层次对自己学习的观察变得更敏锐了）。

　　特别是当自己的学习进展不顺利时（比如不知为何效率比

平时低、感觉自己不在状态、总觉得有问题却又说不清是什么问题），不要光在脑海里想（陷入烦恼），而是最好将自己的感受（牢骚也好，担忧也好）全都写下来，顺序也可以随意。

③ 随时翻一翻做好的笔记，把想到的内容添加进去

我们不仅可以通过翻看元笔记来回顾自己的学习历程，还可以将其看作一种重要的资源，利用它来对学习方法和自我监测的手段进行改善，甚至是作出自己的创新。

方法55

读书猴的元笔记（纸质版）

把自学的灵感记录下来

不要光在脑海里思考，把想到的东西用图表示出来。

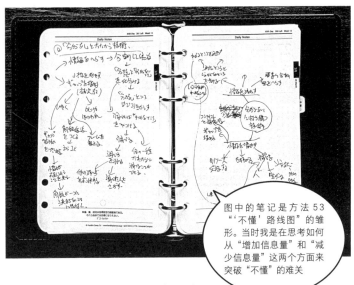

图中的笔记是方法53"'不懂'路线图"的雏形。当时我是在思考如何从"增加信息量"和"减少信息量"这两个方面来突破"不懂"的难关

回顾自学的历程

在回顾的过程中，可以分析一下有哪些方法比较适合自己，哪些因素对自己来说很有必要，继而创造出自己的原创方法。

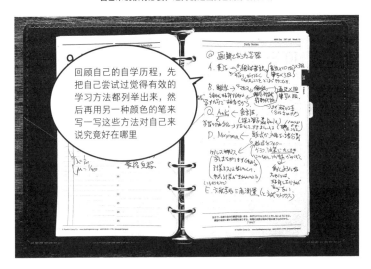

回顾自己的自学历程，先把自己尝试过觉得有效的学习方法都列举出来，然后再用另一种颜色的笔来写一写这些方法对自己来说究竟好在哪里

打磨自学的想法

利用元笔记来反复打磨一个想法，可以使这个想法变得更具体，或是衍生出新的想法。

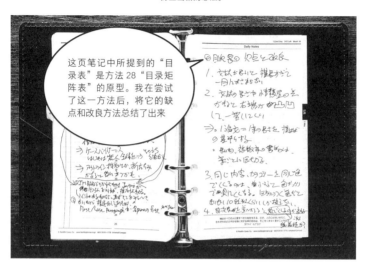

这页笔记中所提到的"目录表"是方法 28"目录矩阵表"的原型。我在尝试了这一方法后，将它的缺点和改良方法总结了出来

方法55

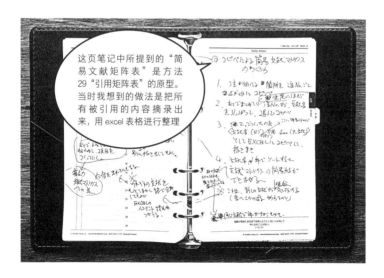

这页笔记中所提到的"简易文献矩阵表"是方法 29"引用矩阵表"的原型。当时我想到的做法是把所有被引用的内容摘录出来，用 excel 表格进行整理

从元层次来审视自己的必要性

当我们选择了某个特定的方法，并且想要按照这个方法来展开行动时，就需要用到元认知。

因为我们必须不断地确认自己当前的行动是否走在正确的轨道上，并且对自己的认知和行动进行修正。

如果一名自学者能够做到这一点，那么他就能够向前更进一步，使用自己开发的学习方法来学习。当一个人的学习目的、教材和学习方法全都可以由自己来决定时，他就真正地成为一名彻头彻尾的自学者。

所谓学习，就是直面自己"不会"和"不懂"的事物，并向它们发起挑战。由于自学者往往无法得到他人的指导，所以无论是遇到难关还是瓶颈，都只能靠自己来突破。自学，就是要让自己成为自己的老师，而元笔记的作用也正在于此。

与其他学习者相比，自学者拥有许多劣势。当他们怠慢学习时，只能自己来鞭策自己，当他们遭遇"不懂"的难关时，也只能靠自己来重振旗鼓，很难从他人那里获得帮助。

然而与此同时，自学者也拥有一大优势。那就是在这个世界上，只有自己一个人需要对自己的学习方法负责。正因为负责人只有自己一个，所以才能够自由地去调整学习方式。

当然，如果过分放纵这种自由，也会引发危险。有的时候我们本以为自己是在操控自己的学习，结果实际上却只是在逃避自己应该面对的困难而已。为了避免这种情况的发生，我们需要从一个更高的视角来审视自己的学习。

编写一本只属于您自己的《自学大全》

　　自学者们在刚开始的时候也都会先照搬他人的学习方法。

　　但是这种状态不会一直持续下去，到最后，大家都会创造出最适合自己的学习方法。因为学习就是一个改变自我的过程，如果学习方法没有同时做出改变，那么学习必然就会遭遇瓶颈。在创造学习方法的过程中，我们必须要先尝试，然后回顾总结，再根据自己的需求去调整和修改。

方法55

　　这样一来，自学者才能真正地成为一名自主的学习者。

　　我们每个人都是独一无二的存在，各自拥有不同的天赋和

在元笔记上"发牢骚"

某日，我在看到某位专业研究者的工作后受到了打击，写下了这段笔记。自学不会永远一帆风顺。我们写下的烦恼和牢骚也会成为一种自学资源，孕育出新的想法和学习动机。

595

经验。世界上可能会有许多比你优秀的学习者，但绝对没有和你完全相同的学习者。

而随着学习的不断深入，我们与其他自学者之间的差别还会变得越来越大。换句话说，我们学习的知识越多，就会变得越特别。

当我们在研究学习方法时，最值得参考的就是我们自己，以及我们所拥有的经验。只要自学者能够认真学习，并且在学习中遭遇困难，那么他就一定会就此展开自己的思考。

我们在实践中获得的发现大多都是以负面的形式呈现出来。在学习的过程中，或是学习中断时，我们的头脑中会产生疑问；当思维走到了死胡同，或是遇到了阻碍无法继续前进时，我们又会发出深深的叹息。如果我们能够对这些情况进行深入的分析，那么它们就会成为我们专属的学习资源。只适用于我们自己的学习方法也会从中诞生。

像这样，自学者每天不仅要学习自己感兴趣的知识，还要同时学习如何创造自己的学习方法。

坚持记录元笔记，就相当于是在本书的基础上进行增补改订，编写一本只属于您自己的《自学大全》。就让元笔记来代替本书，继续照亮您接下来的自学之路吧。

延伸阅读

牧野富太郎

（1862—1957）

牧野富太郎是日本首屈一指的植物分类学家。他在小学期间中途辍学，自己学习了植物学的相关知识。1884 年来到东京，进入了东京大学植物学教研室后，于 1888 年出版了《日本植物志图篇》。他所分类和命名的植物种类多达 2500 种，其中大和草的新种更是成为日本命名的首个国际通用学名。然而同时，他的学术生涯也十分坎坷，时常与周边的人产生摩擦，被学校施加了许多压力，一段时间曾经被禁止出入植物学教研室，《大日本植物志》的出版也因受到阻碍而被迫中止。

让 - 雅克·卢梭

（Jean-Jacques Rousseau, 1712—1778）

卢梭是一位出生于瑞士的法国思想家、文学家，他的一生几乎都是在逃亡中度过。卢梭的父亲是日内瓦工会组织的成员，但却因与一名退役军人产生了纠纷而不得不逃离日内瓦。在那之后，卢梭的成长历程与孤儿无异。前后更换了许多种工作后，卢梭也离开了日内瓦，开始了流浪生活。后来，卢梭成为华伦夫人的情人，并在此期间读了大量的书籍，为学术生涯打下了基础。论文在学院的有奖征文中获奖后，卢梭又前往巴黎，结识了狄德罗等人，参与了《百科全书》的撰写，并出版了《政治经济学》和《新爱洛绮丝》等书籍，一时间声名鹊起。然而后来他又逐渐与百科全书学派的人断绝了往来，出版的《社会契约论》和《爱弥儿》也被政府查禁，因此他不得不为了摆脱追捕而四处逃亡。在瑞士，卢梭遭受了村民的迫害，而在英国又和休谟产生了不和，因此他一直没能过上安稳的生活。

第 4 篇

为自学打下基础

任何学习中都会用到的基础能力

本书前 3 篇介绍了自学时需要用到的各种工具。

工具只有应用在实践中才能发挥出自己的价值。因此，本书的第 4 篇相当于是一部附录，主要采用短篇故事的形式，以自学者本人的视角来介绍这些学习方法的组合应用。

本篇中的三个故事分别是以语文、外语和数学三门学科为对象的自学案例。

之所以选择这三个学科，是因为它们是我们今后自学的基础和前提。**首先，如果我们连自己的第一语言都运用不好，那么将会很难通过读和写来自学。毕竟母语是我们出生后最初接触的语言，与我们已经相伴了多年。另外，学习外语和数学则会使我们可以利用的学习资源变得更多，比如能够让我们读懂更多的学术文章。**

关于这一点，我还想再详细地解释一下。

以前，人们如果想要阅读外语的文献。需要花费相当多的时间与金钱。首先，购买国外的书籍（如果外文书店买不到的话）需要直接从商品目录中查找并订购。而订购的书籍会以船运的方式漂洋过海运到国内，这个过程可能要用上好几个月，费用也会比书的原价高上好几倍。这些购书方面的困难，就是将专业的学术研究者（专家）和业余人士（好学者）区分开来的第一道壁垒。

直到现在，这道壁垒也并没有完全消失，但是互联网出现的确带来了各种各样的变化。网络书店的普及使购买外文图书的时间成本和金钱成本大幅下降，从国外的二手书店直接订购图书也变得更方便了。

世界各国会将一些著作权到期后的图书归档并公开，学术论文的 30% 以上也都可以在网上免费阅读。可以说，在接下来的时代中，阻挡我们前行的最后一道壁垒就是我们的外语阅读理解能力了。

现如今，英语已经取代了拉丁语、法语和德语，成为人们在学术交流中使用的国际通用语言（Lingua franca）[1]。不仅最新的研究成果会以英文的形式发表，精选论文编纂而成的论文集以及教科书和百科全书也都会先以英文的形式出版。其中还包括一些对自学者来说非常重要的查找资料的工具（参考工具书）。也就是说，只要我们具备了一定的英文读写能力，可以选择的参考工具书就会更多，调查的效率和范围也会更上一层楼。

---

[1]　国际通用语言（Lingua franca），是指不同语言背景的人在交流时用作媒介的语言。"Lingua franca"一词源自意大利语，其原本的含义是"法兰克语""法兰克王国的语言"。中世纪以后，地中海沿岸的港口在贸易中使用的语言就叫作"Lingua franca"，是一种在意大利语中加入法语、希腊语和阿拉伯语后形成的混合语。后来这个词就被用来泛指同一个集团中不同语言背景的人在交流时使用的语言。

除了英语以外，其他外语也同样能够成为自学者的武器。

比如说，各国的国家图书馆（相当于是各国图书馆的中央机构）都会通过网络来回答海外用户的疑问，并提供参考咨询服务。今天，我们可以坐在自己家里，或是使用移动设备随时随地从全世界的图书馆获取帮助。本书中所介绍的一些参考文献就是借助美国议会图书馆和法国国立图书馆等提供的电子邮件咨询服务查询到的。

以上就是学习外语能够对自学（者）起到的帮助。

数学也是同理。在几乎所有的自然科学学科、大部分的社会科学学科以及许多人文科学学科中，都会用到数学这门学术语言。各个领域的研究者都对数理模型和统计方法的实用性有了一定的了解，今后，数学方法的适用范围也只会越来越广。学习了数学后，我们能够理解和利用的文献以及其他学习资源也会变得更多。

在此我想补充说明一点，那就是本篇中的三个故事只是用来向大家展示自学的各个阶段中可以使用哪些方法，并不是让大家在学习这三门学科时遵循同样的方式。

由于故事的篇幅比较短，因此故事中的自学者们并没有长时间地陷入迷茫，也没有出现中途放弃的情况，但这也并不意味着他们走的就是最短路线。这些主人公既不是天才，也不是高手，他们只是勇于向未知挑战，并敢于作出新尝试的平凡的自学者而已。

自学本来就没有既定的轨道。每一名自学者都会走出一条自己的道路。

即使学习的内容相同，不同的自学者所面临的制约因素和可支配的时间等资源也是各不相同。这些取决于自学者们所身处的状况和积攒的经验。没有人能够事先为他们铺好道路，并扫除路上的一切障碍。

这就意味着，自学者必须和自己所面临的制约因素抗争，自己筹备学习需要用到的资源，自己探索前进的路线，不断试错，敲开一扇扇紧闭的大门，开辟出一条属于自己的学习之路。

自学者们能够通过自己身后的足迹看出自己现在身处何方，与以前的自己相比前进了多少。但尽管如此，开辟新道路的过程依然会充斥着不安。此时，本书第4篇中的三个故事就能够派上一些用场。

这些故事会告诉我们：自学的过程往往不会像想象中那样顺利；有一些方法能够将我们从迷茫和走投无路的困境中解救出来；无论失败多少次，都可以从头再来；只要我们不放弃寻求知识，那么知识也永远不会抛弃我们。

这些应该能够为自学者们提供一些鼓励，支撑他们孤身一人去横渡知识的海洋。

自学语文的几大要点

1 认识到自己阅读能力的不足

母语是我们从出生起就一直在使用的语言。

我们在日常生活中的听说读写都使用母语，所以一般不会觉得自己的母语水平有所欠缺。正因如此，当我们要开始学习母语时，最大的困难就是理解学习母语的必要性。

对人类来说，读写能力和与生俱来的听说能力不同，是在短短数千年前才刚刚掌握的新技能。在绝大部分时代和地区中，即使是在文字发明以后，也只有很少的一部分人能够掌握读写能力。

在学校教育已经普及的社会中，也依然有不少功能性文盲存在。他们虽然具备基本的识字能力，但在语法的正确性和词汇方面却有所欠缺，很难理解文字的含义。

这些成年人无法根据书面的指示作出行动，无法通过说明书来了解产品的使用方法和出现问题时的应对方式，读不懂电车和公交车的时刻表，也无法通过阅读来学习知识，或是把自己的想法用文字表达出来。

即使是没到功能性文盲这么严重的地步，人们的阅读理解水平也十分参差不齐。

事实上长久以来，人们几乎将口语和书面语看作两种语言

（虽然二者也有许多共通之处），为此甚至专门掀起了白话文运动来消除二者之间的隔阂。

人们在日常会话中使用的词汇，以及涉及的话题范围，都和书面语有着很大的区别。有些人总以为，自己在日常会话中没有感受到任何不便，认为自己的语文水平就已经足够了。但这只是由于他们还没有认识到语言的范畴有多么广大。

花费时间和劳力去学习书面语是必要的，也是十分有价值的。尤其是对自学者来说，这项学习的投资回报率非常高。

如果学习时有现成的教材可以利用（比如课程视频），那么能够一定程度上弥补读写能力的不足。但是如果我们还想让自学更进一步，自己去寻找教材的话，那么读写能力就变得十分必要了。我们的读写能力越强，选择学习资源的范围就会越大，能够利用的学习方法就会越多，效果也会越好（本书中所介绍的绝大多数方法都需要一定的写作能力）。这样一来，我们的自学不仅会变得更加轻松和高效，失败的次数也会有所减少，整体来看，学习到的知识会更多，也更深一些。

那么，我们要如何才能认识到自己母语水平的不足，获得进一步学习的动机呢？

首先我们要做的，就是为自己创造一个认识不足的机会，然后去想办法面对它，而不是选择逃避。比如，我们可以找一本难度比较大的书来读，当发现有自己读不懂的内容时，不要把责任推到其他人的头上（比如怪作者写得不好等，具体可以参考后文中的"4 善意原则"），而是要把这看作一个重新审视自己语言水平的机会。一些对阅读理解中的思考过程进行拆解的书籍也能够派上用场，比如在接下来的短篇故事中即将登场的那本老旧的现代文教辅书。

由于我们对自己的母语实在是太过熟悉，因此就算是认识到了自己水平的不足，想要重新开始学习，也难免会感到有些无所适从，不知道该从哪里学起才好。

为了解决这个问题，在接下来的内容中，我将会向大家介绍几个学习语文的大方向和关键点。

2 多积累关联性比较强的词和概念

理解文章的第一道关卡，就是理解概念，然后学会使用概念来思考。概念需要用思考来把握，再用语言来表达。使用概念来思考就是系统 2 的本质。

如果我们不使用概念来思考，就会被一些缺乏普遍性的经验所束缚。只有学会了使用概念，我们才能够把他人的思考和理论套用到自己所处的状况之中，即使这些思考和理论与我们自己的感觉和经验并不完全一致。

概念是从不同的事物和现象中提取出来的共通点。通过使用概念，我们可以把现实的某一个方面单独拿出来，或是把多个相似的事物放到一起去比较。换言之，概念既可以是一把用来观察现实的放大镜，也可以是一台用来衡量比对的测量仪。

当我们在针对某一事物展开论述时，不能光谈自己的经历，而是应该把与主题相关的多个概念组合起来提出主张，再用数据和逻辑来支撑自己的主张（方法33"图尔敏模型"）。如果我们的头脑中没有一定的概念积累，无法做出恰当的组合，我们不仅很难自己展开论述，也很难针对他人的论述做出自己的判断。

最重要的一点是，我们不仅需要记住这些词和概念，还需要知道哪些词（概念）能够相互组合。

我们平时在表达想法或是描述事物时，都会将词与其他词连在一起使用。所以，每一个词都会存在一些常用的搭配。

例如，"雨"就经常会和"云""伞""淋湿"等词搭配在一起（毕竟这些事物在现实中有着密切的联系）。我们不仅能够通过自己的经验来判断这些事物在现实中的关系，还会在阅读中反复遇到这些词的搭配。以至，每当我们听到（或是读到）"伞"这个词，就会自然而然地联想到"雨"。

任何词和概念都会与许多其他的词和概念产生类似的联系。词与词之间的联系交织在一起，形成了一个巨大的关系网。

对于那些抽象的概念来说也是同样。当我们想要表达抽象的思维、理解抽象的文章，或是从抽象的层面来展开思考时，就会把这些抽象概念的组合从大脑中调取出来加以利用。我们头脑中的概念网络越是充实，我们的思考就会越快，也越灵活。

我在前文中反复提到过，我们并不是一个人在思考。前人们同样会使用词和概念来思考，并利用这些词和概念来进一步提升自己的思考能力。这样一来，当我们在使用同样的词和概念来思考时，也相当于是借助了他们[1]的力量。

掌握词的搭配，是我们理解词和用词进行表达的基础。那么，我们具体应该怎么做才好呢？

最标准的答案就是"多阅读各种类型的书籍"。事实上，如果我们事先没有一定的积累，那么大部分书读起来都会比较困难，很容易让我们失去学习的动力。

幸运的是，为了方便那些因阅读量不足而读不懂现代文的人，市面上已经出版了一些日语现代文的词汇书。许多书中都配有大量的插图，看上去十分精美。但如果您想要学习更精准的语言知识，那么我推荐使用伊原勇一的《现代文词汇》和有坂诚人的《MD现代文·小论文》，其中后者的内容量会更大一些。

3 逻辑的本质是对话

为了掌握书面语，我们在积累词（概念）和其组合方式的同时，还需要学习如何从字里行间寻找线索，推测出文字以外的内容。

当然，这并不意味着全靠想象去猜测，也不能无视原文，把自己的期待和愿望强加给作者。只有当我们学会灵活运用

---

[1] 自古希腊流传至西方诸国的论据的典型模板被称为"topos"。库尔提乌斯进一步延伸了这个词的含义，用来表示文学创作的传统主题。语言中的"惯用搭配"同样也可以称为"topos"。

这种推测的能力，才能够超越对文字本身的理解，开启真正意义上的阅读。

而推理小说，就是将这种能力以娱乐消遣的形式呈现了出来。

面对同样的证词和证据，侦探能够利用这种能力，在摸不着头脑的警察或是搭档身旁推论（推理）出案件的真相。

当然，侦探们的推理并不是凭空臆造，也不是单纯靠直觉。他们都能够将自己的推理过程一步一步地阐述清楚。有时，他们的搭档或是警察会针对这些推论提出质疑和异议，但侦探们同样可以有理有据地驳回。这就体现出了逻辑的力量。

事实上在这一过程中，最关键的部分就是回应他人提出的质疑和异议。人与人能够通过对话来检视彼此的想法，而逻辑思考就是建立在这种对话的基础上。有的时候，我们还需要在对方提出质疑前进行预判。

同理，我们在理解文章时也要多想一想，自己能否把理解的过程一步一步地阐述清楚，如果别人针对我们的阐述提出质疑和异议，我们能否有理有据地驳回。在这个过程中，我们的逻辑思维能力就会有所提升。

即使我们是独自一人，也要试着把思考的过程讲出来，向自己提出一些反驳和质疑，从而提高自己的语言应用能力。

在这里我想向大家推荐一本名叫《去吧！逻辑先生》的教辅书，作者仲岛瞳是一名语文老师，而逻辑学家野矢茂树则承担了本书的监修工作。除此之外，三森由里香编写的《完全积

累式　面向儿童的逻辑训练习题》也是一本值得参考的习题集。

4 善意原则（*Principle of Charity*）

最后，我要向大家介绍的这个原则，是我们在理解他人的语言时所必须遵循的大前提，但我们却很少注意到它。

擅长阅读和倾听的人几乎都会在无意识中应用这一原则，而那些不擅长阅读的人（或是瞧不起语文课和现代文阅读的人）则大多都不擅长去应用它。因此可以说，这条原则正是我们在理解语言时需要遵循的基本原则，所以我才想在这里将它介绍给大家。

简单来说，善意原则[1]是指，当我们在理解他人的话语时，尽量将其当作"正确"且"合乎道理"的。例如，当我们发现自己读不懂某一篇文章时，不要责怪作者写得不好，而是应该把问题归结到自己的理解方式上，重新去思考。

为什么善意原则如此必要且重要呢？

首先，它能够将我们从一词一义的思维定式中解放出来。

许多读不懂文章的人都有一个共同的特点，那就是一旦看到自己认识的词，他们就会立刻把与之相对应的解释代入进去，完全不考虑这个词处于什么样的文章和语境之中。

---

[1] 除了"善意原则"以外，"Principle of charity"还会被译为"宽容原则"。哲学家蒯因和他的学生戴维森在讨论"彻底翻译"时就曾经应用过这一原则，使其变得广为人知。再往前追溯的话，根据犹太教《塔木德》一书中（Arachin 5）的记载，拉比·梅尔也曾说说过"人所说的话背后必有其理由"。

他们认为每个词都有固定的意思，在阅读的过程中也对这一点深信不疑。事实上，文章中关键的词和概念往往并不是完全符合辞典中的解释，而是会有一些微妙的差异，或是拥有独特的含义。如果一个人在阅读文章时总是不自觉地陷入一词一义的思维定式，那么他将会因此而遇到重重阻碍。

其实，当幼儿在倾听周围人的话，并从中学习词的含义时，这种思维定式是很有必要的。因为在从日常对话学习的过程中，没有老师来手把手教给他们正确答案，说话的人也并不一定会遵守语法规则，所以一旦没有了"一词一义"的制约，词的各种义项就会形成无数种组合，使孩子的头脑陷入混乱（方法 53 "'不懂'路线图"）。

当我们长大后需要阅读书面语时，这种"一词一义"的制约就变成了绊脚石。

想要突破这一制约，我们就不能总是把文章中所有词的含义与我们已知的含义（或是辞典上的解释）机械地对应起来，而是必须去理解这些词在文章中所特有的含义。为了做到这一点，我们首先要将文章的内容解释通顺，使其能够自圆其说。这里就用到了善意原则。

除此之外，当我们在阅读一些不完全符合逻辑的文章时，善意原则也会派上很大的用场。

事实上，我们所阅读的绝大多数文章都或多或少会存在逻辑上的破绽。还有一些文章虽然没有逻辑上的破绽，但是用来支撑主张的论据却并不充分，只是列举了一些少数的事例，或者是作者没有把用来支撑主张的前提条件阐述清楚。

有些人的思想比较固执，他们认为不符合逻辑的东西就应该从这个世界上消失。这种人说得好听点，是热爱逻辑，并且对自己的逻辑思考很有自信，而说得不好听点，就是患上了"逻辑病"。他们时常会瞧不起语文这个科目，因为语文课上许多文章的逻辑都不具备必然性，甚至很多题目还会让学生写出作者和登场人物的感情。

语文课上之所以会讲解这样的文章，就是因为在绝大多数情况下，我们接触到的语言和我们所提出的主张在逻辑方面也不具备必然性，而是停留在或然性的层面上。

即使我们无法保证自己的想法一定（一直）是对的，也必须努力去动脑筋思考，提出自己的主张（方法 33"图尔敏模型"）。同理，即使我们无法保证他人的主张一定（一直）是对的，也要想办法去理解和对比，从中选出一个比较靠得住的。

为了做到这一点，我们在阅读时必须要将文章中的词和语句解释通顺，使其能够自圆其说。当我们面对那些不一定正确的语句和主张，并且需要在此基础上展开交流时，善意原则就是我们行动的准绳。

一名自学者的记录　语文

主人公简介

· 一个从未好好学习过语文的高中生。
· 以为现代文阅读全靠直觉和语感，但是自己的直觉和语感却总是出岔子。
· 平时不怎么读书。

现代文阅读不及格

"你小子，是不是以为自己每天都在说日语，所以做题全靠语感就行了？你看你做错的这些题，什么样的错误都有，不知道的还以为你是扔骰子选的呢。这种是最不可救药的。要是你做错的题多少有点规律或者逻辑，我还能想办法掰回来，可你这错得简直就是五花八门啊。不过有一点我算是看出来了，你压根儿就没动脑子，也根本就不想去动脑子。"

胡村一边让笔杆在右手的手指间打转，一边不停地挖苦着我。他是我们高中最懒散的老师，而且嘴上不饶人，负责教授的科目是语文。现如今，像他这种容易得罪人的人，应该早就被别人偷拍视频发到网上，让网友痛骂一番才对，然而不知为何，我还没听说过有这样的事发生。

我之所以会在放学后留在教室里和他单独谈话，是因为我是这次现代文阅读考试中唯一一个不及格的人。

"不瞒你说，我出的卷子已经很简单了，这都能答不及格的，你可是头一个。"

"实……实在不好意思。"

"我这人本来就对工作没多大的积极性，好不容易攒下一点动力，费了好多天的工夫，才出了这么一套只要是人都能拿到 50 分以上的卷子。现在可好，努力全都白费了，你快把我的积极性和时间还给我。"

"要是能还的话我也想……"

"好！这可是你说的，那么这次的补习就采用自习的形式。"

"这么随便的吗？"

"但是，补考的成绩必须要达到 60 分以上。接下来你就自己加油吧。"

"您这属于玩忽职守吧？"

"说实话，我也不愿意这样，但是出于教育上的考虑我却不得不这么做。刚才我也说了，你要学着去动脑子思考，这件事没人能代替你去做。当然，我也会给你提供一点帮助。所谓考试，尤其是语文的考试，其实就是一种交流。出题人都好心好意地把球递到你眼前了，你却接都不肯接一下，是个人都会郁闷的。你也不用想得太难，就当作打游戏闯关一样试试吧。"

说着，胡村把一本又厚又黑的书递给了我。

"自……学……大全？"

烦恼索引

我翻了翻这本书，发现里面介绍了各种各样的方法，都是在讲如何在没有老师的情况下自己学习。

一想到要去读这本沉甸甸的书，我的心里就泛起一股厌烦来。再仔细一看，书的后面还有一张附页，标题的位置上写着"自学烦恼索引"六个大字。如果在自学的过程中遇到了烦恼，可以直接从这里查到对应的解决办法在书中的第几页。没想到，这本书的服务还挺周到的。我平时不怎么看书，所以也不大了解，难道现在的书都是这样的吗？

"如果您觉得这本书太厚了读不下去，跳读（方法35）。"

这个方法是说，读书的时候只要读对自己有用的部分就行了。这不就是我现在正在做的吗？其实细想起来，连我自己都不知道自己有什么烦恼，这要怎么办才好？

"如果您对自己的学习进度没有概念，可能的阶梯（方法2）。"

原来是这样，只要把自己会的内容都写下来，那么渐渐地就能够知道自己没掌握的内容有哪些了。

这么一想……其实我也不是完全不会阅读，至少现在读这本书就还没什么问题。只是考试的时候一旦碰到要求"分析人物情感"的题，我就完全不知道该怎么答才好。这种东西明明每个人的理解都不一样，怎么可能有正确答案？话又说回来，考试的题目难道不应该更客观一些才对吗？至少也得让所有人都能找到确切的依据才行吧，比如"数出文章中用了多少个'和'字"之类的……虽然这样可能变成数学题了。总之，我就是不知道这种题到底该怎么答才好，所以也没什么耐心，一直都是靠直觉来选答案。可能正是因为这样，所以我的现代文阅读才这么差吧。

胡村之前好像提到了什么"规律""逻辑"之类的，语文里真的存在这种东西吗？我实在是想不明白。

参考咨询服务台

第二天放学后，我去了一趟图书馆。

我之所以决定前往图书馆，是因为那本《自学大全》上写着，"遇到不懂的问题时，不要光是烦恼，而是应该自己动手去调查"，还说如果不知道该如何调查，可以去图书馆的柜台询问工作人员。去图书馆前，我还特意跑到教师办公室去向胡村报告了一下。他向我竖了一个大拇指，一边说着"不错，你加油啊。到了图书馆以后直接去参考咨询服务台就行"，一边把我送出了办公室。这给我一种被人打发了的感觉。

可能的阶梯（针对现代文阅读）

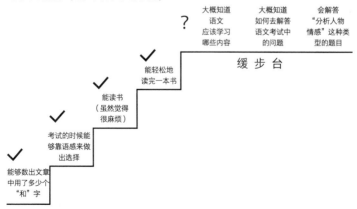

于是现在，我站在了图书馆的参考咨询服务台前。一个扎着围裙，戴着圆框眼镜的工作人员礼貌地接待了我。

"我明白了，您是想补习一下语文的现代文阅读，对吗？不过，现在初高中生都在用的那种教辅书，一般在图书馆里是找不到的。"

"原来是这样啊。"

希望一下子落空，我的情绪也明显低落了起来。

"啊，但也不是说完全找不到。比如最近有许多人想要用自己以前用过的教科书和辅导书来重新学习，所以一些以前比较知名的辅导书也会以普通图书的形式再版，其中关于现代文阅读的也有不少呢。比如说这本，筑摩学艺文库出版的《新释现代文》，作者是高田瑞穗，还有一本叫作《品读经典参考书　筑摩书房怀旧高中语文》。这样吧，我来帮你大范围地查找一下。"

这名戴着圆框眼镜的工作人员用柜台上的电脑操作了几下后，就把电脑的屏幕转向了我，告诉我已经找到了。

"这个网站是日本国立国会图书馆的在线检索系统。只要能联网，无论是在你家里的电脑上还是在手机上都能够访问。日本国立国会图书馆你是知道的吧？日本的所有出版物都要提交至日本国立国会图书馆收藏，这种制度叫作缴送本制度。所以理论上来说，在日本国立国会图书馆能找到日本国内出版的所有图书。现在我们就是在用日本国立国会图书馆的检索系统来搜索它的藏书。我用的是高级检索，在'分类'这一栏里输入了'Y35'。'Y35'就是国立国会图书馆特有的分类号，代表'高中教辅书、大学入学考试、大学入学指南／语文'。所以现在这里显示的应该就是日本国内出版的所有高中语文辅导书。"

"这可有三千多本啊！"

"但是这里面也包括了古文和汉文的辅导书。我们可以在'题名'这里输入关键词'现代文'，这样就能把范围再缩小一些。"

"缩小以后还是有四百多本。"

"这些书也不是全都能在我们图书馆里找得到，我来看看……啊，这一本虽然不是最近再版的新书，但是我们图书馆里是能找到的，名叫《现代文解读基础》。"

"这是一本什么样的书呀？"

"主要是讲在阅读日语文章时应该怎么做，内容非常简明易懂。用一句话来概括的话，这本书就是想告诉大家，无论是谁，都能够在现代文阅读中拿到满分。"

"就是它了！我想找的就是这样的书！"

"那您就借回去看吧？这本书已经绝版了，想买都买不到，要是能再版就好了。"

文章中比较重要的内容

回家以后，我稍微翻了翻《现代文解读基础》这本书，发现内容的确是非常简明易懂。上网搜索了一下发现，这本书的二手书价格相当昂贵，评论也大多都是好评。总而言之，应该是一本不错的辅导书。

然而问题是，留给我的时间已经不多了。首先，这本书两周内就必须要还回去。不过这个的解决方法倒也简单，只要在还回去前把所有内容用手机拍下来就行了。相比之下，迫在眉睫的补考才更让我忧心。如果光是"找到了传说中的参考书"，故事的结局就能够皆大欢喜的话，那当然是再好不过，但是我总觉得自己还没有完成胡村布置的作业——"动脑子思考"。

胡村借给我的这本《自学大全》上面写着，如果觉得"这本书太厚了读不下去"，可以使用跳读的方法来阅读。以前我总以为读书必须要一字一句地从头读到尾，而这种方法则是从中挑选出比较重要的部分来阅读。

于是，由于时间紧迫，我决定跳过前面讲解"文学类文章"的章节，从"论述类文章"的部分开始读起，这部分主要是讲解议论文等文体的阅读方式。

这本书说，在阅读"论述类文章"时，一定要搞清楚文章中的哪些内容比较重要。这听上去很理所当然，和《自学大全》中讲"跳读"的那一节也有一些相通之处。

比如说，文章中重复出现了许多次的内容，基本都是作者认为很重要的内容。有时作者可能会换一种说法，或者是使用别的近义词，所以看上去和原句有一些区别，但这也同样属于重复的一种。除此之外，还要注意一些指示词，比如"这"，用指示词来指代前文出现过的事物，也相当于重复。

还有，读文章时遇到"总而言之""也就是说"这种词的时候，也要格外注意。因为后面的句子通常都是作者对前文内容的总结，所以非常重要。

这本书还说，当我们在阅读文章时，不要从头到尾都用同样的步调，而是必须分清主次。哪个词、哪句话比较重要，其实文章都已经给了我们判断的依据。

对于那些擅长阅读的人来说，这些可能都是理所当然的，根本就不需要再拿出来说。但是我觉得，能够把这种"理所当然"讲清楚的书，才是真正的好书。

为了防止以后忘记，我把刚才的内容以图示的形式整理了一下（方法49"预习地图＆复习地图"）。

议论文阅读的要点

《现代文解读基础》这本书是按照"词→句→段落→文章"这样从微观到宏观的顺序来理解文章的内容。

书中还提到，在阅读论述类文章时，我们的最终目标是把"结论"，以及用来支撑结论的"论据"给找出来。

要是世界上所有的文章都能事先把"结论"和"论据"都画出来该有多好啊。但是如果考试的题目也这样做的话，那么所有人就都能考100分了，这显然是不可能的。那么，我们该怎么做才好呢？

·从文章整体到各个段落

　　想要找到"结论"和"论据"，我们需要先厘清文章的结构。一般来说，一篇文章只要超过一定的长度，都会由多个段落组成。只要我们抓住了这些段落之间的关系，就能够厘清文章整体的结构，分清楚哪里是最重要的结论，哪里是用来支撑结论的论据。而想要抓住段落之间的关系，就必须先知道各个段落的大概内容。

·从段落到句子

　　那么，我们应该怎样去理解各个段落的内容呢？

　　文章中的每一个段落都会有一个主题。而作者会在每一个段落中，围绕主题来阐述自己的观点（主张）。为了帮助读者找出段落的主题，《现代文解读基础》中也介绍了几个方法。

《现代文解读基础》复习地图

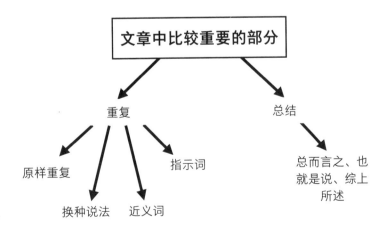

首先需要注意的，就是段落中反复出现的词。如果一个词在段落中出现了很多次，那么这个词肯定很重要。很多时候，为了使文章读起来不那么枯燥，作者还会将词变换一种形式，使用近义词或是其他的意思相近的表达方式，不会原模原样地重复。

但总而言之，无论形式是否发生了变化，重复出现的内容都非常关键，很可能就是这一段落的主题。

接下来，我们应该怎样从段落中找到作者的观点（主张）呢？由于作者的观点（主张）肯定是围绕着段落的主题，因此我们可以把段落中包含主题词的句子都找出来，然后进行比较。其中看上去最重要的一句，应该就是作者在这一段中想要阐述的观点（主张）。一般来说，在举出多个事例论证后进行总结的语句，很可能就是这一段的主要观点（主张）。

·从句子到词

最后，我们又应该如何去理解段落中的句子呢？首先，每一句话里应该有主语和谓语，我们需要先把这两个成分搞清楚。然而有的时候，日语的句子似乎还会把重点放在修饰成分上。例如在"人因思考而高贵"这句话中，主语是"人"，谓语是"高贵"，但句子的重点却是"因思考而"。像这种比较重要的内容在后面的文章中可能还会换一种形式再次出现。比如说，如果作者在后文中又写到"人因质疑而高贵"，那么我们应该首先想到，这里的"质疑"指的就是"思考"。我们在理解文章时，必须要把这里的"质疑"和前文中的"思考"联系起来才行。

　　读完后，我把议论文阅读的要点用一张图总结了。

议论文阅读的要点

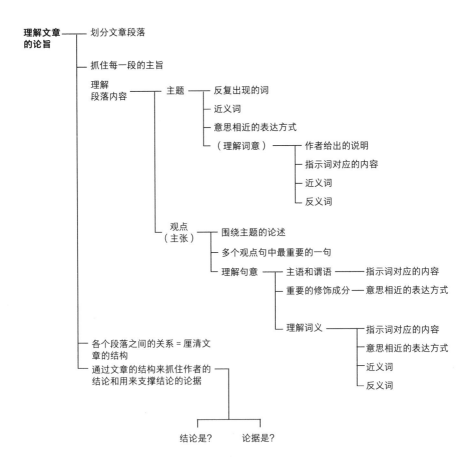

我们应该从小说中读到什么

读完后发现还剩一点时间，我又翻开了《现代文解读基础》这本书的前半部分，看了一下应该如何去理解文学类文章。

在阅读小说等文学类文章时，应该遵循下面四个步骤。

① 理解主人公。
② 理解登场人物的关系。
③ 分析文章的结构。
④ 抓住文章的中心思想。

其中"① 理解主人公"和"② 理解登场人物的关系"是相辅相成的，我们需要做的事情也差不多。

·对内心世界的直接描写

理解主人公，说到底，就是要理解主人公的内心世界。

有时，小说中会有对主人公内心世界的直接描写，而我们只需要把它们找出来即可。但是这样的话绝大多数人都能够找得到，所以考试中一般不会出这种题（因为所有人都能拿到分数）。在绝大多数比较正规的小说中，作者即使是直接描写了主人公的内心世界，也还会再加入一些其他方面的描写，这样人物才能够立得住。

·对日常状态的描写

这一部分是用来表现主人公原本的性格。先描写一下主人公的日常状态，然后发生某一事件后，主人公如果有了和平时不一样的行动和反应，我们就能够清晰地看出其内心世界发生了怎样的变化。当我们想要理解小说的内容时，主人公内心世界的变化是重中之重。

小说阅读的要点（复习地图）

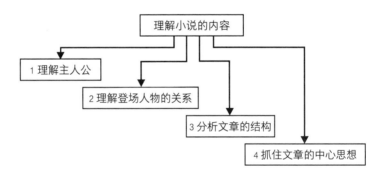

	对内心世界的直接描写	对日常状态的描写	对外在条件的说明	每一次的言语和行为
1 理解主人公	主人公内心世界的直接描写	主人公的日常状态	主人公的外在条件（年龄、身份、外貌、财产等）	主人公的每一次言语和行为
2 理解登场人物的关系	人物彼此间感情的直接描写	人物在日常生活中对彼此采取什么样的态度	人物之间的外在关系（年龄、身份的上下级关系等）	人物每次在面对彼此时有过哪些言语和行为

·对外在条件的说明（年龄、身份、外貌、财产等）

这些是造就主人公性格和行事风格的原因。有了这些作为
铺垫，读者就能够理解为什么主人公会形成现在这样的性格。

·每一次的言语和行为

主人公的言语和行为会根据他所遭遇的事件和身处的状况
而改变。将这些与主人公的日常状态做一下对比，就能够看出
他的变化。

之所以说"内心世界的变化"非常重要，是因为小说就是
在讲故事，而故事是一个随着时间的流逝而发生变化的过程。
因此归根结底，小说就是在描写变化。

理解人物内心世界变化的关键（复习地图）

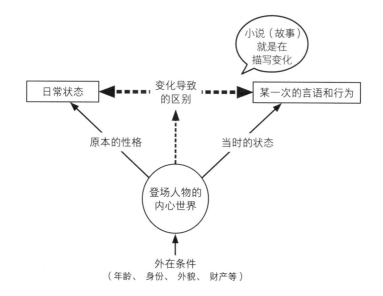

语文考试中的文章篇幅一般都比较短，而在这么短的文章中，能够体现出来的也只能是主人公内心世界的变化。这就是在语文考试中需要格外关注主人公内心世界的原因。

补习的成果汇报

虽然我不知道学的这些内容能不能帮我通过补考，但是我的确从中得到了一些启发。

语文考试里经常会出现"请说明下画线部分的'这'具体是指什么"之类的题，而我完全搞不懂这种题究竟有什么意义。现在我明白了，指示词其实是一种变相的重复，而重复就代表这个内容很重要。

这样想来，"请说明下画线部分的'这'具体是指什么"可能就是出题人给我们的暗示，他其实是想告诉我们"这里就是理解文章时的一个关键点"。

我记得数学老师曾经说过，如果一道数学题的难度比较大，那么出题人可能会把解题的过程拆成几个小题。这样一来，学生只要答出小题，就能拿到一部分的过程分。同时，答出了小题后，学生也能更清晰地看到自己接下来需要做些什么。也就是说，这些小题其实就是出题人给我们的暗示，用来帮助我们找到整道大题的解法。

"请说明下画线部分的'这'具体是指什么"可能也是起到了同样的作用。既然出题人特意把这句话拿出来出题，就说明这句话肯定很重要。如果把理解整篇文章的过程比作拼图游戏，那么"下画线部分的'这'"一定是其中非常关键的一块拼图。

"……这些就是我读完《现代文解读基础》这本书后总结出来的内容。"

我一边向胡村展示自己制作的图表，一边完成了讲解。

胡村笑眯眯地听完后，略显夸张地为我鼓了三下掌。

"这本书的前半部分和后半部分，你都只读了第一章的内容，是不是？"

"对，因为还要整理复习地图，所以时间不够用。"

"没关系，至少你已经领悟到'考试是一种交流'了。那么接下来的补考，你有信心通过吗？"

"应该，差不多吧。"

虽然我觉得自己的确得到了一些启发，但心里还是有点没底。毕竟光是总结书里的内容就花费了不少的时间，以致我根本就没做任何其他的准备。

"你是我见过的第一个现代文阅读能考不及格的人，也同样是第一个能把补习的内容拿出来做成果汇报的人。"

"这不是胡村你……啊不，老师您的要求吗？"

"我看好你哦。好了，把与考试无关的东西都收起来吧，我要发卷子了。出这张卷子可是又耗掉了我积攒了许久的工作积极性，你可别再给我浪费掉哦。"

故事中用到的方法

- 烦恼索引
- 方法 35 跳读
- 方法 2 可能的阶梯
- 方法 49 预习地图 & 复习地图

故事中用到的学习资源

- 图书馆的参考咨询服务台
- 日本国立国会图书馆 online

故事中登场的书籍

- 高田瑞穗《新释现代文》(筑摩学艺文库,2009)
- 筑摩书房编辑部编《品读经典参考书　筑摩书房怀旧高中语文》(筑摩学艺文库,2011)
- 远藤嘉基,渡边实《现代文解读基础　着眼点和思考方式》(中央图书出版社,1998)

自学英语（外语）的几大要点

1 *卡托·罗姆勃的等式*

外语的学习有很大一部分属于肌肉训练。如果学习者没有坚持重复，中断了训练，那么技能就会逐渐退化，好不容易掌握的内容也会随着时间逐渐消逝。

因此，学习外语的第一个要点就是每天坚持。这也是最有效且最关键的一点。

大多数情况下，我们在日常生活中接触外语的机会并不够多，达不到习得一门外语所需的最低标准。因此，我们必须有意识地去持续创造这样的机会才行。

天不遂人愿，许多因素都会给自学者带来阻碍，使他们无法每天坚持学习。在学习外语的过程中，最大的阻碍往往就是周围人泼来的冷水。有些人会嘲笑别人的学习内容，说学了也派不上用场，比较典型的就是"人家母语者的发音根本就不是这样，也不会用这种说法"。现如今，我们已经可以通过网络来检索语料库，发音方面也有各种学习工具，使我们可以轻松地分辨出自己的发音有没有错误。如果一个人以为自己能够用这种方式来打击别人，那他要么是太过愚蠢，要么是学识浅薄。总之，对于这种人，我们只要回他一句"学习工具有很多，只是你的知识水平太低找不到而已"，然后彻底无视他就行了。

除此之外，还有一种人总是爱对别人的学习方法说三道四，说别人"你这种做法纯属浪费时间"。就像一些自己捏造礼仪规范，然后再靠教学生赚钱的"礼仪讲师"一样，这种总爱对别人的做法指手画脚，告诉别人"只有某某方法才有效"的人，我们也可以称其为"学习礼仪讲师"。"学习礼仪讲师"是自学者的敌人，他们时常会浇灭别人的学习热情，使别人无法继续坚持学习。

卡托·罗姆勃是一名优秀的自学者，她自学了11门外语，并且凭借着优秀的语言能力成为一名职业翻译。如果您在学习的过程中，发现自己的周围出现了上述的这两种杂音，那么不妨想一想罗姆勃带给我们的启示。

首先，我们要从她身上学习的第一点，就是不要把她的学习方法当作学习第二外语的最佳方法。作为一名自学者，她能够利用的学习资源、时间、资金和教材都十分有限。即便如此，她依然成功掌握了高超的语言能力，成为一名职业翻译。她能够取得成功并不是因为她使用了最佳的学习方法，而是因为对她来说，这种方法能够坚持得下去。

罗姆勃在大学时的专业是自然科学，她把外语学习成果的影响因素用这样一个等式表示了出来。

学习时间、学习积极性这两个数值越高，那么最后取得的成果就会越大。"抑制、阻碍"（英语中将其译为 inhibition），日语翻译成了"羞耻心"。比如，很多语言学习者都会陷入"不敢说、怕说错"的恐惧之中，还有的人害怕失去自己原有的逻辑基础，总是习惯套用母语思维，无法使用外语的句式结构来表达。

人类生来就对语言的"正确性"十分敏感，因为我们会通过语言中的细微差异来判断对方是自己人还是外人。当我们察觉到对方的音调或是用词有些违和时，情绪上就会出现一定的波动。一旦我们自己扮演了这个"外人"的角色，我们也会因为过于不安而尽量避免说话。如果这种恐惧感超出了一定的水平，我们甚至会直接放弃学习外语。

有了这样的亲身体会，知道了恐惧是外语学习的绊脚石后，罗姆勃决定不去过度地在意自己犯下的错误。她的这种做法并不是纵容自己，而是在对影响外语学习成果的各种因素进行了整体评估以后，有意识地采取了这样一种策略。

虽然卡托·罗姆勃的等式只能算是一名自学者的经验之谈，但是这种将学习的促进因素与制约因素分别放在分子和

Lomb Kató (1970) "ÍGY TANULOK NYELVEKET: Egy tizenhat nyelvú tolmács feljegyzései", Gondolat, 63.

分母上的做法，与约翰·B.卡罗尔所提出的学习时间模型[1]也存在一些共通之处。这些等式中只列出了影响因素，并没有提到任何具体的学习方法，因此能够保护外语学习者不受"学习礼仪讲师"的干扰。

语言学习者所需要的并不是什么最佳的学习方法，而是一名能够让他们燃起的学习热情长久点亮下去的守护者。

2 不会半途而废的刷墙式学习法

既然我们已经明白了保持学习积极性的重要性，接下来就需要将其落实到具体的学习方法中去。

在本书的读者中，可能也有人曾经想要挑战一门外语，但却没能坚持下来。事实上，外语教材中存在的制约因素很容易导致学习者半途而废。由于一般的外语教材篇幅比较有限，所以无法将必要的知识点重复许多遍，让学生彻底记住。这就导致，对那些习惯从头到尾把教材读一遍的学生来说，必须要把之前学过的内容牢牢地记住，才能够继续顺利地学习下去。因此，除了天赋异禀的奇才和对书本百看不厌的学习狂人以外，正常人想要自学完一本外语教材其实是相当困难的。

日本的江户时期，杉田玄白等人为了学习西方的医学技术，不得不在没有老师和教材的情况下学习一门自己从未接

---

[1] 学习率＝实际用于学习的时间／学习所需的时间＝学习机会×毅力／（学生的资质×课程质量×课程理解能力）

触过的语言。如果说他们学习外语的过程相当于是在攀爬险峻的悬崖，那么从头到尾阅读外语教材的做法就好比是在不停地攀登一座没有休息平台的楼梯。接下来我要向大家介绍的这种刷墙式学习法，则能够把楼梯变成一座缓坡，让我们走在上面几乎感觉不到坡度的存在。

人们在给墙体抹灰时，通常不会一次性刷很厚的灰泥，而是会多刷几次，一点一点地增加厚度。不然，灰泥很容易因自身的重量过大而脱落。

我们可以将这个方式应用到外语学习中，比如按照下述的步骤来学习。

① 先学习这门语言的文字和发音

这一阶段最好先认识一些该语言中的外来语或是专有名词。在学习这种单词时，我们只要念对了发音，就能够得知它们的含义，因此可以将更多的注意力放在拼写与发音之间的对应关系上。

② 先看单词，再看语法

例如，以小语种类图书为强项的白水社出版过一套"新特快"系列外语教科书，其中每一本都会在结尾处把书中出现的所有单词全都汇总到一起。一下子背几百个单词有些难度过高，所以在当前阶段也不必全部都记住，最好先把出现频率较高的短单词记下来。

在这个过程中，必要时（比如忘记了发音规则或是搞不清单词的读法时）可以再复习一下之前学习过的发音规则。

③ 把教材上的会话和课文全部看一遍

此时我们已经对书中出现的绝大部分单词有了一些印象，所以阅读会话和课文时也会更顺利一些。

除非是遇到了读不懂课文的情况，否则在这一阶段尽量先不要看语法的讲解。

④ 仔细阅读语法的讲解，重新再读一遍教材

⑤ 记忆并理解了教材上的内容后，还要再进一步巩固。把每一章的内容朗读 10 遍并抄写 3 遍。这个过程重复 3 轮后，一本教材就算是学完了

让学习能够坚持下去的诀窍，就是每次只学"薄薄的一层"，让自己感到迫不及待。换句话说，就是要强忍住想要继续往下学习的冲动，让每天的学习量无法满足自己的求知欲。

3 使用儿童辞典和百科全书作为外语教材

当我们使用刷墙式学习法学完了初级的教材后，应该就能够看懂为外国儿童所编写的最简单的辞典了。即使是初级的教材还没有学完也没关系，最好尽早找到自己学习的语言所对应的儿童辞典和百科全书。

辞典和百科全书既是自学的工具书，同时也是最佳的外语学习教材。

首先，辞典和百科全书中的各个词条比任何短篇小说的篇幅都要简短，很快就能够读完。不仅如此，内容也包罗万象，简直就是一座知识的宝库。这么好的学习资源，我们当然不能放过。

对于英语学习者来说，首先可以读一本名叫《图解字典》（*First Picture Dictionary*）的插图辞典。这本辞典主要是面向以英语为母语，刚刚开始学习阅读的幼儿。其中不仅有插图和单词，还包括了短语和简短的说明，读起来颇有趣味。还有一点好处就是，由于这本书的读者主要是幼儿，所以整体比较薄，页数并不是很多，非常适合用来积累阅读辞典的经验。

能读懂这本之后，接下来可以继续阅读面向5～10岁儿童的辞典，例如《DK儿童图解字典》（*DK Children's Illustrated Dictionary*）和《柯林斯第一学校词典》（*Collins First School Dictionary*）等。这些辞典中收录了更多的词条，还附上了照片和英文释义。里面不仅有用来表示物品的名词，还包括了基础的动词和形容词。如果您在初高中阶段英语学得比较扎实，应该也可以直接从这个级别开始学。

再继续加大难度的话，可以阅读一本名叫《我的第一本百科全书》（*DK My First Encyclopedia*）的百科全书，其中有许多彩色的照片和插图。学到了这里，基本就已经可以顺畅地阅读一些简单的书籍了。

除了英语以外的其他外语也同样可以使用这种方法来学习。基本所有常见的语种都有面向儿童的辞典和百科全书。

4 在会话和闲聊的基础上更进一步

最后我还想再讲一讲关于会话方面的问题。

无人岛上是不需要语言的。当我们无法靠自己来完成一件事，需要向他人请求帮助时，才最需要借助语言的力量。

因此，最低限度的英语会话应该是以下三句：

Hello.（叫住对方）
Please.（提出请求）
Thank you.（表示感谢，与对方告别）

这种简短到极致的英语会话与卡·恰佩克的小说《鲵鱼之乱》[1]里鲵鱼长的说话方式如出一辙，因此我们可以称之为"鲵鱼长式英语"。这样的说话方式尚且与正常的人类有一定的差距，但如果只是跟着旅行团一起旅游的话，会说这些就已经足够了。如果不想太过生硬的话，可以换一种说法，例如：

Excuse me.（叫住对方）
Can I have…?（提出请求）
Thank you.（表示感谢，与对方告别）

比这更复杂的说法可以参考市面上的旅行会话指南。

---

[1] 卡·恰佩克著《鲵鱼之乱》。日文版有多个译本，比如栗栖继翻译的版本（早川书房，1998）以及小林恭二和大森望合译的版本（小学馆，1994）。

然而，如果我们希望对方将我们看作一个正常人，那么还需要一些其他的交流才行。而这种交流就是英语中的"small talk"。辞典中将其解释为"light conversation（轻松的交谈）；chitchat（闲聊、闲谈）"，同义词是"banter（调侃、打趣）、chatter（无关紧要的话）、gossip（闲话）"。我们平时会通过这种与正事无关的对话（small talk）来推测对方的性格，调整人际关系中的距离感。闲谈的目的并不是传达信息，而是构建人际关系。

Carolyn Graham 编写的 Jazz Chants 系列丛书是将英语中使用频率较高的短句编成了充满节奏感的小歌曲（Chants），让读者能够跟随着爵士乐的节拍来练习，在不知不觉中掌握英语的重音和节奏。这个系列中有一本名叫 *Small Talk: More Jazz Chants*，其中介绍了许多日常会话中会用到的核心句式，是会话初学者应该最先使用的一本教材。

日常会话中通常都是反复使用一些基本的表达方式。如果您想要学习英语中的无代入短句（不必根据对话内容来代入其他单词的短句，例如"Excuse me""Pardon me"等），可以参考 *Common American Phrases in Everyday Contexts*。如果您想要学习一些固定的句型，再根据对话的内容和目的（功能）来代入和更换具体的词语（例如"Could you?"），那么 *Function in English* 会更适用一些。书名中的"Function"一词是指说话的目的。整本书按照"同意""道歉""感谢"等 140 种目的（Function）对英语会话中的常用句式进行了总结，并且分别介绍了在"普通""正式"和"随意"三种场合中不同的表达方式，具有非常高的参考价值。

我们从这些书中所学到的依然只是一些千篇一律的表达方式。学会了这些后，会话已经能够成立，对方也可以把我们当作是正常人来交谈，但是如果仅仅是停留在这一步的话，我们也只不过是一个可以随意取代的空壳而已。

那么，学会了这些千篇一律的表达方式之后，下一步我们该怎样做才能让会话的内容变得充实起来呢？自古代修辞学创立以来，人们就一直在研究如何琢磨出（别人没有听到过的）内容深刻的语句，并且将其有效地表达出来。虽然修辞学的研究范围现在已经有所缩小，只针对文章的措辞，但公共演讲这门学科却成功继承了雄辩术的传统。现如今，在美国的大学中使用最广泛的公共演讲教科书是 Stephen Lucas 编写的 *The Art of Public Speaking*。还有一本 Jess K.Alberts 编写的 *Human Communication in Society*，主要是以交流为主题，涵盖的内容比较广，但是其中也有专门讲修辞学和公共演讲的章节。

一名自学者的记录 英语

主人公简介

· 大学毕业后直接工作，如今已经是第 8 个年头。
· 多次想要学习英语，然而都没能坚持得下来。
· 认为自己没有什么特长和优势，感到自卑和焦虑。

一本新的学习方法书

在下班回家的电车上，我猛然一抬头，发现眼前张贴着英语会话教室的开业广告，再一转头，又看到了一本财经杂志的广告，内容正好是"重新开始学英语"特辑。我知道自己之所以会注意到这些，是因为内心的自卑感。

我这个人既没有什么特长，也没有什么优势，简历平平无奇，性格也呆板无趣。每隔一段时间，我就会感到焦虑，然后跑到书店去买几本英语教材和讲学习方法的书，认认真真地画线、贴便笺。短短几周之内，这些书就会被我冷落，堆到房间角落的纸壳箱里。还有那么两三次，为了逼迫自己学习，我狠下心来买了非常昂贵的教科书，但最终的结果却并没什么两样。

"……今天在外面吃完饭再回家吧。"

一不小心，消极的想法又一次向我袭来，使我放弃了去便利店买便当回家吃的想法。我在家的前一站下了车，想在车站楼里找一个可以待久一点的餐厅。

这个车站的检票口对面是一家书店，店门口的推车一直是用来陈列首选推荐的新书。

"啊，又出了新的学习方法书。"

我喃喃自语着，感觉自己消沉的情绪中似乎燃起了新的动力。

如果让我用一句话来概括这本书的话，那就是"让人提不起劲来"。因为书的开头一上来就写着自学坚持不下去是很正常的，连鸡血都不给读者打。

再往后翻，作者又写道，无论是放弃还是重新开始都是个人的自由，想学的时候重新开始学就行了。

"这也太不负责任了。"

我深知，每一次的失败，都会使人的内心蒙上一层沉重的阴影。

学习动机图

这本书还提出了一个问题：为什么尽管遭受了这么多次打击，我们依然还会重新开始学习？在这个问题的背后，就隐藏着学习动机的核心（对话1"为什么我们不会放弃学习"）。

我从来都没有思考过这个问题。一次又一次买回家的学习方法书，还有将这些书隐藏起来的大纸壳箱，我一直将它们看作自我厌恶的源头，从未想过它们可能会成为学习动力的源头。

说起来，为什么尽管每次都会失败，我却依然想要重新开始学习呢？还有，为什么想学的偏偏是英语呢？是因为大家都说英语很重要吗？可是学生时代的我明明一直都不愿意在英语学习上付出努力，只是把最低限度的分数拿到手而已。就像是在暴风雨来袭时默默地低头忍耐，一直等到雨过天晴一样。

　　想着想着，一件事突然闯进了我的脑海。那是我还在读大学的时候，一天，我正因收集不到毕业论文要用的资料而苦恼，偶然在食堂里碰到了上一届刚毕业的学长。学长主动向垂头丧气的我打招呼，解释说"最近花不少钱买了东西，手头比较紧，正好学校食堂离公司近，还便宜，就来这里吃饭了"，并邀请我坐下。

　　"原来是这样，那我来教你一招吧。你以前用英语写过邮件吗？没有的话，可以先这么写，结尾处再把自己已经调查到的内容和收集到的论文一条一条地写下来。"

　　学长一边说着，一边（在当时的我看来）飞快地在餐巾纸上写下了一篇范文，然后起身准备离开。

　　"好啦，我得回公司继续战斗了，咱们有缘再见吧。夏天吃这里的甘地套餐的确很爽口，但是天天吃也是会腻的。"

　　学长给我的邮箱地址是纽约的一所图书馆。

　　一周后，我收到了图书馆的回信，邮件的附件里添加了10多篇论文。而我则在英语辞典和翻译软件的帮助下将它们艰难地读完了。如今，我已经想不起来这些论文的具体内容，但是却对大洋彼岸迅速伸出的援手和帮我推开新世界大门的学长记忆犹新。这些，应该就是我的学习动力吧。

于是，我翻开了手账，写下了只有我自己能看懂的几个词——"学长、NYPL、邮件"。

英语的学习动机图

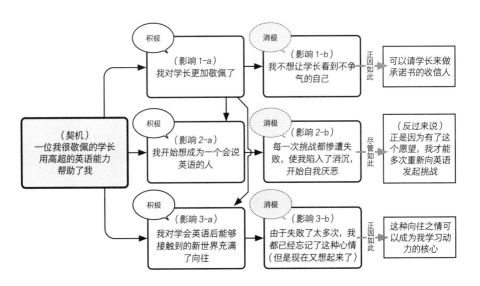

接下来，我又思考了一下这件事给我带来了哪些影响。首先，它所带来的直接影响就是让我对"会说英语的人"产生了憧憬。而间接影响应该就是让我对英语这扇"大门"背后的世界也同样产生了向往。这两种影响对我来说应该都是正面的。虽然我在学英语的过程中失败了许多次，也产生了不少负面的情绪，但是它们却无数次让我重新站回了赛场上（方法 1"学习动机图"）。

把间接影响写下来以后，我发现了一件事。也许我并不是想要学习英语，而是对另一边的世界产生了好奇。

那么我究竟应该怎么做呢？重新回到一直没能坚持下来的英语会话学校里学习吗？总感觉哪里不太对。

如何才能像那时候的自己一样充满学习的动力呢？如何才能推开这扇还没有完全打开的大门，探访另一边的世界呢？

从哪里来，到哪里去

我先是试着用线把自己的现状和尚且模糊不清的目标连了起来（方法3"学习路线图"）。

我现在的英语水平顶多也就是和高考的时候差不多。虽然不至于一窍不通，但是距离应用自如还差得很远。

目标的话，虽然现在还不是很明确，但是我希望能够把英语当作工具，用来增加自己的知识量。

那么，这二者之间应该如何联系起来呢？

仔细一想，说自己的英语能力是"高考水平"，似乎有些模糊不清。既然目标是"使用英语来查资料"，那么现状的部分也应该写和查资料有关的内容才行。这样的话，才能更清晰地看出二者之间的差距有多大。于是我把现状的部分修改了一下，具体如第646页图所示。

说起来有些惭愧，当我在查阅英文版的维基百科时，一旦遇到比较长的词条（几千词），我就根本读不下去。不过既然我的目标（终点）是"使用英语来查资料"，那么无论如何都得从这里跨出第一步才行。

接下来就要思考起点和终点之间应该有哪些步骤。经过了反复的修改后，我按照从简单到困难的顺序完成了一张路线图，具体如下图所示。

最终，我决定将路线分为两条，一条是"从短文阅读逐渐向长文阅读过渡"，另一条是"学习阅读英语长文的方法"。

把模糊不清的目标写下来（学习路线图）

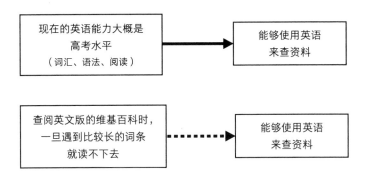

跳读（方法35"跳读"）这种方法我早就有所耳闻，但是在阅读英语文章时并没有积极地去应用过。这次我希望自己能够熟练应用这种方法。

为了实现"从短文阅读逐渐向长文阅读过渡"，可以先从比较简单的百科全书（Simple English Wikipedia）入手，一点一点地增加文章的长度。实践的过程中，如果发现某两个步骤之间的难度差距太大，还可以随时修改，再向其中添加新的步骤。

挤出时间

决定了自己需要做哪些事以后，接下来还要做好时间安排。

于是，我就把用来记录每天日程的手账掏了出来。这本手账正好能够把一周的日程记录到左右对开的两页中。我先是在起床时间和就寝时间的位置分别画了一条线，然后把吃饭的时间和除了工作以外的所有行动全部写了下来（方法6"行动记录表"）。这样就能大概看出哪些时间可供自己支配。

"果然还是上班路上的时间最长啊。周六周日的时间又该怎么利用起来呢……嗯，再说吧。"

我平时都是乘坐电车上下班。早上从家门口的车站到换乘

学习路线图　ver.2

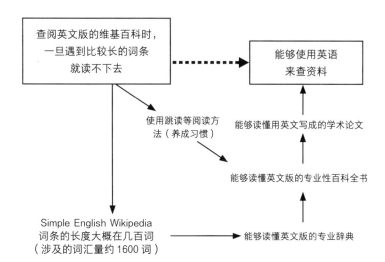

的车站大概是 40 分钟的时间，这段时间就算是没有座位也能站着看看手机。换乘到下一辆车以后就会变得很拥挤，没法再看手机了，不过戴着耳机听音频应该还是可以的（要是有音频类的教材就好了）。可以试一试手机的语音阅读功能，如果语音阅读功能很好用的话，就不用专门去准备音频教材了（方法 7"净化灰色时间"）。

利用行动记录表来寻找可用的时间

	周一	周二	周三	周四	周五	周六	周日
4:00							
5:00	起床、早饭	起床、早饭	起床、早饭	起床、早饭	起床、早饭		
6:00	出发	出发	出发	出发	出发		
7:00						——通勤时间	
8:00	到公司	到公司	到公司	到公司	到公司		起床
9:00							早饭
10:00						起床	
11:00						早午饭	
12:00	午饭	午饭	午饭	午饭	午饭		
13:00							午饭
14:00						——工作	
15:00							
16:00							
17:00							
18:00						晚饭	
19:00							晚饭
20:00		下班		下班	下班		
21:00	下班		下班				
22:00	晚饭	到家	晚饭	到家	到家		
23:00	到家	晚饭	到家	晚饭	晚饭		
0:00	就寝	就寝		就寝			就寝
1:00			就寝			就寝	
2:00			就寝				

用 Simple English Wikipedia 来做阅读和听力练习

Simple English Wikipedia 是我在学习路径图中设置的第一站，也是难度最低的一站。首先，我需要从 Simple English Wikipedia 中寻找合适的阅读材料。

在 Simple English Wikipedia 的首页上有一个名叫 "Selected article" 的专栏，用来刊载推荐阅读的词条。在我开始自学的第一天，专栏中推荐的词条是一部芭蕾舞剧，名叫 "Le Spectre de la Rose[1]"（玫瑰花魂）。正巧，日语版的维基百科中也有相应的词条，只是内容更加简略而已。更令人欣慰的是，这个词条页面的最下方还有一个小方框，写着 "Listen to this article"。由于许多英语学习者都会利用这个网站来学英语，因此有些词条的下方会附上网友的朗读音频。这真是帮了我一个大忙。从我个人的经验来看，比起电脑合成的语音，人声朗读听起来会更轻松，也更容易理解一些。

在 Wikipedia：Spoken articles 这个网站上能够看到有哪些词条附有人声朗读的音频。因此我打算先从这些附带音频的文章开始读起。这里列出的文章基本都曾经在 "Selected article" 中出现过，且篇幅也都比较长，因此读起来会有些困难。但是好在有许多词条都能在日语版的维基百科中查到，所以读起来不至于太累。

---

[1] 1911 年，由俄国芭蕾舞团（Ballets russes）首次演出的独幕芭蕾舞剧。当时这部剧是俄国芭蕾舞团的著名剧目，其中玫瑰花魂由瓦斯拉夫·尼金斯基扮演，少女一角则是由塔玛娜·卡萨文娜扮演。现在它已经成为世界各地芭蕾舞团的常备剧目。

于是，我决定利用上班路上的时间来完成四件事：①在 Spoken articles 上选择一个词条；② 阅读日语版的维基百科上对应的词条解释（如果没有的话，可以从 kotobank 等在线辞典网站上查询）；③阅读 Simple English Wikipedia 上的词条解释；④（换乘下一辆车后）听词条的朗读音频。

由于①～③必须在换乘下一辆车前完成，所以也属于一种限时阅读（方法 37）。有了时间的限制后，阅读时注意力也会更集中一些。

刻读和朗读

在下班回家的电车上，我又把早上学习过的词条拿出来重新读（听）了一遍。

吃完晚饭后，还要在餐厅里把今天读过的词条粘贴到谷歌文档（Google Document）中，把不懂的地方和有趣的表达方式标记出来，再利用注释功能把自己查到的相关信息添加到文章的旁边（方法 41"刻读"）。

我本打算遇到不认识的单词和表达方式，就将它们整理到手机的 Anki 应用程序中，再利用无法戴耳机听音频的间隙时间来复习，但是实际做起来却又经常会偷懒，结果一直拖到周末才统一整理（这里的做法需要再重新考虑一下）。

理解了文章的内容后就收拾东西回家。等洗完澡再把今天学过的文章拿出来朗读一下（因为在餐厅里无法出声朗读）。

遇到不会读的词就查一下读法，反复朗读（方法 39），直到能读得很流畅为止。

就这样，每天我都会从 Simple English Wikipedia 上找一个新的词条来学习。就算当天遇到的新单词没有查完，文章的内容没有完全理解，第二天也会重新开始学习新的词条（有时我会利用周末的时间来补上，但是也补不完）。

谷歌文档的文件都是统一按照"学习的日期＋词条名"来命名。这样一来，学习时间和学习内容的记录也能够积攒下来（方法 12"学习日志"），为我提供坚持学下去的动力。

使用谷歌文档来刻读

让自己无法中断学习的方法

这样坚持阅读了两个星期以后，虽然方法上还存在有待改进的地方，但我已经渐渐地有了自信，觉得这样继续下去应该没什么问题。每天都学习新的词条，就算前一天没有看完也要果断放弃，这种不被完美主义所束缚的做法取得了不错的效果。每当前一天加班到很晚，或是当天身体有些不舒服的时候，我就会特意去找篇幅比较短的词条来读，这也是我能够坚持下去的一个原因（反而是当我觉得自己状态比较好，想要挑战长篇词条的时候经常以失败告终，令我懊悔不已）。

然而随着日子一天天过去，我的心中又有一个声音开始逐渐放大："这些以前不是也同样能做到吗？现在只是还没到时候而已，过不了多久就会失败的。"

现在的我，应该就是站在了一个分歧点上。究竟是继续坚持自学，达成目标，还是和以前一样中途放弃，逐渐将学习抛之脑后，成败在此一举。

于是我决定，把自己从刚开始自学时就一直在考虑的"撒手锏"给使出来。

"学长您好，好久不见。

最近出于一些原因，我决定重新开始学习英语。

迄今为止，我已经有过许多次开始学习，却又中途放弃的经历。每次失败后，我都会为自己找借口，认为自己天生就缺乏毅力，觉得坚持也是一种与生俱来的能力，无法强求。

这一次，我很想坚持下去。

但是有了之前的那些经历后，我已经深深地体会到了自己的意志有多么薄弱。

给学长您写这封信，就是希望您能够答应我一个请求。

我在一本书读到了写承诺书（方法13'让他人来把

关'）寄给别人的做法，所以希望学长能够成为我的收件人。

我会每周把学习计划发给您，但是您不用看，也不必回信，只要成为我的'收件人'即可。

此次突然向学长提出这么莫名其妙的请求，实在是非常抱歉，但是希望学长能够答应我。

祝学长一切顺利。"

发完邮件的一瞬间，我的心脏就开始狂跳了起来。

当我忍不住扑倒在床上开始踢腿时，新邮件的提示音突然响了。

"哈哈哈，你这个做法还挺有意思的嘛。我这边跟你有时差，可能没办法随时给你回信，但是当你的'收件人'完全没问题。——来自冰天雪地里的问候。"

邮件的附件里还有一张极光的照片。

"时差？冰天雪地？学长现在究竟是在哪里？"

重新绘制学习路线图

现在我已经把自己逼到了不得不背水一战的地步，摆在我面前的选项只有两个，要么自学，要么毁灭。于是，我决定先重新绘制学习路线图，把具体的书名给加进去。

我目前比较了解的学科就是大学时学过的经济学，所以我挑选了一本经济学辞典和一本经济学百科全书作为阅读材料。

Routledge Dictionary of Economics 是一本再版了许多次的经济学用语辞典，一共有 700 页左右，每一页都是由左右两栏

构成，一个词条大概 5～10 行，人物的介绍也不过只有 20～30 行，比 Simple English Wikipedia 上面的词条还要简短。我想以后在阅读其他经济类文章时应该也会用得到，所以就挑了辞典中最简明扼要的一本。

另一本 *The Fortune Encyclopedia of Economics* 则是经济学百科全书，大概有 900 页，每一页同样也是由左右两栏构成。这种专业性百科全书大部分都是由好多卷构成，想要自己购买一整套会比较困难（不仅价格昂贵，还会占很大的空间）。因此我觉得这种入门级的百科全书会比较适合我。虽然它的体积比较小，但毕竟是一部百科全书，所以里面的词条要比辞典长得多，一个词条可能会长达好几页。虽然篇幅仍不及论

学习路线图　ver.3

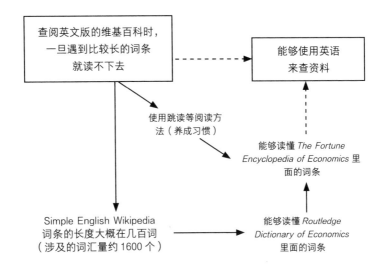

文，但也同样相当于是在阅读一篇多段式构成的文章。我当前
的目标，就是先达到能够查阅这部百科全书的水平。

故事中用到的方法

- 对话 1　　为什么我们不会放弃学习
- 方法 1　　学习动机图
- 方法 3　　学习路线图
- 方法 6　　行动记录表
- 方法 7　　净化灰色时间
- 方法 37　　限时阅读
- 方法 39　　朗读
- 方法 12　　学习日志
- 方法 13　　让他人来把关

故事中用到的学习资源

- Simple English Wikipedia (https://simple.wikipedia.org)
- Simple English Wikipedia Spoken articles
  (https://simple.wikipedia.org/wiki/Wikipedia:Spoken_articles)
- 日语版维基百科（https://ja.wikipedia.org）

故事中登场的书籍

- Donald Rutherford (2012) *Routledge Dictionary of Economics* (3rd Edition), UK: Routledge
- David R.Henderson ed.(1993) *The Fortune Encyclopedia of Economics*, Warner Books

自学数学的几大要点

$\boldsymbol{1}$ 世界上不存在数学的母语者

数学是一种最成功的人造语言,在几乎所有的自然科学学科、大部分的社会科学学科以及许多人文科学学科中都得到了应用。

在数学中,人们会统一通过证明来使自己所表达的内容正当化。因此,数学能够跨越不同的时代和文化来传达观点。一些难以用自然语言描述的内容也可以用数学来表达和推论。有了数学,知识的世界才能够变得像今天这样广阔。

今后,会应用到数学的学科和领域只会越来越多。

从学习者的角度来看,学会用数学来"读写",要比学习任何外语都有用得多。学会了数学后,我们能够利用的知识资源将会增加许多。

更何况,数学和英语之类的自然语言还有一个重要的区别。以英语作为第二外语的学习者很难在语言能力方面与英语母语者抗衡。但由于数学是一门人造语言,因此这个世界上并不存在数学的母语者。如果是学习数学的话,虽然不同的人在天赋上会存在一定的差距(有时这种差距也是无法逾越的鸿沟),但只要有意识地进行练习,任何人都能够掌握。所有人都站在同一条起跑线上,这一点也为我们学习这门强大的语言又增添了一份动力。

2　停止想象，开始动手

数学学起来可并不简单。一想到这一点，许多人就会开始畏缩不前。这种困难的一部分，正是数学的强大所带来的反作用。

数学所涉及的对象，以及它为我们打开的新世界，往往会超出我们的生活经验和想象。因此，数学才会给人留下"难以理解"的印象。数学的入门书和科普书往往会使用各种图示和比喻，努力让外行的读者也能够理解"数学会涉及什么"和"数学在做些什么"，并且将其与自己的生活经验和想象联系到一起。

然而，正因为数学超出了我们的生活经验和想象，所以它才能够发挥巨大的作用。有时，我们用数学推导出的结果会与自己的直觉和感受相悖，因此，数学才能够解决我们用直觉和感受（本书前文中所说的"系统1"）解决不了的问题。

人们在学习数学时遇到的困难可能并不全是源自数学本身，而是由于自己的思维过于僵化，无法从生活经验和想象中挣脱出来。有的人在刚开始学习数学时，会靠主观臆断和生活中形成的固有印象来解释数学问题。这种方法在初学阶段还能够勉强行得通，但是随着学习的不断深入，这种主观臆断和固有印象会逐渐失去作用，而他们也就陷入了迷茫之中。

这和人类在很长一段时间内都无法接受负数和虚数是同样的道理，可以算作情有可原。既然我们已经找到了数学难学的一个原因，那么接下来就要想一想该如何应对。

当我们靠主观臆断和固有印象无法理解某个数学问题时，一定要当机立断，从中抽身出来，不要再去用日常生活中的事物来做类比。

接下来，我们需要回归到数学书中的定义和定理，严格按照推理规则来动笔（光在脑海中想可能会跟不上）进行推导。推导完成后，要尊重自己推导出的结果，并对其进行观察。如果代数式的展开过程过于复杂，可以借助计算机代数系统（Computer algebra system）。还可以举几个具体的数值代入进去看一看。

有了数学后，即使问题超出了直觉和感受的范围，我们也依然能够找到推理的方向，这就是数学强大的根源之一。如何从日常生活和想象中挣脱出来、有哪些定义能够成为我们新的支点、使用数学时需要遵循哪些推理规则，这些所有的一切，都明明白白地写在数学书中。

遇到不懂的问题时，不要让思考回归日常生活，而是应该停留在数学的世界中寻找突破口。

3 迟到的理解

比数学教材更简单易懂的入门书可以分为两种。

第一种主要是面向那些不知道数学表达式究竟是用来做什么，觉得数学太过抽象理解不了的人。我们可以称为"理解类"数学入门书。

而第二种入门书面向的读者群则会更心急一些，他们的目的不是理解数学，而是在考试中拿到分数。应试辅导书以及书名里写着"提分宝典"之类的书都属于这种类型，我们可以称为"解题类"数学入门书。

刚才我提到过，很多人都会觉得数学"难以理解"。从这一点来看，"理解类"的书往往会成为数学入门书的主力军。

然而，即使我们读完书后觉得自己理解了，如果没有实际接触数学的机会，那么这种理解也只会停留在"听故事"的层面上。甚至，这种"（自以为的）理解"还会很快被我们遗忘。

相比之下，"解题类"数学入门书中的内容会更容易留在我们的脑海中。因为如果我们想要学会如何解题，就必须逼自己实际动手去做数学题，甚至在大多数情况下，还需要通过反复练习才能够掌握。

用外语来举例的话，就好比如果我们在看到单词的瞬间想不起它的意思，那么阅读文章就会变得很困难。回想单词的意思、查阅辞典，这些都会占用一定的认知资源。这样一来，我们用来理解文章内容的认知资源就会减少，导致理解水平下降。

数学也是同理。如果在代数式中展开和计算这样的常见问题上消耗了过多的认知资源，那么用来理解的认知资源自然就会减少。相反，如果我们先使用"解题类"的数学入门书来反复练习，使代数式展开和计算成为自己的一种本能，不需要再占用许多认知资源，那么就可以保证更多的认知资源能够用于理解。

也就是说，只有我们先学会"解题"，才能有更多的精力去"理解"。因此在数学中，"理解"常常会迟到。

但是，有时候学会了"解题"，而"理解"却还没能跟上，这种状态也会让人感到有些恼火。更何况，如果理解得不够透彻，抓不住知识之间的联系，那么就算是学会了解题，也无法实际应用。一旦考试结束，不需要再做数学题，那么记住的解法也会被迅速忘掉。

当我们处于"会解题，但是不理解"的状态时，最好是能够将心中的憋闷感转化为动力，驱使自己去理解它。

在使用"解题类"的入门书来全速前进的同时，也可以时不时地用"理解类"的入门书歇口气，这样的话，一定能够在数学的道路上走得更远。

4 数学书都是从"结尾"开始写起

一般来说，数学书都是采用"先写定理，再写证明过程"的编写形式。

长久以来，这种编写形式一直深受学术界的信赖。然而从另一方面来说，这种形式也非常容易让人产生隔阂感，以致很多自称"简单易懂"的数学入门书会特地注明其内容"省略了证明过程"，从而吸引读者购买。

这种"先写定理，再写证明过程"的形式之所以很难懂，是因为它与我们平时经历事物的顺序几乎完全相反。我们常见的叙事过程都是"从开头到结尾"，而数学书却变成了"先结尾再开头"。

打个比方，当我们遭遇到一些麻烦事时（需要解决问题时），如果没有现成的解决方法，那我们就只能先从可能性比较大的方法试起，先找到一些针对简单情况或是特殊情况有效的方法，然后再想办法将其普适化，扩大其适用的范围，最后总结成抽象且通用的一般规律。

然而，数学书却是以定义或公理为起点，以证明的形式来推导出定理。也就是说，刚才我们在解决问题的过程中最后总结出来的"抽象且通用的一般规律"，到了数学中反而变成了起点，而"麻烦事"则是被放在了最后，在提到各种定理的具体应用例时才会出现。更何况，定理本身就已经算是一种"抽象且通用的一般规律"。而为了推导出定理，还需要从更加抽象，甚至让人说不出其存在有何意义的定义和公理来写起（只有当我们理解了整个证明过程后，定理和公理的意义才会显现出来）。也就是说，如果以我们的生活经验——"从具体到抽象"——作为基准的话，那么数学书的叙述顺序则完全是前后颠倒的状态。

好消息是，既然搞清楚了这一点，那么我们的对策也很明确：只要试着把数学书的叙述顺序再"颠倒过来"即可。

例如，当我们遇到一个定理时，可以先看一看例题和练习题，这样就能知道这个定理可以用来解决什么样的问题。如果对自己学习的内容有哪些应用感到好奇，可以在学习的过程中时不时地来确认一下。

如果现在正在学的数学书中没有很好的例题，那么也可以参考一下其他书。数学类的百科全书、本书中介绍的查找文献的方法以及目录矩阵表（方法28）都能够派上用场。

在这里，我想向大家推荐几本数学类的百科全书。首先，《岩波　数学辞典（第4版）》（岩波书店，2007）应该是最经典的一本。而《岩波　数学入门辞典》（岩波书店，2005）则主要包含了到大学为止的数学知识，讲解也简明易懂。还有德国的dtv-Atlas系列的日译本《彩色图解　数学事典》（共立出版，2012），主要靠彩色图解和要点得当的讲解而饱受好评。《现代数理科学事典　第2版》（丸善，2009）则是涵盖了数学在各类科学中的应用。最后还有《普林斯顿数学指南》（*The Princeton Companion to Mathematics*），这本书顾名思义，比起百科全书，更像是一本全面的数学指南书，因此获得了很高的评价。其中不仅介绍了数学概念的定义，还对其灵感来源和历史等背景知识进行了讲解。

同理，如果我们能够先了解一下这个定理是由谁提出的，或者再更准确一些，是由谁、在面对什么样的困难或是问题时提出的，这样也会有助于我们按照"从具体到抽象"的顺序去理解它。也就是说，我们在学习数学的过程中还可以适当接触一下数学史。

例如，海尔和华纳所编写的《分析教程》（*Springer-Verlag*东京，1997→丸善出版，2012）就是一本独特的教科书。作者大胆地引入了数学史，并按照分析学（微积分学）发展的历史过程来对其进行了讲解。书中先是介绍了微积分起源于哪些具体的问题，以及人们是如何从各种不同的解决方法中提炼出了普遍的规律，创立了微积分学。不仅如此，书中还介绍了采用以往那些更加直观且易于理解的解法会遇到什么样的瓶颈，为了突破瓶颈，人们又是如何进一步将微积分精确化和抽象化。读了这本书之后，相信大家也就能够理解为什么数学书要编写成现在这种初学者很难理解的形式了。

5 掌握证明过程的读写能力（*literacy*）

最后，让我们再来讨论一下证明问题。

读不懂数学的人，都是卡在了证明上。

很多人都不喜欢看证明过程，想要避开，而事实上在很多时候，他们也的确这么做了。就连经常需要使用数学的人，也时常会在看书时跳过证明的过程，甚至老师在出题时也有避开证明题的倾向。

在这里，让我们将目光聚焦到证明的意义上，换一种积极的方式来思考。

数学通常会以定义，或是以前曾经证明过的定理为出发点，按照推理规则来证明新的定理。有了这种固定的形式后，无论是旷世奇才的头脑中突然闪现的想法，还是坚韧不拔的努力者用时间和汗水换来的成果，都能够被添加到人类的数学知识库中，获得永恒的生命。即使是像我们这样平庸的人，也能够理解这些知识的正确性和意义（虽然无法做出同样的创新）。正是这一点，赋予了数学独一无二的强大力量。

只要我们能够读懂证明过程，就能够读懂用数学写成的书籍，获取这些强大的知识。甚至我们也可以用自学的方式去学习。

有一本书非常适合用来提升数学证明的读写能力，它就是丹尼尔·索罗撰写的《证明的阅读与写作：数学思维过程入门指南》（共立出版，1985）。

书中首先讲了数学的证明过程会省略哪些内容，导致人们阅读起来感到困难。然后作者还认为，只要先学会写证明，就能够学会读证明。这种做法看上去是绕远路，但实际上却是抄了捷径。

比起详尽的地图和路线图，数学的证明过程更像是人们在山中摸索道路时折下树枝做的记号。如果我们既不认识路，也不去山里亲自走一走的话，很难光靠折下的树枝来重现前人走过的路线。

于是，《证明的阅读与写作》这本书将数学的证明手法和数学家在做证明时的思维方式进行了分类，把证明的"语法规则"提炼了出来，并且对这些规则分别适用于哪些情况也进行了讲解（相关内容可以参考本书第666页的表格）。这样一来，我们就可以从这本书中学习写证明时所需要的最基本的知识。

与此同时，这本书也教会了读者如何去掌握证明的"语法规则"，从而提升阅读证明过程的能力。

对初学者来说尤其需要注意的一点就是，人们在写证明过程时通常会省略掉一部分内容。这就跟爬上了高处后，会把梯子撤掉一样。除了反证法、归纳法这种著名的证明方法以外，还有一种过于基础，甚至连名字都没有的证明方法。在这本书中，作者将其命名为前进后退法（forward-backward method），并进行了说明。一段完整的证明过程通常会按照从条件向结论推导的方向（forward，前进）来记述。然而，写这段证明的人还会在脑海中从结论向条件的方向反向推导（backward，后退）。正因为有了这个反向推导的过程，我们才能够更加高效地找到证明路线，不会因眼前的岔路过多而付出高昂的试错成本。

在最终写出来的证明过程中，通常不会体现出那些失败了的试错过程和从结论反向推导的过程。

当我们在阅读数学书上的证明过程时，有时会感到一丝绝望，因为书上写的证明过程的确能够成立，但是我们自己绝对想不到可以这样去证明（有时，我们还会觉得证明中的某个步骤完全是凭空出现的）。在这种情况下，往往其背后就存在着反向推导的过程。

对于许多数学家来说，反向推导是一个理所当然的步骤，甚至他们自己都没有意识到这一点，完全是在不知不觉中完成的。而对于我们来说，只要意识到了这一点，就不会再将数学证明视为天才的伟业，让它重新落回人间。

证明方法的总结

证明方法	适用情况	假设的条件	推导的结论	证明过程
前进后退法	最开始就可以尝试，或当B不是以下列举的特殊形式时	A	B	从A向前推导，再把抽象过程应用到B，从B反向推导
对偶法	当B为否定形式时	Not B	Not A	从Not B向前推导，从Not A反向推导
反证法	当B为否定形式时，当以上两项都不奏效时	A和not B	矛盾	从A和not B向前推导，导出矛盾
构造法	当B含有限定词"存在……"时	A	存在所求对象	推测、构造一个具有给定性质的对象，证明它满足要求
提取法	当B含有限定词"有……"时	A 提取的对象具有某种性质	要求的事项成立	根据假设A和提取出的对象所具有的性质，通过前进后退法，则所要求的事项成立
归纳法	当B为P(n)，对所有大于等于n0的整数n成立时	P(n)成立	P(n0)成立 P(n+1)成立	首先，将n0代入n，n0成立。接下来，根据归纳法，将n+1代入n，则n+1成立
特殊化	当A含有限定词"有……"时	A	B	假设A在反向推导过程中出现某个特质，进行特殊化推导
唯一性的证明1	当B为"有且只有一个"时	存在两个事物，A	两项一致	A，从对象具有的性质向前推导，从两个对象的一致性出发再次反向推导
唯一性的证明2	同上	两项不同，A	矛盾	从假设A中，利用两个事物的性质和差异，向前推导
部分否定法	当B为"C或D"时	A和not C (或A和not D)	D(或C)	从A和not C向前推导，从D反向推导 (或从A和not D向前推导，从C反向推导)
最大最小证明1	当B为"max S≤x"（或"min S≥x"）时	s属于S，A	s≤x，(或s≥x)	假设A和s属于S，所以向前推导，也使用反向推导
最大最小证明2	当B为"max S≥x"（或"min S≤x"）时	A	s≥x，(或s≤x)S的要素s存在	使用假设A，通过构造法找到S的要素s

[注：在最大最小证明法中，假设实数集合S具有最大值和最小值]

一名自学者的记录 **数学**

主人公简介

· 高中选择了文科后就放弃了数学，现在刚刚进入一所私立大学就读。

· 没能考上第一志愿，被保底志愿的大学录取，专业是经济学。

· 无奈之下只能开始学数学，但是却不知道自己该从哪里学起，感到十分烦恼。

"事情为什么会变成这样……"

没想到我的第一志愿到第三志愿竟然全部落榜，最后录取到了保底大学的经济学专业（本来想复读一年，也没能如愿）。

系里为入学考试没选数学的人专门开了数学课，而今天正是上课的第一天。然而我已经很久没有碰过数学，完全跟不上老师上课的节奏，甚至连自己是哪里没听懂都搞不清楚。

把现状写下来

首先，我把自己当前的状态整理成了一张学习路线图（方法3）。

现在的我"连自己的数学学到了什么程度都搞不清楚"，而我的目标是"掌握学习经济学时需要用到的数学知识"。

绘制可能的阶梯

那么，我应该从哪里开始学起呢？

我决定先把自己已经掌握了的知识写下来，按照从简单到困难的顺序来绘制一座可能的阶梯（方法2）。

会背乘法的九九口诀→会做分数的计算→会解一次方程……→但是二次方程的求根公式好像有点问题（已经记不清了）。

数学的学习路线图

可能的阶梯

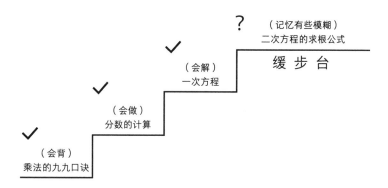

我在网上搜索了一下，发现首次学习二次方程的求根公式应该是在初三，然后到了高一还会再学一遍。

"竟然要从初三的数学开始补起啊……"

所以最终的结论就是，我至少需要从高一的数学开始重新补习，而且时间也非常紧迫。

可是我应该看什么书才好呢？练习册还是教辅书？

"最薄的练习册"让我丧失了动力

我来到了车站附近的书店，从教辅书架上挑了一本最薄的练习册，这一本练习册就覆盖了高中数学的全部内容。

我的想法非常简单，练习册越薄，我就能越快地把它做完。

事实证明，这并不是一个好主意。这本练习册应该是面向那些学完了高中数学，想要练习解题的人。虽然书上也简单地讲解了一下知识点，所以有的题目我能够解出来，但是也有很多题就算我绞尽了脑汁也做不出来。

由于时间有限，有些做不出来的题我只能忍痛割舍，继续往下学习。但是这样一来，我就越来越分不清楚哪些知识点是自己已经掌握的，还有哪些知识点是自己还没有掌握的。

内心的焦虑在一天天地放大，然而付出了时间和努力后却看不到自己的进步，这让我感到十分痛苦。结果还没到一周，我就逐渐丧失了学习的动力。

1/100 计划法

既然练习册里的题做不出来就会原地踏步（感受不到自己的进步），那么换成听课的话应该就能顺利一些了吧。

一开始我打算在网上看视频学习，但是后来转念一想，觉得还是用总量比较固定的学习资料更好一些。这样的话，在学习过程中能够看到剩余的量不断减少，我也会获得一些动力。

1/100 计划法（方法 4）是指将学习的总量除以 100，每次只学 1/100。因此，作者建议先找到一本自己想学习的书，然后再计算其总页数的 1/100 是多少页。

于是，我试着去找了一下有没有附带授课视频（音频）的辅导书。

图书馆的在线检索系统（OPAC）上搜不到合适的书，但是在谷歌上搜索了相关的关键词后，我找到了一本名叫《可以听长冈老师讲课的高中数学教科书》的书。买家的评价都是好评居多，不少博主也为想要重新学习数学的人推荐了这本书。

这本书似乎是将高中数学阶段的所有教科书（数学 I、数学 A、数学 II、数学 B、数学 III、数学 C，共六册）全部合并在了一起，然后附上了作者的授课音频和详细的参考答案。读者可以一边听讲，一边看书。

整本书共有 984 页，pdf 格式的参考答案共有 582 页，授课音频 MP3 文件的总时长约为 106 个小时。虽然不是精确地按照 1/100 来计算，但如果我每天听 1 小时音频的话，大概106 天就能全部听完一遍了。

由于这本书是由教科书构成，因此还配有一些例题和练习题。我决定先以听音频和看书为主，习题再挑别的时间来做。

两大动力来源

把现阶段的目标和总的学习量都定下来了以后，我又制作了一份填色式的学习日志（方法12）。

当我学完数学Ⅰ的第一章第一节第一小节"整式"后，就给其对应的格子填上了颜色。有了这个填色表后，我就能够清晰地看到自己的学习进度。

这样一来，我看书学习的过程就变得顺畅了起来。将自己的进度可视化以后，内心的焦虑也少了许多。

同理，授课音频也是只要听了就会减少，为我提供了不少动力。由于这本书相当于是教科书的合订本，所以我觉得光是看书的话会有些无趣，但是有了授课音频就好了很多。音频并不只是在朗读书上的内容，还会有针对性地对关键的部分进行讲解。当我走神漏听了某一句话时，还可以立刻退回去重新听。每一节的音频只有十几分钟，因此我只要有空闲时间就可以拿出来听一听。

光靠听课无法理解的内容

虽然这本书附带的授课音频很简明易懂，但数学毕竟是数学，有很多知识点光靠听课还是无法理解。

特别是定理的证明，光用耳朵去听的话会很难听懂。

有时就算是感觉自己听明白了，过后也根本回想不起来。这样下去的话，学过的内容可能也很快就会忘记，和一元二次方程的求根公式落得同样的下场。

《自学大全》中提到了一种名叫抄写（方法 43）的方法，认为这种方法可以将阅读者注意力调动起来，用于理解书中的内容。于是我决定将没有听懂的内容抄写到笔记本上。果然，光是抄一遍，就觉得自己的理解深入了许多。

《可以听长冈老师讲课的高中数学教科书》学习日志

数学 I															
第1章 数与式	§1	1	2	3	§2	1	2	3							
第2章 方程与不等式	§1	1	2	3	4	§2	1	2	3						
第3章 2次函数	§1	§2	探索												
第4章 几何与计算	§1	1	2	§2	1	2	§3	1	2	§4	1				
数学 A															
第1章 集合与逻辑	§1	1	2	§2	1	2									
第2章 排列与组合	§1	1	2	3	探索	§2	1	2	§3	1	2				
第3章 概率	§1	1	2	§2	1	2	§3	1							
第4章 平面几何	§1	1	2	§2	1	2	3								
数学 II															
第1章 等式与证明	§1	1	2	§2	1	2	3								
第2章 复数与方程	§1	1	2	§2	1	探索									
第3章 解析几何	§1	1	2	3	4	§2	1	2	探索	§3	1	2			
第4章 三角函数	§1	1	2	3	4	5	§2	1	2						
第5章 指数函数与对数函数	§1	1	2	§2	1	2	3								
第6章 微分与积分	§1	1	2	§2	1	2	3	4	探索	§3	1	2	3	拓展	拓展

针对余弦定理的证明制作一份笔记

然而，还有一些光靠抄写依然理解不了的内容。遇到这种情况，我会使用简化版的铃木式六分笔记（方法 45）来深入学习，具体做法如下。

① 把理解不了的部分复印下来

② 在有疑问或是不理解的语句下面画线，查阅相关的资料

我感到不理解的语句、用语、定义和定理大多都能在前文中找到相关的说明（也就是说，因为我没有记住，所以才理解不了）。在这种情况下，我会翻书找到对应的内容，然后同样将其复印下来。如果授课音频中有相关的讲解，那么也要听写下来记在旁边。

如果在这本书中找不到答案的话，就只能再去查阅其他的书或者是百科全书。幸运的是，在这本书中我还没有遇到过这样的情况。

与此同时，我也遇到了一个麻烦。由于这本书是 6 本教科书的合订本，因此它的目录和索引也都分成了 6 份。比如，当我想要查找"余弦定理"的时候，如果我不记得它在数学 I 中出现过，那么就只能把这 6 册书的目录或是索引全部翻看一遍。

为了解决这个问题，我把这 6 册书的索引重新手抄整理了一遍，亲手制作了一份综合索引。

③ 试着把复印下来的内容用自己的语言解释一遍

这里我并没有写成规范的文章，而是采用了图示的形式，先把关键点逐条写下来，再用箭头将它们连起来。

一时半会想不起来的时候，我还运用了出声思考（方法52）的方法。先把想到的内容全部出声说出来，想办法口头解释清楚，之后再整理成文字。

④ 凭借着记忆，把书上的内容尽量都写下来

例如，如果是证明某个定理，那就凭借着记忆，自己来把证明的过程再写一遍。

将铃木式六分笔记应用到数学学习中

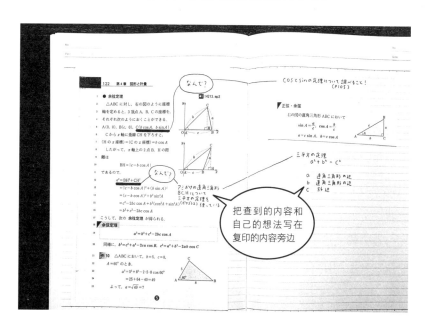

想要证明余弦定理，需要先想办法利用锐角三角形凸出来的部分，或是钝角三角形凹进去的部分（图中的阴影部分）绘制出一个直角三角形，然后再用勾股定理去证明。

所以我们可以先用边长 c 加上或是减去点 C 的横坐标（bcosA，这个可以利用三角函数的定义求出来），求出 BH = ｜ c-bcosA ｜。

这样一来，直角三角形 BHC 的三条边 a（BC）、CH 和 BH 应该符合勾股定理，只要列出等式后整理一下就能够得出余弦定理。

⑤ **最后对照书本，用红笔修改自己写的内容**

反复解题

在刚开始学习的阶段，为了能够尽快往下进行（先形成自己的学习节奏），我几乎没怎么做过练习题。现如今，学习走上了正轨后，我也想开始做题试试了（心态逐渐从容了起来）。

我的做法如下：

① **读题，判断这道题自己是否会解**

具体的判断依据如下：

· 自己能否说出这道题应该用哪些知识点（公式、解法）？

· 知道了需要用到哪些知识点后，能否再说出解题应该先从哪里入手？

如果这两个问题都能回答得上来，那么我就认为自己应该会解这道题。

② 如果觉得自己会解，那就动手去解一下

解答完毕后再看看练习册后面的解说。如果自己得出的答案和参考答案相同，那就继续去看下一道题，如果不同的话，就用红笔来修改自己的解题过程。

顺便确认一下自己在①中作出的回答是否正确，用红笔记在旁边。

接下来，再把答案合上，把这道题重新再做一遍（方法54"不同的解法"）。

③ 如果在解题过程中卡壳了，没做出来，就翻开参考答案看一下

看答案时，首先确认一下自己在①中作出的回答是否正确。

然后再看一看参考答案中有没有用到其他自己之前没有想到的知识点或是解题思路。如果有的话，就重新用这些新的知识点和解题思路来把题再解一遍。

如果发现自己在解题过程中出现了错误，导致解不出来，就从出错的位置开始重新解一下。

④ 如果觉得这道题自己解不出来，那就直接去看参考答案

看答案时，首先确认一下这道题需要用到哪些知识点。

然后再看一下这道题应该从哪里入手。

搞清楚这两点后，就先把答案合上，再试着自己去解题。

重新绘制学习路线图

将这本《可以听长冈老师讲课的高中数学教科书》学到差不多一半后（也就是数学 II 快要结束的位置），我就开始寻找下一本书了。

我以"高中数学、经济数学"作为检索关键词，找到了一本名叫《改订版　经济学中出现的数学》的书，这本书主要是针对经济学中用到的数学知识，难度是从高中数学起步。趁着这个机会，我回顾了一下这段时期的学习历程，定好了接下来打算使用的教材，重新绘制了一张学习路线图（方法3）。

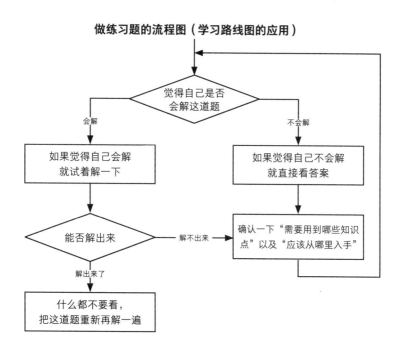

做练习题的流程图（学习路线图的应用）

利用学习路线图来进行回顾

刚开始学习的时候，我连自己的数学究竟学到了什么程度都搞不清楚。绘制了"可能的阶梯"（方法2）后，我发现自己必须从初三到高一水平的数学开始补习。

后来，（出于急切的心情）我试着找了一本最薄的练习册，但是由于练习册上有很多不会做的题，我的学习积极性大受打击，尝到了失败的苦果。

在那之后，我决定每天用固定的时间来学习《可以听长冈老师讲课的高中数学教科书》。有了授课音频作为动力源泉，我的学习终于开始步入了正轨。现在，数学Ⅰ、数学A和数学Ⅱ的内容差不多快要学完了。

《改订版 经济学中出现的数学》是从一次函数开始讲起，以我现在的水平或许已经能够看懂了。在学习《改订版 经济学中出现的数学》的过程中，如果遇到了不懂的知识点，也可以再拿出《可以听长冈老师讲课的高中数学教科书》，有针对性地学习一下（作者在前言中也说过没必要非得从头学起，可以从自己比较薄弱的知识点开始补习）。

由于《改订版 经济学中出现的数学》一书没有授课音频，为了继续让自己找到学习的动力，我决定继续制作填色式的学习日志。

除此之外，或许我还可以自己出声朗读（方法39），用手机录音，当作授课音频来听。

学习路线图 ver.2

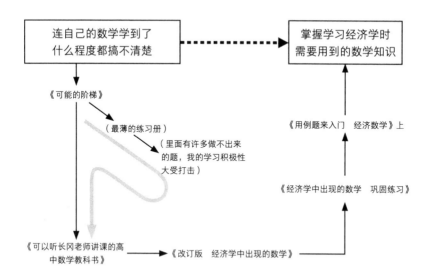

故事中用到的方法

- 方法 3　　学习路线图
- 方法 2　　可能的阶梯
- 方法 4　　1/100 计划法
- 方法 12　　学习日志
- 方法 43　　抄写
- 方法 52　　出声思考
- 方法 54　　不同的解法
- 方法 39　　朗读

故事中用到的学习资源

· 【数学篇 理数篇】
日本高等学校学习指导要领（平成 30 年发布）解说

故事中登场的书籍

· （最薄的练习册）

· 长冈亮介《可以听长冈老师讲课的高中数学教科书 数学 I · A · II · B "数列 · 向量" · III · C "矩阵 · 曲线 · 概率分布"》（旺文社，2011）

· 尾山大辅、安田洋祐《改订版 经济学中出现的数学 从高中数学开始稳步前进》（日本评论社，2013）

后记

出版方允许我在书的最后写一点个人感想，那么我想借此机会来讲一讲这本书的来龙去脉。

在我的第一本著作——《创意大全》出版后，本书的责任编辑田中女士就给我发来了一封邮件，说希望我能再写一本关于如何自学的书。我在接到邮件后立刻就着手草拟了一份目录，虽然由于书的篇幅有限，最后呈现给大家的内容会有一些缩减，但整体来说和本书现在的构成并没有太大的区别。

这本《自学大全》表面上是为所有自学者撰写的一本指南书，在我看来，它其实是一份记录，上面记载着我是如何攀登巨人的肩膀，又是如何在巨人的肩膀上继续摸索出了自己的求知之路。我希望看过这本书的人能够变得和我一样，成为一名"读书猴"。从这种意义上来说，与其说这本书是读书猴的主要著作，不如说这本书就是读书猴本身。

在这本书中，我曾经多次强调"自学并不是一件孤独的事"。

我在自学的过程中，先是借助了图书馆的力量，后来还经常会用到网络。有了它们，我才能够有机会接触到许多单凭我一己之力很难找到的文献与贵重资料，了解到无数前辈留下的丰厚的知识成果。

对我来说，自学就是在与这些无数的知识成果建立联系，在这些知识成果的基础上展开思考。我衷心地希望这本书能够让大家认识到人类的知识积淀，并且鼓舞大家一同走上探求知识的道路。

自学并不是一件孤独的事，同理，这本关于自学的书也并不是我自己一个人完成的。

　　首先，这本书中介绍的许多方法都是出自一些前辈学者之手，或是在其创意的基础上进行了改编。他们将自己的劳动与成果记录并留存下来以后，我们才能够以这些记录为脚手架，搭建出自己的知识之塔。这些前辈学者中的许多人也曾经是一名自学者，因此他们取得的成果也会为我们不断地增添勇气。

　　说到图书馆和网络，我还想在这里特别提一下纽约公共图书馆。这座图书馆曾经为切斯特·卡尔森发明复印机提供了帮助，逃亡中的克洛德·列维－斯特劳斯还曾经在这里撰写了《亲属关系的基本结构》一书。即使是在新冠肺炎疫情的影响下，图书馆的书架不再对外开放，工作人员依然迅速地回复了我的邮件，帮我查找到了文献的出处。

　　这本《自学大全》的成书花费了三年多的时间，其间，有许多网友为我发来了鼓励，还表示了自己对这本书的期待。很抱歉让大家等了这么久，在这里我想向大家表达我的谢意。

　　这本书的体量要比其他同类型的书籍大上许多，因此无论是成本、设计还是装帧，都需要不断调整到最后一刻。在这里，我也想向所有相关的工作人员表示感谢。

　　最后，我还想感谢我的妻子。如果没有你在我的身边，我可能压根就不会动笔开始写这本书，更不会有最终的出版。

2020 年 9 月　读书猴

自学烦恼索引